독서지도사 양성 과정 기본 교재

독서 교육의 이론과 실제 **2**

독서지도사 양성 과정 기본 교재

독서 교육의 이론과 실제 2

(사)한우리독서문화운동본부 교재집필연구회

스푼북

| 발간사 |

　한우리독서문화운동본부(사) 부설 한우리평생교육원은 1992년에 우리나라 최초로 '독서지도사'라는 명칭으로 독서지도사 양성 과정 강의를 시작했습니다. 전국의 20여개 대학교, 지자체, 학교 등과 제휴하였으며, 독서 지도 관련 최초의 교원 직무 연수 기관으로 지정되어 유치원과 초등학교 교사를 대상으로 직무 연수를 실시하기도 했습니다. 1994년부터는 '독서지도사 자격시험'을 통해 그동안 수만 명의 독서지도사를 배출했습니다.

　한우리의 독서 교육은 듣기, 말하기, 읽기, 쓰기의 모든 언어적 활동을 '생각하기'와 동시에 진행하는 '5력 1체 독서 지도의 원리'에 바탕을 두고 있습니다. 5력 1체 독서 지도의 원리를 적용한 독서 지도 방법은 5가지 감각 기능을 복합적으로 동시에 활동하도록 하여 사고력을 계발 육성하는 방법입니다. 따라서 독서지도사 양성 과정에서 진행되는 교육 내용도 '5력 1체 독서 지도의 원리'가 전제되어 다양한 활동을 통합적으로 경험할 수 있도록 설계했습니다.

　이러한 한우리의 독서 지도 원리를 기본으로 한 『독서 교육의 이론과 실제 1, 2』는 한우리 전문 강사진의 독서 교육 이론에 대한 해박한 지식과 풍부한 현장 경험을 반영하여 독서 교육의 초보자들에게도 어렵지 않고, 이미 독서 지도 현장에서 활동하시는 선생님들께도 유용한 교재가 될 수 있도록 독서 교육 전반에 대해 폭넓게 다루고자 했습니다. 독서 교육 관련 도서들이 이론적인 부분들만 담고 있거나 또는 실제적인 내용들만 담고 있어서 독서 지도를 실천하는 데 부족하거나 이론적 토대를 간과하고 있는 경우가 있습니다. 하지만 독서지도사 양성 과정의 기본 교재로 사용하는 이 책은 독서와 독서 지도의 개념으로부터 시작해서 아동의 발달 과정과 상담, 자료 선정, 아동 문학, 글쓰기, 독서 토의·토론과 논술, 읽기 방법과 독서 과정 지도, 계획안 작성, 교육학에 이르기까지 통합적이고 체계적인 독서 지도의 이론과 방법을 잘 반영하고 있습니다.

30년이란 긴 세월이 흐르는 동안 개편과 개정을 거듭하면서 독서 지도에 관한 한우리의 축적의 시간들이 오롯이 담겨 있는 이론서이자 실용서인 『독서 교육의 이론과 실제 1, 2』를 이번에 또 새롭게 펴내게 되었습니다. 한우리 교재개발연구회의 대표 집필 강사님들이 50여 분의 한우리 전문 강사님들의 의견을 수렴해서 여러 차례 수정 작업을 거쳐 완성했지만 수많은 실천 사례를 다 담기에는 여전히 미흡한 부분이 많이 있을 것입니다. 부족한 부분은 한우리 전문 강사님들의 명강의로 촘촘하게 채워 주실 것을 믿습니다.

한우리 독서지도사 양성 과정이 개설된 지 30주년이 되는 2022년에 새로운 개정 교재를 내놓게 됨을 뜻깊게 생각하며 바쁘신 가운데도 교재의 완성도를 높이기 위해 애써 주신 한우리 교재개발연구회 강사님들께 감사드립니다. 늘 귀하신 말씀으로 격려와 조언을 아끼지 않으시고 추천사까지 써 주신 경인교대 박인기 명예 교수님과 저작권 문제와 관련하여 조언을 해 주신 서강대학교 로스쿨 박준우 교수님께도 감사의 말씀을 올립니다. 이 책이 한우리의 설립 이념인 전 국민 독서 생활화 운동에 조금이라도 기여할 수 있기를 바라면서 한우리독서문화운동본부의 독서 진흥 사업과 한우리평생교육원의 독서 지도에 관한 연구는 끊임없이 계속될 것이라고 약속드립니다.

한우리독서문화운동본부 회장 김희선

| 추천사 |

　오늘날 지식 생태의 빠른 변화로, 독서의 가치는 다양하게 확장되면서 '리터러시 교육'의 질적 변혁이 일어나고 있습니다. 미래 지향의 독서 교육이 응당 각성해야 할 대목이기도 합니다. 국가 차원에서 독서의 가치는 '국민의 지력(知力)'을 높이는 데서 찾을 수 있습니다. 이 나라의 학문·문화를 일으키는 동력이 되기 때문입니다. 개인 차원에서 독서는 그의 성장과 발달을 평생 온전히 수행케 하는 '근원적 힘'입니다.

　독서의 힘을 실천적으로 만들어 내는 역할은 교육이 맡습니다. 둘러보면 일반 교육과 독서 교육을 분리하는 것이 별 의미가 없을 정도로 모든 교육 활동 안에 독서가 작동합니다. 학교가 수행하는 교육도 그 중심은 '독서'를 통해서 이루어집니다. 학교 밖 독서도 학교 못지않은 영향력을 발현합니다. 이제 독서 교육은 국가 사회적 인프라이면서, 독서 활동은 다양한 플랫폼 기반을 통해서 발전할 것입니다.

　일찍이 한우리독서문화운동본부는 이런 독서 교육 철학과 독서 문화 기치를 걸고 독서 교육 전문가를 양성하고, 독서 교육 교재를 개발하는 경험을 쌓아 왔습니다. 이 책은 독서 지도의 기초 기반 토대를 충실히 구성하고, 그것과 지도의 실제를 유기적으로 연계함으로써 이론과 실제의 전체성을 조화 있게 조직해 내고 있습니다. 풍부하고 광범위한 참고 자료와 문헌을 잘 정리해 둔 것도 책의 유용성을 높일 것으로 보입니다. 독서 지도 일선에 있는 분들에게 유익함을 주리라 믿습니다.

　무엇보다도, 이 책은 독서 지도와 함께 가면 더 좋은 효과를 얻을 수 있을 것으로 기대되는, 상호성이 높은 영역들을 독서 교육의 입지에서 유연하게 융합한 점이 좋습니다. 이는 4차 산업 혁명 시대 지식 생태의 변화가 요구하는 '리터러시 교육'의 확장과 변혁에 호응하고자 하는 노력으로 보입니다. 예컨대, 상담과 독서, 미디어 생태와 독서 지도, 글쓰기·논술 지도와의 연계, 토의·토론 지도와의 연계 등에서 그런 장점들을 볼 수 있습니다. 그리고 인지 중심의 독서 지도로 치우쳤던 편협성을 극복하고 아동 문학 독서 지도에 대한 배려를 강화한 것도 바람직해 보입니다. '독서와 정서 발달 지도'라는 면을 의미 있게 반영할 수 있을 것으로 기대되기 때문입니다.

인지심리학에 기반하는 우리의 '독서 교육론'은 학습자를 중심에 두는 오랜 전통을 가지고 있습니다. 물론 여기에는 독서를 가르치는 교수자의 교수 프로세스(teaching process)와 이것에 호응하여 학습자의 배움 프로세스(learning process)가 내적으로 잘 맞물리는 것을 이상으로 하고 있습니다. 이 점이 독서 지도 전문성의 요체라 할 수 있습니다. 그런 점에서 이 책은 강점을 보여 주고 있습니다. 현장 지도 경험의 기술, 그리고 교실 상황에 맞는 활동 교재를 꾸준히 개발해 온 집필진의 역량이 반영된 것으로 보입니다.

독서 교육은 독서를 '활동(activity)'으로 보는 안목과 독서를 '문화'로 보는 안목, 그리고 독서를 '발달 현상'으로 보는 세 차원의 안목을 동시에 요청합니다. 독서 교육 지도자에게는 독서에 대한 거시적 인식론과 미시적 인식론이 모두 필요합니다. 우리의 독서 교육 철학이 그렇게 형성·발전되기를 원합니다. 이 책이 그런 역량을 기르는 데 의미 있는 도움을 주리라 믿습니다.

박인기(경인교육대학교 명예 교수)

| 차례 |

01

읽기 방법 지도

//

일반적으로 읽기란 글을 읽는 행위로 이해한다. 단순하게는 글자를 바르게 읽기, 문장을 알맞게 띄어 읽기와 같은 문자 해독과 관련된 행위를 가리키지만 의미를 확장하여 독자가 의미를 재구성하거나 인격 수양이나 정서 함양을 할 수 있는 행위로 보기도 한다. 읽기는 독서와 달리 영화 읽기, 광고 읽기, 그림 읽기, 인터넷 웹 문서 읽기 등 더 넓은 범위에서 사용되고 있다.

읽기 능력이 발달한 독자들은 글이나 매체를 읽는 행위를 즐길 수 있고, 자기주도학습을 할 수 있으며, 다양한 간접 경험을 바탕으로 더 넓은 세상을 만날 수 있다. 그리고 자신의 생각을 말이나 글로 표현하는 능력도 유능해진다. 그러나 미숙한 독자는 읽기를 통해 얻을 수 있는 다양한 효과를 얻지 못한다. 독서 지도에서 읽기 능력 향상에 관심을 가지고 적극적으로 지도해야 하는 이유가 여기에 있다.

읽기 방법 지도 1장에서는 읽기의 개념, 읽기의 과정, 읽기 방법의 지도 방향에 대해 살펴본다. 2장에서는 학생들의 읽기 능력을 향상시킬 수 있는 다양한 전략을 소개하고, 예시를 통해 이 전략을 배우는 기회를 갖는다. 독서지도사들은 학생들이 이 전략들을 적절하게 활용할 줄 아는 능숙한 독자로 발전하는 데 도움을 주기 위하여 먼저 읽기 전략을 이해하고 교수 방법을 탐색해 볼 수 있다.

● 다음은 읽기와 관련된 몇 가지 설명이다. 맞는 설명이라고 판단하면 ○, 틀린 설명이라고 판단하면 × 표시를 해 보자. 그리고 이 단원 학습 후에 다시 판단해 보고, 학습 전 나의 생각과 비교해 보자.

K(know)	학습 전	학습 후
읽기는 독서와 달리 글자를 바르게 읽는 문자 해독 과정만을 가리킨다.		
독서 목적에 따라 읽기 방법을 다르게 해야 한다.		
문학과 비문학의 읽기 방법은 분명하게 구분할 수 있다.		
다양한 매체는 비판적으로 읽는 태도가 필요하다.		
읽기 전략은 미숙한 독자만을 위한 독서 지도 방법이다.		

제 1 장
읽기의 이해

1. 읽기의 개념

독서 지도 과정에서 독서지도사들이 겪는 어려움 중에 하나가 독해 지도이다. 문자 해독이 가능한 학생들이 읽은 내용의 의미를 파악하지 못할 때 독서지도사들은 어떻게 지도를 해야 학생 스스로 의미 파악을 할 수 있을지를 고민하게 된다. 사회적으로 독서 지도에 대한 관심이 높아지고 독서 단원이 학교 교육 과정 안에 자리를 잡았음에도 학생들의 읽기 능력은 갈수록 떨어진다는 우려의 목소리도 높다.

앞의 내용을 읽어 보면 독해, 독서, 읽기라는 낱말이 사용되었다. 이 행위들은 모두 글을 읽는 행위를 의미하지만 그 범위나 쓰임에는 차이가 있다. 이 차이를 바탕으로 읽기의 개념을 명확히 해 보도록 하자.

우선 읽기는 좁은 의미로는 국어 교과의 하나로 글자를 바르게 읽기, 문장을 알맞게 띄어 읽기와 같이 문자 해독과 문자의 음성화에 초점을 둔 행위를 말한다. 그러나 넓은 의미로는 독서와 같이 독자가 의미를 구성하는 행위로 이해하며, 가치화나 내면화를 거쳐 인격 수양이나 정서 함양을 할 수 있는 행위로 보고 있다. 다만 읽기라는 용어는 독서와 달리 책에 한정하지 않고, 영화, 광고, 그림, 인터넷 웹 문서 등 다양한 매체에도 확장해서 사용하고 있다. 특히 인터넷을 기반으로 하는 읽기 환경이 중요해지면서 복합 양식 텍스트 읽기, 여러 문서 내용을 종합하여 정보를 재구성하는 다문서 읽기 등으로 읽기의 범위가 확장된 것이다.

독해란 글에 포함된 의미 내지는 글에 담긴 정보를 정확하게 수용하기 위한 읽기이다. 어구 풀이, 문단 나누기, 문단 조직하기, 세부 질문에 답하기 등 부분적이고 미시적인 기능에서부터 명시되지 않은 정보를 추론하거나 정보를 재구조화하는 기능, 읽은 내용에 대해 판단을 내리고 평가하는 비판적 이해 기능 등을 포함한다. 전통적인 관점에서는 이 기능들이 위계적이며 하위 기능에서 상위 기능으로 발전한다고 보았으나 최근에는 독해의 하위 기능들이 단계적이라기보다 동시적으로 상호 작용하는 양상으로 실현된다고 보고 있다. '독해'가 하위 기능들을 통해 글 전체 의미를 파악하는 과정을 말한다는 점에서 읽기와 같은 뜻으로 쓰일 때가 있다.

독서는 주로 책을 대상으로 하며 독서 자료의 선택에서부터 독서 태도나 습관, 올바른 인성 함양까지를 아우르는 거시적인 의미를 포함하고 있다. 흔히 책을 읽을 때 독서를 한다고 말하지 독해나 읽기를 한다고 말하지 않는다. 이와 같은 의미를 살펴볼 때 독해는 독서의 하위 개념이라고 할 수 있다. 문자 해독에서부터 시작하여 읽는 글의 의미를 이해하는 과정을 거쳐야 글 전체에 담긴 저자의 의도를 파악하고 자신의 관점에서 수용하는 독서가 가능하기 때문이다.

읽기와 독해, 독서는 읽는 대상이나 낱말의 적용 범위에 따라 차이는 있지만 글을 읽고 그 의미를 이해하고 해석하는 과정을 포함한다는 점은 같다. 그런데 20세기 후반에 이르면서 이 개념들은 그 의미를 확장하여 독서, 읽기(reading)라는 용어 대신 문식성 또는 문해력(literacy)이라는 용어로 널리 사용되고 있다. 두 개념에 대한 정의를 살펴보면 아래와 같다.

[문식성]
• '문식성'이라는 용어는 '문자의 올바른 발음'에서부터 '일상 생활에서 글을 효과적으로 활용하는 것'까지 모두를 포함하는 넓은 개념으로 사용되고 있다. 그런데 '일상 생활에서 글을 효과적으로 활용한다.'는 말은 '글자 읽기'를 통한 '앎'이나 '지식'은 물론 정치적 상황이나 사회적 상황 속에서 사용하는 것까지 포함하고 있다. 즉 읽기와 쓰기를 모두 글을 통한 사회적 상호 작용으로 간주하고 문식의 개념에 포함하고 있는 것이다.

(노명완, 이차숙, 2002:44)

[문해력]
- 의사소통을 목적으로 하는 문자 언어의 사용 능력, 즉 모어를 읽고 쓸 수 있는 능력을 가리킨다. 여기서 읽고 쓸 수 있는 능력이란 자소를 음소로, 음소를 자소로 바꾸는 최소한의 능력을 의미하는 것이 아니라 읽기와 쓰기의 활용에 대한 심적 경향이나 사고방식까지를 포함하는 것이며, 문자 언어로 된 메시지를 단순히 받아들이고 해석하는 것을 넘어 능동적이고 자율적으로 메시지를 생성해 내는 것까지를 포함하는 개념이다.

(『국어교육학사전』, 서울대학교 국어교육연구소, 1999)

문식성과 문해력은 거의 같은 의미로 사용되고 있는데, 공통적으로 글을 읽는 행위가 의미 구성 행위와 정보의 수용 활동을 넘어 사회 문화적 맥락을 고려한 생산 활동으로 확장되어 있음을 알 수 있다. 또 다양한 매체를 이해하고 표현하는 매체 문식성(media literacy) 개념도 포함하고 있다. 그러나 알맞은 지식이나 정서의 생산 활동을 하기 위해서는 이전에 깊이 있는 읽기가 전제되어야 한다. 유능한 글 수용자가 유능한 글 생산자로 이어지기 때문이다.

이상에서 살펴본 바와 같이 읽기의 개념을 단정적으로 말하기는 어렵다. 그러나 글의 의미를 파악하는 과정이라는 점에는 이견이 없을 것이다.

2. 읽기의 본질

1) 의미 구성 행위

한글을 깨우쳤다고 해서 읽기 능력을 완전히 습득했다고 할 수는 없다. 글을 읽고 이해한다는 것은 글을 매개로 필자와 독자가 상호 작용을 하며 의미를 재구성하는 과정이기 때문이다. 같은 내용의 글을 읽더라도 독자의 어휘 수준, 과거 경험, 배경지식 등에 따라 이해하는 내용과 정도가 달라진다. 이때 유능한 독자는 자신의 과거 경험이나 배경지식을 활용해 글에 드러나지 않은 의미를 추론할 수 있으며, 필자가 전하고자 하는 메시지를 이해하고 자신만의 관점에서 의미를 재구성하게 된다.

그러나 인지적으로 어휘 이해나 읽기가 유창하지 못한 독자, 글에서 습득한 정보 처리 능력이 미숙한 독자는 읽은 내용을 수용하여 의미를 재구성하는 단계까지 이르지 못한다. 따라서 읽기에 어려움을 겪는 어린이들에게 읽기 전략을 적극적으로 지도할 필요가 있다.

2) 문제 해결 행위

독자는 글을 읽으면서 여러 가지 문제에 직면하게 된다. 모르는 단어를 만나기도 하고, 이해하기 어려운 문장을 만나기도 한다. 또 글의 중심 생각이 직접 드러나 있지 않아 글쓴이의 의도를 바로 파악하기 어려운 경우나 글쓴이의 생각이 자신과 달라서 고민이 되는 경우도 있다. 능동적인 독자는 글을 읽는 동안 발생하는 이런 문제들을 스스로 해결하며 글을 읽어 나간다.

또한 글을 읽는 행위는 개인과 사회의 문제를 해결하는 과정이기도 하다. 독자들은 자신의 경험을 바탕으로 글을 이해하기도 하지만 읽는 행위를 통해 간접 경험을 하기도 하고, 새로운 정보와 지식을 습득하기도 한다. 이렇게 축적된 경험이나 지식이 개인이 안고 있는 문제를 해결하는 열쇠가 되어 줄 때가 있다. 예를 들면 친구와의 관계에서 생긴 오해를 풀어야 하는 문제를 안고 있던 독자가 책 속의 등장인물을 통해 바람직한 해결 방안을 배우게 되는 경우이다. 또 보고서를 작성해야 하거나 발표를 해야 할 때 읽은 내용 중에서 적절한 자료를 찾아 활용하는 것도 문제 해결 행위의 읽기에 해당한다.

한편 독자들은 글을 읽으며 글쓴이의 관점을 파악하고, 글쓴이의 관점과 자신의 생각을 견주어 보며 글쓴이의 생각을 비판하거나 자신의 생각을 논리적으로 재구성할 수 있다. 이 과정에서 사회가 안고 있는 문제에 대한 해결의 실마리를 찾거나 다양한 대안을 마련하기도 한다. 사회에서 논란이 되거나 찬반 대립이 팽팽한 문제들에 대해 여러 관점의 글을 읽고 생각을 확장하고, 문제 해결의 실마리를 얻었다면 문제 해결을 위한 비판적이고 창의적인 독서를 한 것이다. '4차 산업 혁명 시대에서 인공 지능의 개발은 인간에게 축복인가 재앙인가'라는 화두에 대해 축복으로 보는 관점, 재앙으로 보는 관점의 차이를 이해하고 각각의 입장에 대해 더 깊이 알아보는 독서는 좋은 예시이다. 또는 인공 지능과 인간의 공존을 위한 방안에 대한 글을 읽은 독자가 그 시대를 살기 위하여 어떤 준비를 하여야 할지 고민하고, 그런 사회에서 필요한 규범이나 태도가 무엇일지 생각하였다면 문제 해결을 위한 읽기를 한 것이다.

3) 사회적 상호 작용 행위

독자는 글을 매개로 작가와 소통한다. 그리고 읽은 과정에서 깨달은 자신의 생각을 다른 독자들과 주고받으며 세상과 의사소통을 한다. 글을 읽는 행위가 사회 구성원들과 생각을 주고받으며 관계를 이어 가는 매개체가 되는 것이다. 세상은 서로 다른 개성을 지닌 사람들이 모여 사는 커다란 집합체이다. 이런 사회에서 글을 읽고 자신의 생각을 표현하는 것은 다른 인격체들과 지속적인 상호 작용을 하는 것이다. 인터넷을 기반으로 자신과 비슷한 생각을 가진 사람들 또는 반대의 생각을 가진 사람들과 의견을 교환하며 사회 활동을 하는 행위로써 작용한다.

3. 읽기의 과정

1920년대 독서에 대한 연구가 처음 이루어지던 시기에는 행동주의 심리학의 관점에 따라 읽기를 문자 해독 과정이라고 정의했었다. 독자가 가지고 있는 기억이나 정서를 배제하고 객관적으로 관찰할 수 있는 글자를 읽는 행위만이 연구의 대상이었던 것이다.

그러나 1980년 이후로는 인지 심리학의 관점에 따라 읽기를 읽은 내용에서 정보를 수용하여 독자가 새로운 의미를 구성하는 정신 작용으로 정의하였다. 이는 독서 연구의 중심이 '글'에서 '독자'로 이동한 매우 큰 변화로, 읽기를 글의 의미를 재구성하는 독자의 인지적 과정(cognitive process)이라고 믿는 것이다. 이후의 연구는 읽기를 개인적인 차원을 넘어서 사회 문화적 맥락 속에서 이루어지는 상호 작용으로 정의하고 있다.

이와 같은 연구 결과를 바탕으로 읽기 과정은 두 가지 측면으로 나누어 설명할 수 있다. 하나는 독자의 인지 처리에 따른 읽기 과정이고, 다른 하나는 텍스트 처리 단계에 따른 읽기 과정이다.

1) 인지 중심 과정

인지 중심 과정에서는 읽기 과정을 독자의 인지 처리 단계로 본다. 즉 능숙한 독자일수록 읽기 과정에서 자신의 스키마를 최대한 활용하면서 독서를 수행하는데, 독서를 준비하고, 내용을 처리하고, 내용을 공고화하는 일련의 과정을 거친다는 것이다. 이 읽기 과정은 구체적으로 읽기 전, 읽는 중, 읽은 후 활동으로 구분된다. [그림 1]은 이런 독서 과정에 따라 인지적 활동을 달리하는 능숙한 독자의 사고를 보여 준다.

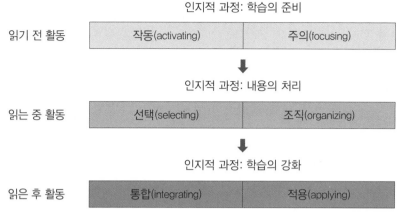

[그림 1] 독자의 인지 처리에 따른 읽기 과정(노명완·정혜승·옥현진, 2005:271)

(1) 읽기 전 활동

능숙한 독자는 '읽기 전'에 화제와 관련하여 자신이 알고 있는 배경지식을 작동시키고 읽기 목적에 주의를 기울이는 전략을 사용하여 학습을 준비한다. 독자 스스로 독서 준비를 위한 지적 과정을 충분히 거치는 것이다.

우선 시험이나 과제를 준비하는 독서인지, 흥미나 재미를 위한 독서인지, 또는 앎을 위한 독서인지, 깨달음을 위한 독서인지, 느낌을 위한 독서인지 등과 관련하여 독서 목적을 분명히 한다. 그리고 제목, 차례, 삽화, 표지, 저자 등을 미리 보면서 예측을 하거나 연상을 한다. 이런 활동들이 모두 배경지식을 작동시키고 읽기 목적이나 필요한 정보에 주의를 기울이도록 하는 지적 활동을 유도하게 된다.

(2) 읽는 중 활동

독자는 읽기 전 활동을 통해 활성화한 배경지식을 바탕으로 텍스트의 중요한 내용을 선택하고 이 내용들을 적절한 방법으로 조직하는 전략을 '읽는 중'에 적극적으로 사용한다. 그런데 읽기 전 활동과 읽은 후 활동은 주변의 도움을 받기 수월하지만, 읽는 중 활동은 독자의 머릿속에서 이루어지는 지적 활동이기 때문에 주변의 도움을 받는다는 것이 상대적으로 어렵다.

따라서 독서 지도 과정은 주로 읽기 전 활동과 읽은 후 활동으로 구성되는데, 경험이 많은 교사는 학생이 읽는 중에도 중요한 내용을 선택하거나 위계적으로 조직할 수 있도록 도와주는 전략을 사용한다. 이런 지도 전략은 읽기 전에 예측했던 것들과 비교하고 스스로 질문을 만든 후 그에 대답해 보는 적극적인 독서 전략을 활용하는 것이다. 능숙한 독자일수록 읽는 중에 중요한 부분에 효과적으로 밑줄을 긋거나 핵심 내용, 질문거리, 느낌 등을 적절하게 메모하면서 능동적으로 내용을 처리할 수 있다.

(3) 읽은 후 활동

능숙한 독자는 읽은 후에 책 속의 아이디어나 주제, 또는 주요 쟁점 등에 대해서 더 깊이 생각해 보는 시간을 갖는다. 이런 과정은 읽고 난 텍스트의 내용에 대한 학습 결과를 강화하도록 해 준다. 예를 들어, 책을 읽고 난 후 다른 사람들과 협의하거나 토론을 하면서 새로 알게 된 내용을 기존 지식과 '통합'하고 새로운 상황에 '적용'하는 인지적 과정을 유도하기 때문이다.

이렇게 독자는 읽기 전, 읽는 중, 읽은 후의 각 단계에서 자신이 가진 배경지식과 텍스트의 정보를 연결하는 지적 과정을 거친다. 능숙한 독자일수록 적극적으로 배경지식을 활용하는 경향이 있다.

2) 텍스트 중심 과정

읽기 과정을 텍스트 처리 단계에 따라 미시 과정, 통합 과정, 거시 과정, 정교화 과정 그리고 초인지 과정으로 설명하기도 한다. 이는 단어 수준, 문장 수준, 문단 수준, 전체 글 수준으로 확대되는 텍스트의 위계와 관련된다. [그림 2]는 Irwin(1986)이 분류한 텍스트 처리 단계에 따른 읽기 과정을 도식화한 것이다.

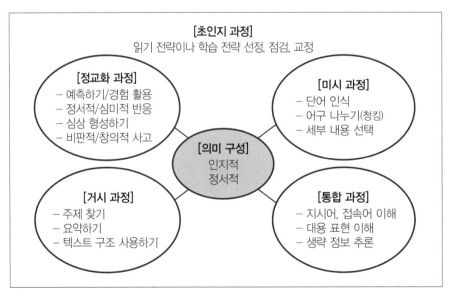

[그림 2] 텍스트 처리 단계에 따른 읽기 과정(조슬린너 지아쏭, 이남송 역, 2004:35~39)

(1) 미시 과정

텍스트를 이해하기 위해서 독자는 기본적으로 문장 수준의 의미를 처리할 수 있어야 한다. '미시 과정'은 개별 문장의 의미를 이해하기 위해 단어들을 의미 있는 구(句)로 묶거나 문장을 의미 있는 구로 나누고 글에서 필요한 문장의 중요 아이디어를 선택하는 과정을 의미한다. 이 과정에는 단어들 사이의 관계나 위계 파악하기, 중요한 단어 선택하기, 모호하거나 비유적인 표현 확인하기 등이 포함된다.

(2) 통합 과정

'통합 과정'은 문장과 문장 사이의 관계를 이해하고 추론하는 과정이다. 미시 과정을 통해 처리한 개별 문장들을 통합적으로 이해하는 작업을 수행한다. 이를 위해서는 두 문장의 관계를 보여 주는 대용 표현이나 연결 관계를 확인하는 것과 문장 사이에 생략된 정보를 추론하는 능력이 필요하다.

(3) 거시 과정

'거시 과정'은 문단이나 전체 글 수준에서 중심 내용과 그것을 뒷받침하는 세부 내용을 위계적으로 처리하는 과정이다. 독자는 독서 과정에서 모든 텍스트 정보를 동일한 수준으로 처리하지 않는다. 특히 능숙한 독자일수록 각 문장이나 문단에 대한 중요도를 평정하면서 독서 행위를 한다. 이를 통해 덜 중요하거나 세부적인 내용보다는 주제와 관련된 중요한 내용에 더 주의를 기울이게 된다. 따라서 이 과정에서는 묘사, 설명, 비교-대조, 이야기 문법 등과 같은 글 또는 이야기의 구조에 대한 지식이 매우 중요하다고 하겠다.

(4) 정교화 과정

'정교화 과정'은 필자가 직접적으로 의도하지 않은 내용에 대해서 독자가 자신의 배경지식을 활용하여 추론하고 세부 내용을 추가하는 과정이다. 앞에서 언급된 미시 과정, 통합 과정, 거시 과정을 거치는 동안 독자는 지속적으로 글의 내용을 정교화(elaboration)하게 되는데, 초인지 과정과 함께 독자의 배경지식이 가장 중요한 요인으로 작동하는 단계이다. 대표적인 정교화 과정으로는 예측이나 경험을 적극 활용하며 읽기, 줄거리에 정서적으로 반응하거나 등장인물과 동일시하기, 상황이나 장면의 세부 사항 추론하기, 감각적 경험을 심리적 영상(심상)으로 상상하기, 비판적으로 접근하거나 창의적으로 해석하기 등이 있다.

(5) 초인지 과정

'초인지 과정'은 독서 과정에서 수행한 인지 작용 결과를 점검하고 평가하고 조절하는 과정이다. 앞의 네 가지 독서 과정이 독자의 인지(cognition)와 관련된 것이라면, 이 과정은 초인지(meta-cognition)와 관련된다. 능숙한 독자는 독서를 수행하는 동안 그 과정을 수시로 검토하고 발견되는 문제들을 즉각적으로 해결한다. 즉, 성공적인 독서를 위해서는 읽은 내용에 대한 이해뿐만이 아니라, 특정한 독서 목적을 이루기 위해 독서 전략을 선택하고 평가하고 조절하는 능력 또한 중요하다는 것이다.

> **참고**
>
> **초인지(meta-cognition)의 의미**
>
> 초인지는 인지(cognition)에 관한 인지 또는 사고(thinking)에 관한 사고를 말한다. 자신의 사고 행위를 끊임없이 점검하고 조절하고 평가하는 지적 행위를 가리킨다. 학자에 따라서 상위 인지 또는 메타 인지라고 표현하기도 한다.
>
> 초인지의 개념을 좀 더 분명하게 하기 위해서 인지 전략과 초인지 전략을 비교하는 것이 효과적이다. 독서를 포함한 학습 과정에서 수행하는 인지 전략에는 밑줄 긋기, 노트하기, 요약하기, 정교화하기 등이 있는 반면, 초인지 전략에는 자기 점검, 자기 평가, 질문 생성, 목표 설정 등이 있다.
>
> (『독서교육사전』, 한국어문교육연구소 편, 2006:469~470 참고)

4. 학교 교육 과정에서의 읽기

독서 지도 현장에서 지도할 읽기 전략을 이해하기에 앞서 학교 교육 과정에서 '읽기' 교육은 어떻게 이루어지고 있는지 살펴보자.

현재 학교 교육은 창의 융합형 인재 양성을 목표로 하는 '2015개정교육과정'이다. 이 교육 과정 안에 국어의 하위 영역으로 자리하고 있는 '읽기'의 내용 체계는 〈표 1〉과 같다. 교육 내용을 살펴보면 읽기의 본질, 목적에 따른 글의 유형, 읽기의 구성 요소, 읽기의 태도 등으로 세분화되어 있으며, '지식', '기능', '태도'를 별도로 분리하지 않고 통합적으로 반영하고 있는 특징이 있다. 즉 '읽기' 과목의 내용에는 앞서 말한 좁은 의미의 읽기 개념과 넓은 의미의 읽기 개념이 모두 포함되어 있으며, 독서 단원이나 연극 단원 등을 통해 통합된 수업 활동을 강조하고 있다.

교과서를 보면 읽기 전략을 적용한 활동들로 구성되어 있고, 배운 내용을 체험하여 기능을 습득할 수 있도록 계획되어 있다. 〈표 1〉의 '읽기 영역의 내용 체계'는 교사가 학생들에게 읽기 전략을 지도할 때 어느 학년에서 어떤 전략을 지도해야 할지 판단하는 기준으로 삼을 수 있다.

〈표 1〉 읽기 영역의 내용 체계(2015개정교육과정)

핵심 개념	일반화된 지식	학년(군)별 내용 요소					기능
		초등학교			중학교 1~3학년	고등학교 1학년	
		1~2학년	3~4학년	5~6학년			
읽기의 본질	읽기는 읽기 과정에서의 문제를 해결하며 의미를 구성하고 사회적으로 소통하는 행위이다.			의미 구성 과정	문제 해결 과정	사회적 상호 작용	• 맥락 이해하기 • 몰입하기 • 내용 확인하기 • 추론하기 • 비판하기 • 성찰·공감하기 • 통합·적용하기 • 독서 경험 공유하기 • 점검·조정하기
목적에 따른 글의 유형 • 정보 전달 • 설득 • 친교·정서 표현 **읽기와 매체**	의사소통의 목적, 매체 등에 따라 다양한 글 유형이 있으며, 유형에 따라 읽기의 방법이 다르다.	• 글자, 낱말, 문장, 짧은 글	• 정보 전달, 설득, 친교 및 정서 표현 • 친숙한 화제	• 정보 전달, 설득, 친교 및 정서 표현 • 사회·문화적 화제 • 글과 매체	• 정보 전달, 설득, 친교 및 정서 표현 • 사회·문화적 화제 • 한 편의 글과 매체	• 인문·예술, 사회·문화, 과학·기술 분야의 다양한 화제 • 한 편의 글과 매체	
읽기의 구성 요소 • 독자 • 글 • 맥락 **읽기의 과정** **읽기의 방법** • 사실적 이해 • 추론적 이해 • 비판적 이해 • 창의적 이해 • 읽기 과정의 점검	독자는 배경지식을 활용하며 읽기 목적과 상황, 글 유형에 따라 적절한 읽기 방법을 활용하여 능동적으로 글을 읽는다.	• 소리 내어 읽기 • 띄어 읽기 • 내용 확인 • 인물의 처지·마음 짐작하기	• 중심 생각 파악 • 내용 간추리기 • 추론하며 읽기 • 사실과 의견의 구별	• 내용 요약 [글의 구조] • 주장이나 주제 파악 • 내용의 타당성 평가 • 표현의 적절성 평가 • 매체 읽기 방법의 적용	• 내용 예측 • 내용 요약 [읽기 목적, 글의 특성] • 설명 방법 파악 • 논증 방법 파악 • 관점과 형식의 비교 • 매체의 표현 방법·의도 평가 • 참고 자료 활용 • 한 편의 글 읽기 • 읽기 과정의 점검과 조정	• 관점과 표현 방법의 평가 • 비판적·문제 해결적 읽기 • 읽기 과정의 점검과 조정	
읽기의 태도 • 읽기 흥미 • 읽기의 생활화	읽기의 가치를 인식하고 자발적 읽기를 생활화할 때 읽기를 효과적으로 수행할 수 있다.	• 읽기에 대한 흥미	• 경험과 느낌 나누기	• 읽기 습관 점검하기	• 읽기 생활화하기	• 자발적 읽기	

학교 교육 과정에 반영되어 있는 '읽기 기능'과 2장에서 소개할 '읽기 전략'은 어떻게 구분되어 쓰이는지 알아보자.

노명완(1988)은 전략은 기능과 달리 언어 처리자의 능동적 행위이며, "기능처럼 자동적으로 수행되는 것이 아닌 조직적이고 계획적인 활동"이라고 하였다. 천경록(1995)은 전략을 "행위자가 주어진 목적을 달성하기 위하여 최적의 대안을 모색하는 방법"이라고 정의 내리고 있다.(이경화, 2004:244~245) 두 정의를 통해 읽기 전략은 계획적으로 연습해야 할 방법이며, 기능은 자동적으로 처리되는 능력으로 보고 있음을 알 수 있다. 결국 정도의 차이는 있지만 읽기 전략과 읽기 기능은 학습자들의 통합적이고 총체적인 언어 능력을 기르기 위해 지도해야 할 내용으로 다루어지고 있는 것이다.

5. 읽기 방법 지도 방향

학교 교육 과정의 읽기 교육 내용 체계는 독서 지도 현장에서 읽기 방법 지도와 같은 방향을 향하고 있다. 다양한 전략을 습득하여 기능을 지닌 능동적이고 유능한 독자를 양성하는 것이다. 그러나 그것은 읽기 태도가 바르게 형성되고 꾸준한 독서 활동을 이어 갔을 경우에 가장 마지막에 결과로서 만날 수 있는 모습이다.

초등학교 저학년이라면 한글을 바르게 읽기, 유창하게 읽기, 바르게 띄어 읽기와 같은 기본적인 읽기 행위 지도에 관심을 가져야 한다. 글을 깨치자마자 낭독기를 거치지 않고 묵독으로 넘어간 학생들 중에 유창하게 읽기나 의미 단위로 띄어 읽기 능력이 부족한 경우가 있다. 이들은 읽기에 어려움을 느끼며, 읽은 후에 주요 정보를 회상하지 못한다. 낱말 이해에 실패하고 문장 간의 관계를 파악하지 못하기 때문이다. 읽기 능력이 이 수준에 머무르게 되면 읽은 내용을 바르게 기억하지 못할 뿐만 아니라 추론적 이해나 비판적 이해 능력의 발전을 기대할 수 없다. 따라서 낱말과 문장 수준에서의 읽기 지도는 중요하다.

학년이 올라가면서 초인지 능력을 활용할 수 있도록 교수-학습이 이루어져야 한다. 학생 스스로 배경지식 활용하기, 독서 목적에 맞는 읽기 방법 선택하기, 읽은 내용을 활용해서 문제 해결하기와 같은 다양한 전략을 습득하여 필요에 따라 적절하게 활용할 줄 아는, 기능을 지닌 독자가 되도록 지도하여야 한다. 학생의 발전을 위하여 교사는 적절한 질문을 하거나 여러 가지 읽기 전략을 반복적으로 시범을 보이며 도와주어야 한다. 이때 많은 전략을 한꺼번에 지도하기보다 사실적이고 단순한 전략에서 시작하여 더 복잡한 전략을 익히거나 여러 전략을 종합적으로 활용하는 방향으로 나아가는 것이 바람직하다.

나아가 다매체 자료의 읽기를 함께 지도하여야 한다. 인터넷을 기반으로 하는 읽기와 쓰기가 생활화되었으며, 인터넷 안의 방대한 자료를 읽고 분석하고 판단해야 할 비판적 읽기가 중요해졌다. 따라서 기사문, 그래프, 사진, 광고, 영화 등에 담긴 내용을 정확하게 파악하기, 제목이나 그림에 담긴 의미 추론하기, 자료의 활용 방안 떠올리기 등 매체 자료의 독해 능력을 갖출 수 있도록 지도하여야 한다.

여러 읽기 방법을 지도할 때 유념해야 할 점은 읽기 전략을 지도하는 목적이 무엇인지 잊지 않는 것이다. 끝말잇기를 잘하는 학생의 경우라도 어휘력은 뛰어나지 못한 경우를 생각하면 쉽게 이해가 될 것이다. 미시적인 읽기 전략들을 연습하는 데에 그치지 않고, 학생들이 그 전략을 적용하고 종합하여 글 전체를 이해하는 능력을 기를 수 있도록 독서지도사는 교수 방법을 설계하여야 한다.

제 2장
전략적 읽기 방법

1. 다양한 읽기 방법

현대 사회는 과거에 비해 읽어야 할 글의 내용이나 종류가 다양할 뿐만 아니라 글을 읽는 상황이나 목적도 다양해졌다. 그런 점들을 고려하지 않고 늘 같은 방법으로 글을 읽는다면 미숙한 독자라고 볼 수 있다. 효과적으로 글을 읽기 위해서는 구체적인 방법을 알고, 글을 읽는 목적에 맞게 방법을 선택하고, 읽기 단계에서 자신이 선택한 읽기 방법이 적절한지 점검하며 읽어야 한다. 읽기 방법은 기준에 따라 아래처럼 분류할 수 있다.

1) 발성 여부에 따라

음독(音讀)	소리 내서 읽는 방법이다. 책 내용을 바르게 파악하거나 오래 기억하는 데 도움이 된다.
묵독(默讀)	소리 내지 않고 눈으로 읽는 방법이다. 음독에 비해 읽는 속도가 빠른 편이다.

2) 독서 범위에 따라

전부 읽기	글 전체를 처음부터 끝까지 모두 읽는 방법이다. 소설처럼 구조가 있거나 내용이 유기적으로 이어지는 글에 적합하다.
발췌 읽기	필요한 부분만 찾아 선별하여 읽는 방법이다. 요리책이나 백과사전처럼 필요한 부분만 찾아 읽을 때 적절하다.

3) 독서 속도에 따라

속독(速讀)	중요한 정보를 중심으로 빨리 읽는 방법이다. 제한된 시간 안에 많은 분량을 읽어야 할 때 적합하다.
지독(遲讀)	의미를 새겨 가며 천천히 읽는 방법이다. 필요한 부분이나 마음에 남는 부분에 밑줄을 긋거나 메모를 남길 수도 있다.

4) 꼼꼼한 정도에 따라

통독(通讀)	글 전체를 대강 훑어보며 중심 내용을 알아보는 방법이다.
정독(精讀)	글의 세부 내용까지 정확하게 파악하며 읽는 방법이다. 시험 준비를 하면서 교과서를 읽는 경우이다.
미독(味讀)	글의 내용이나 표현 등을 맛보며 읽는 방법으로 시처럼 문학 작품을 감상할 때 적합하다.

2. 독서 목적에 따른 읽기 방법

학생들은 독서 목적을 알 때 더 효과적으로 글을 읽는다고 하며, 능숙한 독자는 독서 목적에 맞는 적절한 읽기 방법을 선택할 줄 안다고 한다. 독서 목적은 여러 가지가 있는데 지식이나 정보를 얻기 위해서 글을 읽기도 하고, 깨달음이나 즐거움을 얻기 위해서 글을 읽기도 한다. 또한 시험을 준비하기 위해서 읽기도 하며, 나의 주장을 뒷받침할 자료를 찾기 위해 읽기도 한다. 읽기 목적이 다를 때 글을 읽는 방법은 어떻게 다를 수 있는지 〈표 2〉를 참고할 수 있다.

<표 2> 독서 목적과 읽기 방법의 예

독자	읽기 목적	글의 유형	읽기 방법
유치원생이나 초등학교 저학년 학생	즐거움을 얻기 위하여	그림책	음독, 전부 읽기, 지독
동물에 관심 있는 초등학교 4학년 학생	관심 있는 분야의 지식을 얻기 위하여	백과사전	발췌 읽기, 지독
초등학교 5학년 학생	즐겁게 읽고 독서 감상문을 쓰기 위하여	동화책	묵독, 전부 읽기
보고서를 작성해야 하는 중학교 1학년	보고서 작성을 위한 자료 수집을 위하여	관련 있는 도서	발췌 읽기, 속독, 통독
시험공부를 하는 고등학생	지식이나 정보를 얻기 위하여	교과서	속독, 정독, 음독

유치원생이나 초등학교 저학년 학생이 즐거움을 얻기 위하여 그림책을 읽을 때 소리 내어 읽기를 하면 글자와 소리가 일치하는 즐거운 경험을 할 수 있으며, 줄거리가 있는 책이기 때문에 천천히 전부 읽기가 적절하다. 동물에 관심 있는 학생이 백과사전을 보며 지식을 얻을 때는 관심 없는 분야는 지나치고 관심 있는 분야만 선별하여 읽는 발췌 읽기를 하고, 자신이 원하는 정보가 있는 부분에서 천천히 정독을 하게 된다. 독서 감상문을 써야 하는 학생은 묵독으로 빠르게 전부 읽기를 선택할 수 있다.

보고서를 작성해야 하는 학생은 필요한 내용을 찾기 위해 통독으로 책 전체 내용을 대강 살펴본 후에 필요한 부분만 발췌 읽기를 하는 것이 알맞다. 또 보고서 작성은 기한이 정해져 있으므로 빠르게 읽는 속독이 적절하다. 시험 준비를 해야 하는 학생이라면 빠르게(속독) 정독을 한 후에, 내용을 외우기 위해서 음독을 반복적으로 활용할 수 있다.

읽기 목적에 따라 읽기 방법이 다르듯이 선택하는 글의 유형 역시 달라진다. 지식이나 정보를 얻기 위해서는 학습서, 백과사전, 안내문, 자료 수집을 위한 매체 자료나 관련 도서를 읽어야 한다. 깨달음이나 즐거움을 얻기 위해서는 주로 시나 소설, 기행문, 수필 같은 문학 작품을 선택한다. 어떤 주제에 대해 다양한 관점에서 여러 의견을 살펴보며 적절성이나 타당성을 따져 볼 필요가 있을 때는 신문 기사, 사설, 칼럼 등을 선택할 수 있다.

학생이 스스로 읽기 목적을 이해하고 목적에 맞는 방법으로 글을 읽을 수 있다면 능숙한 독자이다. 그러나 그렇지 못한 학생일 경우 교사는 읽기 목적과 읽기 방법을 환기해 줄 필요가 있다. 읽는 목적과 읽어야 할 자료에 따라 다르게 읽는 방법을 인지한 학생은 읽기에 흥미를 가질 수 있다.

3. 글의 특성에 따른 읽기 방법

1) 동시 읽기

유치부나 저학년은 동시나 동요 읽는 것을 즐거워하고 어렵다고 느끼지 않는다. 그런데 초등학교 고학년이나 중·고등학생들은 시 읽기를 어려워하고 글쓴이가 시 안에 담아 놓은 의미를 파악하지 못할 때가 많다. 그 이유는 학년이 올라가면서 공부와 관련이 적다고 생각되는 동시를 자주 접하지 않기 때문이다. 독서 지도 현장에서도 이야기 글이나 설명글에 비해 동시가 수업 제재로 선택되는 비율이 낮은 편이다. 하지만 동시는 말의 재미를 느낄 수 있고, 낱말에 담긴 함축적 의미를 파악하거나 압축된 내용의 행간을 읽어 내면서 추론하는 능력을 기르기에 아주 좋은 장르이다. 또 사랑, 행복, 그리움, 즐거움 등 화자의 정서에 공감하며 정서를 기르는 효과도 크다.

아래 동시 읽기 방법은 초등학생들이 할 수 있는 활동이지만, 모든 학년이 똑같은 활동을 매번 할 필요는 없으므로 활동 범위는 학년에 따라 다르게 적용하도록 한다.

⊙ 동시 읽기 방법

1. 제일 먼저 동시의 제목을 읽는다.
2. 행과 연에 맞추어 천천히 소리 내어 읽는다.
3. 반복되는 말이나 흉내 내는 말의 느낌을 살려 읽는다.
4. 동시를 읽으며 장면을 떠올려 본다. (동시를 다 읽은 후 떠오르는 장면을 말하거나 그림으로 그려 볼 수 있다.)
5. 동시 안에서 말하는 이가 누구인지 찾아본다.
6. 말하는 이가 무엇을 하고 있는지, 어떤 마음인지 느껴 본다.
7. 비유적인 표현들을 찾고, 두 대상을 비유한 이유가 무엇일지 이야기 나눈다.
8. 작가가 시에 담고자 한 의미가 무엇일지 이야기 나눈다.

많은 학생들이 동시를 읽을 때 제목을 건너뛰고 읽는다. 문학 작품에서 제목은 소재 아니면 주제이다. 특히 시의 제목은 내용으로 연결되는 경우가 많아서 반드시 제목부터 읽도록 지도하여야 한다. 아래 동시를 읽으며 제목이 무엇일지 생각해 보자. 제목을 먼저 읽은 경우와 아닌 경우 내용 이해가 어떻게 다를지 이해할 수 있다.

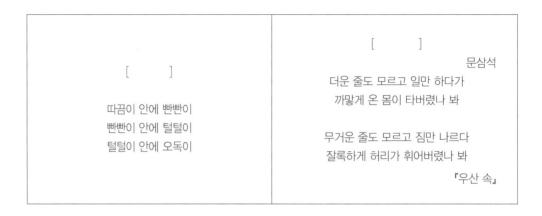

[   ]

따끔이 안에 빤빤이
빤빤이 안에 털털이
털털이 안에 오독이

[   ]

문삼석

더운 줄도 모르고 일만 하다가
까맣게 온 몸이 타버렸나 봐

무거운 줄도 모르고 짐만 나르다
잘록하게 허리가 휘어버렸나 봐

『우산 속』

동시를 소리 내어 읽혀 보면 행과 연을 구분하지 않고 동화의 문장처럼 줄줄 이어서 읽는 경우가 많다. 소리의 높낮이나 음의 강약이 없이 밋밋하게 읽는 경우도 있다. 동시는 리듬감을 살리고 행과 연을 구분하여 천천히 읽어야 장면을 떠올릴 수 있고, 작품 안에 담긴 의미를 느낄 수 있는 갈래라는 점을 지도하여야 한다.

그리고 동시 안에는 작가가 아닌 말하는 이(화자)가 있다는 점을 알고, 누가, 어떤 상황에서, 어떤 마음을 나타내고 있는지 짐작하며 읽도록 해야 한다. 아래 시를 읽을 때 행에 따라 천천히 낭독한 후, 말하는 이(화자)가 누구라고 생각하는지, 그렇게 생각한 이유가 무엇인지 이야기 나눌 수 있다. 또 반복되는 표현을 찾고 그 말에 담긴 화자의 마음을 짐작하면서 감상할 수 있다.

오줌싸개 지도	엄마야 누나야
윤동주	김소월
빨랫줄에 걸어 논 요에다 그린 지도 지난 밤에 내 동생 오줌 싸 그린 지도 (후략)	엄마야 누나야 강변 살자 뜰에는 반짝이는 금모랫빛 뒷문 밖에는 갈잎의 노래 엄마야 누나야 강변 살자

동시에는 다양한 표현법들이 쓰인다.(1권 제4장 글쓰기 지도의 실제 참조) 하나의 대상을 다른 대상에 빗대어 표현한 비유적 표현들을 알고, 비유한 이유를 생각하며 동시를 감상할 수 있다.

〈표 3〉 동시 읽기 예

혼자 있는 날

이혜영

학교에서 돌아오니
텅 빈 집
집안 아저씨네 다녀오신다더니
엄마는 동생을 데리고 가셨나 보다

빨래 없는
저기 빨랫줄처럼
아, 허전해

고자질해도 좋아,
동생 목소리
듣고 싶어

혼자 울다
슬그머니 그치는 매미가
꼭 내 맘 같아

거미줄에 매달린
나뭇잎처럼 흔들려,
혼자 있는 날은

『연둣빛 나라』

- 제목을 먼저 읽은 후, 동시를 읽어 봅시다.
- 시에서 말하는 이는 누구인가요?
- 말하는 이는 지금 어디서 무엇을 하고 있나요?
- 화자의 마음을 비유한 다른 대상은 무엇인가요?
- 비유를 통해 드러내고 싶은 화자의 마음은 무엇인가요?
- 화자와 비슷한 마음을 느낀 때는 언제인가요?
- 글쓴이가 전하고자 하는 주제는 무엇인가요?
- 화자의 마음을 생각하며 동시를 다시 읽어 봅시다.

2) 이야기 글 읽기

여러 학자들의 견해를 종합하면 이야기 안에는 인물, 사건, 배경이 포함되어 있으며, 인물의 행동으로 사건의 진행과 결과가 나타날 때 이야기 글이라고 할 수 있다. 설화, 전래 동화, 생활 동화 등 일정한 구조를 가지고 있고, 앞의 조건을 충족하면 모두 이야기 글에 포함되는 것이다. 책으로 보면 동화책만이 아니라 인물 이야기, 역사 동화 등도 이야기 글에 포함된다. 이야기 글은 학생들에게 가장 친숙한 갈래이기도 하지만, 학년이 올라가면서 글이 길어지고 사건이 복잡해지면 읽기에 부담을 느끼게 되고 책을 멀리하게 만들기도 한다. 따라서 학년이 올라가도 읽기에 부담을 느끼지 않도록 읽기의 유창성이 길러져야 한다. 아래는 학생들이 이야기 글을 읽는 부담을 덜어 주고, 읽기 능력을 발전시키는 데 도움을 줄 수 있는 전략들이다.

(1) 어구 나누기
아래 문장을 빗금에 따라 다르게 읽어 보자.

> • 어렸을 적 / 섬에서 / 자란 나는 / 바다가 / 보이는 벼랑에 / 자주 / 서곤 했습니다.
>
> • 어렸을 적 / 섬에서 자란 나는 / 바다가 보이는 벼랑에 / 자주 서곤 했습니다.

주어진 문장을 빗금에 따라 다르게 읽어 보면 긴 문장을 적절하게 어구 단위로 끊어 읽을 줄 아는 것이 읽기의 중요한 능력이라는 것을 깨달을 수 있다. 저학년이라면 어절 단위로만 끊어 읽어도 문제가 되지 않는다. 하지만 고학년 이상에서 끊어 읽기가 바르지 않으면 독자는 내용을 반복해서 읽어야 글 내용을 이해할 수 있기 때문에 읽는 데 시간이 많이 걸려 책에 대한 흥미를 잃게 된다.

메이슨과 켄달(Mason & Kendall, 1978)은 미숙한 독자의 독해력은 문장들이 의미 단위로 나누어져 있을 때 향상된다는 사실을 밝혀냈다. 또 스티븐스(Stevens, 1981)는 고등학교 2학년 학생들이 구(phrase) 단위로 빗금을 그으면서 어구를 나누어 읽을 때 표준 읽기 능력 검사에서 향상된 성과를 보인다는 점을 발견하였다.(Judith W. Irwin, 천경록, 이경화, 서혁 공역, 2012:71) 유창한 독해를 위해서는 미시 수준의 낱말 이해와 어구 나누기 능력이 자동화되어야 하는 것이다. 어구 나누어 읽기는 능숙한 독자나 미숙한 독자 모두에게 의미 있는 활동이지만 특히 읽기를 어려워하거나 소리 내어 읽기에 미숙한 독자, 읽은 내용을 바르게 기억하지 못하는 독자에게 효과적인 읽기 전략이다. 독해 문제가 나타나 어구 나누기를 교정 전략으로 활용할 때는 쉬운 텍스트를 활용해 반복적으로 연습해야 도움이 된다.

어구 나누기 훈련을 위해서 동시 또는 구 단위로 줄을 바꾸어 쓴 그림책을 소리 내어 읽거나 옮겨 써 보는 것은 좋은 방법이다. 그리고 학생이 긴 문장을 구 단위로 다시 써 보는 활동도 의미가 있다. 구 단위로 쓰기 위해서는 읽기를 반복하며 어디에서 나누어 써야 할지 고민을 하게 되고, 그 과정에서 자연스럽게 구를 나누어 읽는 훈련이 될 수 있다. 다음 〈표 4〉처럼 [가]의 긴 문장을 [나]와 같이 어구 단위로 다시 써 볼 수 있으며, [나]와 같은 활동이 익숙해지면 [다]처럼 어구의 길이를 더 길게 나눌 수 있다.

〈표 4〉 어구 단위로 다시 써 보기 예

[가] 옛날 어느 산골에 홀어머니가 아들 하나를 데리고 살았어요. 어머니는 들에 가서 나물을 캐고 아들은 산에 가서 나무를 하며 오순도순 잘 살았지요.	
[나] 옛날 어느 산골에 홀어머니가 아들 하나를 데리고 살았어요. 어머니는 들에 가서 나물을 캐고 아들은 산에 가서 나무를 하며 오순도순 잘 살았지요.	[다] 옛날 어느 산골에 홀어머니가 아들 하나를 데리고 살았어요. 어머니는 들에 가서 나물을 캐고 아들은 산에 가서 나무를 하며 오순도순 잘 살았지요.

[나]처럼 나누어진 어구를 각각의 카드로 만들어서 학생들에게 주고 의미가 통하도록 문장으로 배열해 보는 방법도 효과적인 활동이다. 또 [가]와 같은 긴 글에 교사가 미리 빗금(/)으로 표시한 자료를 주고 소리 내어 읽게 하는 것도 어구 나누기 훈련이 된다. 이 단계에 익숙해지면 학생 스스로 빗금을 표시해 보도록 지도한다.

(2) 예측하며 읽기

총체적 언어 이론을 만들어 낸 굿맨(Goodman)은 읽기를 '언어 심리학적 추측 게임 (psycholinguistic guessing game)'이라고 말했다.(노명완, 이차숙, 2002:45) 독자는 앞에서 읽은 내용을 자신의 배경지식을 활용해 해석하고 이어질 내용에 대해 예측하며 읽게 된다. 예측한 것과 유사한 내용이 전개되면 기대가 충족되는 경험으로 독서 활동이 더 만족스럽고 예측에서 어긋나면 실망스럽기도 하지만 이런 추측 게임이 독서의 재미를 더하게 만든다.

예측하기는 재미를 주는 활동에서 더 나아가 초인지 전략을 활용하는 읽기 방법이다. 독자가 글의 내용을 바르게 예측하지 못할 때도 많다. 때로는 잘못된 단서를 활용하기도 하지만 이를 수정하고 보완하는 과정에서 제대로 된 의미를 파악하고 다음 내용을 예측하게 된다. 그리고 이해가 잘 안 되는 부분에서는 읽기 속도를 늦추거나 앞부분으로 다시 돌아가서 읽는 전략을 활용하며 다음 내용을 예측하게 된다. 그렇기 때문에 예측하기는 읽는 과정에서 적극적으로 활용해야 할 방법이다.

그런데 학생이 독서에 능숙하지 않다면 적극적으로 예측하기를 하지 않을 수 있다. 이때 교사는 예측하기를 하며 읽어야 한다고 설명할 수도 있지만 그보다는 예측하기의 재미와 가치를 경험할 수 있도록 기회를 제공해야 한다. 이런 지도는 학생이 독서하기 전에 제공하는 것이 효과적이다.

예측하며 읽기 전략으로 먼저 제목이나 앞뒤 표지를 보고 글의 전체 내용을 예측해 보는 활동이 있다. '우리는 반대합니다'라는 제목을 보았을 때 유능한 독자라면 누가, 왜, 무엇에 반대하는지 궁금하게 생각하고 책을 읽기 시작하지만, 미숙한 독자는 아무 생각 없이 바로 본문을 펼치게 된다. 따라서 책 내용을 예측하지 못하는 학생에게는 교사가 그와 같은 질문을 하여 집중할 부분을 마련해 주어야 한다. 책의 제목과 차례를 보고 내용을 예측할 수도 있고, 책의 일부분만을 미리 읽고 다른 부분을 예측하는 활동도 가능하다.

다음은 이어질 내용을 예측하며 읽는 방법이다. 독자는 글의 전체적인 구조나 내용에 대해 가지고 있는 배경지식을 활용해서 이어질 내용을 예측하게 된다. 예측은 바로 뒤의 내용일 수도 있고 때로는 단어, 이어질 구, 결말 등에 대한 가설이 될 수도 있다. 읽기가 미숙한 학생이라면 교사가 이야기의 전개 부분까지 줄거리를 미리 들려주고 이어질 내용을 예측하게 한 후 책을 읽도록 할 수 있다. 반대로 결말을 먼저 이야기해 주고 앞 부분에서 어떤 사건들이 있었을지 예측해 보게 할 수도 있다.

이어질 내용을 예측하다가 이야기의 결말을 예측할 수도 있다. 인물 간의 관계가 복잡한 이야기나 사건에 반전이 있는 경우, 상황이 예상과 달라지는 경우 등은 주요한 전환점에서 이어질 내용을 예측해 보도록 미리 표시를 해 주는 전략을 쓸 수 있다.

그룹 형태의 독서 지도라면 다양한 의견을 말하도록 격려하고, 학생들의 대답과 예측한 내용의 일치 여부를 확인하며 읽도록 하면 책에 대한 흥미를 높일 수 있다. 책 한 권을 이용한 예측하기 활동이 어려울 경우 빈칸에 들어갈 단어 예측하기, 한 문단 정도의 글을 읽고 이어질 내용 예측하기 활동으로 연습을 하다 익숙해지면 점차 긴 글로 넘어갈 수 있다.

〈표 5〉 예측하기 전략을 적용하여 읽은 예 (『나비 부자』, 김해등 글, 최정인 그림, 스푼북)

『나비 부자』에서 부자가 무슨 의미일까? 많다는 뜻일까, 아버지와 아들이라는 뜻일까?		제목과 표지 그림을 보니 나비와 관련된 내용이 나올 것 같아.
150마리나 되는 나비 그림을 그린 사람이 주인공일 것 같다.	사랑채 안으로 햇살이 들기 시작했다. 문살의 격자무늬가 방바닥에 그려졌다. 나는 살금살금 기어 오는 듯한 햇살을 눈으로 좇았다. 햇살은 방 안쪽의 아버지가 그린 병풍 네 폭에 닿았다. 바로 150마리의 나비를 담고 있는 군접도이다. 저마다 날갯짓이 다르고 암컷 수컷마저 구별되는 나비들이다. 나비 하나하나의 표정까지 읽을 수 있을 만큼 생생했다. "아, 난 언제……." 한숨을 내쉬며 고개를 푹 수그렸다. (중략) 아버지가 상기된 얼굴로 나비를 집고는 소리쳤다. "온실 문 좀 열어라!" "네에, 아버지." 나는 헐레벌떡 뒤뜰에 있는 동절양접, 나비 온실로 달려갔다. 청인이 지켜보는 것도 깜박 잊은 채였다. 아버지는 문안으로 들어가 바둑돌부전나비를 놓아줬다. "아니, 이……이것은!" 청인의 입이 떡 벌어지는 소리가 들려왔다. 어느새 청인과 알렌이 우리 뒤를 쫓아와 온실 문안으로 들어와 있었다. "허어……이걸 어쩌나……. 아버지는 뒤늦게 한탄을 연거푸 토해 냈다. (후략)	나비 온실을 청인에게 들켰으니 다음 이야기가 어떻게 될까?

(3) 이야기 구조 활용하기

글의 구조를 얼마나 잘 인식하느냐 하는 것은 독자가 글을 이해하고 내용을 기억하는 것에 영향을 미친다. 따라서 저자가 사용한 글의 구조를 확인하며 읽는 것은 효과적인 읽기 전략이 될 수 있다. 글의 구조에 관심을 가지면 글의 세부 사항에만 몰입하지 않게 되고, 글 전체를 한눈에 보는 능력이 생긴다. 뿐만 아니라 글의 구조를 이해한다는 것은 무엇이 중요한 내용인가를 아는 것이기도 하다.

글을 능숙하게 읽는 독자는 이야기 구조를 염두에 두며 읽기 때문에 전개될 내용을 예측하며 읽을 수 있고 중점을 두어야 할 부분을 파악하는 데 능숙하여 중요한 줄거리를 놓치지 않는다. 반면에 미숙한 독자는 글을 다 읽은 후에도 이야기 구조를 파악하지 못할 수 있으며 중요한 내용과 중요하지 않은 내용을 구분하는 데 어려움을 겪는다. 그러므로 교사는 이야기 구조에 중점을 둔 질문을 하거나 활동지를 제공하여 학생이 이야기 구조의 틀을 이해하도록 도와야 한다.

이야기 구조와 관련된 질문에는 배경(시간, 장소, 인물), 주제(주요 인물이 부딪치는 문제나 목적), 구성(목적에 도달하기 위해 주요 인물을 이끄는 에피소드의 순서), 그리고 결론(주인공이 그의 목적에 도달하는 방법, 이야기의 끝)에 관한 내용이 있다.

미숙한 독자에게는 책을 읽기 전에 이야기 구조의 틀을 제공하는 것이 더 효과적이며, 예측하기 전략과 함께 지도할 수 있다. 활동지를 미리 제공하여 빈칸 채우기 과제를 제시하면 학생은 이야기의 흐름을 따라가며 읽을 수 있고, 글을 읽는 동안 중요한 부분에 집중할 수 있다. 주의할 것은 모든 칸을 비워 두어서는 안 된다는 점이다. 능숙한 독자는 모방의 기회가 주어지지 않아도 문제를 해결할 수 있지만 미숙한 독자는 그렇지 못하다. 따라서 활동지의 한두 칸을 교사가 미리 채워서 제공해야 학습자가 부담을 덜 느끼게 된다.

이야기 구조의 대표적인 형식으로 이야기 문법이 있으며, 시간이나 공간 변화에 따라 전개되는 구조, 액자식 구조 등이 있다.

① 이야기 문법

스턴과 글렌(Stein & Glenn)에 의해 제기된 이야기 문법 규칙은 〈표6〉과 같이 6개의 범주로 나뉘어진다. 이 중 배경을 제외한 다섯 개의 범주는 '일화(episode)'라고 불리는 하나의 그룹이 되며, 많은 이야기들은 여러 개의 일화가 시간 순서나 인과 관계로 연결되어 있다. 배경, 등장인물, 사건, 결과를 기준으로 중요한 내용을 파악하도록 지도하는 것은 이야기 문법이 간소화된 양식이다. (Judith W. Irwin, 천경록, 이경화, 서혁 공역, 2012:109)

〈표 6〉 이야기 문법의 범주(Stein & Glenn)

1. 배경	주인공 소개: 이야기가 발생되는 물리적, 사회적 또는 시간적 상황
	1) 옛날 촐랑이라는 이름의 큰 회색 물고기가 있었다.
	2) 그 물고기는 숲 근처에 있는 큰 연못에 살았다.
2. 발단 사건	행동, 내적 사건 또는 주인공 내부의 반응을 일으키거나 시작을 제공하는 자연적인 발생 사건
	3) 어느 날 촐랑이가 연못에서 헤엄을 치고 있었다.
	4) 그 물고기는 물속에 있는 먹음직한 벌레를 발견했다.
3. 내적 반응	감정, 인식 또는 주인공의 목표
	5) 촐랑이는 그 벌레의 맛이 얼마나 좋은지 알고 있었다.
	6) 촐랑이는 저녁 식사로 그 벌레를 먹고 싶었다.
4. 시도	주인공이 목표를 이루기 위해 취한 명백한 시도, 행동
	7) 그래서 그는 벌레에 매우 가깝게 헤엄쳐 갔다.
	8) 그런 다음 벌레를 물었다.
5. 결과	주인공의 목표 달성 여부가 구별되는 사건, 행동 또는 종결 상태
	9) 갑자기 촐랑이는 물속에서 배 위로 끌어당겨졌다.
	10) 그는 어부에게 잡혔다.
6. 반응	감정, 인식, 행동 또는 주인공의 목표 성취에 대한 주인공의 감정 표현이 종결된 상태
	11) 촐랑이는 슬펐다.
	12) 그는 더 조심했어야 했다.

② 시간 흐름을 고려하며 읽기

평면적 또는 순행적 구성이라고 부르는 구조는 이야기가 시간 순서대로 펼쳐지는 구성이다. 그런데 과거를 회상하는 장면이 삽입되어 있는 이야기도 있고, 현재-과거-현재로 시간이 역순행하는 이야기도 있다. 과거 회상이 삽입되어 있거나 역순행적 구조라서 이야기 순서와 실제로 일어난 사건의 순서가 다를 때 읽기에 미숙한 독자들은 시간을 재구성하지 못하여 내용 이해에 실패한다. 이러한 독자에게는 시간을 알리는 표지어를 제공하여, 그에 따라 달라지는 내용에 주목하며 글을 읽을 수 있도록 안내를 해야 한다. 시간을 알리는 표지어에 맞춰 이야기를 읽은 후에 일이 일어난 사건 순서대로 다시 정리해 보면 내용을 쉽게 이해할 수 있다. 정복현 작가의『제주 소년, 동백꽃』도 '현재-이태 전 겨울-얼마 전-현재'와 같이 이야기 순서와 사건 순서가 다르게 구성된 이야기이다.

김유정 작가의『동백꽃』을 읽혀야 할 때 아래와 같은 활동지를 먼저 제공하고 시간 표지어를 기준으로 읽도록 안내할 수 있다. 책을 읽으며 학생이 빈칸을 채운 후 정리한 내용을 사건이 일어난 시간 순서에 따라 읽어 보도록 한다. 이 활동이 익숙해지면 학생 스스로 시간 표지어를 찾아 표시하며 읽도록 지도한다.

〈표 7〉 시간 흐름을 고려하며 읽은 예 (『동백꽃』, 김유정)

시간 표지어	이야기 내용	사건이 일어난 순서
오늘도	내가 나무를 하러 가려는데, 점순이가 우리 집 수탉과 자기네 수탉 쌈을 붙여 놓은 걸 보았다. 우리 집 수탉이 막 쪼이었다.	④
나흘 전		①
다음 날		②
하루는		③
오늘 또	우리 닭을 잡아다 가두고 나무를 해 가지고 내려오는데.	⑤

③ 공간 변화를 따라가며 읽기

이야기 글 중에는 공간의 변화에 따라 사건이 진행되는 이야기도 있다. 고전 소설『토끼전』을 보면 '용궁-산중-용궁-산중'으로 공간이 변하면서 토끼와 자라, 토끼와 용왕 사이에 갈등이 일어나고 해결되는 과정이 나타난다. 독자가 글을 읽는 동안 공간이 변한다는 점을 인식하고 각 공간에서 중요한 사건이 진행된다는 것을 눈치채면 지나치게 세부적인 것에 몰입하여 이야기의 전체 흐름을 놓치는 것을 예방할 수 있다. 영화로도 제작되었던 나니아 연대기의『사자와 마녀와 옷장』, 황선미 작가의『마당을 나온 암탉』도 공간 변화에 따라 이야기가 펼쳐지는 작품이다.

공간 변화를 이해하지 못하는 학생이라면 아래와 같은 활동지를 먼저 제공하여 큰 흐름을 따라가며 읽도록 배려해야 한다. 양계장, 마당이라는 낱말이 나올 경우 그 부분에 표시하며 읽도록 하는 방법도 도움이 된다. 이 활동에 익숙해지면 공간이 크게 네 번 변한다고만 알려 주고 학생이 그 변화를 찾으며 읽도록 지도한다.

〈표 8〉 공간 변화를 따라가며 읽은 예 (『마당을 나온 암탉』, 황선미)

공간 변화	내용
양계장	양계장에서 알을 낳는 암탉 잎싹은 자신의 알을 품어 병아리를 기르고 싶은 소망을 가지고 있다.

마당	
저수지	
마당	
저수지	

④ 액자식 구성 이해하고 읽기

'액자식 구성'은 하나의 이야기 속에 또 하나의 이야기를 집어넣어 표현하는 것이다. 바깥 이야기와 안 이야기 사이에는 인물이나 사건이 관련되어 있으며, 저학년보다 주로 고학년 이야기나 소설 등에서 나타난다. 액자식 구성에서 작가는 내부 이야기를 통해서 주제를 전달하는데 바깥 이야기가 있기 때문에 내부 이야기의 진실성을 신뢰하게 된다. 고전 소설 『구운몽』은 대표적인 액자식 구성 작품이다. 현실(천상계)에서 팔선녀와 함께하고 싶은 욕망을 지닌 성진이, 꿈(인간 세계)에서 양소유라는 인물로 욕망을 이루지만 인생무상을 깨닫는 순간 다시 현실(천상계)로 돌아오는 구조이다.

〈표 9〉 액자식 구성 예 (『구운몽』, 김만중)

- 공간적 배경: 천상계
- 등장인물: 육관대사, 성진, 팔선녀
- 내용: 육관대사의 심부름으로 용궁에 다녀오다 팔선녀를 본 성진은 그녀들을 그리워하다 법당에서 잠이 든다.

  - 공간적 배경: 인간 세계
  - 등장인물: 양소유(성진), 여덟 명의 부인(팔선녀)
  - 내용: 성진은 인간 세상에 양소유로 태어나 여덟 명의 부인과 인연을 맺게 된다. 입신양명하여 부귀영화를 누리던 양소유는 어느 날 인생무상을 깨닫고 불교에 귀의하기로 한다.

- 꿈을 깬 성진이 육관대사가 자신에게 깨달음을 주기 위해 양소유로 살아 보게 했음을 알게 되고, 속세에 대한 미련을 버리게 된다.

⑤ 인물 중심으로 읽기

작가는 자신이 만들어 낸 허구의 등장인물들을 통해 주제를 간접적으로 전달한다. 그래서 이야기 글에서는 어떤 사건을 계기로 등장인물들의 마음이나 태도가 변하는 경우가 많은데 이 변화를 이해하면 작가가 작품을 쓴 의도, 즉 주제를 찾는 데 도움이 된다. 아래 활동의 예에서 인물, 배경 소개와 사건이 정리된 표를 미리 제공하고 인물의 전후 변화를 파악하도록 하면 글의 흐름을 따라가며 읽을 수 있다.

〈표 10〉 인물 변화를 중심으로 읽은 예 (『수상한 선글라스』, 고수산나)

인물, 배경 소개	쌍둥이 은솔이와 한솔이, 초등학생이다.
사건이 일어나기 전 물건에 대한 인물의 심리나 태도	한솔이: 물건을 잘 잃어버리고 자기 물건에 대한 애정이 없다. 은솔이: 새로운 물건을 사고 싶어 하고, 쓰고 있는 물건을 소중하게 생각하지 않는다.
사건	수상한 선글라스를 끼고 나눔 장터에 나온 물건들에 얽힌 사연을 보게 되었다.
사건이 일어난 후 물건에 대한 인물의 심리나 태도	한솔이, 은솔이: 물건에 담긴 추억이 소중하다는 것을 깨달았고, 낡은 줄넘기를 새것처럼 꾸미며 즐거워한다.
인물들의 변화를 바탕으로 이 책을 쓴 작가의 의도 추론해 보기	학생들이 자신이 쓰던 물건의 소중함을 알고, 아껴 쓰고 나눠 쓰는 것을 실천하기를 바라는 것 같다.

3) 설명하는 글 읽기

일상생활 속에서 우리가 가장 많이 만나는 글의 유형이 설명하는 글이다. 교과서, 학습서, 과학 도서, 역사 도서, 보고서, 각종 사용 설명서, 안내문 등이 모두 설명글에 포함된다. 설명하는 글을 능숙하게 읽는 능력은 학습 능력으로 연결되는데, 글 구조나 전략을 이용하는 능숙한 독자가 읽은 내용을 더 분명하게 회상할 수 있다는 연구 결과가 있다.

(1) K-W-L 전략

처음 가 보는 곳을 여행하고자 할 때 어떤 과정으로 여행 계획을 세우는지와 비교해 보면, K-W-L 전략의 활용 가치를 떠올릴 수 있다. 여행을 준비하는 입장에서는 일반적으로 그 여행지에 대해 이미 알고 있는 사실을 생각해 보면서 다양한 여행안내 자료를 검색할 것이다. 그러면서 여행지에 대해 자신이 모르고 있는 것이나 더 알고 싶은 것은 무엇인지를 고려하여 계획을 완성하게 된다.

읽기 행위도 이런 여행을 준비하는 것과 유사한 과정을 거친다고 볼 수 있다. 능동적인 독자는 읽기 전에 이야기나 주제에 대해 이미 알고 있는 것을 생각해 보면서 읽을 내용에 대해 예측을 한다. 그리고 글을 읽으면서 예측한 것이 맞는지 그렇지 않은지 답을 확인한다. 다 읽고 나면 읽기 전에 질문했고 책을 읽는 도중에 찾아낸 내용을 체계적으로 정리하면 된다. 독서를 수행하면서 이런 일련의 과정을 거치도록 유도하는 것이 K-W-L 전략이다.

모든 독자가 능숙한 독자가 아니기 때문에 학생이 읽기 과제를 수행하기 전에 이미 알고 있는 지식을 활성화하도록 의도적으로 도와줄 필요가 있다. 그리고 알고 싶은 내용을 질문으로 생성하게 하는 것도 읽어야 할 글에 관해 예측하는 데 도움을 준다. 이런 활동이 새롭게 배운 내용을 기존 지식과 통합하고 스키마를 재조직하는 읽은 후 활동과 연결되면 미숙한 독자도 자기 주도적인 독자로 발전할 수 있다. 〈표 11〉은 중학생이 『현대사』를 읽는 과정에서 만든 K-W-L 도표이다.

〈표 11〉 중학생이 만든 역사에 관한 K-W-L

『현대사』에 관한 K-W-L		
K what I(We) Know	W what I(We) Want to Know	L what I(We) Learned
친일파 청산이 제대로 되지 않았다. 해방 이후 여러 정권이 있었다. 전태일이 노동 개혁 운동을 하였다.	친일파 청산은 어떻게 되었나? 박정희 정부 이후의 정권은 어떻게 바뀌었나?	친일파 청산을 위해 1948년 반민족 행위 처벌법을, 반민족행위 특별조사위원회를 만들었다. ⇨좌우의 대립, 이승만 정부의 소극적 태도 ⇨14명만이 사형, 징역 선고를 받았지만 실제 사형 집행은 없었음. 전두환⇨노태우⇨김영삼⇨김대중⇨노무현⇨이명박⇨박근혜 ⇨문재인

K-W-L 전략의 절차를 소개하면 다음과 같다. (박정진·조재윤 공역, 2012:13~16)

① K 단계: 우리가 아는 것(what we Know)

읽기 자료에 관해 학생들이 이미 알고 있는 내용을 브레인스토밍(brainstorming) 한다. 그때 나온 내용을 활동지 K란에 적도록 한다. 만일 학생이 부정확한 내용을 적게 되면, 질문으로 바꾸어서 W(알고 싶은 것) 항목에 적도록 할 수 있다. 예를 들어, 『현대사』를 읽기 전에 배경지식으로 '친일파 청산이 제대로 되지 않았다.'는 배경지식은 있는데 구체적인 정보에 대한 지식이 없다면 W란에 '친일파 청산은 어떻게 되었나?'라는 질문으로 바꾸어 적을 수 있다.

② W 단계: 알고 싶은 것(what we Want to know)

W 항목에 학생이 궁금한 내용을 적도록 한다. 예를 들어, 현대사에서 친일파 청산이 제대로 안 되었다고 하는데 어느 정도로 안 되었는지 상세하게 알기를 원할 수도 있고 역대 어떤 대통령이 있었는지 궁금할 수도 있다. 그렇게 책을 읽으면서 알고 싶은 내용을 질문으로 만들어 W란에 적는다.

③ L 단계: 배운 것(what we Learned)

책을 읽고 난 후 L 항목에는 앞서 만든 질문에 대한 답, 자신이 지금까지 잘못 알고 있었던 것, 읽은 내용과 관련하여 더 궁금하거나 의문이 드는 것 등을 적는다. 이때 자신의 지식이나 질문을 가능하면 범주화하여 기록하도록 안내한다. 예를 들어 위의 표에서는 대통령의 이름만 적었지만 그 시대에 정치, 경제적으로 이룬 내용을 추가 정보로 조사해서 덧붙일 수도 있다. 능숙한 학생들은 이 도표를 스스로 메울 수 있겠지만, 미숙한 학생들에게는 교사의 적극적인 안내와 격려가 필요할 것이다.

참고로, 유치원이나 초등학교 교실 수업의 상황이라면 교실 벽에 큰 도표를 붙여 두고 학생들이 [그림 3]과 같이 자율적으로 적도록 할 수도 있다. 응용된 형태의 K-W-L 전략이라고 할 수 있겠다.

[그림 3] 4학년 학생이 만든 거미에 관한 K-W-L (박정진·조재윤 공역, 2012:105)

(2) SQ3R 전략

SQ3R 전략은 1946년에 로빈슨(Robinson)이 제안한 것으로 지금까지 가장 광범위하게 사용되는 읽기 전략이자 학습 전략이다. 그 당시 대학생들의 학업 성취도를 높이기 위한 방법을 고민하는 과정에서 교재를 읽는 행위가 학습의 기본이라는 인식을 갖게 되었다. 즉 독서는 학습의 과정이고 학습은 독서의 결과라는 것이다. 따라서 이 전략은 독서 학습(learning to read)을 넘어 학습 독서(reading to learn)에도 적합한 것으로 여겨지면서 교과 독서나 학습에 자주 활용되어 왔다.

이 전략의 핵심 목표는 설명문 위주로 구성된 교과서 또는 교과 관련 텍스트를 읽고 중요한 정보를 파악해서 그 정보를 효과적으로 기억하게 하는 데 있다. 따라서 이 활동은 대체로 정보 제공이나 설득을 목적으로 하는 설명적인 글에 적합하고 문학 작품에는 상대적으로 부적합하다. 다음은 SQ3R 모형의 절차와 활동 내용이다.(이순영 외, 2015:301~304)

<표 12> SQ3R 모형의 절차

절차	교수 학습 활동
훑어보기(Survey)	• 제목 중심으로 훑어보기 • 주제어나 개념어 중심으로 살펴보기 • 텍스트의 핵심 내용 예측하기
질문하기(Question)	• 주어진 문제가 무엇인지 파악하기 • 읽기의 목적과 의도에 맞게 질문 만들기
읽기(Read)	• 텍스트의 각 부분의 의미를 연결하며 읽기 • 텍스트의 전체 내용을 파악하며 읽기
확인하기(Recite)	• 중요한 내용을 자신의 말로 표현해 보기 • 독자의 의도와 목적에 따라 텍스트 내용 파악하기
재검토하기(Review)	• 이해가 잘 되지 않은 부분은 다시 읽기 • 자신이 이해한 내용이 적절한지 평가하며 다시 읽기

① 훑어보기(Survey)

텍스트를 본격적으로 읽기 전에 글의 제목이나 부제, 그리고 하위 제목, 삽화, 그림, 표 등을 빠르게 살펴보는 단계이다. 이 단계에서는 글 내용을 세세히 읽기보다는 훑어본 내용을 참고로 핵심적인 내용을 짐작해 보면 된다. 이때 글의 마지막 부분인 색인 등도 훑어보면 도움이 된다.

② 질문하기(Question)

앞 단계에서 훑어본 것을 바탕으로 읽을 글과 관련하여 질문을 만들도록 한다. 제목에 나온 핵심 단어, 차례를 보며 더 궁금한 것 등을 바탕으로 질문 만들기를 하면 학생들은 글에 대해 흥미를 가질 수 있다. 이러한 질문은 글을 능동적으로 읽을 수 있도록 돕는다.

③ 읽기(Read)

읽기 전 단계에 해당하는 훑어보기나 질문하기보다 좀 더 꼼꼼하게 글을 읽는 단계이다. 전 단계에서 만든 질문을 확인하는 데 초점을 두고 꼼꼼히 읽어 나간다. 글을 읽을 때는 가능하면 겉으로 드러난 낱말이나 표현에만 그치지 말고 그 속에 담긴 의미를 생각하며 읽도록 한다. 이 단계에서 사전에 예측한 것이 틀렸다고 판단되면 질문을 수정하거나 새로운 질문을 구성하면서 글을 읽는다.

④ 확인하기(Recite)

읽은 내용의 중요한 부분을 되새겨 보는 단계이다. 이 과정에서는 읽은 내용을 간단히 메모하거나 요약하거나, 이전 단계에서 만든 질문에 대한 답을 미리 쓰게 하여 그 답을 비교하거나 확인하며 효과적인 수업을 진행할 수 있다. 이 단계에서는 중요한 내용을 생각 그물이나 도해 조직표를 활용해 정리하면 읽은 내용을 보다 깊이 이해할 수 있게 된다.

⑤ 재검토하기(Review)

지금까지 자신이 읽은 내용 중에 잘못 읽은 부분은 없었는지, 자신이 제기한 질문은 타당한 것이었는지, 읽는 과정에서 자신이 사용한 방법에 문제가 없었는지, 좀 더 효과적인 방법은 없는지, 읽은 글이 자신에게 의미가 있었는지 등을 생각해 본다. 이런 과정을 통해 읽는 방법을 익히게 되고, 읽은 글의 내용을 잘 이해하게 된다. 읽은 글의 내용을 분명히 이해하고 자기화하기 위해서 다른 사람 앞에서 이야기해 보는 활동도 도움이 된다.

지금까지 언급한 절차는 순차적으로 진행될 수도 있지만, 실제 독서 과정에서는 회귀적인 과정으로 나타난다. 즉 자세히 읽기 단계를 진행하다가 질문하기 과정으로 돌아갈 수도 있고 되새기기 과정으로 넘어갈 수도 있다는 것이다.([그림 4] 참고) 이는 읽고 쓰는 등의 언어 사용 과정이 선조적으로 실현되지 않는 것과 맥을 같이 한다. '과정 중심'이라는 것은 그 과정이 순차적으로 나타난다는 것이 아니라, 각 과정을 '직접' 수행한다는 데에 의미가 있음을 인식해야 한다.

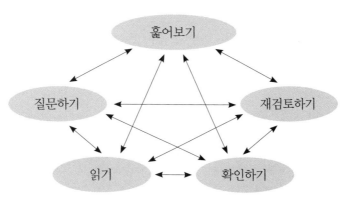

[그림 4] 학습 독서를 위한 SQ3R 전략의 회귀 과정

<표 13> SQ3R 전략을 적용한 읽기 방법의 예

1. 단원의 제목, 소제목을 보자.

   대단원 제목:

   소단원 제목:

2. 전체 내용을 짐작할 수 있도록 학습 목표를 읽어 보자.

3. 훑어 읽으면서 교과서에 나오는 도표, 그림, 사진, 지도 등의 자료를 검토해 보자.

4. 중요하다고 짐작되는 용어를 확인하자.

5. 글의 제목이나 소제목 그리고 학습 목표 등을 보면서 떠오르는 질문을 적어 보자. (글의 중심 내용이 무엇일지 마음속으로 묻는 단계이다.)

6. 중요한 내용을 생각하며 글을 읽어 보자. 스스로 작성한 질문에 대한 답을 찾으려고 노력하면서 적극적으로 글을 읽도록 하자.

7. 질문에 대한 답을 말로 해 보거나 중요한 내용을 생각 그물이나 도해 조직표로 표현해 보자.

8. 전체를 조망하여 자신의 생각을 정리하며 복습해 보자.

(3) 파노라마 전략(PANORAMA)

파노라마 전략 또한 자기 주도적이고 능동적인 독자를 위한 독서 전략이다. 기본적으로 읽기 전 활동으로서의 준비 단계와 읽는 중 활동으로서의 중간 단계, 그리고 읽은 후 활동인 정리 단계로 구성된다. 파노라마 전략은 독서 목적을 분명히 하고 그에 따른 읽기 속도를 의미 있게 고려한다는 점에서 다소 차이가 있을 뿐, 기본적으로는 SQ3R 전략과 유사한 활동과 단계로 이루어지는데, 그 세부 적용 절차를 정리하면 다음과 같다.

파노라마 읽기(PANORAMA)

Purpose(목적 정하기) ➡ Adapting rate to material(읽기 속도 정하기) ➡ Need to pose question(질문하기) ➡ Overview(개관하기) ➡ Read and relate(관련지으며 읽기) ➡ Annotate(주석 달기) ➡ Memorize(기억하기) ➡ Assess(평가하기)

① 준비 단계

읽기 목적을 정하고, 그에 따라 읽기 속도를 조절한 후 질문을 하는 활동이다. '목적 정하기'에서는 글을 읽는 이유(예 시험 준비, 과제 해결, 호기심, 여가, 취미 활동 등)를 구체적으로 정한다. 그리고 '읽기 속도 정하기' 과정에서는 정해진 읽기의 목적에 따라 적절한 속도를 정하게 된다. 읽기 속도가 정해지면, '질문하기' 과정에서 텍스트에 제시되어 있는 질문, 소제목, 차례 등을 참고하여 독자 스스로 질문을 만들어 본다.

② 중간 단계

실제 읽기를 수행하는 단계로서 개관하고, 읽고, 주석을 다는 활동이다. '개관하기' 단계는 SQ3R 전략의 훑어보기(Survey) 단계와 유사한 과정으로, 필자의 내용 조직 방식을 알기 위하여 텍스트의 소제목, 주요 항목, 서론 부분과 결론 부분 등을 대강 읽는다. '관련지으면서 읽기' 과정에서는 독사가 가지고 있는 글의 내용과 구조에 대한 지식, 독서 목적 등과 현재 읽고 있는 내용을 서로 관련지으면서 자세히 읽는다. 그리고 '주석 달기' 과정은 글을 읽으면서 필요한 내용을 책에 직접 적거나 별도의 종이에 기록하는 것으로 메모하기 전략의 하나이다. 가장 일반적인 형태의 주석 글 내용에 대한 개요이다.

③ 정리 단계

이 단계에서는 읽은 내용을 기억하고 평가하는 활동으로 구성된다. '기억하기' 과정에서는 읽은 글의 내용을 체계적으로 기억하기 위하여 개요 짜기나 요약하기를 하는 것이 좋다. 또한 핵심 사항을 기억하기 위해서는 스스로 정해 놓은 약어나 기호를 사용하는 것도 도움이 된다. 마지막으로 '평가하기' 과정에서는 독서 목적의 성취 정도와 주요 내용의 기억 정도를 기준으로 하여 자신의 독서 결과를 스스로 평가해 본다.

파노라마 전략 역시 여기 제시된 단계를 중심으로 활용될 수 있지만, 경우에 따라서는 회귀적인 과정으로 접근할 필요가 있다. 개관하기 과정을 수행한 후에 읽기 목적과 속도를 정하거나 주석 달기와 질문하기를 동시에 수행할 수도 있다는 것이다. 중요한 것은 파노라마 전략이 독자의 배경지식을 동원한 능동적인 독서에 초점을 맞춘 독서 전략이라는 점이다.

(4) 글 구조와 구조 표지어 활용하기

설명적인 글도 글의 구조를 이해하며 읽는 것이 효과적이다. 글 구조를 파악하면 정보들 간의 관계를 파악할 수 있고, 정보의 기억을 돕는 뼈대를 마련할 수 있다. 설명적인 글의 구조 유형으로는 기술(서술, 설명), 집합(순서), 비교, 문제와 해결, 원인과 결과 등이 있다. 이러한 글의 구조는 〈표 14〉에서 보여 주는 구조 표지어를 통해 나타나는데, 이 낱말들은 독자로 하여금 글을 내적으로 재구성하도록 도와주는 기능을 한다.

그러므로 이런 단서들을 찾고 이를 활용하여 글을 읽게 하는 것이 효과적인 읽기 방법 지도가 된다. 교사는 읽기 전에 표지어를 활용해 글 구조를 파악하는 시범을 보이고, 이 방법대로 더 중요한 부분에 집중해서 읽도록 안내해야 한다. 학생들이 읽은 내용을 글 구조에 맞춰 표나 마인드맵, 벤 다이어그램과 같은 그림으로 도식화할 수 있다면 매우 유능한 독자이다.

〈표 14〉 설명적인 글 구조와 구조 표지어(Mayer & Freedle, 1984)

유형	뜻	구조 표지어
기술	어떤 주제를 설명하기 위해서 사실이나 생각을 나열하는 구조	예를 들어, 나열하면, 그리고, 또한, 자세히 말하면, 다시 말해, 부연하면 등
집합	시간 순서나 공간 순서로 나열되어 있는 구조	첫째, 그다음으로는, 끝으로, 그리고 나서
비교	두 가지 이상의 대상에 대해 비슷한 점이나 차이점 등을 설명할 때 사용되는 구조	그렇지만, 유사한, 반면에, 그러나, 다른, 한편으로, 차이가 나는 등
문제와 해결	해결해야 할 어떤 문제를 제시하고 이것을 해결하기 위한 방법이나 일련의 해결점이 뒤따르는 구조	문제는, 해결 방안은 등
인과	어떤 일이 일어난 이유와 그 결과 어떻게 되었다는 것이 나타나는 구조	왜냐하면, 따라서, 그러므로, 원인, ~이기 때문에, 결과적으로 등

〈표 15〉 설명글 구조 파악의 예

예시 글	글 구조 유형과 사용된 구조 표지어는?
헌법 재판소는 헌법과 관련된 다툼을 해결하는 일을 한다. 부연하면 하위 법률이 헌법에 어긋나는지, 검찰이나 경찰과 같은 국가 기관이 헌법에 명시되어 있는 국민의 기본권(자유권, 평등권 등)을 침해했는지 판단하여 판결을 내린다. 그리고 대통령이나 국무총리와 같은 지위가 높은 공무원이 큰 잘못을 저질러 국회에서 파면을 요구하면 심판하는 일도 한다. 또한 정부가 어떤 정당이 민주적 질서를 어지럽혔다고 판단하여 해산을 요구하면 그 여부를 판단해 결정한다.	〈기술〉 부연하면, 그리고 ~~~~도 한다. 또한

한옥은 우리나라만의 고유의 특징을 지닌 건축 양식이다. 한옥의 첫 번째 특징은 방에 온돌이 깔려 있다는 것이다. 온돌은 철기 시대부터 사용해 온 난방 장치이다. 아궁이에 불을 때면 열기가 방바닥 아래의 빈 공간을 지나면서 구들장을 덥히고, 따뜻해진 구들장의 열기가 방 전체에 전달되는 과정을 통해 난방이 된다. 여기서 구들장은 방바닥 아래에 깔아두는 넓적한 돌을 가리킨다. 두 번째 특징은 집의 재료를 자연에서 구한다는 점이다. 기둥이나 서까래, 문 등은 나무로 만들고 벽과 바닥은 흙과 짚을 물에 개어 발랐다. 문과 창문에는 한지를 바르고, 방바닥과 벽에는 한지에 콩기름을 먹여 마무리하였다. 집 전체가 천연 재료로만 지어진 것이다.	〈집합〉 첫 번째, 두 번째
지중해성 기후와 서안 해양성 기후는 온대 겨울 건조 기후인 우리나라와 마찬가지로 온대 기후이다. 세 기후는 모두 사계절의 변화가 나타나며, 평균 기온이 대체로 온난하여 인간이 살기에 적합하다. 우리나라의 기후에 비해 지중해성 기후와 서안 해양성 기후는 연교차가 작다. 또한 여름에 강수량이 많고 겨울이 건조한 우리나라와 달리 지중해성 기후는 여름에 건조하고 겨울에 습윤하며, 서안 해양성 기후는 강수량이 연중 고르다.	〈비교〉 마찬가지로, 모두 ~~에 비해, 달리
깨끗한 물은 인간이 살아가는 데 꼭 필요한 환경이다. 그런데 날이 갈수록 물의 오염이 심각해지고 있다. 이 문제를 해결하기 위해 우리는 물의 오염을 줄여야 한다. 가정에서는 주방 세제, 샴푸 등의 사용을 줄여야 한다. 세제나 샴푸의 거품들이 물을 오염시키기 때문이다. 공장에서는 폐수 정화 시설을 설치하고 가동해야 한다. 공장에서 나오는 오염된 물은 물속에 사는 생물뿐만 아니라 매일 물을 마셔야 하는 인간에게도 치명적인 피해를 입힌다.	〈문제와 해결〉 ~~심각해지고 있다. ~~해결하기 위해

(5) 밑줄 긋기

"학생들에게 집중력을 갖고 학습에 능동적으로 임하게 하는 것이 무엇보다 중요하다. 글을 읽으며 밑줄을 긋는 것은 학생들이 보다 능동적으로 독서에 임하게 하고 글에 집중하도록 돕는다는 점에서 매우 유익하다."(정혜승 외, 2008:113)고 한 것처럼 밑줄 긋기 전략은 학생의 주도성을 키우는 전략 중 하나이다.

밑줄 긋기 전략은 텍스트 내용을 이해하고 기억하는 데 도움을 주기 위해 사용하는 표시들을 모두 포함하는 것으로, 읽기 과정에서 중요하거나 기억해야 할 내용을 독자 스스로 표시하는 전략이다. 물론 이런 표시 중에 가장 일반적인 형태가 밑줄 긋기라 할 수 있겠다. 참고로, 밑줄 긋기가 대표적으로 읽는 중에 사용되는 전략이지만, 읽은 후에 텍스트의 중요도에 대한 독자의 판단에 변화가 있는 것을 반영하는 것도 중요하기 때문에 읽은 후 활동으로 연계될 필요가 있다.

그런데 일반적으로 능숙한 독자와는 달리 미숙한 독자는 밑줄을 그으면서 글의 핵심 정보를 빠뜨리거나 중요도를 고려하지 못하는 경향이 있다. 밑줄 긋기 전략이 글에 집중하도록 돕고 읽은 후에 글의 내용을 이해하거나 회상하는 데 도움을 주기 위해서는 어디에 밑줄을 그을 것인지를 알 수 있도록 지도하여야 한다.

〈표 16〉 밑줄 긋기 전략이 바람직하게 사용된 예

건강을 지키는 좋은 취미, 수영

최근 건강에 대한 관심이 높아지면서 여가 시간을 활용하여 운동을 하는 사람이 늘고 있다. 특히 다른 운동에 비해 부상의 위험이 적은 수영은 남녀노소 누구나 쉽게 배울 수 있어 많은 사람들에게 인기를 얻고 있다.

수영의 종류에는 크롤, 평영, 접영, 배영 등이 있다. 크롤은 엎드린 자세로 팔을 들어 올려 번갈아 휘저으며 발차기를 하는 수영법이다. 평영은 개구리처럼 물과 수평을 이룬 상태에서 양다리와 양팔을 오므렸다가 펴는 수영법이다. 접영은 양손을 동시에 앞으로 뻗쳐 물을 아래로 끌어내리고 양다리를 모아 상하로 움직이면서 나아가는 수영법이다. 배영은 유일하게 뒤로 누운 자세에서 양팔을 번갈아 회전하면서 다리로 물을 차며 나아가는 수영법이다.

수영을 하면 어떤 점이 좋을까? 물속에서 온몸을 사용하기 때문에 심장이나 폐의 기능을 향상할 뿐만 아니라 근력, 지구력, 유연성 등을 길러 주어 신체를 균형 있게 발달시키는 데 도움을 준다. 수영을 하면 스트레스도 해소하고 체력도 기를 수 있다.

능숙한 독자는 〈표 16〉에서와 같이 몇 가지 기호를 적절하게 사용한다. 수영이라는 화제와 관련된 핵심 내용은 네모로 표시하였으며, 중요한 정보 표시는 동그라미를 이용하였다. 이는 글의 구조와 내용을 파악하면서 능동적으로 글을 읽었다는 증거라 할 수 있다. 또한 중요한 문장에 밑줄을 그음으로써 읽은 후에 필자가 말하고자 하는 바를 정확하게 요약할 수 있게 하였다.

반면에 미숙한 독자는 중요한 정보에 대한 판단이 상대적으로 부족하기 때문에 핵심 정보를 탐색하지 못한다. 또 밑줄의 위치가 체계적이지 못하며 독자의 판단이 반영된 기호들이 나타나지 않는다.

이처럼 밑줄 긋기 전략은 독자의 독서 능력을 드러내는 활동이 되기도 한다. 현장에서는 밑줄 긋기 결과를 보고 능숙한 독자와 미숙한 독자를 변별할 수 있기 때문에 실제적인 독서 평가 도구로도 사용될 수 있으며, 미숙한 독자를 대상으로 한 효과적인 독서 지도 전략으로 활용될 수도 있다.

밑줄 긋기 절차를 정리하면 다음과 같다.(정혜승·박정진·서수현·유상희, 2008:114~117)

첫째, 텍스트를 빠르게 훑어보면서 핵심 단어나 구절에 동그라미와 같은 자기만의 표시를 한다. 핵심 단어나 구절을 판단하기 어려울 때는 우선 문단의 첫 문장과 마지막 문장을 위주로 살펴보는 것도 도움이 된다.

둘째, 중요한 내용은 반복되는 특성을 가지기 때문에 반복되는 단어나 표현을 살펴볼 필요도 있다. 이럴 경우에는 대용 표현이나 접속 표현 등에 유의해야 한다.

셋째, 동그라미를 표시한 부분을 중심으로 중요하다고 생각되는 표현에 밑줄을 긋는다. 밑줄 그은 표현들 사이에 중요도가 다르다고 생각되면 밑줄을 겹치거나 굵기를 달리하는 방법 등으로 구분할 필요도 있다. 그리고 밑줄 그은 문장들 사이의 관련성이 있으면 간단히 숫자, 기호 등으로 표시하는 것이 좋다.

넷째, 글을 다시 읽으며 적절한 부분에 밑줄을 그었는지 검토한다. 대체로 전체 글의 20% 정도의 내용에 밑줄을 긋는 것이 적절한 분량이라고 할 수 있다.

(6) 메모하기

이 전략은 독서 과정에서 중요하다고 생각되는 내용이나 궁금증이 생긴 부분, 인상 깊은 내용 등을 표시하고 관련 내용을 메모하기 때문에 기본적으로는 읽는 중 활동이다. 다만, 읽은 후에 메모한 내용을 점검해야 하고 새롭게 추가할 메모가 생길 수도 있다는 점에서 읽은 후 활동으로도 적합하다. 그리고 자기만의 다양한 기호를 사용한다는 점에서 밑줄 긋기 전략과 유사하지만, 핵심적인 내용을 글로 적어 두는 활동이라는 점에서는 차이가 나는 전략이다. 실제로는 메모하기 전략과 밑줄 긋기 전략은 통합적으로 사용되는 전략이라고 할 수 있다.

메모하기 전략의 의도는 독자가 텍스트와 상호 작용을 하면서 능동적으로 독서를 수행하도록 하는 데에 있다. 따라서 어떤 메모하기의 절차나 방식이 중요한 것은 아니다. 독자 스스로 메모를 수행한다는 것 자체가 중요하기 때문이다. 다만, 미숙한 독자에게는 전략을 수행하는 기본 절차를 알려 주어 발전하도록 돕는다.

그 절차를 정리하면 다음과 같다.(정혜승·박정진·서수현·유상희, 2008:114~117)

첫째, 텍스트에서 중요하다고 생각되는 부분을 어떻게 표시할 것인지 정한다. 예를 들어, 핵심어나 반복되는 표현에 동그라미 표시를 할 수도 있고, 중심 내용이나 마음에 드는 부분에 별표를 넣을 수도 있다.

둘째, 의문점을 표시하기 위한 기호를 만든다. 예를 들면, 이해가 되지 않는 부분, 궁금한 점이 떠오른 부분, 추가적으로 더 알고 싶은 부분 등에 대한 표시를 물음표로 하고 간단하게 질문을 메모할 수 있다. 그리고 텍스트를 읽은 후에 질문에 대한 답을 질문을 했던 위치에 덧붙여서 메모할 수도 있다.

셋째, 그 외의 반응을 위한 기호를 만든 후 자신만의 '반응 기호표'로 정리한다. 나만의 반응 기호들이 정해지면, 이를 반응 기호표로 정리해 두고 독서 과정에서 일관되게 활용한다. 〈표 17〉은 반응 기호표 예시이다.

〈표 17〉 메모하기 전략에 사용되는 기호 예시

반응	표시 기호	표시 방법 설명
고르기 (중심 문장이 뭐지?)	___	중심 문장에 밑줄 긋기
	○	중심 단어와 항목에 동그라미 표시
	☆☆	특별히 중요한 내용에 별표 1개, 시험에 나올 것 같은 내용에 별표 2개 표시 후 간략 메모
질문하기 (무슨 뜻이지?)	?	해당 부분에 물음표 후 궁금한 내용 메모
느낌 나누기 (아, 그렇구나!)	!	느낀 점이 있는 부분에 느낌표 후 느낀 내용 메모
정리하기 (두 문장은 어떤 관계지?)	□	대용어, 접속어 등에 네모 표시
요약하기 (핵심 내용은…)	⇒	해당 부분을 집합 표시로 묶거나 화살표 후 요약 내용 메모
추가하기 (더 알고 싶은 것은?)	+	추가적으로 떠오르는 내용이 있는 부분에 플러스 표시 후 추가 내용 메모

[그림 5] 여러 읽기 전략을 적용한 설명글 읽기의 예

조상의 슬기가 낳은 석빙고의 비밀

여름이 되면 냉장고에 있는 얼음에 자꾸 손이 가기 마련이다. 지금은 집집마다 냉장고가 있어서 손쉽게 얼음을 구할 수 있다. 그런데 옛사람들도 더운 여름에 얼음을 사용했다고 한다. 냉장고가 없었는데, 어떻게 얼음을 구했을까? 냉장고가 없었던 옛날, 우리 조상들은 겨울에 채취한 얼음을 석빙고(石氷庫)에 저장했다가 여름에 사용했다. 겨울철에 석빙고에 저장한 얼음을 어떻게 한여름까지 보관할 수 있었는지, 그 비밀을 알아보자.

석빙고의 얼음 저장 과정은 냉각과 저온 유지의 두 단계로 나뉜다. 얼음을 넣기 전에 내부를 냉각하는 것이 첫 번째 단계이고, 얼음을 넣은 뒤 7~8개월 동안 내부 온도를 낮게 유지하는 것이 두 번째 단계이다. 두 단계 중 어느 하나라도 잘못되면 더운 여름철에 얼음을 맛볼 수 없다.

첫 번째 단계는 겨울에 석빙고의 내부를 냉각하는 것이다. 겨울이라고 해도 건물 내부를 냉각하는 것이 쉽지는 않다. 그런데 우리 조상들은 어떻게 석빙고 내부를 잘 냉각할 수 있었을까? 그 비밀은 석빙고 출입문 옆에 세로로 튀어나온 '날개벽'에 숨어 있다. 겨울에 부는 찬 바람은 날개벽에 부딪히면서 소용돌이로 변한다. 이 소용돌이는 추진력이 있어서 빠르고 힘차게 석빙고 내부 깊은 곳까지 밀고 들어간다. 석빙고 내부는 그렇게 해서 냉각된다.

두 번째 단계는 2월 말 무렵에 얼음을 저장하고 나서 7~8개월 동안 석빙고 내부를 저온 상태로 유지하는 것이다. 그 비밀을 알려면 석빙고의 절묘한 천장 구조를 살펴보아야 한다. 석빙고의 천장은 1~2미터 간격을 두고 나란히 배치된 4~5개의 아치형 구조물로 이루어져 있다. 각각이 아치 사이에는 자연히 움푹 들어간 공간이 생기게 된다. 이 공간을 '에어 포켓'이라고 하는데, 여기에 비밀이 숨어 있다. 얼음을 저장하고 나서 시간이 지나면 내부 공기는 조금씩 더워진다. 하지만 더운 공기가 위로 뜨는 순간 그 공기는 에어 포켓에 갇혀 아래로 내려올 수 없게 된다. 이 공기는 에어 포켓 위쪽에 설치된 환기구를 통해 밖으로 빠져나가고, 석빙고 내부는 한여름에도 저온 상태를 유지할 수 있었다.

석빙고가 한여름에도 저온 상태를 유지할 수 있었던 이유는 또 있다. 얼음 보관에 치명적인 물을 재빨리 밖으로 빼내려고 바닥에 배수로를 만들

[메모하기]

① 설명 대상: 조상들이 얼음을 저장한 방법
(석빙고)

② 석빙고 얼음 저장 과정 ☆☆
1단계: 얼음 넣기 전에 건물 내부를 냉각하기
2단계: 얼음을 넣은 후에 저온 상태 유지하기

③첫 번째 석빙고 내부 냉각 방법: 날개벽을 세워 바람을 효과적으로 이용했다.

④ 두 번째 저온 상태 유지 방법: 아치형 천장의 에어 포켓 때문에 더운 공기가 빠져나갔다.

었다. 그리고 빗물이 석빙고 안으로 새어 들어가는 것을 막으려고 석빙고 외부에 석회와 진흙으로 방수층을 만들었다. 얼음과 벽, 얼음과 천장, 얼음과 얼음 사이에는 밀짚, 왕겨, 톱밥 등의 단열재를 채워 넣어 외부 열기를 차단했다. 또 석빙고 외부에 잔디를 심어 햇빛으로부터 열전달을 방해했다.

지금까지 겨울철에 석빙고에 저장한 얼음을 한여름까지 보관할 수 있었던 비밀을 알아보았다. 석빙고에는 과학적 원리를 이용한 우리 조상들의 슬기가 담겨 있다!!!

- 『손 안의 박물관』, 재구성 -

⑤ 또 다른 방법
-내부: 바닥에 배수로 만들기, 단열재 채워 넣기
-외부: 석회와 진흙으로 방수층 만들기, 잔디 심기

(7) 중심 생각 찾기

저자는 글을 쓸 때 모든 문장을 동일한 수준에서 쓰지 않는다. 중심이 되는 아이디어가 포함된 문장이 있다면 그 문장을 자세하게 풀어 주는 문장이 이어지게 되고 필요에 의해 구체적인 사례를 제시하기도 한다. 미흡하다 생각하면 앞에서 말한 내용에 부연 설명을 할 경우도 있다.

능숙한 독자라면 글 속에 담긴 중요한 정보에 주의를 기울이며 읽게 된다. 즉, 중심 생각을 파악하며 읽게 되는데 이 활동은 읽기에서 가장 중추적인 활동이다. 이런 활동을 하며 읽은 독자는 글 속에 담긴 중요한 정보를 구분하여 기억하며 회상하는 능력이 탁월하다.

중심 생각을 잘 찾는 독자는 읽는 과정에서 중요한 단어나 문장을 선택하며, 중심 생각을 간결하게 정리해야 할 때는 상위 개념으로 바꾸어 정리할 줄 안다. 그리고 중심 생각을 바로 찾아가기보다 불필요한 내용을 추적하고 이를 삭제하는 방법을 활용하기도 한다. 따라서 중심 생각을 잘 찾지 못하는 학생들은 여러 내용을 상위어로 범주화하기, 문장의 중요도를 평정하기, 중요하지 않은 정보 삭제하기, 각 문단에서 중심 생각 선정하기 등의 연습을 통해 중심 생각을 찾는 능력을 기를 수 있다.

① 상위 개념화하기-어휘 범주화하기

중심 생각을 쉽게 찾기 위해서 여러 가지 내용을 범주화하거나 상위 개념화하는 능력이 필요하다. 학생들은 대부분 구체적인 세부 내용에 집중하는데, 나열된 내용을 묶어서 상위어로 표현한 문장이 중심 내용이기 때문이다.

아래는 제시된 항목들을 공통되는 상위 항목으로 묶는 활동이다. 교사가 나열된 어휘 카드를 제시하고, 학생들이 그것들을 하나의 단어나 구로 대체하는 활동을 하면서, 상위 개념과 하위 개념을 익히고 범주화를 경험할 수 있다.

🔵 무, 배추, 상추, 오이 → 채소

비, 걸레, 먼지떨이, 청소기 → 청소 용구

수영, 파도타기, 카누, 요트 경기 →

사과, 포도, 배, 딸기, 귤 등에는 성장에 꼭 필요한 비타민과 우리 몸에 좋은 영양분이 들어 있다.

→

🔵 다음 낱말에 적합한 분류 기준을 정하고, 기준에 따라 범주화해 보자.

> 개나리, 호랑이, 강릉, 진달래, 코끼리, 해남, 장미, 말, 강화도, 국화, 원숭이, 삼천포

- 분류 기준: _____
- 범주화: _____

② 중요도 평정하기

읽기 과정에서 독자는 끊임없이 글 내용의 중요도를 평정한다. 평정의 단위는 단어나 개념, 문장, 문단 등의 수준으로 다양할 수 있지만, 글에서 중요한 내용을 찾아내는 능력은 매우 중요하다. 실제로 독자는 읽기 과정에서 글의 중심 내용을 파악하고 그것에 비추어 현재 읽는 부분이 어느 정도 중요한지를 판단한다. 물론 이것은 아주 짧은 시간에 이루어지는 것이기 때문에 확인하기가 쉽지 않지만, 읽은 후 기억에 남는 내용은 대부분 중요도가 높다고 판정된 내용들일 것이다.

〈표 18〉 중요도 평정 전략의 예(박정진, 2009:325)

☞ 다음 글을 읽고, 주제를 생각하면서, 각 내용의 중요도에 따라 표시하시오. 중요도 3이 가장 중요한 내용이며, 각 중요도에는 해당 칸에 3개씩 균등하게 표시하시오.

글	중요도			
	1	2	3	
1. 신문, 잡지, 텔레비전, 라디오 등을 대중 매체라고 한다.			○	개념
2. 대중 매체는 어떤 사실이나 생각을 일시에 전달하는 구실을 한다.		○		설명
3. 신문과 텔레비전은 대중 매체이다.	○			반복
4. 신문과 텔레비전은 여러 종류의 다양한 정보를 제공하여 준다.			○	공통점
5. 신문 한 부 속에는 세상을 살아가는 데 필요한 여러 가지 정보가 담겨 있다.		○		부연
6. 텔레비전도 이런 면은 신문과 같다.	○			공통점
7. 신문은 인쇄 매체이고, 텔레비전은 영상 매체이다.		○		차이점
8. 신문은 텔레비전에 비해 신속하고 생생하게 보도하는 기능이 뒤떨어진다.	○			단점
9. 신문은 텔레비전에 비해 정보가 자세하고, 쉽게 접할 수 있는 장점이 있다.			○	장점

중요도 평정을 위한 글을 제시할 때는 원본 내용을 그대로 문장별로 제시하는 것보다는 의미 단위로 나누어 제시하는 것이 좋다. 그리고 평정 척도는 텍스트의 길이나 글의 흥미도 등을 고려해서 3점부터 7점까지 다양하게 구성할 수 있다. 다만, 평정하는 값이 대체로 중앙으로 쏠리는 경향이 있기 때문에 모든 척도에 균등하게 표시하도록 해야 한다. 예를 들면, 〈표 18〉의 사례에서는 9개 문장을 3점 척도로 평가하므로 각각의 칸에 세 개씩 표시하면 된다. 만일 5점 척도라면, 15개 문장으로 구성하여 세 개씩 표시하도록 유도하면 될 것이다.

중요도 평정은 자연스럽게 전체 내용을 요약하는 능력과 비판적 판단 능력을 길러 주면서 동시에 필자가 의도하는 바를 수월하게 파악하도록 도와준다. 높은 점수로 평정한 부분이 상대적으로 중요한 내용일 것이고, 평정 점수가 높은 부분들로만 정리하면 전체 글을 요약한 결과가 될 것이다.

③ 중요하지 않은 정보 삭제하기

중심 생각을 찾기 위해서는 불필요한 내용을 추적하고 이를 삭제하는 능력이 중요하다. 이 방법은 중요하지 않아서 제거해야 할 부분을 찾아내는 데에 목적이 있다.

교사는 학생에게 익숙한 내용과 단어로 구성된 문단을 제공한다. 학생들은 제시된 문단에서 덜 중요한 부분을 찾고 이를 제거한다. 학생들은 이 활동을 통해서 모든 내용이 다 중요한 것은 아니라는 것을 깨닫게 된다.

◈ 아래 글에서 삭제해도 될 부분을 찾아 표시해 보자.

> 물은 여러 가지로 이용된다. 물은 음식을 만들 때와, 목욕을 할 때, 빨래를 할 때 등 일상생활 용수로 쓰인다. 일상생활 하수는 수질 오염의 주된 원인이 되고 있다. 저수지에 가두어 두었던 물은 농사를 짓는 데 이용한다. 그리고 높은 곳에서 떨어지는 물의 힘으로 전기를 일으켜 우리 생활에 이용하기도 한다.

④ 중심 생각 선정하기

글 안에 중심 생각이 어느 위치에 있는지 학생이 파악할 수 있도록 지도하는 방법이다. 중심 생각이 문단의 처음에 있는 두괄식, 문단의 끝에 있는 미괄식, 문단의 처음과 끝에 있는 양괄식, 문단 안에 있는 요괄식, 주제문이 문단 안에 진술되지 않은 무괄식이 있음을 학생이 인지하고 경험할 수 있도록 지도한다.

학년에 따라 차이가 있지만 일반적으로 두괄식, 미괄식 혹은 양괄식은 중심 생각을 선정하는 데 큰 어려움을 드러내지 않는다. 하지만 요괄식 문단의 경우에는 중심 생각 찾기에 실패하는 경향이 있고 무괄식 문단에서는 중심 문장을 생성해야 하므로 더 많은 어려움을 호소한다.

◈ 아래 문단에서 중심 생각을 선정하여 보자.

> 프로메테우스는 인간에게 불을 가져다주었다. 그 죄로 인해 그는 끊임없이 독수리에게 간을 먹히는 고통을 당했다. 그러나 아무리 쪼아 먹혀도 다시 새로운 간이 생겼고 독수리는 계속 그를 괴롭혔다. 그런 점에서 프로메테우스가 인간에게 베푼 행위로 받은 벌은 참으로 가혹하고 잔인했다. 제우스가 프로메테우스의 죄를 징벌하기 위해 간을 선택한 까닭은 무엇일까? 간이 다시 생성되는 기능으로 인해 고통을 멈출 수 없음에 그 이유가 있는 것은 아닐까?

국립산림과학원의 연구 결과 우리나라 가정이나 기업에서 1인당 평생 배출하는 이산화 탄소는 약 12.7톤이다. 개인이 배출한 이산화 탄소를 흡수하려면 평생 나무를 심어야 할지도 모른다. 이산화 탄소를 특히 잘 흡수하는 것은 상수리나무이다.

많은 양의 이산화 탄소를 흡수하고 지구 온난화를 막는 데도 긍정적 역할을 할 수 있는 나무 심기에 관심을 가져야 한다.

(8) 요약하기

요약은 글의 중심 내용을 간추려 정리해 나가는 과정이며, 이를 잘하기 위해서 읽은 내용에 대한 기억이나 회상을 필요로 한다. 잘 된 요약은 독자가 중심 내용을 찾은 후, 자신의 배경지식을 활용하여 그것을 간단하게 줄여서 글의 의미를 재구성한 것이다. 이러한 내용은 독자가 자신의 배경지식을 활용하여 중심 내용을 찾고, 간단하게 줄여서 글의 의미를 재구성한 것이어야 한다. 요약하기 활동은 글에 대해 독자 자신이 이해한 것을 인식하게 한다. 그리고 교사는 학생이 요약한 내용만 보아도 글 내용을 제대로 파악했는지 평가할 수 있다. 그래서 종종 학생의 독서 능력 평가의 한 항목으로 활용한다.

앞에서 한 중심 내용 파악 전략을 통해 선별한 중요도 순위가 높은 내용을 간추리면 요약이 된다. 요약을 할 때는 원래 글에 있는 많은 정보를 줄이거나 삭제하게 된다. 그 결과 압축된 정보는 부자연스럽게 보일 수 있다. 이런 문제를 보완하여 요약이 자연스럽게 보이도록 문장을 다듬으면 된다.

요약하기 절차(Brown & Day, 1983)를 간추리면 다음과 같다. (Judith W. Irwin, 천경록, 이경화, 서혁 공역, 2012:128)

① 삭제: 중요하지 않거나 중복되는 정보는 삭제한다.
② 대체: 세부 사항들은 보다 일반적인 용어로 대체한다.
③ 선택: 일반적인 진술(화제 문장)이 주어졌을 때는 그것을 선택하여 유지한다.
④ 구성: 중심 내용이 명시적으로 주어져 있지 않을 때는 그것을 구성한다.

[그림 6] 요약하기 예(Judith W. Irwin, 천경록, 이경화, 서혁 공역, 2012:129, 재인용)

〈원문〉

　유럽과 미국은 이곳 세계 경제 회의를 구제한다는 판에 박힌 체면치레의 공식 의견에는 곁들여 서로 의견을 같이 했지만, 경제 체제의 미래에 대해 그들이 서로 의견을 달리한다는 사실을 숨기려는 시도는 하지 않았다.

　한 회의 대변인은 유럽공동체가 근본적인 문제에 대한 그들의 반대를 강조하는 문구를 삽입해 넣은 후에만 마지막 공식 발표에 서명할 준비가 되어있는 것 같다고 말했다.

　예를 들어, 불경기와 실업의 문제에 골머리를 앓고 있는 유럽 국가들은 회의에 참석한 88개 나라들에게 새로운 보호무역 조치(보호 관세 등)를 "절대로 해서는 안된다."와 같은 강제하는 조항의 신설을 반대하였다. 대신에, 유럽 국가들은 공동 시장은 보호무역 조치를 "해서는 안된다."라는 보다 부드러운 문단을 삽입해야 한다고 주장한다고 대변인은 말했다. 미국을 포함한 이곳 모든 다른 나라들은 더 강력하고 단호한 문구(절대로 해서는 안된다)를 지지할 계획이었다.

　농산물 무역에 대한 새로운 규칙을 요구하는 또 다른 문구는 유럽공동체 이외의 다른 국가에 대해서는 지지를 받았다. 유럽공동체는 미국의 강력한 공격 아래 놓인 자국의 농산물에 대해서 장려금을 지급하고 있는 상황이므로 이 문구를 받아들이는 것을 거부하였다.

　회의는 토요일에 폐회될 예정이었으나, 파국을 피하기 위해 일요일까지 연장되었다.

〈요약문〉

　유럽과 미국은 세계무역 회의에서 의견 일치에 거의 근접했으나, 무역 체제의 미래에 대해서는 의견을 달리하였다. 유럽공동체 시장의 구성원들은 몇 가지 조항에 수정을 한 이후에만 합의문에 서명할 것이라고 하였다. 예를 들면, 유럽공동체 시장의 구성원들은 다른 국가들보다 보호무역주의에 대해 다소 덜 반대하였다. 그들은 또한 농산물 무역에 대한 새로운 조항을 받아들이려 하지 않았다.

① 정보 삭제하기(한 줄로 긋는다.)
② 대체(원으로 둘러싼 정보)
③ 화제 문장 선택하기(회색 음영으로 나타냄)
④ 중심 문장 구성하기(글에서 [   ]로 표시한 정보를 위해: 요약에서 밑줄 그은 문장들)

출처 : R.C. Longworth, Future of World Trade Dim After Rift at Geneva Parley, Chicago Tribune, Sunday, November. 28, 1982.

4) 주장하는 글 읽기

　주장하는 글은 독자가 공감할 수 있도록 어떤 사실이나 현상, 가치 등에 대해 자신의 주장을 논리적으로 쓴 글이다. 따라서 글에 담긴 주장은 주관적이지만 글쓴이가 설득력을 높이기 위해 논리적이고 객관적인 근거를 제시하므로, 이와 같은 글을 읽을 때에는 글쓴이의 주장과 근거, 의도를 파악하며 읽어야 한다. 주장이 담긴 글의 종류로는 논설문, 사설, 칼럼, 건의문, 연설문 등이 있다.

(1) 주장과 근거 찾기

　서론–본론–결론의 기본적인 구조를 가지고 있는 주장글은 이러한 글 구조를 바탕으로 글쓴이의 주장과 근거를 파악하며 읽어야 한다. 또 글쓴이의 주장이 타당한지, 근거가 적절한지, 자료에 신뢰성이 있는지 살펴보아야 한다. '~하는 것이 좋다.'와 같은 주관적인 표현, '적당히 해야 한다.'와 같은 모호한 표현, ' 반드시, 결코'와 같은 단정적 표현 등 논설문에 어울리지 않는 표현이 쓰였는지도 판단하며 읽어야 한다.

<표 19> 주장과 근거가 있는 글 읽기의 예

인간을 위한 동물 실험은 멈추어야 한다.

'동물 실험'이란 교육이나 연구, 신약 개발 등의 목적을 위해 동물을 대상으로 하는 실험을 말한다. 매년 동물 실험으로 많은 동물들이 희생당하고 있다. 인간의 편리와 이익을 위한 동물 실험은 멈추어야 한다.

동물도 사람들처럼 고통을 느끼는 존재이다. 2019년 4월 복제견 메이가 서울대 실험실에서 동물 실험에 이용되다가 학대를 당해 숨진 일이 발생하였다. 동물 실험으로 학대를 당한 것은 메이뿐만이 아니다. 농림축산검역본부의 통계에 따르면 2018년 실험 대상으로 이용된 동물은 약 373만 마리에 달하며, 실험동물 3마리 중 1마리는 극심한 고통을 겪는 것으로 조사되었다. 사람에게 고통이 두려운 것이라면 동물에게도 마찬가지이다.

동물 실험의 결과를 완전히 믿을 수 없다. 한 조사에 따르면 미국은 동물 실험을 통과한 신약의 부작용으로 매년 10만 명 이상이 사망하고 있다고 한다. 동물 실험을 통과해도 인간에게 안전이 보장되지 않는 것이다.

동물 실험을 대체할 방법들이 제시되고 있다. 다만 사람들의 관심과 노력이 부족하여 대체 방법들이 많이 활용되지 않을 뿐이다.

동물들도 우리와 같이 소중한 생명이다. 인간을 위해 동물들에게 일방적인 희생을 강요하는 것은 비인간적인 행동이다. 이제 동물 실험을 멈추고 대체 방법을 찾는 데 더 많은 노력을 기울여야 한다.

◆ 위 글의 내용을 아래 표에 정리하며 주장과 근거를 파악해 보자.

서론	문제점	매년 동물 실험으로 많은 동물이 희생당하고 있다.
	주장	동물 실험은 멈추어야 한다.
본론	근거 1	동물도 사람과 마찬가지로 고통을 느끼는 존재이다.
	근거 2	동물 실험의 결과가 인간에게 안전을 보장해 주지 못한다.
	근거 3	동물 실험을 대체할 방법들이 있다.
결론	재주장	동물 실험을 멈추고 대체 방법을 찾는 데 더 많은 노력을 기울여야 한다.

◆ 위의 논설문을 평가해 보자.

질문	대답
글쓴이의 주장은 다당한가?	그렇다.
주장을 뒷받침하는 근거는 적절한가?	그렇다.
자료의 출처가 나타나 있는가?	2문단 농림축산검역본부는 출처가 분명하지만 3문단에서는 조사 기관이 분명치 않다.
주관적 표현, 모호한 표현, 단정하는 표현을 쓰지는 않았는가?	- 4문단에서 '노력이 부족하다, 많이 활용되지 않는다'는 표현이 모호하다. - 제시되는 대체 방법은 무엇인지 구체적인 내용을 밝혀야 한다.

(2) 서로 다른 관점(different perspectives)

함께 영화를 본 친구들끼리 하는 영화평을 들어보면, 같은 영화를 본 것인지 의심스러울 때가 있다. 영화에 대한 이해 방식과 느낌에 매우 큰 차이를 드러내기 때문이다. 인간의 인지 작용에는 개인의 경험과 그를 둘러싼 사회 문화적 환경이 결정적인 작용을 하게 된다. 이것이 독서 지도에서 '서로 다른 관점' 전략이 의미 있는 이유이다. 다음은 서로 다른 관점 전략이 사용된 독서 지도의 한 사례이다.(정혜승·박정진·서수현·유상희, 2008:105)

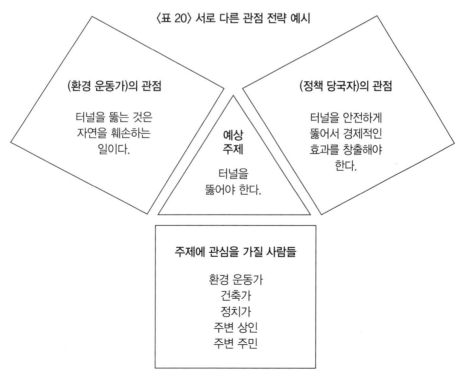

〈표 20〉 서로 다른 관점 전략 예시

사람들이 각자의 관점(觀點, perspectives)에 따라 세상사를 이해하기 때문에 글을 읽을 때에도 서로 다른 이해를 할 수밖에 없다. 따라서 그런 서로 다른 관점들을 고려해 보는 활동은 상대방의 입장을 이해하게 함으로써 글에 대한 다양한 해석을 하는 데 도움을 줄 것이다. '서로 다른 관점'의 절차를 설명하면 다음과 같다.

첫째, 학생들이 제목, 차례, 삽화나 표 등을 보고 주제를 유추하면서 글을 훑어보도록 한다. 필자의 입장에서는 중심 내용을 고려하면서 제목이나 차례를 만들고 핵심적인 사안과 관련하여 삽화나 표 등을 제시할 것이다. 따라서 글에 제시된 이런 장치들은 모두 필자의 의도나 글의 중심 생각을 파악하기 위한 중요한 표지들이다. 그래서 예상 주제나 화제를 찾아 기록한다.

둘째, 소집단별로 글의 주제와 관련하여 이 글에 관심을 가질 만한 사람들에 대해 협의하도록 한다. 글이란 읽는 사람을 전제로 존재하는 것이기 때문에 해당 글에 관심을 가질 만한 사람들을 상상해 보는 것은 독자나 필자 모두에게 매우 의미 있는 과정이다. 국토 개발과 관련된 글을 읽을 경우, 대표적으로 관심을 가질 만한 사람들이 건축가나 경제학자, 환경 운동가, 정책 당국자, 해당 지역 주민 등이 될 것이다.

셋째, 협의한 사람들 중에서 한 사람을 선택하고, 그 입장이라면 이 주제를 어떻게 이해하고 어떤 반응을 보일지 추론한다. 예를 들면, 입장이 서로 대립될 것으로 보이는 '환경 운동가'와 '정책 당국자'의 관점으로 생각해 볼 수 있을 것이다. 이때 추론하는 대상은 떠올린 사람 중 하나이지만, 입장에 대한 설명은 그 사람을 떠올린 학생의 스키마에 의해 이루어질 수밖에 없다는 점에서 독자로서 학생의 이해의 폭을 넓혀 주게 된다.

마지막으로, 추론한 내용을 가지고 구성원들과 협의 과정을 거치도록 한다. 이 과정에서 동일한 화제에 대해서 여러 입장이 있을 수 있음을 이해하게 된다. 그러면서 동시에 자신의 제한된 관점을 넘어서 확장적인 인식으로 나아갈 수 있을 것이다.

이런 과정을 거치고 난 후 꼼꼼하게 읽으면서 글의 내용과 학생들이 추론한 내용을 비교해 보면서 읽은 후 활동과도 연계할 수 있다.

4. 매체 읽기 방법

1) 매체 유형과 특성[1]

매체란 사람들이 정보와 지식, 사상과 정서를 주고받을 수 있게 해 주는 수단을 말한다. 사람들이 음성이나 문자로 의사소통을 하던 시대에서 대량 생산이 가능한 인쇄 매체 시대를 지나, 전파 기술을 이용하는 영상 매체를 거쳐 인터넷을 기반으로 하는 뉴미디어 시대로 발전해 왔다. 이러한 매체는 크게 인쇄 매체, 음성 매체, 영상 매체를 포함하는 전통적 매체와 인터넷을 기반으로 하는 뉴미디어로 나눌 수 있다.

<표 21> 매체 유형과 특성

전통적 매체	• 책, 신문, 잡지, 라디오, 텔레비전 등이 있다. • 동일한 정보를 불특정 다수에게 대량으로 전달할 수 있다. • 정보 생산에 일반인이 참여하기 어렵다. • 매체 자료에 대한 수용자의 반응을 전달하기 어렵다.
뉴 미디어	• 인터넷과 이를 기반으로 한 다양한 디지털 형식의 매체이다. • 스마트폰, 온라인 신문, 블로그, 누리 소통망(SNS) 등이 해당한다. • 시간이나 장소에 구애받지 않고 소통이 가능하다. • 여러 사람이 동시적 또는 비동시적으로 의사소통을 할 수 있다. • 비교적 쉽고 빠르게 원하는 지식과 정보를 얻거나 공유할 수 있다. • 정보 생산과 제공에 누구나 참여할 수 있다. • 수용자가 매체 자료에 대한 의견을 자유롭게 올릴 수 있으며, 정보 생산자와 실시간 상호 작용이 가능하다. • 여러 가지 매체들이 상호 연결되어 운용될 수 있다.

2) 매체 자료와 매체 언어[2]

뉴스, 드라마, 영화, 광고, 다큐멘터리, 예능 프로그램 등 매체를 통해 전달되는 정보의 구체적인 형태를 매체 자료라고 한다.

매체 언어는 매체에서 의미를 전달하기 위해 사용하는 양식으로 문자, 이미지, 음성, 소리, 동영상 등이 있다. 오늘날 매체들은 이러한 언어 양식을 복합적으로 사용하여 의미를 전달하는 '복합 양식성'을 지니고 있다. 과거의 매체에서 음성, 문자, 그림 등이 독립적으로 의미를 구성하였다면 최근의 매체는 언어 요소뿐만 아니라 청각 요소, 공간 요소, 시각 요소 등을 복합적으로 활용하여 의미를 구성한다. 매체 언어 두세 개가 연결되거나 모두 연결되어 하나의 의미를 효과적으로 전달하고 있다.

---

1) 방민호 외(2018), 고등학교 『언어와 매체』, 미래엔, 28~30쪽 참고.
2) 방민호 외(2018), 고등학교 『언어와 매체』, 미래엔, 34~35쪽 참고.

〈표 22〉 매체 자료와 매체 언어

매체 자료	정보 표현에 사용되는 매체 언어
인쇄 매체 (책, 신문 등)	문자, 이미지
영상 매체 (텔레비전, 영화 등)	문자, 이미지, 음성, 소리(배경 음악, 효과음), 영상 등
정보 통신 매체 (SNS, UCC, 웹툰, 블로그, 인터넷 방송 등)	문자, 이미지, 음성, 소리(배경 음악, 효과음), 사진, 영상 등

3) 매체 읽기

오늘날 우리는 책, 신문, 텔레비전, 인터넷, 이동 통신 기기 등 다양한 매체를 활용하여 정보를 생산하기도 하고 수용하기도 한다. 이 과정에서 매체를 사용하고 해석할 때 요구되는 지식과 기술을 '매체 문식성(media literacy)'이라고 한다.

복합 양식성을 활용하여 매체 자료를 생산하는 주체들은 이전에는 없던 새롭고 창의적인 표현을 담기도 하고, 텔레비전 방송에서 자막을 쓰는 것처럼 매체 언어를 결합하여 정보를 추가하기도 한다. 그런데 이 과정에서 매체를 생산하는 사람의 관점이 담길 수 있고, 편집에 의해 진실이 왜곡될 수 있다. 대중들은 매체 수용자에 머무르지 않고 생산에 참여하거나 생산자와 소통하면서 빠르게 정보를 확산시키는 특징을 보인다. 이러한 환경 때문에 매체 자료는 양적, 질적으로 다양해졌으며, 정보를 얻거나 여가를 즐기기 위한 수단으로 적극적으로 활용되고 있다. 하지만 양적 팽창과 상업적 이익을 목적으로 생산되는 매체 자료로 인해 가짜 정보, 과장되거나 왜곡된 정보, 비윤리적이거나 선정적인 내용, 폭력적인 내용이 확산되는 부정적 기능도 함께 확대되고 있다.

따라서 다양한 매체 자료에 담긴 정보를 이용할 때는 비판적·주체적으로 수용하는 태도를 길러야 한다. 정보의 가치를 판단하며 읽어야 하고, 매체 생산자의 관점이나 의도가 타당한지 따져 보아야 한다. 또 속담이나 비유적 표현, 이미지 등에 담긴 의도를 파악할 수 있어야 한다.

(1) 신문 기사

신문은 문자와 이미지를 활용하여 정보를 전달하는 인쇄 매체이다. 대부분 일간지 형태로 제작되기 때문에 다른 인쇄 매체에 비해 정보 제공 속도가 빠른 편이지만 영상 매체나 인터넷보다는 느리다. 지면의 제약이 있어서 깊이 있는 내용을 다루기는 어려운 대신 다양한 분야의 정보를 제공할 수 있다.

기사의 종류에는 뉴스 전달을 위한 보도 기사, 매우 중대한 사건이나 전문적인 해설이 필요한 경우에 쓰는 해설 기사, 미리 계획을 하고 심층적인 취재를 바탕으로 쓰는 기획 기사 외에 영화나 책에 대한 평론 등이 있다.

기사문은 형식적으로 신문 기사의 대표 제목인 표제, 제목에 덧붙여 그것을 보충하는 제목인 부제, 기사 내용을 요약해서 보여 주는 전문, 기사의 주된 내용을 구체적으로 쓴 본문으로 구성되어 있다. '누가, 언제, 어디서, 무엇을, 어떻게, 왜'라는 육하원칙을 밝혀 기사문을 작성하며, 사진·그림·도표 등 다양한 시각 자료를 활용하여 내용을 보충하거나 한눈에 알아보기 쉽게 정보를 전달한다.

⊙ 신문 기사 읽기 방법

1. 표제와 부제를 읽고 내용을 짐작해 본다.
2. 전문을 읽고 대강의 내용을 알아본다.
3. 본문을 읽으며 구체적 내용을 파악한다.
4. 시각 자료가 보여 주는 내용을 이해한다.
5. 시각 자료의 출처가 명확한지 확인한다.
6. 시각 자료가 기사의 내용을 뒷받침하기에 적절한지 판단한다.
7. 기사를 쓴 기자의 의도나 관점을 평가해 본다.

[그림 7] 신문 기사 읽기의 예

"쓰레기 버릴 곳 없어"…10년 내 '쓰레기 대란' 온다

쓰레기 배출량 매년 늘지만, 처리 시설 확충은 다들 '나 몰라라'
주민 반대로 소각장 확충도 지지부진…"머리 맞대고 합의 끌어내야"

우리나라의 쓰레기 배출량은 가파르게 증가하고 있다. 2014년 기준 4만9천915t이던 전국 일일 생활 폐기물 배출량은 5년 만인 2019년 5만 7천 961t까지 늘었다. 공장이나 건설 현장 등에서 나오는 폐기물 등까지 합치면 일일 폐기물 총 배출량은 같은 기간 23% 급증했다.

더구나 지난해와 올해는 신종 코로나바이러스 감염증(코로나19)으로 인해 음식 배달, 택배 수요 등이 급증하며 생활 쓰레기가 많이 늘어났다.

문제는 쓰레기 배출이 급증했음에도 불구하고 이를 묻을 매립지 확충은 거의 이뤄지지 않았다는 점이다. 쓰레기는 급증하는데 이를 묻을 땅이 없다면 결과는 뻔하다. 매립지는 포화 상태에 이를 수밖에 없다. 이는 배출되는 쓰레기 처리를 제대로 하지 못하는 '쓰레기 대란'을 불러오게 된다.

환경부에 따르면 지금으로부터 10년 뒤인 2031년 우리나라의 공공 매립시설 215곳 중 47%에 달하는 102곳이 포화 상태에 이르게 된다.

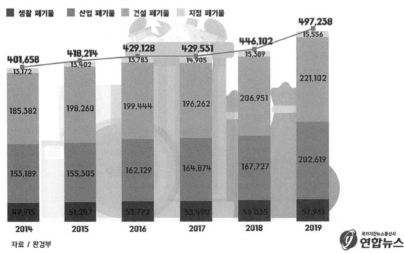

◇ 매립량 줄이려면 태워야 하는데…주민 반대로 이마저도 '지지부진'

쓰레기는 재활용하지 않으면 땅에 묻거나, 태워야 한다. 매립장이 확충되지 않으면 소각장이라도 더 지어야 한다. 사실 소각 방식은 매립보다 훨씬 효율적이다. 만약 태울 수 있는 폐기물을 모두 태운 뒤 거기서 나온 소각재만 매립한다면 쓰레기를 그대로 묻는 방식보다 부피를 10분의 1 수준으로 줄일 수 있다.

하지만 혐오 시설로 인식되는 소각장 설치에 대한 주민들의 반대가 극심하기 때문에 소각장을 짓기가 쉽지 않다.

이승희 경기대 융합에너지시스템공학부 교수는 "폐기물 처리 문제까지 선거를 의식한 정치적 논리로 접근하는 탓에 폐기물 처리의 기초 시설인 매립장과 소각장 모두 늘리지 못하고 있다"며 "각 지자체보다 상위인 중앙 정부 차원의 개입과 노력이 절대적으로 필요한 상황"이라고 밝혔다.

-연합뉴스, 2021. 7. 23-

1. 표제와 부제를 읽고, 기사의 내용을 짐작해 보자.
2. 기사의 세부 내용을 파악해 보자.
3. 기사를 뒷받침하는 객관적 자료가 있는가?
4. 함께 쓰인 시각 자료의 내용은 무엇인가?
5. 시각 자료가 기사 본문과 어울리는가?
6. 시각 자료의 출처가 밝혀져 신뢰성이 있는가?
7. 표제와 부제가 본문 내용을 효과적으로 드러내는가?
8. 관점이나 의도가 담긴 표현이 있는가? 그것을 바탕으로 기자의 관점을 파악해 보자.
   (비판적, 긍정적, 부정적, 낙관적, 우호적……)
9. 기자의 관점이 어느 한쪽 입장에 치우쳐 있지는 않은가?

(2) 영화

극장에서만 관람하던 시대를 넘어 이제는 다양한 인터넷 매체를 통해 언제 어디서든 영화를 볼 수 있다. 영화는 그만큼 사회에 미치는 영향력이 커졌으며, 영상 세대인 청소년들은 글로된 텍스트보다 친숙하게 느끼는 매체이기도 하다.

영상으로 만들어진 이야기인 영화는 음성, 문자, 이미지, 배경 음악, 효과음, 영상 등의 매체 언어를 복합적으로 사용하는 종합 예술이다. 영화감독은 인물의 대사와 행동, 음악, 카메라의 움직임과 구도, 화면 편집 등을 통해 주제 의식을 표현한다. 영화 읽기는 바로 영상, 음향, 이미지 등의 매체 언어를 통해 감독이 전하고자 하는 바를 관객이 받아들여 이해하는 과정이라고 할 수 있다.

영화에는 사회, 정치, 역사, 성, 폭력 등 다양한 세상이 담긴다. 영화 속 세상은 감독에 의해 허구적으로 창조된 세상이지만, 우리가 살고 있는 현실을 향해 질문을 던지거나 담론을 만들어 내기도 한다. 영화는 그 담론에 대해 때로 대안을 제시하기도 하고, 긍정적, 지배적, 유보적 입장 중에 한 입장을 취할 때도 있다. 관객은 영화에 담긴 관점을 무조건 받아들이기보다 비판적으로 수용해야 하며, 다양한 시각으로 세상을 보는 눈을 기를 수 있도록 해야 한다.

영화로 수업을 한다고 할 때 두 가지 모습을 만날 수 있다. 첫째는 온전히 영화 전체를 본 후에 인물들의 행동이나 태도, 대사, 주제를 바탕으로 토론을 하거나 논술로 연결하는 수업 형태이다. 둘째는 수업의 보조 자료로 이용하는 경우이다. 국어 수업에서 소설 『소나기』와 영화화된 〈소나기〉를 비교하며 장르의 특징 이해하기, 조선 시대나 일제 강점기와 같은 특정 시대를 이해하기 위한 자료로 활용하기, 역사 수업으로 영화 〈말모이〉나 〈택시 운전사〉를 보며 사건이 지니는 역사적 의미를 파악하는 자료로 활용하기 등이다.

독서 영역에서 영화 읽기 수업은 영화 전체를 자료로 하여 감독의 의도를 이해하고, 그를 바탕으로 세상을 이해하는 수업이라고 할 수 있다. 그런데 영화를 텍스트로 수업을 진행할 때 책과 다른 개성 있는 수업이 되려면 감독이 메시지를 전달하기 위해 매체 언어를 어떻게 활용하였가 하는 점을 이해해야 한다. 물론 독서 수업에서 영화의 형식이나 기법을 세세하게 가르치는 수업은 필요하지 않고, 교사가 전문가 수준의 영화 비평을 할 수도 없을 것이다. 그러나 책에서 저자의 의도를 읽어 내기 위해 서사 구조나 표현법 정도를 파악하는 안목은 영화 읽기에도 필요하다. 효과적인 수업을 위해 영화 특성에 대한 기초 지식을 간단하게 알아보자.

① 영화의 장르

영화를 비슷한 특성과 성격을 가진 영화들로 구별할 때 사용되는 분류법이다. 영화 장르는 일반적으로 액션, 모험, 애니메이션, 코미디, 가족, 드라마, 판타지, 누아르, 로맨스, 공상 과학, 공포, 뮤지컬, 다큐 등으로 구별한다.

영화 장르는 장르의 3요소인 포뮬라(형식), 컨벤션(관습), 아이콘(도상)으로 구성된다. '포뮬라'는 유사한 줄거리 전개를 말한다. 로맨스 영화에서 초반에 갈등을 겪는 남녀가 연인으로 발전하여 사랑을 완성하는 전개 방식을 예로 들 수 있다. '컨벤션'은 특정 장르에 반복해서 많이 나오는 장면이다. 서부극에서 악당과 주인공이 결투하기 전 마주 서 있는 장면, 사랑하는 남녀가 데이트를 즐길 때 비가 오는 장면 등이다. '아이콘'은 장르를 표현하는 세부적인 소품 또는 스타 배우를 말한다. 중절모, 트렌치코트, 권총, 지하실은 누아르의 아이콘이고, 비명 소리, 음산한 음향, 폐가 등은 공포 영화의 아이콘이다. 특정한 장르에 자주 출연해 배우 자체가 장르의 성격을 규정하는 경우도 포함한다.

요즘은 작품을 더 풍부하게 하고 다양하게 만들기 위해 〈아바타〉처럼 여러 장르를 혼합하여 재창조하기도 한다. 〈아바타〉는 모험, 액션, 전쟁, 사랑 이야기 장르가 융합된 영화이다.

② 프레임

프레임이란 스크린에 나타나는 직사각형 모양의 이미지, 즉 영상의 둘레를 말하며 회화의 액자처럼 그림을 둘러싸는 경계를 가리킨다. 감독은 프레임 안에 무엇을 담을 것인지, 어떻게 보여줄 것인지 고민한다. 그리고 하나의 프레임 안에서 의미를 만들어 내기 위해 선, 형, 면, 색, 빛 등 다양한 구성 요소를 활용한다.

대체로 화면에 대상이 꽉 차면 답답하고 불안한 정서를 유발하기 때문에 이런 프레임은 공포나 누아르, 심리극에 주로 쓰인다. 반대로 넓은 공간 속에 대상을 잡음으로써 화면에 여백을 많이 주면 광활하고 안정적인 느낌을 주기 때문에 서사극 등에 많이 쓰인다.

프레임 한가운데는 일반적으로 중요한 인물이나 움직임이 위치하는 장소이며, 프레임 나머지 부분은 중요한 움직임에 관심이 집중되는 것이 방해되지 않게끔 정돈한다. 프레임 상단에 위치한 등장인물은 아래쪽에 위치한 이들보다 지배적인 힘을 가진 것처럼 보이지만, 반대로 프레임의 아래쪽은 안정감이 있으며 더 많은 주의를 끈다. 또 건축물, 기둥, 나무, 창문, 수평선 등을 이용해 화면을 분할하여 인물 간의 심리 대비, 인물의 감정 상태, 특정 공간의 의미 등을 강조하기도 한다. 수직선은 강한 힘, 긴 수평선은 평온함과 관련이 있다.

③ 숏(shot)

영화의 최소 단위는 숏(shot)이다. 숏은 카메라가 켜지고 꺼질 때까지 찍힌 영상, 즉 잘라짐 없이 지속되는 것을 말한다. 숏이 모이면 신(scene)이 되고, 신이 모이면 하나의 서사 단위인 시퀀스(sequence)가 된다. 시퀀스는 보통 동일한 시간과 장소에서 일어나는 사건을 말하며, 시퀀스가 모여 영화 스토리가 된다. 개별 숏의 시간적 길이는 1초짜리부터 몇 분짜리까지 각각 다르다. 숏은 영화 속에서 개별 단어 역할, 문장이나 단원 역할을 구현하고 있다. 빠른 템포를 이용해 젊음의 열정과 역동성을 표현하기도 하고, 긴 템포를 이용해 인물의 내면을 서사적으로 보여 주기도 한다.

또 숏은 화면 안에 보이는 대상의 크기라고 할 수 있다. 크게 먼 거리에서 인물이 활동할 무대 전체를 보여 주는 롱숏(long shot), 화면에 인물의 전체를 보여 주는 풀숏(full shot), 인물의 허리부터 머리까지 나오는 미디엄숏(medium shot), 특정 부분만을 강조하는 클로즈업(close up)으로 나눌 수 있다. 롱숏은 관객에게 공간 전체를 조망하게 할 때, 미디엄 숏은 인물의 중요한 행위나 대화를 보여 줄 때, 클로즈업은 인물의 표정을 강조하여 감정을 세세하게 전달할 때 사용한다.

④ 앵글

앵글은 카메라의 위치를 가리킨다. 보통 관객들은 영화의 장면이 사람들의 눈높이와 같은 평각(eye level angle)에서 촬영된 것으로 생각한다. 하지만 앙각 앵글(low angle)이거나 부감 앵글(high angle)로 촬영된 장면이 더 많다.

앙각 앵글은 피사체 아래에서 위쪽으로 촬영하는 것으로 권력을 지니고 있거나 신분이 높은 대상을 촬영할 때, 대상을 과장되어 보이게 하거나 흔들리는 불안감을 표현할 때, 반대로 존경심과 위대함, 카리스마적인 효과를 전달할 때 쓰인다. 영화 〈죽은 시인의 사회〉의 키팅 선생님이 떠나는 장면에서 학생들이 "오! 선장님, 나의 선장님."이라고 외치며 책상 위로 올라갈 때 앙각 앵글이 쓰였다. 키팅 선생님에 대한 존경심과 이전과 달라진 모습으로 세상을 살겠다는 의지를 다지는 학생들의 성장한 모습을 강조하기 위해 의도적으로 아래에서 위를 올려다보는 각도로 촬영한 것이다.

부감 앵글은 촬영 대상의 위에서 촬영하는 것으로 소외되고 고독한 모습, 인물의 숙명이나 무기력한 모습, 누군가에게 지배당하는 모습, 절망, 패배, 왜소함 등을 전달하는 데 효과적이다.

이 외에 카메라의 속도를 빠르게 하여 폭력 장면이나 혼란스러운 심리를 표현하거나 등장인물을 화면 안에 불쑥 나타나게 하여 관객에게 공포감을 느끼게도 한다.

⑤ 음향

영화 음향의 3요소는 대사(dialogue), 효과음(sound effects), 음악(film score)이다. 대사는 독백과 대화가 있다. 독백은 인물의 생각을 전달할 수 있고, 사건과 시간을 압축해서 보여 주는 데 유용하다. 대화는 줄거리를 전개하는 중요한 역할을 하며 주제를 전달하기도 한다. 효과음은 의미 전달과 분위기를 조성하는 역할을 하며, 높이, 템포 등을 통해 관객에게 영향을 준다. 높은음은 귀에 거슬리며 긴장감을 주는데, 그 음의 템포가 빠르면 긴장감이 커진다. 낮은음은 근심이나 신비를 나타낼 수 있다. 음악은 영화의 배경이 되어 분위기를 강화하거나 인물의 감정을 유도하는 역할을 한다.

음향은 관객이 영화에 관심을 갖도록 유도하고, 기대를 갖게 한 다음 그것을 충족시키기도 하고 배반하기도 한다. 어두운 밤 뚜벅뚜벅 다가오는 발소리는 관객들에게 두려움을 갖게 하며, 다가오는 인물이 누구인지 집중하게 한다. 그 발소리를 낸 인물은 범죄자일 수도 있고, 예상 밖으로 아주 친근한 인물일 수도 있다. 또 슬픈 장면의 바이올린 연주나 환상적인 장면에서 하프 연주 등은 정서를 전달하는 역할을 한다.

⊙ 영화 읽기 방법 (윤종욱, 『영화 분석의 기초 개념』 재구성)

1. 영화의 장르는 무엇인가? 그 장르의 관습이 어떻게 나타나는가?
2. 도입부에서 제시되는 내용은 전체 영화에서 어떤 의미를 갖는가?
3. 인물, 사건, 배경을 파악해 보자.
4. 중심인물과 주변 인물을 구분해 보자. 인물들 사이의 관계는 어떠한가?
5. 인물의 성격은 어떠한가? 인물의 성격이 서사에 어떤 영향을 미치는가?
6. 영화가 진행되면서 인물들의 성격이나 관계가 어떻게 달라지는가?
7. 영화가 시간을 어떻게 조작해서 보여 주는가? 시간을 조작해서 무엇을 강조하고 있는가?
8. 주의를 기울이게 하는 음향 효과가 있는가? 그 음향은 어떻게 사용되고 있는가?
9. 주로 사용하는 색이 있는가? 있다면 그 색으로 인해 나타나는 분위기는 어떠한가?
10. 어떤 크기의 숏이 많이 사용되었는가?
11. 카메라의 움직임이 많은가, 적은가? 카메라의 움직임을 통해 강조하고자 하는 것은 무엇인가?
12. 감독이 전하고자 하는 메시지와 관련된 대사를 찾아보자.
13. 감독이 전하고자 하는 메시지를 상징적으로 보여 주는 장면이 어디인가?
14. 이 영화가 사회에 던지는 질문이 무엇인가? 영화에서는 그것을 어떤 관점에서 다루고 있는가?

2005년에 발표된 배종(박광현) 감독의 〈웰컴 투 동막골〉은 한국 전쟁을 배경으로 한 영화이다. 한국 전쟁을 배경으로 하는 대부분의 영화들이 전쟁의 실상이나 후유증을 무

게 있게 다루는 반면 〈웰컴 투 동막골〉은 전쟁의 아픔과 남북의 대립을 인간애의 회복으로 해결할 수 있다는 메시지가 담겨 있는 수작으로 인정받고 있다.

이 작품의 공간적 배경인 동막골은 전쟁의 폭력성을 전혀 모르는 사람들이 사는 순수한 세계, 시간이 멈추어 버린 것 같은 신비로운 공간이다. 그곳에 총, 수류탄 등 살상 무기를 지닌 남한 군인 두 명과 북한 군인 세 명, 연합군 소속의 미군이 등장한다. 남한군과 인민군은 사사건건 대립하며 긴장감을 갖게 하지만 시간이 지나면서 마을 사람들에 동화되어 순수함을 되찾게 된다.

초기의 갈등과 대립은 마당에서 비가 오는데도 총을 겨누고 버티고 서 있는 장면, 방이나 마루에서 대칭을 이루며 떨어져 앉는 장면 등을 통해 표현된다. 또 각각 다른 군복을 입고 있는 모습 역시 갈등을 드러내는 소재이다. 시간이 흐르면서 남북한의 군인들이 서로 화해할 수 있음을 암시하는 장면들이 나타난다. 남한군과 북한군이 나란히 엎드려 친근하게 이야기를 나누는 장면이나, 군복 대신 마을 사람들이 준 흰색 한복을 입고 날려 버린 식량을 채우기 위해 협력하는 모습에서 적대감은 찾아볼 수 없다. 여섯 명의 군인이 모여 마을 사람들 몰래 멧돼지 구이를 먹을 때도 그렇다. 영화의 끝에서 미군이 동막골 폭격을 준비한다는 사실을 알고 한마음으로 그곳을 지켜 내기 위해 다시 군복을 입는 등장인물들은 이전의 군인과 다르게 성장한 사람들이다. 이전에는 왜 총을 들고 싸워야 하는지 몰랐다면 이제는 적과 그 이유가 분명해졌기 때문이다. 남북이 연합하여 외세 연합군으로부터 동막골을 지켜 내는 것은 감독이 전하고 싶은 메시지일 것이다.

남북한 군인 사이에 팽팽한 대립이 이어지다가 하늘에서 팝콘이 내리는 장면은 판타지에 해당한다. 그러나 수류탄은 사라지고 팝콘이 내리는 것처럼 전쟁이 사라지고 대립과 갈등에서 벗어나 함께 즐겁게 살기를 바라는 감독의 의도가 담겨 있다고 볼 수 있다.

한편 감독은 화면의 밝기를 이용해 분위기를 표현했는데 남북 군인들의 갈등 장면이나 미군들이 동막골 폭격을 위한 회의를 하는 장면은 어둡고 심각한 분위기를, 마을 사람들이 함께 농사일을 하는 장면은 햇살이 밝고 눈부시게 빛남으로써 평화로운 분위기를 보여 준다.

또 영화의 시작과 끝에 등장하는 나비는 인간의 이기심과 전쟁의 폭력으로부터 순수하고 평화로운 공간인 동막골을 지키는 자연의 힘을 상징한다고 볼 수 있다.

이 영화를 본 관객들은 여일의 죽음을 안타까워하는데 감독은 전쟁과 가장 거리가 멀고 순수했던 인물의 죽음을 설정해 전쟁의 잔인함을 극대화하고 있다. 마지막에 동막골을 지키기 위해 희생한 다섯 명의 군인들이 여일과 함께 나비로 떠나는 장면은 감동과

긴 여운을 남긴다.

　이 영화를 이해하기 위해서 학생들에게 아래와 같은 물음을 던지고 관련된 장면을 다시 볼 수 있다.

〈표 23〉 영화 읽기 예 (〈웰컴 투 동막골〉, 배종 감독)

- 인물, 사건, 배경을 파악하고, 줄거리를 간단하게 요약해 보자.
- 동막골이라는 공간적 배경은 어떤 특징이 있는가? 동막골을 배경으로 설정한 이유는 무엇일까?
- 영화 안에서 남북의 대립과 화해가 어떻게 표현되어 있는가?
- 나비가 한 일을 바탕으로 나비의 상징성을 말해 보자. 도입부에서 제시되는 내용은 전체 영화에서 어떤 의미를 갖는가?
- 롱숏으로 보여 주는 동막골에 대한 느낌, 국군 장교 표현철이 어린 시절을 회상할 때 아이의 얼굴이 클로즈업 된 장면에서 느낌이 각각 어떻게 다른가? 각각의 숏을 통해 감독이 전하고 싶은 이야기는 무엇일까?
- 왜 여일을 죽는 것으로 설정했을까?
- 제목에 담긴 의미는 무엇일까?
- 감독이 자신의 메시지를 전하기 위해 사용한 영화적인, 효과적인 표현은 무엇인가?
- 감독의 메시지를 상징적으로 보여 주는 장면이 어디라고 생각하는가?

　위와 같은 영화 읽기에서 한 걸음 더 나아가 토론 수업을 진행할 수 있다. 감독이 전하는 것처럼 '인간애를 회복하면 남북이 화해하고 한민족으로 돌아갈 수 있을까?'라는 생각에 대해 의견을 나눌 수 있다. 또 '고함 한 번 지르지 않고 마을 사람들을 휘어잡을 수 있는 비결'을 묻는 인민군 리수화에게 촌장은 '뭐를 많이 먹여야 한다.'는 대답을 한다. 이를 바탕으로 '현대 사회에서 잘 먹인다는 것은 어떤 의미이며 이 시대의 지도자에게 중요한 능력이 무엇일까?'라는 주제로 토론할 수 있다. 그리고 '이데올로기가 중요한가, 먹을 것이 중요한가?'라는 질문을 던질 수 있다. 감독은 인간의 본능인 의식주 욕구가 전쟁이나 이념 갈등보다 우선순위라고 답을 하고 있다. 동막골에서 마주쳐 대치하던 남한군과 인민군 일행이 함께 모여 음식을 먹는 장면에서 근거를 찾을 수 있다. 또 비슷한 처지로 살아가기 때문에 상대적 박탈감이 존재하지 않고 탐욕 없이 더불어 살아갈 수 있는 동막골, 그들이 전쟁의 비극을 모르고 살아가는 모습을 통해 감독은 이데올로기가 중요하지 않다고 말하고 있다. 감독의 이 의견에 대해 학생들 각자의 생각을 근거와 함께 이야기 나눌 수 있다.

(3) 인터넷 매체

여러 매체 자료 중 학생들이 가장 많이 이용하는 것은 인터넷을 기반으로 하는 누리 소통망(SNS), UCC, 웹툰, 누리 사랑방(블로그), 인터넷 방송 등이다. 이러한 매체 자료는 매체 생산자와 수용자 사이에 쌍방향 소통이 가능하며, 댓글로 많은 사람과 의견이나 정보를 교환할 수 있다. 문자, 그림, 영상 등 다양한 매체 언어를 사용하기 때문에 자료의 종류와 내용이 풍부하고, 하이퍼링크로 연결된 더 많은 정보를 찾아 읽을 수도 있다.

인터넷 매체 읽기는 과제나 문제 해결을 위해 필요한 자료를 찾는 과정, 찾은 정보를 자신의 의미로 재구성하는 과정이며, 다른 이들과 정보 및 텍스트를 공유하며 사고를 확장하는 활동이기도 하다.

인터넷 매체를 이용할 때 주의할 점은 검색 수를 기반으로 자료를 판단해서는 안 된다는 것이다. 가장 많은 사람이 보았다고 해서 가장 중요하거나 정확한 정보라고 신뢰할 수는 없다. 검색 수는 다양한 조건에 의해 영향을 받기 때문이다.

⊙ **인터넷 매체 읽기 방법**

1. 문자, 이미지, 사진, 소리 등이 결합하면서 형성하는 의미를 종합적으로 판단한다.
2. 과장된 내용은 없는지, 사실과 다른 내용은 없는지, 편견을 갖게 하는 내용은 없는지 살피며 읽는다.
3. 제목 또는 본문에 쓰인 어휘나 문장 표현 등이 전달하고자 하는 의미를 효과적으로 드러내는지 평가하며 읽는다.
4. 글쓴이의 의견을 무조건 수용하기보다는 같은 내용을 읽은 다른 독자들과 능동적인 상호 작용을 통해 다양한 관점에서 텍스트를 이해하려고 해야 한다.
5. 매체 자료를 활용하기 위해 정보를 수집할 때는 자신이 필요로 하는 정보의 성격과 유형에 맞는지 판단하며 읽어야 한다.
   - 꺾은선 그래프: 막대그래프의 끝을 꺾은선으로 연결한 그래프. 시간의 흐름에 따른 변화 추이를 한눈에 볼 수 있다.
   - 원그래프: 전체 통계량에 대한 부분의 비율을 쉽게 파악할 수 있다.
   - 도표: 구체적이고 정확한 수치를 알 수 있다.
   - 동영상: 사실이나 현장 모습을 생생하게 전달할 수 있다.
6. 자료의 출처가 분명한지, 저작권을 위반하지 않은 자료인지 살펴야 한다.

[그림 8] 인터넷 매체 읽기 예

건강이 블로그 　　　　　　_ ⊡ ✕

공부할 때 도움 되는 비타민 　✕

2.12. 10:54:39 by 건강이

우리나라 청소년들은 입시 위주의 공부 때문에 많이 지쳐있지요. 오늘은 공부할 때 먹으면 도움이 되는 비타민을 소개할게요.

첫째 비타민 A

비타민 A를 먹으면 시력 유지에 도움이 된다고 해요. 그런데 과다 섭취하면 피로감이나 두통이 나타날 수 있어요.
[비타민 A가 많이 들어 있는 식품] 동물 간, 달걀, 당근

둘째 비타민 C

비타민 C는 주의력, 기억력에 관여하는 신경전달물질이 잘 전달되게 해 준다고 해요. 그래서 공부 집중력에 도움이 됩니다. 과다 섭취하면 복통, 불면증 등의 부작용이 있으니 주의하세요.
[비타민 C가 많이 들어 있는 식품] 오렌지, 딸기, 피망

더욱 심각해지는 청소년 근시

경도근시 -0.75D,>-2D
중등도근시 -2D,>-6D
고도근시 -6D

출처 : 대한안과학회

49% (5~11)
80% (12~18)
75% (19~29)
67% (30~39)
55% (40~49)
31% (50~59)
18% (60~69)
28% (70~)

연령

청소년 척추 측만증 증가

셋째 비타민 D

비타민 D는 뼈와 치아를 튼튼하게 해 줘요. 지방이나 기름과 함께 섭취하면 흡수율이 높다고 해요.
[비타민 D가 많이 들어 있는 식품] 등푸른 생선, 달걀 노른자, 버섯

지금까지 공부에 도움이 되는 비타민에 대해 알아보았는데요 매일 매일 음식을 골고루 챙겨 먹기 힘들잖아요. 그럴 때는 판매되고 있는 비타민을 먹는 것도 좋을 것 같아요.

 OK쇼핑몰 바로가기
(저렴하게 비타민 구입 가능) 　　　　=**GO**

#공부에 도움이 되는 음식 　#면역력 영양제

 댓글 12 　　♥ 공감 5

콩이 : 비타민 알약이 좋을 듯!

대박 : 으~ 나는 피망이 너무 싫은데……

　 별님 : 동감 x 100 등푸른 생선도 no no~~~~

사랑이 : 그냥 골고루 먹으면 되지 않을까요?

---

1. 제목이 내용을 잘 드러내고 있는가?
2. 매체 생산자가 이 글을 쓴 의도는 무엇인가?
3. 글쓴이의 의견을 신뢰할 수 있는가?
4. 그래프와 이미지가 글 내용을 적절하게 뒷받침하고 있는가?
5. 매체 자료의 출처는 분명한가?
6. 내용이나 구성에서 고칠 부분은 없는가?
7. 더 찾아 읽을 자료는 가치가 있는가?
8. 인터넷 매체의 특성이 잘 활용되고 있는가?

제1장 읽기의 이해

읽기의 개념	읽기는 글자를 바르게 읽기, 문장을 알맞게 띄어 읽기에서부터 읽은 내용의 의미를 재구성하고 가치화나 내면화를 거쳐 인격을 수양하는 행위로 보고 있다. 다만 읽기는 대상을 책에 한정하지 않고 영화, 광고, 그림, 인터넷 웹 문서 등으로 확장해서 사용한다.
읽기의 본질	• 의미 구성 행위: 글을 매개로 필자와 독자가 상호 작용하며 의미를 재구성하는 행위이다. • 문제 해결 행위: 글을 읽으며 얻게 되는 간접 경험이나 지식을 통해 개인이나 사회의 문제에 대한 해결 방안을 모색하는 행위이다. • 사회적 상호 작용 행위: 독자가 텍스트를 읽는 과정에서 깨달은 자신의 생각을 다른 독자들과 주고받으며 사회 활동을 하는 행위이다.
읽기의 과정	• 인지 중심 과정: 읽기는 읽기 전 – 중 – 후의 단계를 거치는 인지 처리 단계이며, 능숙한 독자는 읽을 준비를 하고, 내용을 처리하고, 학습을 강화하는 일련의 과정을 거친다고 보는 관점이다. • 텍스트 중심 과정: 읽기 과정을 텍스트를 처리하는 단계로 보는 관점으로 미시 과정, 통합 과정, 거시 과정, 정교화 과정, 초인지 과정으로 설명한다.
읽기 방법 지도 방향	• 한글 바르게 읽기나 의미 단위로 띄어 읽기와 같은 기본적인 읽기 행위가 유창해지도록 지도하여야 한다. • 배경지식 활용하기, 독서 목적에 맞는 읽기 전략 활용하기처럼 학생 스스로 전략을 이용하며 읽을 수 있도록, 읽는 도중에 자신의 전략을 점검하고 교정할 수 있는 초인지 능력이 길러지도록 지도하여야 한다. • 인터넷을 기반으로 하는 읽기와 쓰기가 생활화되었으므로 다매체 자료 읽기를 지도하여야 한다.

제2장 전략적 읽기 방법

다양한 읽기 방법	• 발성 여부에 따라: 음독, 묵독 • 독서 범위에 따라: 전부 읽기, 발췌 읽기 • 독서 속도에 따라: 속독, 지독 • 꼼꼼한 정도에 따라: 통독, 정독, 미독
독서 목적에 따른 읽기 방법	• 지식이나 정보를 얻기 위해서: 훑어보기 후에 필요한 부분만 발췌하여 자세하게 정독을 한다. • 즐거움을 얻기 위해서: 천천히 전부를 읽으며 감상한다. • 시험 준비를 위해서: 자세하게 읽으면서도 기간이 정해져 있으므로 빠르게 읽어야 한다. 암기를 위해 음독을 활용할 수 있다.
글의 특성에 따른 읽기 방법	• 동시 읽기: 제목부터 읽고 행과 연에 따라 천천히 장면을 떠올리며 읽기, 화자를 찾고, 화자의 마음을 느끼며 읽기, 여러 가지 표현법 이해하기 • 이야기 글 읽기: 예측하며 읽기, 이야기 구조 활용하기, 어구 나누기 • 설명하는 글 읽기: K-W-L 전략, SQ3R 전략, 파노라마 전략, 글 구조와 표지어 활용하기, 밑줄 긋기, 메모하기, 중심 생각 정리하기, 요약하기 • 주장하는 글 읽기: 주장과 근거 구분하기, 서로 다른 관점 파악하기
매체 읽기 방법	• 매체 유형과 특성: 인쇄, 음성, 영상 매체를 포함하는 전통적 매체와 인터넷을 기반으로 하는 뉴 미디어로 나눌 수 있다. • 매체 자료와 매체 언어: 책, 신문, 영화, 웹툰, 누리 소통망(SNS) 등을 매체 자료라 하고, 문자, 이미지, 음성, 효과음, 사진 등을 매체 언어라 한다. • 매체 읽기 방법: 매체 생산자의 관점이나 의도가 타당한지, 다양하게 전달되는 표현의 의미와 효과는 무엇인지 따져 가며 비판적이고 주체적인 태도로 읽어야 한다.

1. 읽기와 문해력의 개념에 대해 아는 대로 설명해 보자.

2. 텍스트 중심의 읽기 과정 중 아래 각 단계에서 이루어지는 대표적인 활동에 대해 설명해 보자.
    1) 미시 과정
    2) 통합 과정
    3) 거시 과정
    4) 정교화 과정
    5) 초인지 과정

3. 아래 읽기 전략은 언제 사용할 수 있는지, 적용 가능한 독자의 읽기 능력은 어느 정도일지 생각해 보자.

- 어구 나누기
- 예측하며 읽기
- 이야기 구조 활용하기
- 글 구조와 표지어 이용하기
- 밑줄 긋기
- 중심 생각 정리하기
- 서로 다른 관점

4. 아래 매체 자료에 사용되는 매체 언어를 정리하고, 매체 자료에 따라 읽기 방법이 어떻게 달라야 하는지 설명해 보자.

매체 자료	정보 표현에 사용되는 매체 언어
인쇄 매체 (책, 신문 등)	
영상 매체 (텔레비전, 영화 등)	
정보 통신 매체 (SNS, UCC, 웹툰, 블로그, 인터넷 방송 등)	

• Judith W. Irwin(2012), 천경록·이경화·서혁 옮김, 『독서교육론: 독해과정의 이해와 지도』, 박이정.
• 교육부(2019), 『초등학교 교사용 지도서: 6-1, 6-2』.
• 김병섭·김지운(2015), 『국어 시간에 영화 읽기』, 휴머니스트.
• 김해등(2019), 『나비 부자』, 스푼북.
• 노명완·이차숙(2002), 『문식성연구』, 박이정.
• 노명완·정혜승·옥현진(2005), 『창조적 지식기반사회와 국어과 교육』, 박이정.
• 문삼석(2002), 『우산 속』, 아동문예사.
• 민경원(20014), 『영화의 이해』, 커뮤니케이션북스.
• 박영목 외(2019), 중학교 『국어: 2-1, 2-2』, 천재교육.
• 박영목(2008), 『독서교육론』, 박이정.
• 박정진·조재윤 공역(2012), 『문식성 전략 50: 단계별 언어 기능 교수 전략』, 한국문화사.
• 방민호 외(2019), 고등학교 『언어와 매체』, 미래엔.
• 배종(2005), 영화 〈웰컴 투 동막골〉.
• 신헌재, 서현석 외(2015), 『초등 국어 수업의 이해와 실제』, 박이정.
• 영화진흥위원회 교재편찬위원회(2018), 『영화(읽기)』, 커뮤니케이션북스.
• 윤종욱(2017), 『영화 분석의 기초 개념』, 커뮤니케이션북스.
• 이경화(2004), 『읽기 교육의 원리와 방법』, 박이정.
• 이순영·최숙기·김주환·서혁·박영민(2015), 『독서교육론』, 사회평론아카데미.
• 이혜영(2000), 『연둣빛 나라』, 문원.
• 정옥년 엮음(2001), 『사고력 향상을 위한 읽기 방법의 실제』, 가톨릭 문화원.
• 정재형(2014), 『영화 이해의 길잡이』, 개마고원.
• 정혜승·박정진·서수현·유상희(2008), 『전략적 학습자 만들기』, 교육과학사.
• 조슬린너 지아씅(2004), 이남성 옮김, 『읽기와 이해』, 도서출판 만남.
• 천경록·이재승(1997), 『읽기 교육의 이해』, 우리교육.
• 최하진(2014), 『영화가 부모에게 답하다』, 국민출판사.
• 한철우·박진용·김명순·박영민 편저(2001), 『과정 중심 독서지도』, 교학사.

02

독서 과정 지도

//

독서는 독자가 글을 통해 의미를 구성하는 복잡한 정신 과정이다. 이런 독서 현상을 이해하는 데 가장 크게 영향을 미친 것은 행동주의 심리학과 인지 심리학의 연구 성과이다. 독서 과정에 대해서 전자는 글 중심의 상향식 관점에 영향을 주었고, 후자는 독자 중심의 하향식 관점에 영향을 주었다. 즉 상향식 관점에서의 독서는 읽기 자료에 대한 독자의 문자 해독으로 이해된다. 반면, 하향식 관점에서의 독서는 독자가 정보를 선택하고 처리하는 능동적인 의미 구성 과정으로 설명된다.

독서 과정 지도에서는 학생이 읽기 자료에 대한 이해가 높아지고 내면화 활동이 잘 이루어지게 돕기 위해, 인지 심리학의 연구를 중심에 두고 행동주의 심리학에서 연구한 내용을 덧붙이는 지도 방법을 선택했다. 그래서 교사가 독서 지도를 하는 일련의 과정을 독서 지도 준비 단계, 독서 전 단계 지도 전략, 독서 후 단계 지도 전략으로 나누어 안내하고자 한다.

1장의 독서 지도 준비 단계에서는 스키마 이론, 독서 지도 모형, 학생의 동기가 일어나는 요인을 제시했다. 2장의 독서 전 단계에서는 독서를 하기 전에 학생의 배경지식과 텍스트의 내용을 연결하도록 돕는 다양한 방법을 소개한다. 3장의 독서 후 단계에서는 텍스트를 읽은 후 내용을 정리하고 사고를 확장하도록 돕는 활동이 있다. 나아가 다양한 방법으로 텍스트의 내용을 재구성하여 새로운 스키마가 형성되도록 촉진을 돕는 활동, 정서와 가치를 탐구하는 활동, 체험 활동을 소개한다. 이처럼 이 단원에서는 교사가 독서 지도의 각 단계에 적합한 지도 전략을 세우기 위한 방법을 습득하는 데 목표를 두고 있다.

● 다음은 '독서 과정 지도'에 관한 몇 가지 설명이다. 맞는 설명이라고 판단하면 ○, 틀린 설명이라고 판단되면 × 표시를 해 보자. 그리고 이 단원 학습 후에 다시 판단해 보고, 학습 전 나의 생각과 비교해 보자.

	학습 전	학습 후
① 스키마는 여러 하위 요인들로 구성된 국어사전과 유사한 개념적 지식이다.		
② 스키마는 읽은 내용을 재편집하거나 요약하고, 여러 정보들을 어떤 일관성이 있는 형태로 재구성하는 역할을 한다.		
③ 상향식 모형에서는 독서를 독자의 의미 구성 과정으로 본다.		
④ 하향식 관점의 독서 과정을 상징하는 것은 "심리 언어학적 추측 게임 (psycholinguistic guessing game)"이다.		
⑤ 발음 중심 읽기 지도 방법은 언어 구조나 체계를 중심으로 한 것으로 상향식 모형을 기반으로 한다.		
⑥ 독서 전, 중, 후에 하는 활동은 분명하게 나눌 수 있다.		
⑦ 독서의 동기에 영향을 미치는 요인 중에 독자의 내재적 요인이 제일 중요하다.		
⑧ 어휘 지도는 독서 후보다 독서 전에 해야 학생의 어휘 습득에 효과적이다.		
⑨ 텍스트와 자신, 세계, 이전에 읽은 텍스트의 내용을 연결하며 읽는 독서 전략은 독자가 능동적으로 재구성할 수 있게 돕는 역할을 한다.		
⑩ 독서 후에 하는 다양한 활동은 책을 이미 읽은 상태에서 하기 때문에 독서 능력에 영향을 미치기보다는 흥미에 초점을 두고 있다.		
⑪ 마인드맵은 텍스트의 내용을 정리하는 과정을 통해 내용을 분석, 종합하는 능력을 향상시키며 다양한 색깔 사용은 미적 효과를 높여 준다.		
⑫ 독서 후 활동 중 정서, 가치 탐구 활동과 다양한 체험 활동은 독서 후 내면화 과정을 돕는다.		

제 **1** 장

독서 지도 준비 단계

1. 스키마의 개념과 기능

1) 스키마의 개념

배경지식은 스키마(schema, 복수형은 schemes 또는 schemata)라고 하며 '우리의 기억 속에 저장되어 있는 모든 경험'을 말한다. 즉, 개인이 가지고 있는 지식의 구조 또는 기억 속에 저장되어 있는 경험의 총체이다.[1] 이 스키마의 개념적인 원류는 18세기 후반의 철학자 칸트와 20세기 초의 형태심리학(Gestalt psychology)에서 찾을 수 있다. 스키마를 현대적 의미로 사용한 연구자는 바틀레트(Bartlett, 1932)이다.

바틀레트(1932:201)는 그의 유명한 연구서인 『기억(Remembering)』에서 "스키마는 과거 경험의 능동적인 조직"이라고 하였다. 그는 스키마가 인간이 텍스트를 읽을 때 언어 자료를 정교하게 해 주면서도 능동적으로 재구성하여 기억하도록 이끄는 주요 기제라고 생각한다.

그 증거로 '유령들의 전쟁'이라는 이야기를 사용한 유명한 실험 결과를 제시했다. 캐나다 서쪽 해안 인디언들의 구전 문학의 일부분인 그 이야기는 다음과 같다.(Bartlett, 1932:65; 이영애, 1990:209에서 재인용)

---

1) 이순영 외(2015), 『독서교육론』, 사회평론, 28쪽 참고.

◈ 2인이 1조가 되어 바틀레트가 제시한 '유령들의 전쟁'을 읽고 한 사람이 기억나는 대로 이야기를 해 보고 다른 사람은 원래 이야기와 다르게 말하는 부분을 표시해 보자.

유령들의 전쟁

어느 날 밤 에귤락(Egulac) 출신의 두 젊은이가 바다표범을 사냥하려고 강을 따라 내려왔다. 그들이 거기에 왔을 때 주위는 안개가 자욱했고 고요했다. 그때, 그들은 함성 소리를 들었고, '아마도 전투가 벌어졌나 보다.'라고 생각했다. 그들은 해변으로 도망가서 통나무 뒤에 몸을 숨겼다. 그때 카누들이 다가오고 있었고 노를 젓는 소리도 들렸다. 한 카누가 그들에게 다가오는 것을 보았다. 카누에는 남자 다섯이 타고 있었다. 그들은 말을 했다. "어떻게 생각하오? 우리는 당신들이 함께 가 주었으면 하는데. 우리는 사람들과 싸우기 위해 강을 거슬러 올라가고 있소."

젊은이 중 하나가 "나는 화살이 없소."라고 말했다. 그러자 "화살은 카누 안에 있소."라고 그들이 말했다.

"나는 같이 가지 않겠소. 죽게 될지도 모르오. 내 친척들은 내가 어디로 갔는지도 알지 못하고 있소. 그러나 당신은……." 다른 젊은이를 돌아보면서 "그들과 함께 가도 되지 않소?"라고 말했다. 그래서 젊은이 중 한 사람은 따라갔으나 다른 사람은 집으로 돌아갔다. 전사들은 강을 거슬러 칼라마(Kalama)의 맞은편 마을로 갔다. 마을 사람들이 물가로 내려왔고 싸우기 시작했다. 그리고 많은 사람들이 죽었다. 그러나 살아남은 그 젊은이는 전사들 중 한 사람이 "빨리 집으로 가자. 인디언이 맞았어."라고 말하는 것을 들었다. 이제서야 그는 '오, 그들은 유령들이구나.'라고 생각했다. 그는 아픔이 느껴지지 않았지만 그들은 젊은이가 화살에 맞았다고 말했다. 그리고 카누들은 에귤락으로 다시 돌아왔고 그 젊은이는 해변에 있는 그의 집으로 가서 불을 지폈다. 그리고 그는 모든 사람들에게 "나는 유령들과 함께 싸우러 갔었소. 그리고 싸움도 벌였지. 동료들이 많이 죽었으며, 우리를 공격한 사람들도 많이 죽었소. 그들은 내가 화살에 맞았다고 말했지만, 나는 아픔을 느끼지 않소."라고 말했다.

그는 이것을 모두 이야기했고 그리고 잠잠해졌다. 태양이 떴을 때 그는 쓰러졌다. 뭔가 검은 것이 그의 입에서 나왔다. 그의 얼굴이 일그러졌다. 사람들이 달려와 울었다. 그는 죽었다.

☞제시된 이야기와 거리가 멀게 회상한 부분은 어디인가?

사실 이 이야기는 캐나다 서부 인디언 문화를 잘 알지 못하는 우리들에게 이상한 이야기로밖에 들리지 않는다. 바틀레트는 이 이야기와 관련된 배경지식이 없는 영국 대학생들을 대상으로 하여 회상 실험을 했다. 첫 번째 사람이 이 이야기를 읽고 20시간 정도 지연 시간을 가진 후 이야기를 회상하여 기록한다. 그런 후 두 번째 사람이 그렇게 재생산된 이야기를 읽고 지연 시간을 가진 후 다시 이야기를 회상하여 기록한다. 이런 식으로 진행된 실험을 통해 바틀레트는 매우 의미 있는 현상을 발견한다. 참여자들의 기억이 부정확하다는 점도 있었지만, 그보다는 이런 부정확성이 체계적이라는 점이 중요하다.

실험 참여자들은 자신들의 고정 관념(배경지식)에 맞추어 이야기를 왜곡시키고 있었다. 예를 들어, 원래 이야기의 '무언가 검은 것이 입에서 나왔다.'가 '검은 것을 토했다.'로 변했고, '바다표범 사냥'이 '고기잡이'로, '에귤락'이 '에둘락'으로, '카누'가 '배'로 변형되었다. 또한 해석이 어려운 부분(예 통나무 뒤에 숨는 부분, 인디언 부상과 전쟁 종료 사이의 연결 등)은 아예 삭제되었고 특히 유령의 역할이 완전히 바뀌었다. 이런 결과는 참여자들이 이야기를 읽을 때 이야기의 구조나 내용을 자신들의 스키마에 맞추려는 경향성을 보인다는 것을 의미한다. 그 과정에서 사람들은 읽은 이야기를 자신이 이미 알고 있는 평균적인 이야기 구조에 맞추거나(평준화, flattening), 일부 내용들을 과장하거나(첨예화, sharpening), 개인의 기대에 맞게 조정(합리화, rationalization)하고 있었다.

결국 인간은 읽거나 듣는 과정에서 의미를 찾아내려고 능동적으로 노력하는데, 그 노력의 실체는 입력 정보를 자신의 머릿속에 있는 배경지식(스키마)과 관련시키려고 애쓰는 것이다.

(1) 스키마의 특성

스키마는 세상사에 관한 지식이면서 새로운 정보의 학습을 이끌어 가는 기제라고 할 수 있다. 결국 스키마는 사람들이 가진 '경험의 총체'이다. 그런데 바틀레트가 말한 대로 스키마는 '과거 경험의 능동적인 조직'이기 때문에 이 '경험의 총체'는 유기적이면서도 상황에 따라서는 적극적으로 변화를 진행한다. 이런 스키마의 특성을 정리하면 다음과 같다.(노명완, 1988:277~285)

① 스키마는 여러 하위 요인들로 구성되어 있다. '식당' 스키마는 '식당 주인, 주방, 식탁, 의자, 음식, 계산대 등'의 요인들로 구성되어 있다는 것이다.

② 스키마는 다른 하위 스키마를 내포하고 있다. '얼굴' 스키마에는 '눈' 스키마, '코' 스키마, '귀' 스키마, '입' 스키마 등 여러 하위 스키마가 포함되어 있다.

③ 스키마는 사전의 개념적 정의가 아닌 백과사전적 성격을 띠며 지극히 개인적인 지식이다. 스키마는 개인적인 경험을 통해 형성되는 지식의 표상(表象, representation)이다. 따라서 머릿속에 구성된 지식은 지극히 비공식적이고 사적이며, 하위 구성 요소들 간에 복잡하게 연결된 망상 구조로 되어 있다.

④ 스키마는 정보망의 특성을 갖기 때문에 스키마의 어느 한 요인만 작동되어도 그 스키마 전체가 활성화된다. 그래서 하위 스키마를 잘못 선정하면 글을 잘못 이해하기도 한다. 독해 과정에서 잘못된 단서를 활용하거나 특정 어휘의 의미를 부적절하게 파악하는 경우에 결과적으로 글을 잘못 해석하게 되는 것이 이에 해당된다.

⑤ 스키마는 능동적인 활동 과정으로, 마치 일을 처리하는 절차와도 유사하다. 일단 활성화된 스키마는 계속해서 자동적으로 연상이나 세분화하는 활동을 한다. 즉 스키마는 하위 스키마를 지속적으로 찾는 연쇄적 탐색 활동을 한다는 것이다. 이런 탐색 활동은 순탄하게 이루어지기도 하고, 이해의 하향식 과정에 제동이 걸리기도 한다.

(2) 스키마의 유형

브룩스(Brooks)와 단소로우(Danserou, 1983)는 스키마를 두 종류로 구분했다.(이경화, 2001, 46)

① 내용 스키마

내용 스키마는 담화 내용 영역에 대해 독자가 가지고 있는 배경지식의 구조를 말한다. 특정 분야에 대한 지식이나 종교나 관습에 대한 지식, 일상사에서 접하는 여러 사건이나 사물에 대한 구조화된 지식을 말한다. 이 지식으로 인해 사물이나 사건을 사실 그대로 받아들이는 것이 아니라 자신이 가진 지식의 구조를 통해 해석하며 받아들이게 된다.

예를 들어 '바다에 갔다.'라는 글을 읽었을 때, 어촌에서 성장한 사람이라면 배를 타고 바다에 나가 고기를 잡는 것과 관련된 내용 스키마를 떠올리겠지만 도시에서 성장한 사람이라면 바다에 가서 여행이나 휴가를 즐겼던 스키마로 해석하게 된다. 그래서 같은 글을 읽었지만 다르게 해석할 수 있다.

특히 글의 내용이 모호해서 다양하게 해석할 수 있는 경우, 자신의 전공에 가깝게 해석하는 경향이 두드러지는 실험 결과도 있다. 이는 전공이 다르면 다른 내용 스키마를 가지고 있고, 그에 따라 정보 선택과 회상이 달라지기 때문에 나타나는 결과이다.

② 구조 스키마

구조 스키마는 저자가 이야기를 만들어 가는 방식에 대해 독자가 아는 지식을 말한다. 전래 동화, 소설, 설명하는 글, 주장하는 글 등 글에 종류에 따른 관습적인 구조가 있다. 카렐(Garell)은 이를 '형식 스키마'라고 했다.(이경화. 2001, 2003)

독자가 독서를 할 때, 구조 스키마를 활용하면 글에 제시된 정보 간의 연관성을 파악하게 되며 앞으로 전개될 내용을 예측할 수 있게 된다. 그리고 정보를 응집력 있게 파악하고 재구성하는 데도 도움이 된다.

따라서 구조가 잘 조직된 글은 읽기와 재구성, 회상에 도움이 되어 구조 스키마가 있는 독자가 일반 독자에 비해 더 능숙하게 글을 읽을 수 있다. 하지만 글의 구조 자체가 엉성한 경우에는 큰 차이가 없다고 한다.

구조 스키마는 내용 스키마에 비해 글을 읽을 때, 직접적인 영향을 미치지 않지만 전이성이 높기 때문에 여러 유형의 글 읽기에 적용할 수 있다.

2) 스키마의 기능

◆ 무엇에 대해 설명하는 글인지 생각하며 다음 글을 읽어 보자.

절차는 매우 간단하다. 먼저 항목들을 몇 종류로 분류한다. 물론 해야 할 양이 얼마나 되느냐에 따라서 때로는 한 묶음으로도 충분할 수 있다. 시설이 모자라 다른 곳으로 옮겨야 한다면 그렇게 한다. 그렇지 않다면 이제 준비는 다 된 셈이다. 중요한 것은 한 번에 너무 많은 양을 하지 말아야 한다는 점이다. 아예 한 번에 조금씩 하는 것이 너무 많은 양을 한 번에 하는 것보다 차라리 낫다. 이 점은 언뜻 보기에는 별로 중요한 것 같지 않으나, 일이 복잡하게 되면 곧 그 이유를 알게 된다. 한 번의 실수는 그 대가가 비쌀 수도 있기 때문이다. 이 모든 절차는 처음에는 꽤 복잡하게 보일지 모르나, 곧 이 일이 생의 또 다른 한 면임을 알게 된다. 가까운 장래에 이 일을 하지 않아도 되리라고 생각되지 않는다. 그러나 아무도 알 수 없다. 일단 이 일이 끝난 다음에는 항목들을 다시 분류한다. 그리고 적당한 장소에 넣어둔다. 이 항목들은 나중에 다시 사용될 것이다. 그다음부터는 지금까지의 모든 절차가 다시 반복될 것이다. 결국 이것은 생의 한 부분이다.

브랜스 포드(Bransford)와 존슨(Johnson, 1972)은 위의 글을 실험에 참가한 사람들에게 읽도록 했다. 이 글에 특별히 어려운 단어가 있거나 문장이 복잡하지 않았음에도 불구하고 참가자들은 읽기를 어려워했다. 그리고 읽고 난 후에도 그 내용을 거의 기억하지 못했다. 그 이유는 무엇일까? 참가자들이 무엇에 대해 쓴 글인지 알지 못하는 상황에서 읽었기 때문에 글자는 읽었지만 의미 있게 재구성하지 못했기 때문이다.

만약 참가자가 「세탁기 사용 방법」이란 제목을 먼저 읽었다면 글의 내용과 관련된 스키마를 활성화하여 글에서 말하는 '항목'은 '빨랫감'을 의미하고 일이 끝나고 난 후 항목들을 '다시 분류한다.'는 것은 다한 빨래를 서랍에 넣기 위해 '종류별로 나눈다.'는 의미임을 알 수 있다. 그리고 이 글이 특별히 어렵거나 까다로운 글이라고 생각하지 않을 것이다. 결국 글을 읽으려면 단순히 활자를 읽는 것이 아니라 글과 관련된 독자의 지식 구조와 연결하며 교류하는 과정이 필요함을 알 수 있다.

스키마의 기능을 정리하면 다음과 같다.(박영목, 2008:34)

① 스키마는 읽기 자료에 담긴 정보를 받아들이기 위한 이상적인 지식 구조를 형성하여 준다. 이 지식 구조가 독서 자료의 정보와 적절히 합치될 때 독서 과정은 제약을 받지 않고 순조롭게 진행된다.

② 스키마는 많은 정보 중 중요한 정보와 중요하지 않은 정보를 선택적으로 받아들이도록 한다. 그리고 중요한 정보에 더 많이 주의·집중하도록 유도한다.

③ 스키마는 추론 과정을 통해 읽기 자료에 명시되지 않은 정보도 찾아 준다. 글에 언급되지 않은 내용을 추론하며 행간을 읽을 수 있는 기반을 제공해 준다.

④ 스키마는 정보 탐색에서 탐색의 순서와 절차를 제공해 준다.

⑤ 스키마는 읽은 내용을 재편집하거나 요약하는 역할을 한다.

⑥ 스키마는 새로운 정보들을 기존 정보에 연결하여 어떤 일관성이 있는 형태로 재구성하는 역할을 한다.

스키마는 개인이 가진 경험의 총체이다. 또한 스키마 이론은 우리가 알고 있는 지식에 관한 이론이다. '알고 있는 것이 새로운 학습을 유도한다.' 또는 '알고 있는 만큼 학습한다.'와 같은 전제에 따라 독서와 학습에서 독자의 배경지식을 최대한 활용하는 것이 강조된다.

기억의 구조와 정보 처리 과정

인지 심리학에서는 인간의 정보 처리 과정을 설명하기 위해 보편적으로 가상의 정보 처리 구조를 제안하고 있다. 이 구조를 대략적으로 나타내면 다음과 같다.

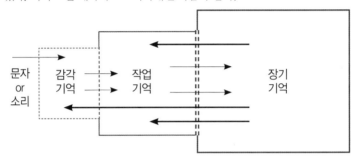

(노명완·이차숙, 2002:34)

독자는 텍스트 정보를 감각 기억에서 지각해서 작업 기억(또는 단기 기억)으로 보낸 후 장기 기억에 있는 텍스트 관련 정보(스키마)와 비교·분석하게 된다. 그 결과 독자에 의해 처리된 의미 정보들은 다시 장기 기억에 표상된다. 독자가 정보를 받아들일 때 많은 정보들이 감각 기억에서 사라지게 되고, 작업 기억으로 넘어온 정보들을 대상으로 이해, 적용, 분석, 종합, 평가 등과 같은 고등 사고 작용이 이루어진다. 그런데 이 가설적 구조들은 설명의 편의를 위해 고안된 임의적인 것이지 실체적인 것이 아니라는 점을 유의해야 한다. 즉, 우리의 기억 현상을 쉽게 설명하고자 고안한 가설 정도로 이해해야 한다.

2. 독서 지도 모형

듣고, 말하고, 읽고, 쓰는 언어 처리 과정에는 언어를 지각하고 언어 구조를 이해하는 것뿐만 아니라 언어 사용 목적과 동기, 세상사에 대한 지식, 인지적·정서적 발달 등이 복잡하게 관련된다. 전자는 언어 처리 과정에 작동되는 언어적 요소이고, 후자는 언어 외적인 요소라 할 수 있다. 그런데 언어적 요소와 세상사에 대한 지식이라 할 수 있는 언어 외적 요소 중에서 어느 것이 언어 처리 과정에 결정적인 역할을 하는가에 대한 것은 학자들 사이에 논란이 되는 문제이다.(박정진. 2017:127)

언어 상대성을 강조하는 사피어(Sapir)는 사고보다는 언어에 초점을 두고 언어가 사고 형성의 도구적 기능을 갖는다고 생각했다. 이런 입장에서는 표현된 '언어'를 중심으로 하여 독서 과정을 설명하려고 한다. 즉, 독서에서 텍스트라고 할 수 있는 '언어 자료'가 가장 결정적인 영향을 끼치는 요인이라고 본다. 이렇게 독서를 언어 중심으로 설명하는 입장을 상향식 모형이라 한다.

비고츠키(Vygotsky)는 언어를 사고의 외현물로 취급하고 사고 없는 언어는 죽은 언어라고 말하고 있다. 이런 입장에서는 독자의 '사고'를 우선적으로 하여 독서 과정을 설명하려고 한다. 즉, '독자의 배경지식'이 독서에 결정적인 영향을 끼치는 요인이라고 본다. 이렇게 독서를 사고 중심으로 설명하는 입장을 하향식 모형이라 한다.

1) 상향식 모형

(1) 독서 과정 설명

상향식 모형에서는 읽기 과정을 작은 단위의 언어에서 시작하여 큰 단위의 언어로 확대(낱자 → 글자 → 단어 → 문장 …… 글)되면서 전체 의미가 파악되는 직선적인 과정으로 본다. 예를 들어 '별'이라는 텍스트를 읽어 내는 과정은 먼저 '별'을 구성하고 있는 낱자 'ㅂ, ㅕ, ㄹ'을 인지하고, 다음으로 낱자들의 결합 'ㅂ + ㅕ + ㄹ'으로 된 글자를 확인한 후, '별'이란 글자와 그 의미(星)를 연결시키면서 이루어진다는 것이다. 이렇게 "상향식 모형에서는 언어 이해의 과정에서 독자는 무엇보다도 먼저 글 또는 글자를 정확하게 해독(decode)하여야 한다(노명완, 1990:16)."고 보기 때문에 독자의 역할이 수동적으로 다루어질 수밖에 없다. 즉 문자 기호의 정확한 해독은 텍스트의 의미를 자동적으로 형성하게 한다는 것이다.

이런 입장의 주요 관심은 낱자의 형태 식별 단계부터 글 전체 의미를 파악하는 일련의 과정에서 동원되는 여러 가지 기능(skills)을 분석하는 데 있다. 따라서 상향식 모형을 근거로 하는 독서 지도 프로그램에서는 초급 기능(예 낱자 식별)부터 고급 기능(예 추론하기)까지 기능을 순서대로 지도하도록 구성되어 있다. 이를 '기능 중심 독서 지도'라고 한다.

(2) 비판

상향식 모형의 설명에 정당성이 의심되는 부분을 다음과 같이 다섯 가지로 정리하고 있다.(노명완, 1990:19~20)

첫째, 동일한 낱자들로 구성된 단어 인식에서 무의미 단어보다는 의미 단어(예 'rllaagtio'와 'alligator' 또는 '바저이'와 '아버지')가 더 빨리 인식된다는 점에서 단어 인지 과정에 의미 요소가 작용한다.

둘째, 동일한 무의미 단어의 경우에도 낱자들의 구성이 음운 체계와 부합하는 단어(예 'vernalit'와 'nrveiatl')가 더 빨리 인식된다는 점에서 낱자 인지 과정에서 음운 규칙에 관한 이해자의 지식이 작용한다.

셋째, 문장 속의 단어 지각에서도 통사 구조에 부합하는 문장의 단어 듣기가 통사 구조에 맞지 않게 배열된 단어 듣기보다 더 우수하게 나타난다.

넷째, '사자-호랑이' 또는 '의사-간호사'와 같이 서로 의미상 관련이 되는 것으로 짝을 이룬 단어 지각 속도가 '사자-의사' 또는 '호랑이-간호사'와 같이 의미상 관련을 보이지 않는 단어 지각 속도보다 더 빠른 것으로 나타난다.

다섯째, 이중으로 해석될 수 있는 모호한 문장이 문맥에 의해 쉽게 해석되는 경우가 많다는 점에서 의미 해석에 맥락이 결정적인 역할을 한다고 볼 수 있다.

이러한 것들로 종합해 볼 때 읽기 행위가 주어진 언어 자료를 낮은 단위에서부터 하나씩 해독하여 점차 큰 단위로 나아가는 상향적인 과정으로 이루어지는 것은 아니라는 점을 알 수 있다. 즉, 독자가 가진 어휘나 통사 구조, 그리고 문맥 등에 대한 지식이 매우 중요하게 작용한다고 하겠다.

2) 하향식 모형

(1) 독서 과정 설명

하향식 모형에서는 읽기를 글 중심의 해독 과정으로 본 상향식 모형과는 달리 글에 대한 독자의 적극적인 가정이나 추측에서 비롯되는 의미 구성의 과정으로 본다. 그런데 이런 가정이나 추측은 독자의 글의 구조나 내용에 대한 스키마, 즉 배경지식에 결정적으로 영향을 받게 된다. 그러므로 "글의 구조나 내용에 대한 풍부한 지식을 가진 독자는 글을 해독하는 데 필요한 추측을 많이 그리고 정확하게 할 수 있으며, 반대로 글에 대한 지식이 부족한 사람은 추측을 많이 할 수도 없고 또 정확하게 할 수도 없다."(노명완,

1990:22)고 본다.

따라서 배경지식이 많은 독자는 언어 기호의 번역에 그리 크게 의존하지 않고 부분적인 언어 자료만 가지고도 내용을 이해할 수 있지만, 배경지식이 적은 독자는 많은 언어 자료를 필요로 하게 되는 것이다. 그렇기 때문에 하향식 모형은 독자를 매우 능동적이고 적극적인 참여자로 설정하고 그런 독자의 역할을 강조한다.

하향식 모형에 기반한 독서 지도 프로그램으로는 학습자의 생활 경험을 글로 옮기고 이런 글을 읽으면서 언어 학습을 유도하는 '언어 경험적 접근 방법', 선행 조직자나 질문의 학습 촉진 효과 등과 관련하여 독자의 인지적 활동을 강조하는 '유의미 언어 학습' 등이 있다. 이를 '활동 중심 독서 지도'라고 한다. 하향식 모형에 따르면 독서를 포함한 학습은 기본적으로 독자 또는 학습자의 배경지식과 연관될 때 효과적으로 수행되는데, 이런 독서 지도 프로그램들은 모두 독자의 배경지식을 활성화시키면서 독서 과정에 적극적으로 활용한다는 데 공통점이 있다고 하겠다.

(2) 비판

첫째, 읽기 과정의 세부 측면들을 자세하게 설명하지 못하고, '막연하게' 상위 차원의 정보들이 하위 차원의 정보 처리에 영향을 준다고만 말하고 있다.

둘째, 능숙한 독자들이 수행한다고 하는 '표집'과 '예측' 행위가 어떻게 이루어지는지를 구체적으로 설명하지 못한다.

셋째, 이런 표집과 예측 행위가 실제로는 독서 과정에서 비효율적일 수 있다. 능숙한 독자의 경우에도 글 내용이 어려울 때는 예측을 하지 않고 글을 있는 그대로 따라가며 읽을 것이고, 반대로 쉬울 때는 굳이 예측하는 데 시간을 소모할 필요가 없을 것이기 때문이다.

3) 상호 작용 모형

(1) 독서 과정 설명

하나의 이론이나 모형으로 읽기 과정을 설명한다는 것은 불가능에 가깝다. 어쩌면 읽기 과정을 완전하게 이해한다는 것 자체가 불가능한 목표일지도 모른다. 많은 심리학자들이 읽기 기능을 사고 기능과 거의 동일하게 다루고 있으며, 그런 이유로 읽기 현상을 이해한다는 것은 인간의 지적 능력의 대부분을 이해한다는 것과 유사하기 때문이다. 따라서 읽기 과정에 대한 이해를 높이기 위해서는 상향식과 하향식 정보 처리 방향을 함께 전제할 필요가 있다. 결국 표현과 이해라는 언어 처리가 독자의 배경지식이나 상위 차원의 정보와 무관하게 이루어지는 것도 아니며, 글이나 기호의 해독 없이 독자의 가정이나 추측만으로 해결되는 것도 아니라는 것이다.

이렇게 독서 과정을 글의 해독을 출발로 하는 방식과 독자의 배경지식을 출발로 하는 방식을 절충하는 관점이 상호 작용 모형이다. 상호 작용 모형에서는 언어 이해를 메시지 내용에 대한 이해자의 가정과 추측, 그리고 언어 기호에 대한 정확한 해독이 동시에 작용되는 과정이라고 본다. 따라서 독자가 하향식 과정을 거치면서 형성한 글에 대한 추측이 어느 수준인가에 따라서 독자의 역할이 능동적일 수도 있고 수동적일 수도 있다.

라멜하트(Rumelhart)는 '아래에서 위로'의 과정과 '위에서 아래로(top-down)'의 과정이 함께 반영된 모형으로 상호 작용 모형을 제시했다. 상향식 모형에서는 '아래에서 위로(bottom-up)'의 정보 처리 과정으로 읽기 현상을 설명한다. 이에 대해 라멜하트(Rumelhart)는 문자 언어 처리 과정에는 음운론적 지식, 어휘 지식, 통사 지식, 의미 지식 등이 함께 작동되며, 모호한 표현을 처리하는 것에서 알 수 있는 것처럼 문맥 역시 중요한 기제로 작용된다고 주장한다.[2]

(2) 비판
상호 작용 모형 또한 한계점이 있다.

첫째, 이 모형은 다양한 층위의 지식을 핵심으로 이해 과정을 설명함으로써 지식이 새롭게 형성되는 기제를 설명하지는 못한다. 왜냐하면, 독자가 가지고 있는 기존 지식에 초점을 두고 독해를 입력 정보에 대한 기존 지식의 해석으로만 풀이하기 때문이다. 즉, "아는 것(배경지식으로 형성되어 있는 것)은 알고, 모르는 것(배경지식으로 형성되어 있지 못한 것)은 모른다."라는 것이다.

둘째, 형태 종합 장치는 여러 지식들이 협동적으로 작용하여 시각적 자질들을 처리(라멜하트는 이를 '메시지 센터'라 명명했다.)한다는 것인데, 이는 지극히 가설적인 개념으로서 그 실체를 알기가 어렵다. 따라서 읽기의 과정을 구체적으로 분명하게 드러내지 못하는 한계를 가진다고 하겠다.

---

2) 이순영 외(2015), 『독서교육론』, 사회평론, 152~153쪽. 라멜하트의 모형에서는 문자소 정보가 시각 정보 저장소로 이동하여 저장하고 추출하는 과정에서 '형태 종합 장치'가 핵심적인 기능을 한다고 말한다. 이 장치는 통사 지식, 의미 지식, 철자 지식, 어휘 지식이 함께 작동하는 공동 활동의 장이라고 설명한다.

그럼에도 불구하고 상호 작용 모형은 읽기 과제를 부분적인 기능(skills)의 총합으로 보는 것이 아니라 총체적인 정보 처리 과정으로 본다는 점에서 의의가 있다고 하겠다. 이는 특히 교육적 측면에서 중요한 의미를 갖는다. 독자의 스키마를 독서 과정의 핵심 기제로 고려하고 있기 때문에 독서 지도 과정에서 텍스트 이외에 독자의 배경지식을 활용하려는 경향을 보인 것도 이런 영향이라 하겠다.

참고

읽기 방법의 상향식 모형과 하향식 모형

특징 ＼ 영역	상향식 읽기(bottom-up)	하향식 읽기(top-down)
글의 의미 구성	글에 내재되어 있음.	글에서 독자가 의미를 구성함.
단어와 이해의 관계	단어 인지는 이해에 필수	단어를 몰라도 이해 가능
정보 파악의 단서	단어, 음성-문자 단서 사용	의미, 문법적 단서 사용
읽기 진행 방향	해독 → 어휘 → 통사 → 글	글, 통사, 어휘 지식 → 해독
읽기 학습	단어 인지 기능을 숙달하여 학습	유의미한 활동을 통해 학습
지도의 중점	단어의 정확한 인지	글의 의미 이해
평가의 중점	하위 기능의 숙달	글에서 얻은 정보의 종류와 양
성격	경험적, 귀납적	합리적, 연역적

앞에서 설명한 독서 과정 모형을 종합해 보면 다음과 같다.

상향식(bottom-up) ←――――――――――――――――――――――→ 하향식(top-down)

자료 중심 **data-driven**	**절충적 관점** **eclectic approach**	**의미 중심** **concept-driven**
1. 언어 자료에서 스키마로 2. 정확한 해독(decode) 3. 소리-문자 대응(탈맥락적) 4. 발음, 체계 중심 5. 흥미 유지가 어려움. 6. Gough(1972), "읽기의 일 초"	1. 상향식과 하향식 절충 2. 메시지 센터(철자, 어휘, 의미, 통사 지식 작동) 3. 언어 자료와 독자 지식 4. Rumelhart(1977)	1. 스키마에서 언어 자료로 2. 능동적인 독자(배경지식) 3. 경험의 총체(맥락) 4. 학습자, 이해 중심 5. 제한적인 학습량 6. Goodman(1970), "심리 언어학적 추측 게임"

[그림 1] 독서 과정에 대한 세 가지 관점 (박정진, 2015b:150)

3. 동기 유발

동기의 사전적 정의는 '어떤 일이나 행동을 일으키게 하는 계기'이다.(표준국어대사전) 동기는 내적인 정신적 에너지 혹은 생산적인 힘으로서 인간이 목표를 달성하는 데 도움을 준다.[3] 동기 유발은 학습자가 학습을 하도록 유도한다. 학습자는 자신이 정한 학습 목표에 도달하기 위해 인지적, 정서적 특성을 활용하여 일관성 있게 행동하게 되기 때문이다. 동기 유발이 되었다고 평가하기 위해서는 학습자의 목표를 향한 행동이 일회성에 그치는 것이 아니라 지속적으로 유지되어야 한다. 학습자가 학습과 관련된 행동을 하려는 욕구가 생기도록 하고 그 행동을 지속시키는 이런 동기는 학습의 원동력이 된다. 그리고 효율적인 학습을 위한 여러 요인 중 중요한 변인이다. 따라서 동기가 없거나 떨어질 경우 효과적인 학습 성취를 기대하기 어려울 수 있다.

동기가 유발된 학습자의 경우 목표 지향적인 특성을 드러낸다. 우선 무엇을 할 것인지가 명확하고 그 일을 하기 위해 기울여야 하는 노력 내지 행동을 구체적으로 정해서 목표를 세운다. 목표도 막연한 것이 아니라 언제까지 얼마만큼의 양을 어떤 수준까지 이루어 낼지가 명확하다. 그리고 그 일이나 학습을 수행하는 도중에 방해 요인이 나타나도 흔들리지 않고 자신의 목표를 향해 집중하는 힘을 보여 준다. 이처럼 목표 지향적인 학습자는 효과적인 학습을 위해 이런 일련의 행동을 통합시켜 나간다.

독서에서도 동기가 중요하다. 책을 읽는 과정이 즐겁고 그 즐거운 행위를 반복하고 싶은 열망이 크다면 학생들은 자발적으로 독서를 선택하게 될 것이다. 교사는 학생이 자발적인 동기를 유지하도록 돕는 역할을 해야 한다. 동기 유발의 특성과 방안에 관심을 기울이고 연구해야 하는 이유가 여기에 있다.

그렇다면 독서에 대한 동기를 유지시키려면 어떤 요인에 주목해야 하는지 알아야 한다. 일반적으로 독자의 심미적 태도 혹은 독자의 내부적 요인에 초점을 많이 두는데 반드시 내부적 요인만 영향을 미치는 것은 아니다. 외부의 긍정적인 자극에 의해 동기가 유발되고 지속되는 경우도 많다.

동기는 내적 동기와 외적 동기로 나눌 수 있다. 내적 동기는 학생들 스스로 추진력을 가지고 행동하도록 하며, 외적 동기는 외적인 보상이나 유인자를 통해 추진력을 얻게 된다.(Pintrich, 2000, 2003, 재인용 Robert Sternberg & Wendy Willams, 2010:227)

---

3) Robert J. Sternberg 외(2010:224), 김정섭 외 옮김, 『스턴버그의 교육심리학(제2판)』, 시그마프레스.

1) 독자의 내적 요인

일반적으로 호기심이 강한 사람은 궁금한 것이 많고 궁금증을 해결하기 위해 여러 매체를 활용한다. 그러면서 자신이 관심을 두는 일에 집중하는 경향을 보인다. 이런 성향의 학생들은 책의 제목이나 표지 그림을 보고 궁금증이 생기면 바로 독서에 몰입한다.

그리고 독서에 대한 가치를 높이 평가해야 인터넷이나 게임보다 책을 우선으로 선택하게 된다. 가치가 있다고 생각하는 일에 자신의 에너지를 더 쓰는 것은 자연스러운 일이다. 이처럼 동기가 독자의 내부 요인에 의해 생성된 경우를 내적 요인에 의한 동기 유발이라 한다.

(1) 자기 효능감

앨버트 반두라(Albert Bandura)가 제시한 자기 효능감은 특정한 상황에서 적절한 행동을 할 수 있다고 믿는 자신의 능력에 대한 개인적인 신념이다.(Robert Sternberg & Wendy Willams, 2010:258) 지금까지 하지 않았던 일을 시작할 때는 누구나 주저하는 마음이 든다. 잘 할 수 있을지 자신하기 어렵고 실패하는 것에 대한 불안이 있기 때문이다. 어려운 상황이 닥쳤을 때는 새롭게 자신을 추스르기보다 좌절하거나 회피하기가 쉽다. 이럴 때 자신을 다시 일으킬 수 있는 원동력이 자기 효능감이다. 자신의 능력에 대한 믿음이 있기 때문에 노력하면 상황을 개선할 수 있다고 생각하고 행동으로 옮기게 된다.

학생들이 독서를 할 때도 몇 번의 어려운 고비가 있게 된다. 추천 도서를 받아서 펼치면 어느 순간 그림이 보이지 않고 글씨만 빽빽할 때, 재미를 찾기 어렵고 자신이 잘 읽을 수 없을 것 같아 망설이게 된다. 자기 효능감이 높고 호기심이 강한 학생이라면 어려워도 참고 읽어 나갈 것이다. 그러면서 그림이 없는 책이 더 재미있어지는 순간이 오면 그때는 그림이 많은 책이 시시하게 여겨진다. 자기 효능감의 힘으로 한 단계 위로 올라가게 된 것이다.

교사들은 학생이 자기 효능감이 높아서 학습에 열의를 보이는 것을 바라기 때문에 자기 효능감이 높은 학생으로 성장하는 데 도움을 주고 싶어 한다. 결코 쉬운 일은 아니지만 다양한 학습 경험과 성공 경험의 축적으로 향상이 가능하다고 한다.(Bandura, 1977) 그러므로 교사는 학생들이 독서 활동을 통해 작은 성취들을 해 나갈 수 있도록 노력할 필요가 있다. 수업 초기에는 자신을 탐색하여 긍정적인 자아상을 형성해 나가고 작은 성취를 하도록 수업의 난이도를 조정한다. 또 학생이 성취감을 느끼며 독서에 몰입할 수 있도록 수업을 계획하는 노력을 한다면 학생의 자기 효능감 형성에 도움이 될 것이다.

〈표 1〉 자기 효능감 활동지 예시

	나 ( )의 탐구 보고서
특별한 나	1. 나는 _____ 사람이라고 설명할 수 있어요. 2. 나를 잘 나타낼 수 있는 형용사는 _____입니다. _____ 때문입니다.
내가 좋아하는 것	1. 나는 _____이라면, 하루 종일 해도 좋겠다고 생각할 때가 많아요. 2. 나는 _____를 맛있게 먹는 방법을 잘 알아요. 3. 내가 좋아하는 시각은 _____ 시이고 좋아하는 공간은 _____입니다.
만족스러운 나	1. 나는 _____을 하는 내가 만족스러워요. 2. 나는 _____을 조금 더 잘하고 싶고 그러기 위해 _____, _____ 시도를 해요.

(2) 귀인 성향

귀인은 특정 행동이 나타난 원인을 어디에서 찾느냐에 대한 설명이다.(Heider, 1958, 1983: Robert Sternberg & Wendy Willams, 2010:252) 학습에 실패했을 때, 원인을 자신의 개인적 특성, 내부에서 찾을 수도 있지만 외부의 상황을 원인으로 생각할 수도 있다. 일반적으로 성공과 실패의 원인을 능력, 노력, 과제 곤란도, 운의 네 가지로 분류할 수 있다. 능력과 노력은 학습자의 내재적 요인이고, 과제 곤란도와 운은 학습자가 통제할 수 없는 외부적 요인이다. 여기서 말하는 능력은 타고난 IQ와 같은 것이 아니라 노력에 의해 축적된 능력을 말한다.

만약 시험을 보고 나서 '선생님이 시험 문제를 어렵게 내서 시험을 잘 못 봤다.'고 생각하는 학생이 있다면 외부적 요인에 원인을 두는 성향이 강하다고 평가할 수 있다. 이런 학생은 시험을 못 본 원인을 외부에서 찾기 때문에 다음 시험에서 더 노력하려는 동기가 일어나기 어렵다고 한다. 자신이 통제할 수 없는 외적 요인이 원인이라면 노력으로 외적 요인을 변화시킬 수 없기 때문이다.

반대로 자신의 내부 요인인 노력이 부족해서 시험을 못 봤다고 생각하는 학생이라면 시험을 잘 보기 위해 노력을 더 하게 된다. 자신에게 그 원인이 있다고 생각하니까 자신의 태도를 바꾸거나 노력에 투자하는 에너지를 늘리는 방식을 선택하게 된다. 이런 노력이 반복되고 강화되면 좋은 결과를 얻을 가능성이 크다. 이처럼 일의 결과에 대한 원인을 어디서 찾느냐에 따라 스스로 동기 부여하는 힘이 달라진다.

(3) 목표 지향성

목표 지향성은 성취 상황에서 능력의 증명 또는 개발을 지향하는 성향으로 개인의 정서적, 행동적, 인지적 반응에 영향을 미친다.(Dweck & Leggett, 1988, 재인용 김어림, 한태영, 2018:125)

목표 지향성은 수행 목표 지향성과 학습 목표 지향성으로 나눌 수 있다. 개인이 자신의 능력을 어떻게 평가하는지에 따라 학습에 대해 다른 태도를 보이게 된다. 즉, 목표 성향에 따라 목표에 도달하기 위한 문제 해결 전략이 다르게 나타난다. 목표 성향은 일종의 신념으로 작용해 학습에서 좋은 결과를 얻기 위해 노력하는 방식이 달랐다고 한다.(손병화, 박경자, 1996)

수행 목표 성향이 강한 학생들은 결과에 초점을 맞춘다. 좋은 성적, 타인으로부터의 인정에 관심을 기울인다. 반면에 학습 목표 성향이 강한 학생은 새로운 지식을 습득하고 알아 가는 과정에 초점을 맞춘다. 그 과정을 통해 어떤 것을 배우게 되었는지에 관심을 기울인다.[4]

두 성향의 가장 큰 차이는 외부로부터의 평가이다. 수행 목표 성향의 학생들은 외부의 평가에 의해 동기 부여가 되기도 하고 평가가 낮으면 좌절하기도 한다. 낮은 평가를 받을 것 같은 어려운 과제가 주어지면 회피하려는 경향을 보이기도 한다. 반면에 학습 목표 성향을 가진 학생들은 외부의 평가보다는 학습하는 과정에서 경험하는 배움 자체, 결과에 도달해서 얻는 성취감에 초점을 맞춘다. 어려운 과제가 주어져도 학습의 기회가 생긴다고 여기면 포기하지 않는 경향을 보인다.

---

4) Jeanne Ormrod(2011), 이명숙 외 공역. 『교육심리학』 아카데미프레스, 466~468쪽. 저자는 목표를 숙달 목표(성취 목표)와 수행 목표로 나눈 후 수행 목표를 다시 수행 접근 목표와 수행 회피 목표로 나누어서 설명한다. 수행 회피 목표는 최악의 실패로 평가되는 것을 피하고 싶은 목표로 설명한다. 학습자는 숙달 목표, 수행 접근 목표, 수행 회피 목표 중 동시에 두 가지 이상의 목표를 가질 수 있다고 보았다.

목표 성향에 대한 연구가 거듭되면서, 한 개인에게 두 성향 중 하나만 있는 것은 아니라는 것을 새롭게 알게 됐다. 학습자 중에는 학습 목표 성향과 수행 목표 성향이 다 높은 경우도 있고 반대로 두 성향이 다 낮은 학습자도 있었다. 두 가지 중 어느 한쪽의 성향만 강한 경우도 있다. 두 가지 목표 성향이 다 높을 경우 학습에 대한 동기 부여가 가장 잘 일어나게 된다.

〈표 2〉 독서 목표 세우기 활동지 예시

나 ( )의 독서 목표	
내가 읽은 책	1. 나는 '책'하면 _____ 생각이 들어요. 2. 내가 최근에 읽은 책 중에서 _____는 학교 수업에 도움이 됐어요. _____ 때문입니다.
독서 목표	1. 이번 주(달)에는 _____권의 책을 읽을 계획이에요. 2. 이번 학기에는 그동안 잘 못 읽었던 _____를 읽어 볼 계획이에요. _____ 때문입니다.
독서 후 나의 변화	1. 나는 책 _____을 읽으면서_____ 생각을 했는데, 이전에는 하지 못했던 생각이었어요. 2. 책을 _____ 권쯤 읽으면 _____게 변할 것 같아요.

2) 독자의 외적 요인

(1) 텍스트 요인

가장 좋은 책은 독자의 수준과 흥미에 부합하는 책이다. 거기에 덧붙여 책 자체가 매력적인 요소를 많이 포함하고 있을 때 독자들은 책에 손이 가고 책의 내용에 빨려 들어가게 된다. 텍스트에 대한 내용은 '독서 자료 선정'에서 배운 내용을 참고하면 된다.

(2) 부모 요인

부모는 학생들에게 정서적, 인지적, 물리적 환경을 제공하는 중요한 존재이다. "공부는 머리로 하지만 먼저 가슴이 뜨거워져야 한다."는 말이 있다. 부모는 가슴이 뜨거워지게 정서적으로 안정감을 제공하고 더 높은 가치에 관심을 두게 하는 자극을 주기도 한다. 덧붙여 부모가 학습이나 독서를 잘 할 수 있도록 환경을 제공한다면 학습이나 독서에 동기 부여가 잘 일어나게 된다.

부모가 의도적으로 제공하는 환경뿐 아니라 무의식적으로 말하고 행동하는 것도 부모 요인에 포함시켜야 한다. 인간은 자신에게 주어진 환경 내에 있는 다른 인물들을 관찰하면서 습득하게 된다. 특히 부모는 물리적 거리가 가깝고 관찰할 수 있는 빈도가 높으며 강한 영향력을 미칠 수 있는 의미 있는 존재이다. 그러므로 좋은 모델링을 통해 자녀에게 긍정적 영향을 미칠 수 있도록 노력해야 한다.

① 정서적 환경
자녀를 수용하고 지지하는 태도, 좋은 유대 관계, 정서적으로 안정된 가정 분위기 등
② 인지적 환경
학습하는 부모, 부모의 수준 높은 어휘 구사력, 가족 간의 대화 기회, 학습을 도와줄 수 있는 조력자, 도서관 나들이, 다양한 학습의 기회 제공 등
③ 물리적 환경
공부방, 책상, 다양한 책, 조명, 차분한 분위기 등

(3) 교사 요인

비고츠키(Vygotsky, 1933)의 근접발달영역은 학생이 혼자서는 해결할 수 없는 문제를 주변에 있는 교사나 유능한 동료의 도움으로 문제를 해결할 수 있는 영역을 의미한다. 혼자서는 읽기 어려운 책을 교사의 적절한 질문이나 안내, 시범 보이기를 통해 읽을 수 있게 되는 경우이다. 비고츠키의 근접발달영역을 바탕으로 한다면 교사는 혼자 독서하기 힘들어하는 학생들에게 도움을 주어 능숙한 독자로 성장할 수 있도록 지원하는 역할을 할 수 있다.[5]

이희영은 논문 「독서지도사 역량검사 개발 및 타당화」에서 독서를 지도하는 교사가 갖

---

5) 르네 반 더 비어(2013), 배희철 옮김, 「레프 비고츠키」, 솔빛길, 158쪽. "아이를 위해 올바르게 조직된 교수 학습은 어린이의 정신 발달을 선도하고, 교수 학습이 없었다면 불가능했을 총체적인 일련의 발달 과정에 활력을 불어넣습니다." (Vygotsky, 1933/1935a, pp15~16)

추어야 할 역량을 독서 전문성, 학습자 이해, 텍스트 이해, 독서 프로그램 개발 및 교수 학습, 자기 관리의 다섯 가지로 제시하고 있다.

이를 바탕으로 교사가 갖추어야 할 역량을 추론하면 학생을 이해하고 학생의 수준과 흥미에 맞는 텍스트를 선정한 후, 프로그램을 개발해서 학생에게 제공할 수 있어야 한다. 때로는 학생들의 독서 결과에 대한 평가와 문제 진단, 문제를 해결하기 위한 상담도 진행한다. 그리고 교사 스스로 평생 학습하는 학습자로 전문성을 유지·개발하는 능력을 갖춘다면 학생에게 좋은 요인으로 작용할 수 있다. 한 문장으로 말한다면 독서와 관련해서 학생과 자신을 관리하고 발전시킬 수 있는 역량이 필요하다는 말이다.

여기에 덧붙여 학생이 주도적으로 활동할 수 있는 분위기를 조성하고 학생들을 동등한 인격으로 존중한다면 학생들의 동기는 높아질 수 있다. 다음 [그림 2]는 학생들이 각각 원하는 활동을 해서 한 권의 책으로 모은 결과물이다. 감상문 쓰기를 좋아하는 학생도 있지만 감상보다는 책에 나온 사실적 정보를 정리하는 데 흥미를 더 느끼는 학생들도 있다. 학생들이 좋아하는 활동을 골라서 하도록 선택지를 주면서 교사가 정한 수업 목표인, 책을 읽고 내용 정리를 하고 궁금한 정보를 더 찾아보며 자신의 감상을 표현하는 목표에 도달한 수업의 사례이다.

[그림 2] 『코뿔소에게 안경을 씌워 주세요』(이윤희)[6] 협동하여 책 만들기 예시

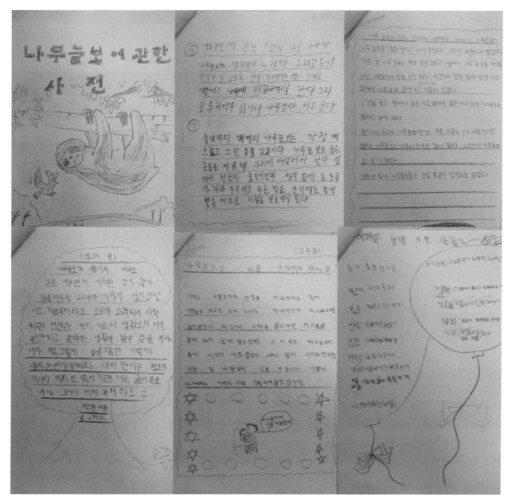

6) 단편 모음집인 『코뿔소에게 안경을 씌워 주세요』를 읽고 단편 중 하나인 「나무늘보 코고는 소리」를 선택해서 확장 수업을 한 예시.

제**2**장
독서 전 단계 지도 전략

1. 어휘 지도

어휘는 낱말, 단어와는 달리 집합의 개념이다. 어휘, 낱말, 단어는 언뜻 비슷하게 사용되는 것 같지만 낱개의 의미와 집합의 의미라는 차이가 있어 다르게 사용된다. 흔히 '어려운 낱말 외우기'에는 낱말이나 단어를 사용하는 것이 맞지만 '어휘력 기르기'에 '낱말력'이나 '단어력'이라는 말을 사용하지는 않는다.(장정희, 2006:21) 낱개의 개념만 아는 수준을 '력'으로 표현하기 어렵기 때문이다. 따라서 '어휘력'이라고 표현하고 '어휘 지도'라고 하면 낱말 지도와 여러 낱말의 집합의 지도라는 두 가지 개념이 포함되어 있다.

영어책을 읽을 때, 모르는 낱말이 너무 많으면 읽기가 어렵고 흥미가 급격히 떨어지는 경험을 하는 경우가 종종 있다. 영어뿐 아니라 우리말로 된 텍스트를 읽을 때도 어휘력이 뒷받침되어야 걸림돌 없이 읽어 나갈 수 있다. "읽기는 어휘력이 좌우한다."고 말하기도 하는 이유이다. 전문적인 내용을 다루는 텍스트의 경우는 어휘력이 미치는 영향이 더 크다. 전문가는 그 분야의 전문 용어에 능통한 사람이라는 말도 어휘가 미치는 영향을 말해 주는 예이다. 전문 도서뿐 아니라 일반적인 책을 읽을 때도 어휘가 미치는 영향은 크다. 독서 지도를 할 때 어휘 지도를 빼놓을 수 없는 이유이기도 하다.

어휘를 습득하는 과정은 독서 과정과 유사하게 대단히 복잡하다. 생활 속에서 자연스럽게 습득하기도 하고 독서나 학습을 하는 과정 중에 습득하기도 한다. 어휘 확장을 위해서는 사전적인 정의와 문맥적 의미를 동시에 가르쳐야 하며 반복하는 과정을 거치며 지도해야 한다.(한철우, 1992, 재인용 장정희, 2008:30) 학자들은 공통적으로 '어휘를 접하는 경험을 늘릴 것, 문맥 안에서 어휘를 알도록 할 것, 반복해서 사용할 기회를 제공할 것, 학생이 주도적으로 참여하게 할 것' 등의 방법을 제안한다. 교사들은 이런 점을 고려하여 어휘 지도를 계획하면 된다.

요즘은 과거에 비해 '독서 전 어휘 지도'의 중요성을 강조한다. 학생들이 책을 읽기 전에 중요한 어휘를 습득할 기회를 주면 읽는 과정에 어려움이 줄어들 수 있다. 핵심어는 글의 내용을 이해하는 데 결정적인 역할을 하므로 미리 학습했을 때, 지도 효과가 더 크기 때문이다.

이 장에서 소개하는 어휘 지도 방법은 반드시 독서 전에만 활용하는 지도 방법은 아니다. 독서 중간이나 독서 후에 지도하는 방법도 포함시켰다. 어휘 지도 방법을 분산시키기보다는 한꺼번에 제시하고, 학생을 지도하는 교사가 적절하다고 생각하는 과정에서 선택해 지도하면 된다고 보았다.

1) 어휘 놀이

놀이는 학생들이 주도적으로 활동에 참여할 수 있도록 해 주는 방법이다. 교사는 어휘 지도라는 목표를 갖고 있지만 그 목표는 밖으로 강하게 드러나지 않는다. 놀이를 할 때, 학생들은 본인이 알고 있는 어휘를 최대한 끌어내어 활용하며 놀이에 참여한다. 그 과정에서 어휘를 사용하는 경험을 올리고 다른 친구들이 사용한 어휘를 흡수하고 모방하는 경험도 하게 된다. 이처럼 놀이를 통한 지도 방법은 학습의 의도를 강하게 드러내지 않는 무의도적 학습의 좋은 예가 된다.

(1) 끝말잇기

초등 저학년들은 어휘 놀이로 '끝말잇기'를 많이 한다. 초성의 개념을 익히고 어휘를 다양하게 듣고 활용할 수 있는 기회가 되는 활동이다.

(2) 앞말잇기

만약 고학년이라면 '끝말잇기'보다는 '앞말잇기'로 변형하면 도전하는 재미를 경험할 수 있다.

예 '가을-정가-수정-점수-초점-식초-외식'

(3) 수식어 붙여 끝말잇기

다양하게 표현하는 능력을 훈련하기 위해서는 느낌이나 생각을 넣어 '끝말잇기'로 할 수 있다.

> **예** '자꾸만 미루게 되는 숙제-보기만 해도 내용을 다 알 수 있는 제목-뚝딱뚝딱 잘 만들어 내는 사람 목수-물속에서 물개가 되게 해 주는 수영-엄마가 국어보다 더 중요하게 생각하는 영어'

처음에는 학생들이 어색해하고 시간이 걸리지만 반복해서 하다 보면 생각지도 못했던 표현을 해서 함께 감탄하기도 한다.

(4) 생각이 꼬리에 꼬리를 물고

낱말을 보고 떠오르는 생각을 이어 가는 활동이다. 단순하게 단어만 잇기보다는 보다 확장된 생각을 하면 더 재미있게 활동할 수 있다.

> **예** 하늘-구름-솜사탕-놀이공원-어린이날-선물-휴대폰-약정-계약-반성문

(5) 우물(井)에 낱말 넣기

책의 주제어를 우물 정(井) 가운데에 쓰고, 주제어와 관련된 낱말을 떠올려 둘레에 적는다. 그중에 중요하다고 생각되는 낱말을 골라 다시 우물 정(井) 자 가운데에 써서 활동을 이어 갈 수 있다.

웃음	가족	건강
자신감	**행복**	친구
꿈	도전	휴식

관심사	나눔	우정
게임	**친구**	내 편
학교	재미	경쟁

(6) 빙고 게임

독서 전이나 독서 후 활동으로 두루 활용할 수 있는 방법이다. 독서 전에 활용할 때는 읽

을 책의 주제어를 교사가 제시해서 활용한다. 독서 후에 활용하는 경우는 책에서 나온 속담이나 사자성어를 떠올려서 한다. 만약 과학이나 역사책을 읽고 독후 활동을 할 경우는 책에 나온 중요한 용어나 인물, 지역, 사건의 이름 등을 활용해서 빙고 칸을 채우도록 한다.

빙고 게임을 하는 방법은 다음과 같다.

① A4 용지를 16칸이 되도록 접는다. 용지를 가로세로로 번갈아 가며 네 번 접으면 16칸이 된다.

② 교사가 제시한 낱말들을 한 칸에 하나씩 순서 없이 자유롭게 적는다. 혹은 학생들이 함께 브레인스토밍을 하며 나온 낱말을 자유롭게 적어도 된다.

③ 학생이나 교사가 임의대로 낱말을 말하면 다른 학생들은 해당 낱말에 표시를 한다. 난이도를 높이려면 단어의 뜻이나 주변 정보를 말하고 그 낱말을 알아맞히면서 표시를 한다. 낱말을 말하는 사람이나 알아듣는 사람 모두 그 낱말에 대한 이해가 깊어야 진행이 가능하다.

④ 표시한 줄이 가로, 세로, 대각선으로 연결되면 빙고를 외친다. 놀이를 하기 전에 몇 줄의 빙고선이 완성되면 빙고를 외칠지 정하고 시작한다.

2) 내용 이해를 돕는 어휘 활동

(1) 낱말 은행

교사는 어휘 선정 기준에 의해 선정한 어휘를 학생들이 책을 읽기 전에 제시한다. 때로는 학생들과 함께 책 전체를 훑어보면서 중요한 어휘를 선정할 수도 있다. 학생들은 각자 문맥을 이용해서 정의를 내려 본다. 이때, 정의가 불완전하거나 분명하지 않으면 사전이나 용어 해설집 등을 찾아 참조한다. 학생과 교사는 문맥을 이용해 추측한 내용과 사전적 정의를 참고로 토의한 후 최종적으로 그 뜻을 결정한다. 학생들은 공책이나 낱말 기록장에 낱말을 쓰고 합의된 의미를 적는다. 이 낱말 목록들은 한꺼번에 모아 퀴즈를 내거나 테스트를 하는 데 사용될 수 있다.

이 활동에는 다양한 어휘 활동이 포함되어 있다. 첫 단계에서 단어가 포함된 전체 글을 읽으면서 맥락에 맞게 추론한다. 학생의 언어 경험과 어휘가 풍부하다면 추론을 통해서도 정확한 의미를 파악하게 된다. 하지만 초등학생의 경우 우수한 학생을 제외하고 책에 나온 어휘 모두를 정확하게 추론할 것이라 기대하기는 어렵다. 그래서 다음 단계에서는 사전을 이용해 정확한 의미를 알도록 한다. 사전적 정의가 학생의 배경지식으로 이해하기 어려울 경우에는 교사가 쉽게 풀어 줘야 한다. 마지막으로는 낱말의 의미를 자신의 말로 정리한다. 이때 꼭 사전적인 정의만 고집할 필요는 없다. 학생이 추론한 내용과 사전적인 정의를 참고하여 자신의 말로 낱말의 의미를 정의하면 된다.

이런 단계를 통해 알게 된 낱말을 알게 된 것으로 끝내는 것이 아니라 마치 은행에 돈을 저축하듯이 '단어 은행'이라는 단어장에 기록하여 저축한다. 단어 저축이 늘면 학생의 어휘량도 늘어날 것이다.

아래는 학생이 '의아한'을 선택해 활동한 사례이다. 처음에는 '놀란'으로 의미를 추측했다. 문맥상 꼭 그 의미는 아니라고 생각했지만 적절하게 표현할 낱말이 떠오르지 않고 '놀라'만 떠오른다고 했다. 사전에서 '의아한'을 찾으면 '의심스럽고 이상하다.'로 정의되어 있다. '놀란'은 '뜻밖의 일이나 무서움에 가슴이 두근거리다.'이다. 두 낱말은 다른 의미이지만 학생은 맥락상 '놀란' 감정도 포함될 수 있다고 말하며 '의심스럽고 이상해서 놀라다.'로 정의를 내렸다.

〈표 3〉 낱말 은행 활동 사례

"어? 남방노랑나비다."

"비슷하지만 아니란다. 이놈은 가시멧노랑나비이란다."
난 처음 들어 본 나비라 고개를 갸웃했다. 연노란 나뭇잎처럼 생긴 날개에 갈색 반점이 하나씩 찍혀 있는 예쁜 나비였다.
아버지도 몹시 **의아한** 듯 나비를 이리저리 살폈다.

『나비 부자』 중에서

〈학생 활동 예시〉

1. '의아한'의 의미를 문맥상에서 추측 – 놀란
2. 단서–비슷한, 처음 들어 본, 이리저리 살폈다.
3. 사전적 정의–의심스럽고 이상하다.
4. 토의 후 결정한 내용 – 의심스럽고 이상해서 놀라다.

〈표 4〉 '낱말 은행'을 위한 단어 카드 예시

낱말	
짐작한 뜻	

국어사전에서 찾은 뜻	
내 말로 만든 뜻	
낱말이 들어간 문장 (혹은 동의어, 반의어)	

(2) 낱말 백과사전

낱말 백과사전은 생각이 반영된 어휘 지도 전략으로 프레어 외(Frayer et al., 1969)에서 제안되었기 때문에 '프레어 모형'이라고도 한다. 개념과 관련된 다양한 정보들을 시각적으로 유의미하게 제공한다는 점에서 도해 조직자(graphic organizer)로서 이미지를 활용하는 지도 방법이다.

중심적 특성	주변적 특성
• 인류의 대다수는 9개의 지리적 인종으로 분류되고 그 안에 지역 인종, 소수 인종 등이 있다 • 인종을 구분하는 특징에는 몸무게, 체격, 피부색, 머릿결, 머리 색깔, 혈액형, 지문 등이 있다.	• 인도·유럽계 언어를 쓰는 아리아인과 같은 '언어 집단'과 유대인과 같은 '민족 집단'도 있다. • 지역 인종은 사회 관습, 종교 관례, 지리적 여건 등으로 구분된다.
관련되는 예	관련되지 않는 예
• 유럽인(유럽, 중동, 북아프리카) • 아시아인(아시아) • 아프리카인(사하라 이남) • 인도인(인도, 아시아) • 아메리카 인디언(아메리카) • 오스트레일리아인(원주민) • 폴리네시아인, 미크로네시아인, 멜라네시아인	• 인도, 이란, 유럽 등에 거주하며 인도·유럽계 언어를 쓰는 아리아인과 같은 '언어 집단'과 유대인과 같은 '민족 집단'도 있다.

인종(人種)

〈표 5〉 낱말 백과사전 전략 예시

낱말 백과사전 전략은 개념과 관련된 다양한 정보들을 기록하기 위해 네 구역으로 나눈 〈표 5〉와 같은 자료를 활용한다. 네 구역은 각각 '중심적 특성, 주변적 특성, 관련되는 예, 관련되지 않는 예' 등으로 구성된다. 이 전략은 다음과 같은 절차로 사용될 수 있다.

우선, 교사는 사전에 '인종(人種)'과 같은 낱말 백과사전으로 구성할 주요 개념들 목록을 만든다. 주요 개념들은 서로 관련성을 갖는 것들로 목록화하는 것이 좋다. 그래야 학생의 스키마를 수월하게 활성화하고, 글의 주제나 화제에 초점을 맞추어 맥락적으로 단어 백과사전을 구성할 수 있기 때문이다.

다음으로, 학생들은 글을 읽으면서 목록에 있는 주요 개념들에 대해 주의 깊게 살펴보고, 각 개념들의 속성이나 특성을 메모하도록 한다. 그리고 그 개념의 예가 되는 것들을 가능한 많이 찾아보도록 한다.

세 번째로는, 학생들에게 단어 백과사전 전략표를 빈칸으로 제공하고, 중심적 특성, 주변적 특성, 관련되는 예, 관련되지 않는 예에 초점을 두도록 한다. 그리고 앞에서 목록으로 만든 것들을 참고하여 주의 깊게 글을 읽으면서 전략표를 구성하게 한다. 이 과정에서 어떤 정보들은 '주변적 특성'이나 '관련되지 않는 예' 항목에 기록될 수 있다.

마지막으로, '인종은 지속적으로 변화하는가?', '지금과 같은 세계화 시대에 인종의 구분이 의미가 있는가?' 등과 같은 추가적인 질문들을 하면서 각 항목들을 보충한다. 이런 과정이 마무리되면 친구들과 협의를 통해 서로의 생각을 비교하면서 백과사전을 완성한다.

(3) 빈칸 메우기

빈칸 메우기는 독서가 의미 구성 과정으로서 필자가 제시한 정보에 비어 있는 내용을 추론하는 행위라는 것을 보여 주는 전형적인 독서 지도 전략이다. 빈칸 메우기를 흥미 유발이나 스키마 활성화, 의미 생산 등을 위해 때로는 읽기 전에도 활용할 수 있다.

빈칸 메우기의 유형을 정리해 보자. 먼저 빈칸의 성격에 따른 빈칸 메우기의 종류에는 규칙적 빈칸 메우기와 의도적 빈칸 메우기가 있다.(박정진, 2009:328~330)

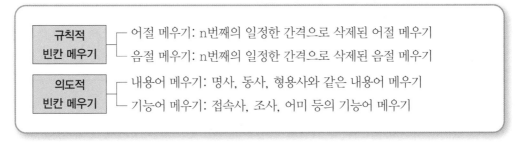

규칙적 빈칸 메우기는 규칙적 삭제(systematic deletion)에 의해 선정된 텍스트의 n번째 요소(음절이나 어절)를 무조건 삭제하고, 그 자리에 일정한 크기의 빈칸을 두는 방식이다. 대체로 5번째 이내로 삭제하면 너무 어렵거나 원래 텍스트와는 무관한 글이 만들어질 수가 있고, 12번째보다 간격이 넓어지면 25개 이상의 빈칸을 만들기가 어려워진다.(의미 생산 측면에서도 시간의 적절성 측면에서도 한 텍스트의 빈칸은 25개에서 50개 정도가

적당하다.)

　다음으로 답지 작성 방법에 따라서는 단답형 빈칸 메우기와 선택형 빈칸 메우기가 있다. 자유 인출형이 가장 기본으로 사용되지만, 학생의 수준이나 활동 시간 등을 고려하여 선택형을 사용할 수도 있겠다.

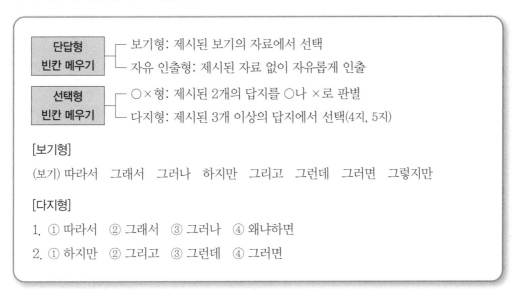

[보기형]
(보기) 따라서　그래서　그러나　하지만　그리고　그런데　그러면　그렇지만

[다지형]
1. ① 따라서　② 그래서　③ 그러나　④ 왜냐하면
2. ① 하지만　② 그리고　③ 그런데　④ 그러면

　끝으로 빈칸 메우기는 채점 방식으로도 구분이 가능하다. 채점 방식은 빈칸 메우기의 교육적 의미도 달라지게 만든다. 그리고 앞의 분류들이 빈칸 메우기 개발과 관련된 것들이라면, 이것은 빈칸 메우기의 결과 처리와 관련된 것이다.

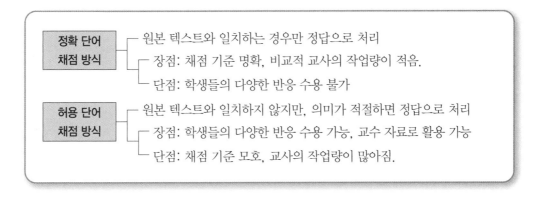

　먼저 정확 단어 채점 방식은 원본 텍스트를 정답의 기준으로 삼는 방식이다. 즉 원본과 동일한 음절이나 어절로 메운 경우에만 정답으로 처리하는 것이다. 이런 방식은 기준이 명확하여 채점이 수월하므로 교사가 쉽게 활용할 수 있는 장점이 있다. 하지만 독서가 의미 구성 행위라는 점에서 보면 학생들의 다양한 반응을 수용하지 못하는 한계가

있다.

허용 단어 채점 방식은 원본과 관계없이 문맥에 따라 정답을 인정하는 방식이다. 즉 독서의 본질인 의미 구성 능력을 드러내게 하는 방식이다. 이런 방식은 학생들의 다양한 반응을 수용할 수 있고, 활동 결과를 독서 지도 자료로 활용할 수도 있다는 점이 장점이다. 하지만 채점 기준이 모호해서 기준 설정이나 채점 과정에서 교사가 할 일이 많아진다는 단점도 있다. 다음은 규칙적 빈칸 메우기의 예시 자료이다.

〈표 6〉 규칙적 빈칸 메우기 사례

읽기	전기의 작용 (초등 6-2 관련)	6학년 ( )반
⑦	빈칸을 메우며 글을 완성하고 '전기의 작용' 알아보기	이름 ( )

※ 다음 빈칸에 알맞은 말을 넣어 한 편의 글을 완성하여 봅시다.

전기의 작용

물질 가운데에는 전기가 통하는 것이 있고, (통하지①) 않는 것이 있어요. 구리, 쇠, 금 (등의②) 금속은 대부분 전기가 통하고, 플라스틱이나 고무줄, (유리③), 나무 등은 전기가 통하지 않아요. 전깃줄은 (전기가④) 통하는 물질을 전기가 통하지 않는 물질로 (감싼⑤) 것이에요. 그래서 전기가 다른 곳으로 빠져나가지 (않고⑥) 전깃줄로만 흐른답니다.

전기는 주로 발전소에서 만들지만 (자연에서⑦) 저절로 만들어지기도 해요. 바로 구름에서 발생하는 (전기예요⑧). 구름을 이루는 얼음 알갱이가 서로 부딪치면 (전자들이⑨) 이동해요. 이때, 전기가 생기는데 이것이 번개지요. (번개가⑩) 땅으로 떨어지는 것을 '벼락'이라고 해요.

겨울에 (문의⑪) 손잡이를 잡으면 갑자기 손이 찌릿찌릿할 때가 (있어요⑫). 날씨가 건조하면 사람의 몸에 전기가 쌓이기 (쉬운데⑬), 그 전기가 금속 손잡이를 통해 한꺼번에 (빠져나가면서⑭) 일어나는 현상이에요. 이렇게 쌓여 있던 전기를 (가만히⑮) 있는 전기라는 뜻으로 '정전기'라고 해요.

『전기가 뚝!』(손정우, 스푼북) 중에서

(4) 의미 지도 그리기

일반적으로 어휘 개발에 교육적 전략으로 가장 널리 알려진 의미 지도 그리기 사용은 존슨(Johnson)과 피어슨(Pearson, 1984)에 의해 제기된 것이다. 그들은 다음과 같은 학습 절차를 제시했다.(초등국어교육학회, 1996)

첫째, 교실 수업에 관련된 단어나 논제를 고른다.

둘째, 커다란 도표판 위에나 칠판에 그 단어를 적는다.

셋째, 선출된 핵심 단어들에 관련된 가능한 많은 단어들을 학생들이 생각해서 말하고 교사는 학생들이 말하는 단어를 칠판에 적는다.

넷째, 학생들은 연상된 단어들을 기준을 갖고 구두로 먼저 나눈 후, 단어들을 범주별로 교실 칠판에 쓰거나 활동지에 기록한다.

의미 지도 그리기 방법에서는 최대의 효과를 거둘 수 있는 어휘를 선정하는 것이 중요하다. 대체로 책에서 주제어를 선정하여 활동하는 것이 일반적이다. 이 활동을 초등 학생을 대상으로 현장에서 하면 15~20분 정도의 시간이 걸리기 때문에 많은 어휘를 이 방법으로 지도할 수는 없다. 하지만 책에서 중요하게 다루어야 하는 주제어인 경우 의미 지도 그리기를 하면 읽은 책의 주제에 대해 깊이 이해할 수 있다. 이 활동은 독서 후 지도 방법으로 소개하고 있지만 독자의 사전 지식과 새로운 내용을 관련시키기 위해 선택하기도 한다.

모니카 페트가 쓴 『행복한 청소부』는 '행복'에 대해 깊이 이해한 후 읽었을 때 감동이 크다. 주인공은 학생들이 제목으로 예측하는 청소를 깨끗이 하고 행복해하는 청소부의 모습에서 벗어난다. 새로운 것을 알게 되는 기쁨을 통해 행복을 느낀다. 더 나아가 긴 시간을 통해 알게 된 것을 자기 자신에게 강의를 하며 행복해 한다. 이런 주인공을 제대로 알기 위해서는 행복한 상태, 행복의 조건, 행복한 사람과 그 이유 등을 깊이 알아야 한다. 그래야 저자가 전달하려는 주제를 제대로 파악할 수 있다. 독서 전에 '의미 지도 그리기' 방법을 선택하여 학생들이 효과적으로 책을 읽을 수 있도록 안내할 수 있다.

<표 7> 행복에 대한 의미 지도 그리기 예시

느낌	사람	조건
• 따뜻하다. • 만족스럽다. • 즐겁다. • 시원하다. • 세상이 좋게 보인다.	• 아이돌 • 운동선수 • 로또 당첨된 사람 • 아기 • 1등 한 친구	• 가족 • 건강 • 돈 • 좋은 머리와 멋진 외모 • 긍정적인 마음

행복

물건	시간	내가 원하는 것
• 침대 • 최신 스마트폰 • TV • 책 • 옷	• 게임할 때 • 잠잘 때 • 가족과 여행 갈 때 • 맛있는 것 먹을 때 • 뒹굴거릴 때	• 칭찬받는 것 • 1등 하는 것 • 인기 많은 것 • 키 크는 것 • 살 빠지는 것

2. 연상하기

'연상'을 사전에서는 '하나의 관념이 다른 관념을 불러일으키는 현상.'이라고 서술하고 있다. '추석' 하면 '보름달', '송편'과 같은 일반적인 어휘를 떠올릴 수도 있고 추석에 시골에 가기 위해 이용하는 교통수단인 '기차'를 떠올리기도 한다. 때로는 지극히 개인적인 것을 떠올리기도 한다. 추석마다 차례를 지내지 않고 가족이 함께 해외여행을 가는 경험을 반복했다면 '해외여행'과 관련된 생각을 떠올릴 것이다. 이렇게 무언가를 읽거나 듣고 다른 것을 떠올리는 심리 작용을 '연상하기'라고 한다.

이 전략은 책의 종류와 특성에 별다른 제약을 받지 않고 두루 쓸 수 있다. 학생은 책을 읽기 전에 책의 제목, 표지, 그림 등을 훑어보며 자유롭게 연상하면 된다. 자유롭게 연상하는 활동은 배경지식을 활성화하는 기본적인 방법이다. 이때, 교사는 학생이 말하는 내용을 근거로 학생의 배경지식 정도를 점검해 볼 수 있다. 책을 읽는 데 문제가 없을 정도로 배경지식이 풍부한지, 아니면 학생이 책을 읽는 데 문제가 없도록 채워 줘야 할 정보는 무엇인지 판단할 수 있다.

그다음 단계에서 교사는 학생이 그런 생각을 떠올리게 된 이유가 무엇인지를 물어본다. 그러면 학생들은 자신들이 연상하게 된 근거를 말하게 될 것이다. 근거를 말하는 단계에서 학생이 책과 연관성이 있는 배경지식을 더 꺼낼 수도 있고 스스로 배경지식을 수정하거나 정교하게 할 수 있다.

마무리로는 앞에서 연상한 내용을 정리하여 정교한 지식으로 재구성하도록 한다. 학생 자신의 생각을 정리해서 체계적인 지식으로 만들 수 있고 토의를 하며 다른 학생들과 생각을 공유하거나 풍부한 지식으로 만들어서 책 내용과 통합할 수 있도록 준비를 한다.

1) 제목을 활용한 연상

제목이 담고 있는 내용을 학생이 생활하면서 접하거나 생각해 볼 수 있을 경우 사용한다. 학생에게 제목 전체를 보고 자연스럽게 떠오르는 생각을 말하도록 한다.

김리하 작가가 쓴 『착한 동생 삽니다』는 동생으로 힘들어하는 첫째들이 제목을 보는 순간 많은 것들을 연상할 수 있는 내용이다. "동생 때문에 혼난 적이 많아요.", "숙제 한 걸 동생이 찢어서 다시 하면서 너무 화가 났어요.", "동생은 지 맘대로 못하면 무조건 울고 떼를 써요." 등 하고 싶은 말이 많다. 반대로 동생의 위치에 있는 학생은 위의 형제가 저지르는 악행을 말하기 바쁘다. 이렇게 생활과 연결되는 제목은 연상하기에 좋다.

(1) 티에리 르냉의 『너, 그거 이리 내놔!』
① 어떤 상황이 연상되는가?
② 이런 말을 들으면 어떤 생각이 들까?

(2) 오미경의 『난 꿈이 없는걸』
① '꿈' 하면 연상되는 것은?
② '난 꿈이 없는걸' 하면 연상되는 것은?

2) 핵심어를 활용한 연상

제목 전체에서 핵심어를 찾아 연상하게 한다. 제목에 핵심어가 드러나지 않는 경우에는 책의 내용에서 핵심어를 찾아 연상하기를 한다. 핵심어와 관련해 학생의 배경지식을 활성화하는 활동이 필요하다고 생각하면 선택한다.

(1) 미하엘 엔데의 『마법의 설탕 두 조각』

① '잔소리' 하면 연상되는 것은?
② '잔소리'를 들으면서 평소 하는 생각은?
③ '잔소리'를 들었을 때 하는 행동은?

(2) 류은숙의 『다른 게 틀린 건 아니잖아?』

① '다른 것' 하면 연상되는 것은?
② '틀린 것' 하면 연상되는 것은?
③ '다른 것과 틀린 것' 하면 연상되는 것은?

3) 그림이나 삽화를 활용한 연상

책 표지에 그려진 그림이나 삽화는 책 내용을 전달하거나 암시하는 경우가 많기 때문에 그림만 보고도 연상할 수 있는 내용이 많다. 그리고 연상하기에서 자연스럽게 예측하기 활동으로 이어서 할 수 있다.

(1) 롭 루이스의 『이 고쳐 선생과 이빨투성이 괴물』

반전이 뛰어난 동화이다. 거의 마지막까지 이빨투성이 괴물이 이 고쳐 선생을 잡아먹을지, 이 고쳐 선생이 위기를 넘긴다면 어떤 방법으로 이겨 낼지 궁금하게 만들며 독자를 끌고 간다. 마지막 부분에서 긴장감을 탁 떨어뜨리며 이야기가 끝나는데 학생들은 그렇게 궁금증을 끌고 가는 이야기를 재미있어 했다. 이 책의 표지에는 이빨투성이 괴물의 입 속에 들어가 있는 이 고쳐 선생의 모습이 그려져 있다. 학생들에게 무엇이 연상되는지 물어보는 연상 활동은 흥미를 자극하는 활동이 된다.

(2) 위기철의 『아홉살 인생』

작가가 그린 삽화가 소설 속 인물을 상징적으로 보여 준다. 작가의 의도가 드러난 부분이라고 해석해도 무리가 없을 것 같다. 집주인을 그린 삽화를 보면서 학생들은 "딱 봐도 욕심꾸러기 집주인 같아요.", "집을 꿀꺽 꿀꺽하고 먹은 것 같아요."와 같은 말을 한다. 다른 인물들을 그린 몇 개의 삽화를 보면서 연상하기를 하면 소설 속 인물에 대해 대강의 정보망을 가지고 읽을 수 있다.

3. 연결하기

연결하기는 텍스트와 개인적 연결, 텍스트 간 연결을 포함하는 전략으로 읽기 전, 중, 후 모든 과정에서 일어난다.(Gretchen Owocki, 2013:45) 이 장에서는 독서 전에 하는 활동을 중심으로 설명하기로 한다.

1) 텍스트와 자신

이 활동은 텍스트의 내용과 자신의 과거 경험을 연결하여 마치 머릿속에서 다리를 놓는 것과 같은 작업이 일어나게 한다. 텍스트를 수동적으로 읽는 것보다 연결하기를 한 후 읽으면 학생들이 텍스트를 이해하는 데 도움이 된다. 자신의 경험을 떠올려 연결하면 텍스트에 집중하게 되고 흥미도 올라간다. 낯선 이야기를 읽을 때의 흥미도 즐겁지만 자신이 일상생활에서 하는 다양한 경험과 유사한 경험을 주인공이 같이 하는 과정을 읽으면서 인물이 처한 상황, 인물의 정서를 이해하는 깊이가 깊어지게 된다. 이런 읽기의 과정에서 인물이 문제를 해결하는 경험은 마치 자신이 한 경험처럼 인식할 수도 있다. 인물의 입장을 이해하고 감정에 공감하게 될 뿐 아니라 인물이 한 문제 해결 과정을 통해 자신이 해결한 것처럼 카타르시스를 느낄 수 있다. 이처럼 연결하기는 텍스트와 자신의 머릿속에 길을 만드는 효과가 있다.

고수산나 작가가 쓴 『수상한 선글라스』를 초등 3학년 정도의 학생들과 읽는다면, 제목에 관심을 두게 하기보다는 표지 뒷면에 나오는 책의 내용을 안내하는 짧은 글을 읽고 연결하기를 하는 것이 좋다. 이 책에서는 '수상한 선글라스'라는 제목과 선글라스에 숨겨진 비밀이 무엇일지 궁금증을 유발한다. 호기심 자극도 좋은 읽기 지도가 되지만, 연결하기 활동에서는 선글라스라는 장치에 집중해서 연결하기보다는 물건을 잘 잃어버려 문제가 되는 인물에 집중해서 자신의 경험을 연결해야 한다. 그래야 물건을 잃어버리고 문제가 발생한 상황에서 어떻게 해결하는지, 그 과정에서 주인공의 물건에 대한 생각이 어떻게 변화하는지에 집중하며 읽게 된다.

자연스럽게 이야기를 나누며 자신의 경험을 떠올리게 하는 방법도 있고 때로는 아래와 같이 자신의 경험을 미리 정리해서 발표하도록 할 수도 있다.

〈표 8〉 텍스트와 자신 연결하기 예시 (『수상한 선글라스』, 고수산나)

	등장인물 (한솔이)	나 ( )
일어난 일	물건을 잃어버려도 찾지 않는 덜렁이 한솔이. 줄넘기 시험을 봐야 하는데 또 줄넘기가 없다.	신발주머니를 잃어버려 교실에 들어갈 때 실내화를 못 신어서 양말이 까맣게 됐다.
생각과 느낌		불편하고 찝찝했다. 걱정됐다.
문제 해결		엄마한테 말씀드렸더니 집안일을 해야 다시 신발주머니를 사 준다고 하셨다.

2) 텍스트와 텍스트

능숙한 독자들은 새로운 텍스트를 읽을 때 자신이 기존에 가지고 있는 배경지식과 연결하며 읽게 된다. 이전에 읽었던 다른 텍스트의 내용이나 주제, 혹은 그 텍스트를 쓴 작가에 대한 배경지식을 연결하며 읽는 활동은 텍스트의 내용을 입체적으로 받아들이게 한다. 독자들은 기존의 배경지식 위에 새로운 텍스트의 내용을 연결하며 폭넓은 배경지식을 쌓아 가기 때문이다.

정보를 얻기 위해 읽는 역사나 과학 분야는 하나의 텍스트로 모든 지식을 형성할 수 없다. 역사를 예를 들면 처음에는 통사를 읽음으로써 시대적인 흐름을 파악하게 된다. 이때의 지식은 세세한 정보가 쌓여 있기보다는 각 시대의 특징과 변화를 알려 주는 정도의 배경지식을 쌓게 된다. 그다음에는 한 시대를 깊이 설명하는 책을 읽거나 어떤 인물 이야기를 읽으면서 배경이 되는 시대를 알게 되기도 한다. 때로는 반대의 순서로 읽을 수도 있다. 역사를 배경으로 하는 시를 먼저 읽고 그런 시를 쓰게 된 시대적 상황을 이해하고 싶어 역사책을 읽기도 한다. 이렇게 텍스트와 텍스트를 연결하면 지식을 확장해 나가는 데 도움이 된다.

3) 텍스트와 세계

독서를 하는 목적 중 하나는 자신이 속한 세계에 대한 이해를 넓히는 데 있다. 작가가 알려 주고 싶은 세계, 혹은 그 시대 사람들이 관심을 가질 만한 주제에 대해 쓴 텍스트를 읽으면서 하는 생각을 통해 세상을 깊이 알게 된다. 그러므로 어떤 주제의 책은 텍스트의 내용을 이해하는 데서 더 나아가 세상과 연결하는 사고가 필요하다.(Gretchen Owocki, 2013:112)

아이작 아시모프의 『아이, 로봇』은 발달한 미래 사회가 배경으로, 로봇과 함께 생활하면서 생기는 여러 가지 문제를 단편으로 엮은 책이다. 이 책에서 소개하는 '로봇 3원칙'은 일상에서 로봇 사용이 점점 늘어나는 현대 사회에서 깊이 탐색해 볼 가치가 있는 법칙이다. 이 책을 읽고 감상을 나누는 것에서 더 나아가 우리가 사는 현재는 로봇 공학이 어느 정도 발달했으며 그로 인한 삶의 변화는 무엇인지 등에 대해 이야기를 나누면서 텍스트와 세계를 연결하게 된다. 과학, 사회, 역사 등은 텍스트에서 알게 된 내용을 바탕으로 현재 우리 사회에서 일어나는 현상, 문제 상황을 파악하게 된다. 텍스트를 읽음으로써 세상을 보는 시선이 높고, 넓어지게 된다. 이처럼 학생들은 연결하기 활동을 통해 세계관을 넓히는 기회를 갖게 된다.

다음과 같은 표를 제시하여 학생들이 텍스트와 세계를 연결할 수 있도록 한다.

〈표 9〉 텍스트와 세계 연결하기

생각거리	독서 전	독서 후
로봇, 인공 지능은 계속 발전해 나갈 것이다.		
로봇, 인공 지능이 발전하면 사람들은 일자리를 잃을 것이다.		
겉모습이 사람과 똑같이 생긴 로봇도 필요하다.		
로봇은 사람들을 행복하게 해 줄 것이다.		

이 활동은 독서 전과 독서 후로 연결하여 활동하면 더욱 효과적이다. 독서 전에 생각거리를 제공해 학생들이 배경지식을 활성화할 수 있도록 돕는다. 독서 후에는 책에서 선정한 주제, 주제와 관련된 자료를 읽도록 한다. 이런 과정은 확장된 세계관으로 세상을 바라보게 하는 데 효과적이다.

아래 글은 초등학교 고학년 학생이 엘윈 브룩스 화이트가 쓴 『샬롯의 거미줄』을 활용한 텍스트와 세계 연결하기 활동 후 쓴 글이다.

2021년 6월 경기도 시흥의 한 아파트에서 부모의 시신과 함께 생활한 20대와 30대 두 딸의 이야기가 밝혀졌다. 두 딸은 부모가 숨진 지 한참이 지났고 생활고에도 시달렸지만 그 누구에게도 상황을 알리지 않았다. 집이 경매에 넘어가게 되면서 이 일이 세상에 알려지게 되었다. 이렇게 될 때까지 주변에서 아무도 몰랐다는 건 문제가 있다고 생각한다. 주변 사람들이 서로에게 관심을 가져야 한다고 생각한다.

오늘날의 사회는 대부분이 개인주의이다. 개인주의 사회에서는 행복할 때는 혼자 자유로울 수 있어서 좋을지도 모르지만 문제가 생겨서 혼자 힘으로 해결하기 힘들 때는 주변 사람들의 관심이 적기 때문에 문제를 해결하기 힘들다. 혼자 사는 사람도 많고 1, 2인 가구도 많다. 다들 부모와 자식하고만 산다. 그래서 고아가 생기면 주변 친척들도 돌봐 주지 않기 때문에 시설에 가야 한다. 그러나 옛날에는 대가족이라 큰 가족 안에서 모두를 생각하고 혹시라도 고아가 생기면 친척들이 도와주고 또는 마을 사람들이 돌봐 주기도 했다. 그렇다고 해서 과거로 돌아갈 수는 없기 때문에 적어도 주변에 사는 이웃한테는 관심을 주어야 한다고 생각한다.

인간관계에서 필요한 것은 여러 가지가 있다. 우정, 사랑, 관심, 나눔, 믿음, 봉사 등 여러 가지이다. 나는 그중에 봉사가 마음에 든다. 봉사는 주변에 있는 어려운 사람을 돕고 어려운 일을 남보다 먼저 하는 일이다. 봉사 정신이 있어야 사회가 안전하고 발전하게 된다. 이러한 정신이 없다면 사람들이 서로 어려운 일을 미루어 망하게 될 것이다. 그러니 주변 사람들에게 관심을 가지고, 도움을 필요로 하는 이웃에게 봉사하는 마음으로 베풀면 참 좋은 사회가 될 것이다. 그러면 시흥의 두 자매와 같은 일이 잘 안 생길 것이다.

『샬롯의 거미줄』에서 샬롯은 거미줄로 글자를 써서 윌버를 살려 주었다. 샬롯이 윌버라는 인물에게 관심을 갖고 애를 쓰지 않았더라면 윌버는 바비큐 구이가 되었을 수 있다. 관심과 도움이 다른 생명체를 죽이기도 하고 살릴 수도 있는 힘이 된다. 거미는 돼지와 다른 종인데도 위기에 빠진 친구를 위해 자신이 가진 능력을 썼다. 사람은 같은 종이니까 샬롯보다 친구나 주변 사람들을 더 잘 도와줄 수도 있다. 사람이라는 생명체가 가진 힘은 대단하기 때문이다.

서로 나누는 사회가 되어서 좋은 점은, 아무래도 주변 사람들과 친근해져서 서로 어색한 일이 없어질 것이고, 위급한 일이 생겼을 때도 도움을 받아서 어려운 상황도 넘길 수 있을 것이다. 그러므로 서로 관심을 보이고 서로 나누는 사회가 되어야 한다고 생각한다.

초등 5학년 학생의 글

4. 질문하기

질문은 사고를 자극하는 방법 중 하나이다. 교사가 하는 질문을 통해 학생들은 텍스트에 대해 호기심을 갖거나 세세한 정보를 찾기도 하고, 텍스트에서 제시하는 주제로 바로 접근하며 읽어 내는 통찰력을 발휘할 수도 있다. 교사의 질문을 통해 텍스트를 접한 학생들은 인식과 사고의 깊이가 달라진다. 또한 교사는 학생들의 성취를 평가하며 텍스트를 더 잘 이해할 수 있도록 질문의 수준이나 종류를 적절히 조정할 수 있다.

일반적으로는 교사가 질문을 하고 학생이 그 질문의 답을 찾는 역할을 기대한다. 그런데 수준 높은 사고를 하는 능동적인 학생들은 텍스트를 읽기 전이나 읽는 도중에 스스로 질문을 하고 답을 찾으며 읽는다. 또, 교사가 하는 질문을 통해 적절한 질문을 배우기도 한다. 질문을 활용한 텍스트 읽기 전략은 독자를 더 수준 높은, 다음 단계의 앎으로 안내한다. 따라서 교사는 학생들의 발전을 위해 수준 높은 질문을 제시하고 학생들이 스스로 질문을 만들도록 격려해야 한다.[7]

1) 의미 구성을 위한 질문

텍스트를 읽기 전에, 책을 통해 얻을 수 있는 정보를 바탕으로 하는 교사의 질문을 받고 텍스트를 읽으면 학생들은 작가의 의도, 이야기의 전개, 텍스트에서 말하려는 가치 등에 접근하기가 용이하다. 교사는 텍스트의 제목과 부제, 표지 그림, 호기심을 자극하는 간단한 안내 글, 차례 중에서 작가가 전달하려는 스토리나 의미를 찾아갈 수 있도록 다양한 질문을 하게 된다. 이런 질문들은 읽는 동안 어휘, 내용을 추론하거나 예측하며 읽는 전략을 구사하는 데 도움이 된다. 그 결과 학생들은 저자의 의도 파악, 주제에 대한 심층적인 사고와 비판 등을 할 수 있다. 그러므로 교사들은 질문을 한 후 학생들이 답을 하는 것에만 만족하지 말고, 학생들이 깊이 있게 생각하고 답할 수 있는 질문을 만드는 데 관심을 기울여야 한다.

(1) 박혜숙의 『말로만 사과쟁이』
① 어떤 경우 '~쟁이'를 사용하나요?

---

7) 에릭 M. 프랜시스(2020), 정혜승, 박소희 옮김, 『이거 좋은 질문이야』, 사회평론아카데미, 18쪽. '교사는 좋은 질문을 통해 학생들이 그 질문에 얼마나 깊이 있게 대답할 수 있는지를 알고자 한다.'(딜런Dillon, 1998)라고 서술한 것처럼 교사가 학생들의 더 나은 사고를 위해 어떤 질문을 할 것인지, 좋은 질문이란 무엇인지에 대해 단계를 설정하고 다각적으로 연구해야 함을 강조하고 있다.

② '말로만'이라는 어휘를 통해 알 수 있는 것은 무엇인가요?

③ '말로만 사과쟁이'인 친구는 주변 인물들과 관계가 어떨까요?

(2) 박완서의 『자전거 도둑』

① 어떤 인물이 자전거 도둑이며, 왜 자전거를 훔치게 되었을까요?

② 표지의 그림을 보며 이상한 점을 찾아보세요. 자전거를 훔쳤다면 타고 가지 않고 들고 가는 이유는 무엇일까요?

③ 작가가 자전거 도둑이 된 인물을 설정한 이유는 무엇일까요?

2) 정보 찾기를 위한 질문

학생들이 핵심적인 정보를 찾고 그 내용을 바탕으로 적극적으로 독서하도록 돕는 질문을 한다. 학생들은 질문을 통해 주도적으로 텍스트를 읽고 중요한 정보에 집중할 수 있다. 이렇게 획득한 정보가 바탕이 되어 추론, 요약, 적용 등의 수준 높은 사고로 확장되어 나아가게 된다.

만약 백범 김구 선생님의 이야기를 읽는다면 "백범 김구 선생은 어떤 인물이며 독립운동에서 김구 선생이 한 역할은 무엇인가요?"라고 질문할 수 있고 마틴 루서 킹 목사의 이야기를 읽는다면, "마틴 루서 킹은 어떤 인물이며 흑인 인권 운동에서 그는 어떤 역할을 했나요?" 등의 질문을 할 수 있다.

(1) 카티예 페르메이레의 『모네의 정원에서』

① 모네라는 화가를 알고 있나요?

② 모네에게 정원은 어떤 의미가 있을까요?

③ 모네의 그림을 본 경험이 있나요? 그의 그림은 어떤 가치가 있다고 평가받나요?

(2) 이고은, 정재은이 쓰고 정재승이 기획한 『정재승의 인간탐구보고서 2: 인간의 기억력은 형편없다』

① 기억력이란 무엇인가요?

② 기억력이 형편없는 것은 어떤 의미이며, 왜 그럴까요?

③ 기억력은 우리의 삶에 어떤 영향을 미치나요?

제**3**장

독서 후 단계 지도 전략

1. 내용 이해를 돕는 전략

1) 등장인물을 이해하는 활동

(1) 등장인물 평가표

등장인물의 성격을 파악하거나 업적 등을 평가할 때 활용하는 방법이다. 책을 읽은 후에 인물을 분석하며 하는 활동인데, 읽기 전에 미리 활동지를 나누어 주면 등장인물에 유의하면서 읽을 수 있다. 예를 들어 『흥부전』을 읽는다면 인물의 성격을 파악하게 된 근거에 해당하는 부분에 밑줄을 긋게 한다. 등장인물을 파악하기 위해서는 등장인물이 한 말이나 행동을 잘 살펴보면 된다는 것을 가르쳐 주면 좀 더 쉽게 파악할 수 있다.

〈표 11〉 등장인물 평가표

인물	성격	근거(등장인물의 말과 행동을 중심으로)
흥부		
놀부		

(2) 등장인물 분석표

　등장인물 개개인의 성격, 역할과 함께 갈등을 중심으로 한 인물들의 관계까지 볼 수 있도록 하기 위해서는 [그림 3]과 같이 인물 관계도를 그리도록 한다. 인물 관계도를 그릴 때는 주인공을 중심에 둔다. 주인공의 성격이나 행동 특성, 문제 상황 등을 쓴다. 그리고 주인공을 중심으로 주변 인물들을 사방으로 퍼뜨려서 그리도록 한다. 주변 인물들도 주인공과 마찬가지로 성격, 행동 특성을 파악해서 쓴다. 그리고 나면 주변 인물들이 주인공과 어떤 관계를 맺고 있는지 화살표로 드러낼 수 있다. 주인공과 서로 돕는 관계는 파란색 화살표만 긋거나 화살표 위에 돕는 내용을 쓴다. 주인공을 억압하는 인물은 빨간색 화살표로 표시하고 갈등의 내용을 화살표 위에 쓰면 된다. 이렇게 등장인물들의 갈등을 살펴보면 인물들의 갈등이 작품 속의 큰 사건과 연결된다는 것을 알 수 있다.

〈표 12〉 등장인물 관계도

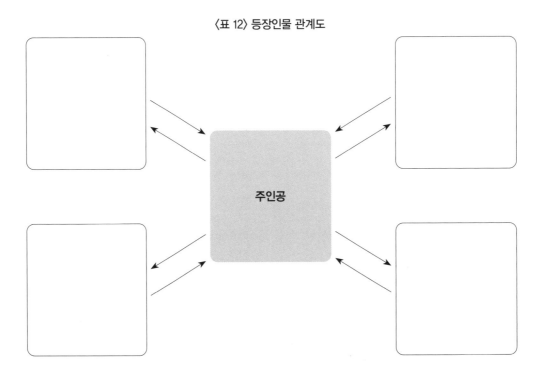

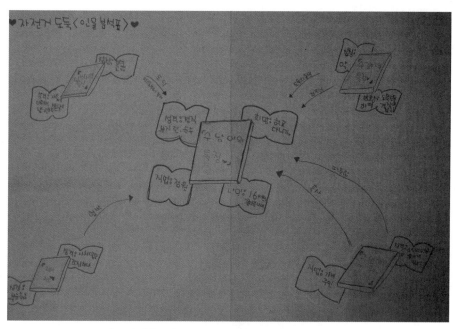

[그림 3] 『자전거 도둑』을 읽고 그린 등장인물 관계도

(3) 감정 곡선

한 인물의 생애 중 중요한 순간을 시간 순서대로 정리하여 인물의 감정을 확인하는 활동이다. 인물에게 일어난 일, 노력한 일, 성취하거나 좌절한 일 등 인물의 인생에서 중요했던 사건을 선택한다. 그런 다음 그 사건을 경험하며 인물은 어떤 정서를 느꼈을지 평가한다. 기쁘고 즐거운 일이라고 판단하면 수평선의 위(+)로 올라가게 표시하고 슬프고 불행한 일을 겪은 순간이라고 생각하면 아래(−)에 기록한다. 어느 정도로 위로 올라가고 아래로 내려갈지는 학생들이 텍스트의 내용을 근거로 결정한다. 표시된 점을 순서대로 이으면 인물의 희로애락을 한눈에 볼 수 있는 감정 곡선이 된다.

이 활동은 학생들이 등장인물의 감정을 깊이 이해하기에 좋은 방법이다. 한 사람의 생애뿐 아니라 그 인물의 정서 변화를 간접적으로 경험하며 인물을 깊이 이해하게 된다. 동화를 읽으면 EQ가 높아진다는 말을 하는데, 동화를 그냥 읽는다고 자동으로 감성 지능이 올라가지는 않는다. 인물의 정서를 추론하며 감정 이입이 되기도 하며 함께 기뻐하고 슬퍼하는 정서적 경험이 쌓였을 때, 정서 지능이 올라가게 된다.

때로는 학생들이 인물의 정서를 다르게 추론하기도 한다. 자신의 전 재산을 사회에 환원하고 세상을 떠난 『유일한 이야기』(조영권, 2007)를 읽고 '감정 곡선' 그리기 활동을 했다. 유일한은 9살에 부모님의 권유로 선교사를 따라 미국으로 가게 된다. 한 학생은 미국으로 간다는 사실에 초점을 두고 정서를 '기대된다'로 추론해서 위(+)로 올라가게 점을 찍었다. 다른 학생은 그에 반대하며 현재도 9살 된 아이가 부모님도 없이 혼자 미국에 가면 불안하고 걱정될 텐데 1904년에는 들어 본 적도 없는 미국이라는 나라로 간다는 사실은 9살 아이에게는 너무 힘든 일이었을 것이라고 하며 '불안하다'에서 더 나아가 '공포스럽다'의 정서까지 경험했을 것이라고 말했다. 시대적 배경과 유일한의 나이라는 근거를 통해 추론한 경우이다. '기대된다'라고 추론한 학생은 자신과 다른 의견을 듣고 일부 동의하지만 그 이후에 하는 유일한의 행동으로 봤을 때, 도전적이고 겁이 별로 없는 성격이 드러나므로 극한의 공포를 느꼈다는 것에 완전하게 동의할 수 없어서 낮은 점수대의 (+)로 표시하겠다고 의견을 말했다. 이처럼 어떤 내용을 근거로 활용하는지에 따라 의견 차이가 있을 수 있다. 근거가 타당하다면 각자 생각대로 감정 곡선을 그리면 된다. 굳이 인물의 정서에 대해 합의할 필요는 없다. 정서를 추론할 수 있는 범위는 있지만 정해진 하나의 답이 있는 것은 아니다.

이 활동은 감정을 한눈에 볼 수 있게 그리는 활동이기 때문에 완성한 후에 보면 인생을 살아가면서 좋은 일만 있거나 나쁜 일만 있는 것이 아니라 '희로애락'을 모두 경험하게 됨을 알게 된다. 인생에서 어려움, 슬픈 일을 경험했을 때, 어떻게 해야 극복하고 다시 위로 올라갈 수 있는지에 대해 이야기를 하면 인물이 겪은 사건 하나하나를 이야기할 때보다 인물과 삶을 바라보는 시야가 넓어지게 된다.

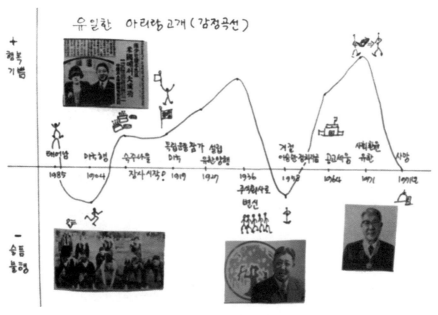

[그림 4] 『유일한 이야기』 감정 곡선

(4) 인물의 감정과 생각

삽화에 나온 상황을 보며 인물의 정서를 파악하고 덧붙여 어떤 생각을 하고 있을지 추론해서 써 보도록 하는 활동이다. 이야기에 나온 대화나 상황의 설명을 근거로 삽화에 드러난 장면에서 인물들의 정서와 생각을 함께 표현할 수 있도록 한다.

[그림 5] 『나비 부자』 장면을 활용한 예시

(5) 인터뷰

답변을 하기 위해 질문을 하는 대화이다. 일반적으로 잡지나 신문에서 독자가 관심을 가질 만한 인물을 정한 후, 편집자나 기자가 그 인물에게 알고 싶은 내용을 물으면 인물이 자신의 생활, 일, 가치관 등에 관한 내용을 답하게 된다. 편집자는 알아낸 정보나 의견을 정리해서 글로 쓴다.

① 인터뷰 기사 쓰기

소설이나 역사책을 읽은 후에 인물을 깊이 이해하기 위해서 선택하는 방법이다. 학생들이 편집자가 되어 소설 속 인물에게 궁금한 내용을 질문한 후 자신이 그 인물이 되어 답하는 방식으로 인물을 알리는 방식으로 진행한다. 잡지나 신문에 실리는 인터뷰 기사를 참고하여 쓸 수 있도록 안내한다.

인터뷰 기사는 크게 세 가지 정도로 형식을 달리할 수 있다. 풀어 쓰기 형식, 문답 형식, 일문일답 형식이다.[8] 풀어 쓰기는 인물이 한 일을 기자가 전달하기 쉽게 풀어서 써서 인물 본인이 직접 자신의 이야기를 하는 것보다 체계적으로 전달하기 쉽다. 문답 형식은 인물이 질문을 받고 자신의 이야기를 풀어내는 방식으로 서술한다. 인물이 전면에 나서서 말하는 형식이므로 학생들은 마치 자신이 그 인물이 된 것 같은 기분이 든다는 이야

---

8) 진명선(2012), 『기사 작성 각론–인터뷰 기사 쓰기4』, 한겨레신문.

기를 한다. 마지막으로 일문일답식은 질문을 통해 인물에게 알고 싶은 내용을 묻게 되므로 질문이 다양하게 나올 수 있고 인물이 하는 답 또한 간단하게 인물의 생각이나 심정, 한 일이 다양하게 드러나도록 쓰게 된다. 학생들이 쉽게 접근하기에는 마지막 형식이 좋으나 학생의 수준과 인물에 대한 정보의 양 정도에 따라 선택해서 한다. 아래 제시한 글은 초등 5학년 학생이 문답 형식의 인터뷰를 한 예이다. 이 학생은 쓰면서 마치 이순신 장군이 된 듯 몰입하여 활동하였고 쓰고 나서 본인 스스로 결과물에 아주 만족하였다.

〈표 13〉 문답 형식 예시

이순신이 되어서

질문: 이순신 장군님, 후손들에게 본인을 알린다면 어떻게 소개하시겠습니까?

이순신 장군: 임진왜란은 조선 선조 임금 때(1592년) 일어났단다. 임진왜란 하면 이율곡과 권율, 원균, 서산대사, 사명대사 등 여러 인물들이 생각나지. 하지만 내가 제일 중요한 인물이라고 생각한단다.

나는 전쟁 전부터 군사들을 훈련시키고 세계 최초의 철갑선인 거북선을 만들고 연구했지. 이 거북선은 나중에 왜군을 무찌르는 데 아주 큰 역할을 하지. 왜적과의 싸움에서 크게 이긴 한산대첩을 들어봤니? 그 싸움에서 왜군의 배 160척 중 73척을 무찔렀지. 반이 넘는 숫자의 배를 몇십 척으로 부순 거야. 이 싸움을 계기로 여기저기서 의병이 일어나기도 했단다.

나는 잠시 감옥에 갇히게 되었어. 내가 큰 공을 세우자 원균이 나를 모함한 것이지. 얼마나 속이 탔던지. 원균이 싸움에서 패하고 죽자, 나는 다시 수군통제사가 되어 바다로 나와 싸우려고 하였지. 그런데 군사들은 대부분 죽거나 흩어지고 전함들도 남아 있는 것이 별로 없었어.

하지만 내가 누구니? 바로 군사를 모으고 전함도 고쳤단다. 드디어 올 것이 왔어. 히데요시가 죽은 거야. 왜군들은 더 이상 싸울 수 없자, 철수하기 시작했지. 내가 기회를 놓칠 것 같니? 그래서 철저히 작전을 짰지. 우리 백성들에게 그렇게 많은 고통을 주었는데 가만히 놔둘 수 없었단다. 운명의 날이었어. 몇 채 안 되는 전함과 고니시의 300척의 함선이 만난 거야. 치열한 싸움 끝에 고니시는 200척의 함선을 잃고 도망쳤지. 하지만 싸움이 끝나기도 전에 나는 쓰러졌어. 왜군이 쏜 총에 맞은 거지. 나는 군사들에게 내 죽음을 알리지 말라고 했어. 내가 죽었다는 사실을 알면 일반 군사들의 사기가 떨어질 것 같아서였어.

나라를 구한 나의 공을 기려 나라에서는 '충무공'이라는 시호를 내렸단다. 이젠 임진왜란에서 내가 왜 제일 중요한 인물인지 알겠지?

② 뜨거운 의자(hot seat)

'뜨거운 의자'는 학생이 이야기의 등장인물이나 책의 저자 또는 책과 관련된 유명한 사람으로 가장하여 인터뷰를 진행하는 역할 놀이로서 독해 능력을 신장시키기 위한 전략이다. 뜨거운 의자라는 명칭은 특정 역할을 맡은 학생이 지정된 의자에 앉아서 친구들의 질문이나 의견에 대해 바로바로 답을 해야 하기 때문에 붙여진 것이다. 학생들은 활동 과정에서 활발하게 질의응답을 진행해야 되기 때문에 이야기의 사건이나 등장인물들을 철저하게 분석하게 되고, 더 나아가 새로운 해석을 하려고 노력하게 된다. 특히 역할을 맡은 학생은 가장한 인물과 관련된 물건을 모으거나 옷을 만들어 입는 등 능동적으로 부수 활동을 한다.

뜨거운 의자는 일반적으로 대집단 활동으로 이루어지지만, 독서 클럽과 같은 환경에서는 소집단별로 진행할 수도 있다. 적용 단계를 정리해 보자.

먼저, 학생들은 이야기나 전기적인 글을 읽고 자신이 담당할 인물에 대해 탐구한다. 인물에 대한 파악이 이루어지면, 그 인물에 적합한 의상이나 물건을 제작하고 발표할 때 활용할 여러 가지 물건을 모으거나 직접 만든다. 그리고 발표자는 뜨거운 의자로 지정된 의자에 앉아 인물에 대해 간단히 소개하고 자신이 만든 것들을 나누어 준다. 친구들은 여러 물건들을 참고하여 인물을 파악하기 위한 구체적인 질문이나 조언 등을 한다. 발표자가 준비된 내용을 토대로 답변하면서 능동적이고 적극적인 소통이 이루어진다. 발표자는 친구들 중 한 명을 지정하여 지금까지 논의된 내용을 중심으로 인물에 대하여 요약하도록 지시한다. 그리고 그 친구의 요약 내용에 대해 발표자가 수정 및 보완을 해 준다.

이 전략은 인물이 중심이 되는 글을 읽는 데 적합한 활동이다. 학생들이 돌아가면서 다양한 등장인물의 역할을 수행하기 때문에 인물에 대한 폭넓은 이해가 이루어질 수 있으며 여러 인물을 다양하게 접할 수도 있는 장점이 있다. 또한 이 전략은 '집단 뜨거운 의자'와 같이 응용할 수도 있는데, 이야기에 나오는 여러 인물이 한꺼번에 뜨거운 의자에 앉아 좌담 형식으로 진행할 수도 있다.

2) 사건을 이해하는 전략

(1) 사건 도표

일이 일어난 시간 순서대로 정리해서 이해를 돕는 활동이다. 사건의 진행 과정을 정리하면 전체 흐름을 쉽게 파악할 수 있게 된다. 송기숙이 쓴『이야기 동학 농민 전쟁』은 소설이지만 '동학 혁명'이라는 역사적인 사실이 이야기의 배경이 되고 있기 때문에, 동학 혁명에 대한 이해가 없으면 책의 내용을 이해하기가 힘들어진다. 따라서 사건의 전체적인 흐름을 파악할 필요가 있다. 이야기 속에서 동학 혁명이 시작된 배경부터 어떤 사건을 거치는지 그 과정을 표로 만들어 보면 효과적으로 사건을 이해할 수 있다.

〈표 14〉 사건 도표

시간(때)	사건 일지	중심인물	장소	기타
1894.1.10	고부군수 조병갑의 횡포로 전봉준이 농민들을 이끌고 관아를 공격함.	전봉준, 조병갑, 김도삼, 정익서, 농민군 등	고부	
1894.1.17	말목 장터로 진을 옮김.	전봉준, 정석진, 농민군 등	말목	
1894.1.25	백산으로 진을 옮김.	전봉준, 어사 이용태, 농민군 등	백산	

(2) 역사적 사건 분석표

역사책에서 중요한 사실을 체계적으로 기억하기 위한 전략으로 박영목(2008:221~222)이 제시한 활동이다. 역사책을 읽다 보면 역사적인 사실 중에서 용어로 이름 붙여진 사건이 있게 마련이다. 이런 사건은 자칫 복잡하게 느껴져서 원인과 결과, 그에 따른 변화를 파악하기 어려울 수 있다. 이 활동에서는 몇 가지 질문에 답을 하며 사실적 정보를 찾고 그 관계를 따져서 기억하기 좋게 표로 정리하는 활동이다.

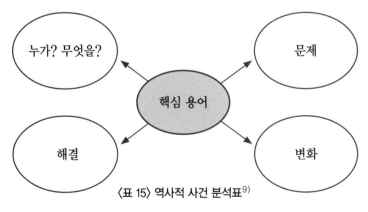

〈표 15〉 역사적 사건 분석표[9]

---

9) 박영목(2008),『독서교육론』, 박이정, 222쪽. 역사적 사건의 문제 해결 관계 기억을 위한 도식.

(3) 시간 사다리 지도

이야기 글에서 사건의 흐름이 시간 순서대로 진행되는 경우는 저학년 학생들도 쉽게 이해하지만 시간의 흐름이 '현재–과거–현재'와 같이 역행으로 진행될 때는 이해하기 어려워하는 경우가 있다. 이럴 때, 시간 사다리를 그려 사건의 흐름을 시간 순서대로 정리하게 한다. 학생 스스로 완성할 수도 있지만 교사가 '빈칸 채우기' 활동을 제시하여 쉽게 하도록 도울 수도 있다. 사건의 진행이 한눈에 보이므로 전체적인 내용을 파악하기 쉽다.

> 경진이는 목을 빼고 골목 끝을 바라봤다. 초록색 잠바를 입은 남자아이가 달려오는 모습을 보며 입꼬리가 올라갔다.
> '드디어 진수가 나타났구나!'
> 초록색 잠바는 경진이 옆을 쌩하니 지나가 버렸다. 진수가 아니었다. 경진이는 골목 안을 서성이며 진수가 못 오면 어떡해야 할지 궁리하기 시작했다.
> 어제 진수 어머니께 진수가 축구 대회에 나갈 수 있게 해 달라고 사정사정했고 어머니가 자신을 밀어내며 고개를 끄떡여서 경진이는 안심하고 있었다. 그런데 이제 대회에 가야 할 시간은 다가오고 있고, 진수는 코빼기도 보이지 않는다.

어제 경진이는 진수 어머니께 진수가 축구 대회에 나갈 수 있게 해 달라고 사정사정했다.

진수 어머니는 경진이를 밀어내며 고개를 끄떡였다.

경진이는 진수 어머니께서 허락을 해 주셨다고 생각했다.

오늘 경진이는 골목에서 진수를 기다리고 있다.

초록색 잠바를 입은 아이가 골목에 나타났지만 진수가 아니었다.

경진이는 진수가 못 오면 어떻게 해야 할지 궁리하기 시작했다.

⬇

이제 대회에 가야 할 시간은 다가오고 있고 진수는 나타나지 않았다.

(4) 이야기 그림 지도

주로 저학년 학생들에게 전체적인 이야기의 흐름을 파악할 수 있도록 하기 위해 한 장의 종이에 그리게 한다. 교사가 미리 사건의 흐름을 파악할 수 있도록 일정한 순서대로 질문할 수도 있는데, 삽화를 이용하면 보다 쉽게 이해할 수 있다. 이야기 지도를 보면서 이야기를 정리하게 하면 사건의 흐름을 파악하기 쉽고, 자연스럽게 줄거리 요약이 된다. 공간과 시간의 변화가 중요한 이야기인 경우는 고학년도 이 활동을 할 수 있다.

빨간 자전거

레오가 산 바크레드 빨간 자전거

가나에 사는 알려세다가 빅레드를 기부받음 시장에서 장사를 함

망가진 자전거를 부카리가 수리

자전거 급급구로 바꿘 빅레드를 하려다가 탐 "고마워로 고광 록즈"

[그림 6] 『빨간 자전거』(주드 이사벨라) 이야기 그림 지도

정보를 순서대로 기억하는 활동이 의미가 있을 때는 지도 위에 순서대로 낱말을 올려 놓는 활동을 할 수 있다. 이때는 교사가 꼭 필요한 낱말을 카드로 만든 후 섞어서 제시하고 학생들이 낱말 카드의 순서를 바로잡도록 한다. 아래 [그림 7]은 『전기가 뚝!』의 내용 중 발전소에서부터 가정에서 전기를 쓰기까지의 과정을 학생들이 알도록 하기 위한 활동의 예이다. 학생들에게 카드의 순서를 섞어서 제시하면 학생들은 전기가 들어오는 순서에 맞게 카드를 정리하면 된다.

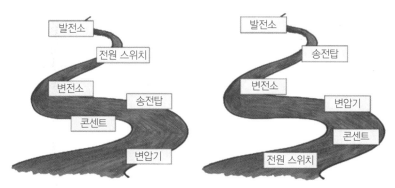

[그림 7] 『전기가 뚝!』 전기가 들어오기까지 활동 예시

(5) 마인드맵[10)

어떤 주제에 대한 생각들을 마음속에 지도를 그리듯이 표현하는 방법이다. 생각을 자유롭게 발산할 수 있고 이미지와 색을 사용하여 기억도 오래간다. 학생들이 책을 읽으면서, 혹은 읽고 난 후 내용을 정리하는 것으로 활용할 수 있는데 글의 내용을 분석, 평가, 종합하는 능력을 향상시킬 수 있다. 글의 전체적인 구조가 한눈에 파악되기 때문에 정확하게 이해할 수 있다. 마인드맵을 만드는 과정을 정리하면 아래와 같다. (라나 이즈라엘 외, 2001)

① 1단계-준비

종이는 백지를 준비한다. 줄이 있는 노트는 노트에 그어진 선이 생각의 확산을 방해하는 요소가 되기도 한다. 펜은 여러 색상으로 준비한다. 주가지마다 다른 색상의 펜을 사용한다.

② 2단계-중심 이미지

---

10) 토니 부잔, 베리 부잔(2010), 『토니 부잔의 마인드맵 북』, 비즈니스맵. 저자는 이 책의 서문에서 학습, 방법, 사고의 본질, 기억하기 좋은 방법, 창의적 사고를 하는 가장 좋은 기법, 새로운 사고기법의 개발 등에 관한 고민을 바탕으로 심리학, 두뇌신경생리학, 의미론, 신경 언어학, 정보이론, 기억력과 기억술, 지각, 창의적 사고, 일반 과학 등을 연구한 후 만족스러운 노트 필기를 시작했다고 서술하고 있다.

마인드맵의 핵심이 되는 주제는 항상 중심 이미지에서 시작한다. 그리고 중심 이미지는 가능하면 그림 이미지로 표현하는 것이 좋다. 왜냐하면 그림 이미지는 단어보다 100배 이상의 기억 효과를 가지기 때문이다. 그림을 그린 후 테두리(틀)는 만들지 않는 것이 좋다.

③ 3단계-주가지
중심 이미지에 관련된 주요 주제는 사람의 몸에 붙어 있는 팔처럼 연결하여 표현한다. 가지의 시작은 굵게, 바깥쪽으로 갈수록 가늘게 그린다. 주가지에 들어갈 내용을 알리는 단어를 쓰거나 이미지를 그린다.

④ 4단계-부가지
부가지에 놓이는 핵심 단어들은 주가지와 연결성이 있어야 한다. 부가지는 주가지의 하위 내용에 해당하는 것을 적는다. 부가지는 망으로 연결되듯이 무한정으로 연결하여 그릴 수 있으며 세부 가지로 연결된다.

마인드맵을 그릴 때, 가지들의 연결은 핵심 단어를 통해 확산된다. 핵심 단어는 중심 생각과 개념을 이해하는 데 도움을 주는 단어로 일반적으로 명사나 동사, 형용사, 부사 등 모두 가능하며, 부득이한 경우를 제외하고는 한 단어로 표현해야 한다. 마인드맵에서는 단어보다 상징적인 이미지로 나타내면 기억을 더 잘 할 수 있다. 그리고 하나의 가지로부터 연결되는 주가지, 부가지, 세부가지는 같은 색으로 통일하면 내용의 연속성을 갖게 해 기억하는 데 도움이 된다.

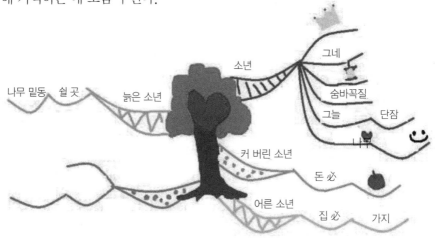

[그림 8] 『아낌없이 주는 나무』 마인드맵 예시

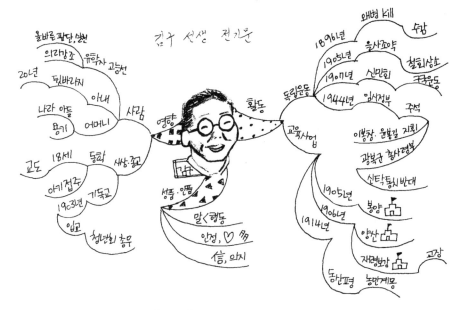

[그림 9] 『김구』 마인드맵 예시

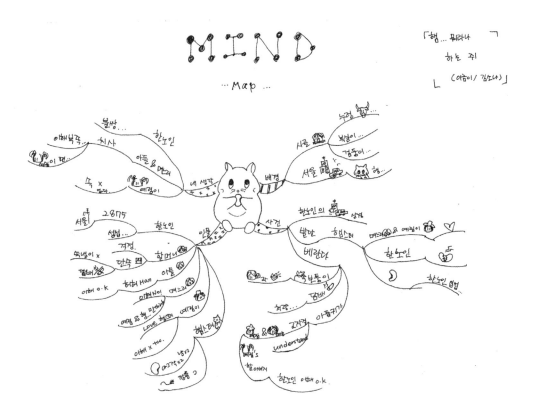

[그림 10] 『햄, 뭐라나 하는 쥐』 마인드맵 예시

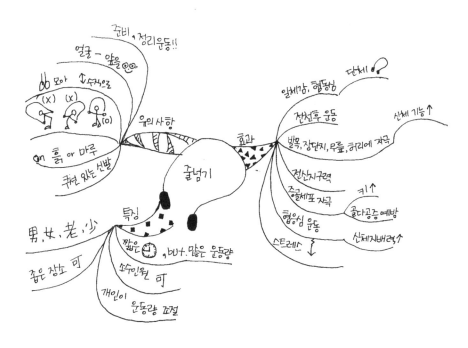

[그림 11] 『줄넘기』 마인드맵 예시

3) 핵심어를 활용한 전략

(1) 핵심어 찾기

먼저 텍스트에서 중요하다고 생각하는 단어를 찾는다. 우선 개수에 제한을 두지 않고 자유롭게 핵심어를 떠올리도록 한다. 너무 많은 단어를 말하면 그중에서 꼭 필요한 단어를 선별한다. 때로는 교사가 핵심어를 카드로 만들어 제시하고 학생들이 그 카드 중에서 더 중요하고 덜 중요한 카드로 나누는 활동을 하며 텍스트에서 핵심어를 찾는 능력이 향상되도록 돕는다.

〈표 16〉 『전기가 뚝!』(손정우) 핵심어 카드 예시

전자	정전기	발전기	변전소
변압기	콘센트	니크롬선	정전

(2) 핵심어를 활용하여 내용 정리하기

① 말로 정리하기

선택한 핵심어를 내용 전개 순서대로 늘어놓는다. 그리고 그 핵심어를 넣어 텍스트의 내용을 말로 정리하도록 하는 활동이다. 내용 요약 능력이 발달하지 않은 저학년이나 지도 초기의 학생들에게 활용할 수 있다. 학생들이 핵심어로 말하는 내용을 녹음한 후 다시 들으면서 혹시 바꾸거나 덧붙이고 싶은 내용이 있으면 수정해서 내용을 정리한다. 학생들은 자신이 말한 내용을 녹음해서 듣는 활동 자체를 아주 즐거워한다.

② 글로 정리하기

앞에서 찾은 키워드를 중심으로 내용을 글로 정리하는 활동이다. 글로 정리하는 활동을 잘하는 학생들은 키워드를 찾으면 어렵지 않게 정리할 수 있다. 글로 내용 정리하는 능력이 부족한 학생들도 '핵심어 찾기'와 '핵심어를 활용하여 말로 정리하기' 활동을 선행하면 어렵지 않게 글로 정리할 수 있다.

(3) 벤 다이어그램 – 핵심어, 주제 비교하기

'벤 다이어그램'은 어떤 개념이나 주제 등을 비교하거나 대조해 보기 위해 사용되는 전략이다. 글 속에 나오는 많은 개념들은 추상적이기 일쑤여서 학생들 특히 저학년들은 이해하기가 쉽지 않은 경우가 있다. 이럴 경우에 비교나 대조를 시각적으로 표상하면 매우 효과적이기도 하고 기억하는 데에도 도움이 된다. 벤 다이어그램은 문학 단원과 주제 중심 단원에서 다양하게 사용될 수 있다. 문학 단원과 주제 중심 단원에서 각각 벤 다이어그램으로 분석될 수 있는 주제들을 제시하면 다음과 같다.

〈표 17〉 장르별로 벤 다이어그램이 적용될 수 있는 주제

문학 단원	주제 중심 단원
두 명의 등장인물	조선 시대와 오늘날의 삶
원래 작품과 그 속편	지구와 다른 행성
주제나 화제가 비슷한 두 책	대중교통(철도와 버스)
동일한 작가가 쓴 두 권의 책	낙엽수와 상록수
두 명의 작가 또는 삽화가	이집트 문명과 그리스 문명
다른 매체의 동일한 이야기(책과 영화)	미국 사회와 한국 사회

영국의 논리학자 벤(John Venn)에 의해 고안된 도식(다이어그램)이라 해서 명명된 벤 다이어그램은 두 개 이상의 원이 겹쳐져서 만들어진다. 학생들은 원의 겹치지 않는 부분에 차이점을 중심으로 한 각각의 특징에 대해 쓰거나 그릴 수 있고, 원의 겹치는 부분에는 유사점이나 공통점에 대해 쓰거나 그릴 수 있다. 이를 통해 학생들이 개념이나 주제에 대하여 비교나 대조를 하면서 분석적인 사고를 할 수 있다. [그림 12]는 2학년 학생이 만든 '서울 쥐와 시골 쥐' 이야기에 나오는 등장인물에 대한 벤 다이어그램이고(박정진·조재윤 공역, 2012:220), [그림 13]은 중학생이 역사책을 읽고 우리나라의 근대화와 일본의 근대화를 비교하며 그린 벤 다이어그램이다.

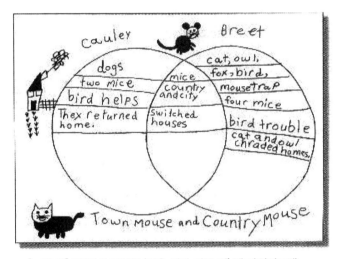

[그림 12] 2학년이 구성한 '서울 쥐와 시골 쥐' 벤 다이어그램

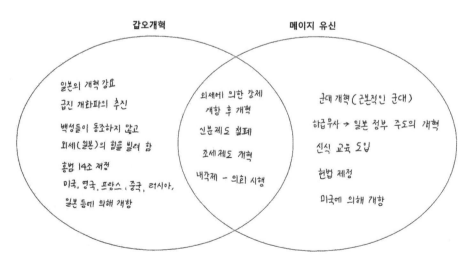

[그림 13] 중학생이 구성한 '우리나라 갑오개혁과 일본 메이지 유신' 벤 다이어그램

2. 재구성을 돕는 전략

1) 텍스트의 요소 바꾸기

독자는 저자가 서술한 이야기가 마음에 들지 않을 때도 있다. 저자의 의도를 무조건 받아들이기보다는 '왜'라는 질문을 하며 자신의 관점에서 새롭게 해석하기도 하고 비판적인 관점에서 평가하기도 한다. '나라면 이렇게 했을 텐데 주인공은 왜 이렇게 했을까?', '이 상황에서 다른 해결 방법은 없었을까?' 등의 질문을 던지면서 곰곰이 따져 가며 읽다 보면 창의적 사고력이 길러진다. 이처럼 작가의 서술과 다른 생각을 바탕으로 텍스트의 요소를 바꾸어서 써 보는 표현 활동은 능동적인 독자가 되는 좋은 방법이다.

(1) 인물
① 성격

작가는 등장인물의 말과 행동을 통해 인물의 성격을 드러낸다. 인물이 문제 상황에 처할 때는 그 인물의 성격 특성에 맞게 행동하고 문제를 해결하게 된다. 학생들이 이야기를 읽은 후 인물의 선택과 행동이 답답하다고 말하는 경우가 있다. 그럴 때는 "이 인물이 성격이 지금과 다르다면 다른 선택을 할 테고, 그러면 상황은 어떻게 달라질까?"라는 질문을 하며 상상하도록 한다. 인물의 성격을 바꾸는 활동을 할 때는 학생들이 답답해했던 상황을 선택해서 활동하도록 한다.

② 시점

작가는 이야기를 전달하는 서술자를 내세운다. 작가가 이야기를 해 주는 전지적 작가 시점, 이야기 속 '나'가 이야기를 해 주는 1인칭 주인공 시점과 1인칭 관찰자 시점, 소설 속 인물이 주인공과 다른 인물을 관찰하며 이야기를 해 주는 관찰자 시점 등이 있다. 이런 시점은 나름의 효과를 위해 작가가 선택하게 된다. 만약 1인칭 주인공 시점이라면 주인공이 하는 이야기를 따라가게 되므로 주인공을 억압하는 인물은 나쁜 인물 혹은 물리쳐야 하는 악으로 받아들이게 된다. 그런데 주인공을 억압하는 인물의 시점으로 바꾼다면 주인공이 말하는 것과 다른 관점으로 이야기가 전개될 수 있다. 학생들이 시점을 바꿔 상상한 이야기는 원작과는 다른 이야기가 되어 흥미를 자극하게 된다.

'흥부와 놀부'에서는 작가가 흥부는 착한 사람이며 놀부는 나쁜 사람이라고 이야기를 해 주고 있다. 만약 놀부의 시점에서 이야기를 한다면 어떻게 달라질까? 흥부는 한심하기 짝이 없는 동생일 수 있다. 바보같이 착하기만 하고 경제관념이 없을 뿐 아니라 미래에 대한 준비나 대책도 없이 아이만 많이 낳은 철없는 동생이 아닐까? 그 동생을 위해 일부러 한 푼도 안 주고 내쫓아 버렸고, 그러면 정신을 바짝 차리고 변하지 않을까 기대했다고 말할 수도 있다. 시점을 바꿔 보는 활동을 통해 학생들은 인물들을 다각적으로 바라보는 경험을 할 수 있다.

초등학교 6학년 학생들과 이금이의 『너도 하늘말나리야』를 읽고 시점 바꾸기 활동을 했다. 하나의 상황에 대해 세 명의 인물이 자신의 시선으로 상황을 서술하는 점이 재미있는 소설이다. 같은 상황이지만 인물의 특성과 개인 사정에 따라 다르게 바라보고 받아들이게 된다. 소설을 읽고 학생들은 다른 사람을 이해한다는 건 정말 어려운 일인 것 같다는 감상을 말했다.

〈표 18〉 『너도 하늘말나리야』(이금이) 시점 바꾸기 예시

소희	미르
소희는 일기장에 미르에 대해 썼다. 개학하기 전날에 읍내 장에서 봤을 때는 금방 친해질 수 있을 것 같았는데 학교에서는 낯선 사람 보듯이 바라보는 미르를 이해할 수 없다는 내용이다. 소희의 시각으로 미르를 봤기 때문에 미르의 전후 사정이나 마음을 모르는 상태에서 밖으로 드러난 모습을 보고 자신의 생각을 서술했다.	

(2) 사건

① 새로운 사건

'흥부와 놀부 새롭게 읽기' 활동을 하는 경우 학생들은 흥부와 놀부에 대한 의견도 있지만 흥부의 자식들에 관한 의견도 많이 내놓는다. 만약 자신의 아버지가 흥부와 같다

면 자신들은 그렇게 순종하지만은 않을 것이라는 의견이 있었다. 옷을 빨아서 갈아입을 옷이 없어 이불에 구멍을 내서 뒤집어쓴 장면에서 화장실을 가는 것도 불편한 상황에 놓이면, 아버지께 다르게 살 방법을 궁리하자고 강력하게 제안할 것이라는 의견을 말했다. 만약 흥부의 자식들이 살아갈 방도를 의논하자는 사건이 발생했다면 흥부는 어떻게 반응했을까? 학생들의 의견은 크게 두 가지로 나뉘었다. 그래도 흥부는 시도할 방도가 없다고 변명할 것이라는 의견과 자식들의 말을 듣고 비로소 생각이 바뀌고 행동이 달라질 것이라는 의견이었다. 각자 자신의 의견을 큰 틀로 삼아 이야기를 새로 쓰는 활동을 할 수 있다.

이처럼 새로운 사건을 넣을 때는 인물의 특성과 일반적으로 통용되는 상식을 기준으로 이야기를 새롭게 쓰면 된다. 학생들이 자신의 생각을 점검할 수 있도록 쓰기 전에 함께 의논하는 과정을 거친 후 활동을 하면 된다.

② 결말 바꾸기

학생들은 의외로 갑자기 모든 문제가 해결되며 해피 엔딩으로 끝나는 이야기에 실망하는 경우가 많다. 비현실적이라는 의견을 말한다. 어른들은 어린 학생들이 읽는 텍스트의 결말이 비극이거나 결말이 열려 있으면 학생들이 혼란스러워할까 봐 걱정하는 것 같다. 하지만 독서력이 높은 학생들은 어른들 못지않게 수준 높게 사고하고 깊은 통찰력을 보이기도 한다. 어설픈 해피 엔딩보다는 열린 결말에서 더 많은 생각을 할 수 있어 좋다는 말도 한다.

그런 경우 결말 바꾸기 활동을 한다. 결말이 마음에 들지 않는 이유에 대해 의견을 나눈다. 어떤 결말이 좋은지 각자 상상해서 말하도록 하면 꽤 다양한 결말이 나온다. 그 중에서 각자 마음에 드는 결말을 선택해서 쓰면 된다.

(3) 배경

초등학생들이 읽는 이야기는 '오늘', '여기'를 배경으로 하는 경우가 많다. 학생들이 생활하면서 겪는 친구, 부모와의 관계, 학습, 성장과 같은 소재를 '오늘' 안에서 제시한다. 역사나 역사를 바탕으로 한 동화는 '어제'의 이야기가 된다. 이럴 경우 시대적 배경은 이야기를 읽는 데 중요한 배경지식이 된다. 역사적 배경지식이라는 단서가 있어야 인물과 사건을 깊이 이해할 수 있다. 외국 작가가 쓴 이야기일 경우는 '여기'가 '저기'로 바뀌므로 달라진 공간에 대한 이해가 있어야 이야기를 잘 읽어 낼 수 있다.

배경을 바꾸는 활동은 '오늘'을 '어제'나 '내일'로 바꾸면 어떻게 될지 상상해 보는 활동이다. '여기'를 '저기'로 혹은 그 반대로 '저기'를 '여기'로 바꾼다면 인물들은 다른 사고를 하고 다른 반응을 보일 가능성이 있다. 그 가능성을 상상하며 재미를 느끼게 된다. 이런 활동을 통해 학생들은 배경이 이야기에 미치는 영향에 대해 깊이 이해하게 된다.

① 시간

역사적 인물을 '오늘'로 소환하는 활동이다. 특히 역사 속 인물을 오늘의 관점에서 재평가할 때 많이 하는 활동이다. 이럴 경우 우선 그동안 어떤 평가를 받았는지 확인하고 현재 우리 사회를 기준으로 하면 평가가 어떻게 달라지는지 이야기를 나눈다. 그럴 경우 현재와 역사 속 시대와의 차이를 기준으로 삼는다.

조선 시대 임금 중 광해군은 중립 외교로 널리 알려져 있다. 조선 제15대 왕으로 인조반정으로 폐위된 왕이다. 현재 시각으로는 외교를 잘한 왕으로 평가받는다. 과거보다 더 많은 국가의 이익이 얽혀 있는 상황에서 중립 외교 능력은 지도자가 갖추어야 할 중요한 능력이다.

학생들과 활동할 때는 먼저 외교와 관련된 기사문을 함께 읽고 이야기를 나눈다. 그리고 조선 시대 광해군이 대통령이나 외교부 장관이라면 어떻게 문제를 해결했을지 상상해서 말하도록 한다.

② 공간

임철우 작가가 쓴 『사평역』은 급행열차가 서지 않고 지나가는 작은 역을 공간적 배경으로 한다. 역장은 늦은 시각 작은 사평역 대합실에 모인 다양한 사람들에게 섬세하고 따뜻한 마음을 톱밥 한 삽으로 표현한다. "만약 그 역장이 사평역이 아니라 서울의 중심역인 서울역 역장이라면 마음을 어떻게 표현했을까?"라는 질문으로 상상해 볼 수 있다. 학생들은 도시를 오가는 사람들은 바쁘기 때문에 편리한 시스템, 잘 구조화된 동선 등이 중요할 것이라고 말했다. 어쩌면 따뜻한 사람보다 시스템을 잘 갖추는 능력이 있는 사람을 역장으로 채용할 것 같다는 이야기를 하기도 했다.

아래 표는 박완서의 『자전거 도둑』을 읽고 공간에 대해 이야기를 나눈 내용이다. 학생들은 주인공이 시골에서 서울로 올라오지 않은 상황을 선택하거나 서울에서 사는 것이 힘들지만 시골로 돌아가지 않고 서울이라는 공간에 머무는 내용 중 하나를 선택해서 이야기를 바꿔 쓰면 된다.

소설 속 공간		겪은 일
주인공이 시골에서 서울로 올라옴. → 다시 시골 고향으로 내려감.		자전거를 훔치게 되었음.
만약에 시골에서 계속 살았다면?	– 서울이 때로는 얼마나 무서운 곳인지 몰랐을 것이다. – 계속 서울을 동경하면서 시골을 싫어했을 것이다.	
마지막에 시골로 다시 내려가지 않았다면?	– 소설 속 서울 사람들처럼 되었을 것이다. – 잘못된 행동을 하면서도 잘못된 줄 모르게 되었을 것이다. – 양심의 가책으로 괴로워하면서 살았을 것이다.	

(4) 주제

때로는 작가가 제시하는 주제를 살짝 비틀어서, 연관성은 있지만 방향을 달리하는 주제를 정하기도 한다. 그렇게 되면 하나의 사건이나 결말만 바뀌는 게 아니라 새로운 이야기가 만들어지기도 한다. 예를 들어 '성실하게 살자.'라는 주제의 책이 있다면 '성실하게 살아가는 삶은 좋은 본보기가 된다.'로 좀 더 구체적으로 바꾸면 그 주제에 따라서 다른 이야기를 쓸 수 있다. 아래 사례는 초등학교 6학년 학생이 셸 실버스타인이 쓴 『아낌없이 주는 나무』를 읽고 '진정한 사랑은 주고받는 관계에서 시작된다.'는 주제로 이야기를 새로 쓴 사례이다.

〈표 20〉 『아낌없이 주는 나무』(셸 실버스타인) 주제 바꿔 쓰기 예시

행복했습니다

옛날에 빈 땅이 있었습니다. 그 땅은 매우 외로웠습니다.

어느 날 햇볕에 바짝 마른 지렁이 한 마리가 땅에게 와 주었습니다. 딱딱한 땅은 지렁이가 오자 부드럽고 공기가 통하게 되었습니다. 지렁이는 빈 땅을 만나 정말 행복했습니다. 땅도 친구가 생겨서 참 행복했습니다. 지렁이는 빈 땅과 술래잡기도 하고 미끄럼도 탔습니다.

세월이 흘러 빈 땅에는 풀들이 자라났습니다. 더 많은 친구들이 생긴 것입니다. 빈 땅은 아직도 지렁이를 가장 좋은 친구라고 생각하고 있었습니다. 빈 땅과 지렁이는 풀뿌리를 간지럼 태우며 놀았습니다. 둘은 행복했습니다.

그렇게 지내던 어느 날 땅은 지렁이에게 말했습니다.

"이것 봐, 지렁이야. 내게도 아름다운 친구가 생겼어."

빈 땅에 꽃이 피었습니다. 날이 갈수록 땅은 지렁이와 꽃을 비교하였습니다.

"꽃은 이렇게 예쁜데 넌 왜 이렇게 징그럽니?"

그 비교를 참지 못한 지렁이는 땅을 떠났습니다.

지렁이가 빈 땅을 떠나자 빈 땅에는 영양분과 공기가 없어 꽃, 그리고 풀마저 시들어 버렸습니다. 빈 땅은 날이 갈수록 황폐해지더니 아무것도 남지 않았습니다.

"와! 내가 살기 좋은 땅이다."

빈 땅을 떠난 지렁이는 나무가 있는 새로운 땅에 들어가려고 몸을 굽혔습니다.

"이봐, 이 땅은 우리가 가꾼 거라고. 너같이 다른 곳에 있다가 풍요로워지면 오는 그런 지렁이는 딱 잘라서 사절이야."

지렁이는 검고 딱딱한 죽음의 땅으로 오게 되었습니다. 몸이 마르기 시작하였습니다. 그렇지만 반대쪽에 빈 땅이 산다는 생각에 있는 힘을 다하여 움직였습니다.

지렁이는 빈 땅의 품에 안겼습니다. 빈 땅은 아무 말 없이 지렁이를 안아 주었습니다.

그래서 둘은 행복했습니다.

2) 다른 장르로 변화

(1) 독서 감상화 그리기

텍스트를 읽고 가장 인상적인 장면이나 전체를 대표하는 장면을 한 장의 그림으로 표현하는 활동이다. 주로 저학년이 하는 활동이지만 텍스트의 특성에 따라 고학년도 할 수 있다. 학생들은 텍스트에 있는 삽화나 그림 중에서 선택해서 따라 그리기를 하기도 한다. 그림을 그린 후에 간단하게 설명을 덧붙이거나 자신의 감상을 몇 문장 쓸 수도 있다.

그림을 잘 그리는 것에 중점을 두지 말고 그림 속에 생각과 느낌을 담아내도록 지도한다. 저학년은 텍스트 안에 있는 삽화를 모방해서 그리려고 하는데 그럴 때 자신의 느낌을 담아 조금씩 바꾸도록 하는 것도 좋은 지도 방법이다. 만약 학생들이 그림 그리기를 막막해하면 교사가 질문을 하여 학생들이 사고를 하도록 도울 수 있다.

"가장 슬펐던 장면은?", "가장 아슬아슬했던 장면은?", "이 이야기 다음은 어떤 이야기가 이어질까?" 등의 질문은 학생들의 표현 활동을 촉진시킨다. [그림 14]는 오스카 와일드가 쓴 『행복한 왕자』의 초등 2학년 독서 감상화이고, [그림 15]는 김용인 작가의 『꼴찌가 받은 상』의 초등 2학년 시화의 예시이다. 그리고 [그림 16]은 윌리엄 스타이그가 쓴『치과의사 드소토 선생님』의 초등 1학년 감상화와 감상글 예시이다.

[그림 14] 『행복한 왕자』(오스카 와일드) 초등 2학년 독서 감상화와
[그림 15] 『꼴찌가 받은 상』(김용인) 초등 2학년 시화 예시[11]

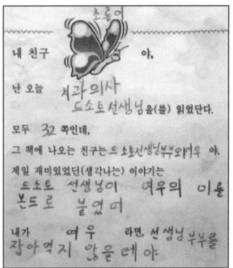

[그림 16] 『치과의사 드소토 선생님』 감상화와 감상글 예시

---

11) 김용인(2008), 『꼴찌가 받은 상』, 영림 카디널. 단편 모음집 중에서「갈매기 꾸꾸」를 읽고 그린 시화.

(2) 텍스트의 내용을 이미지화하기

텍스트를 읽는 즐거움 중 하나는 글의 내용을 바탕으로 머릿속에 이미지를 형성하는 것이다. 학생들은 단어나 문장, 문단을 읽으면서 머릿속에 그림을 그리게 된다.(Gretchen Owocki, 2013:44) 텍스트의 내용이나 맥락을 이해하며 자신의 배경지식이 얽혀 들며 이미지를 만들어 낸다. 하나의 장면에서부터 움직이는 영상까지 만들게 되면 학생들은 자신이 그 장면 안에 있는 것 같은 느낌을 받을 수 있다.

시각에만 머물지 않고 청각, 후각, 촉각의 감각을 활용하면서 능동적으로 읽는 과정을 통해 독자는 텍스트의 내용에 더욱 몰입하게 된다. 음식을 만드는 장면이나 먹는 장면을 상세하게 묘사한 글을 읽으면 갑자기 식욕이 생기기도 하고 숲속을 묘사한 글을 읽으면서 숲의 향이 느껴지기도 하는 경험들은 시각화의 한 예이다.

① 감각 활용하기

> 할아버지는 택배를 나르느라 얼굴과 등이 땀으로 범벅이 되어 있었습니다. 꼬깃꼬깃한 돈을 꺼내어 신발을 계산한 할아버지는 싱글벙글 웃으며 손자를 찾아갔습니다.
>
> "할애비가 신발 사 왔단다. 신어 보렴."
>
> 세 살쯤 되어 보이는 꼬마 아이는 신발을 신고 아장아장 걸었습니다. 걸을 때마다 신발에서 삑삑 소리가 나자 꼬마 아이는 신나게 손뼉을 쳤습니다.
>
> "그래, 이 맛에 돈을 벌지."
>
> 할아버지는 함박웃음을 지으며 이마의 땀을 닦았습니다.
>
> 『수상한 선글라스』(고수산나) 중에서

- 어떤 소리가 들리는가?
- 어떤 냄새가 나는가?
- 어떤 마음이 느껴지는가?

② 배경 그리기

> 달은 지금 긴 산허리에 걸려 있다. 밤중을 지난 무렵인지 죽은 듯이 고요한 속에서 짐승 같은 달의 숨소리가 손에 잡힐 듯이 들리며, 콩 포기와 옥수수 잎새가 한층 달에 푸르게 젖었다. 산허리는 온통 메밀밭이어서 피기 시작한 꽃이 소금을 뿌린 듯이 흐붓한 달빛에 숨이 막힐 지경이다.
>
> 『메밀꽃 필 무렵』(이효석) 중에서

③ 인물의 특징이 드러나게 그리기

> 선생님께서 낯선 아이를 데리고 교실로 들어오자 떠들썩한 아이들의 소리가 잦아들었다. 몸을 흔들며 서 있는 아이는 우리 반 아이들 중 그 누구와도 닮지 않은 새로운 모습이었다. 반짝이는 까만색이라 형광등 빛이 그 아이 얼굴에서 튕겨져 나오는 것 같은 얼굴이었다. 교실 왼쪽에서부터 오른쪽을 쓱 훑어본 후, 입꼬리를 슬쩍 올리며 웃더니 한쪽 눈을 찡그리며 소위 윙크라는 것을 했다. 반 아이들이 "꺅!" 하고 소리를 질렀다.

④ 사건이나 상황 그리기

> 2021년 12월 5일 오후 3시 ○○로 대로에서 음료수 박스를 실은 트럭이 좌회전을 하다가 차체가 기울어지며 박스가 바닥에 쏟아졌다. 트럭이 급정차를 하면서 내는 소리와 박스가 떨어지며 내는 소리에 주변에 있던 사람들의 시선이 몰렸다. 갑자기 많은 시민들이 트럭 근처로 몰려들어 쏟아진 박스를 함께 들어 올려 트럭 위에 쌓았다. 채 5분도 되지 않아 바닥에 떨어진 박스는 다 정리가 됐고 트럭 기사는 시민들을 향해 수없이 절을 한 후 트럭을 몰고 떠났다. 대로에서는 평소대로 막힘없이 차들이 달리기 시작했다.
>
> -한우리 일보 생각이 기자

⑤ 만화 그리기

만화는 수준이 낮고 가볍다고 생각해서 기피하는 부모나 교사가 있다. 그런데 만화는 의미를 전달하는 그림과 말풍선 속 글이라는 요소가 더해진 장르로 작품으로써 가치가 있다. 학생들은 그림이 있기 때문에 쉽게 읽을 수 있고, 만화의 그림이 주는 흥미에 빠져 어려운 내용도 쉽게 이해할 수 있다.

책의 내용을 만화로 재구성하는 작업은 부모나 교사가 생각하듯이 쉽고 장난스러운 활동이 아니다. 만화로 그리기 위해서는 일단 내용 파악이 충분히 되어야 한다. 줄거리 뿐 아니라 등장인물의 모습과 행동을 머릿속에 그려 낼 수 있어야 하고, 중요한 내용과 생략해도 되는 내용을 구별할 수 있어야 한다. 덧붙여 그림으로 표현하는 능력이 있어야 만화로 재구성하는 작업이 가능하다. 가치 있는 재구성 활동이라 할 수 있다. 그리고 학생들은 만화로 재구성 활동을 하면서 창작의 즐거움을 경험하게 된다. 아래 [그림 17]은 초등학생이 강정규의 『다섯 시 반에 멈춘 시계』를 읽고 만화로 그린 사례이다.

[그림 17] 『다섯 시 반에 멈춘 시계』를 만화로 그린 사례

(3) 독서 신문 만들기

오늘날과 같은 지식 정보화 사회에서는 다양한 방식으로 정보를 얻는 능력과 함께 자신이 습득한 정보를 새로운 형식으로 다양하게 표현하는 능력이 필요하다. 이런 능력을 키우기 위해 학생들이 독서를 통해 얻은 정보와 정서적 반응 등을 풍부하게 나타낼 수 있도록 자극할 필요가 있다. 독서 신문은 학생들의 창의성을 자극하는 데 여러 가지 좋은 점이 있다.

독서 신문은 책의 종류에 따라 과학 신문, 환경 신문, 역사 신문, 인물 신문 등 다양하게 구성할 수 있다. 신문 만들기를 할 때 교사는 신문을 구성하는 세부 사항에 대해 먼저 알려 주는 것이 바람직하다. 실제 신문을 놓고 각 지면을 구성하는 내용을 살펴본다.

① 신문 만들기의 효과

첫째, 다양한 형태의 글쓰기를 경험할 수 있다. 신문에는 기사, 광고, 만화, 사설, 칼럼 등의 다양한 형식의 글이 실리기 때문에 글쓰기 능력을 자연스럽게 향상시킬 수 있다.

둘째, 다양한 표현 활동을 경험할 수 있다. 사진, 그래프, 도표 등을 이용할 수 있기 때문에 종합적인 표현 능력을 발휘할 수 있다.

셋째, 개인 활동뿐만 아니라 집단 활동으로 협동심과 사회성을 기를 수 있다.

② 신문 만들기의 구성 요소

신문을 만들기 전에 미리 학생들에게 신문을 구성하는 요소들을 알도록 한다. 그런 후 책의 내용과 연결하여 어떤 내용을 어떤 요소에 맞춰 재구성할 것인지 정하게 한다. 신문 만들기를 처음 할 때는 교사가 예를 들어 주면서 안내한다. 학생들은 그중에서 자신이 관심 있는 항목을 선택해서 신문으로 만들면 된다.

신문은 날짜, 기사, 사설, 날씨, 만화, 만평, 독자 투고, 칼럼, 인터뷰 기사, 특집 기사, 광고, 해설, 도표, 통계 자료, 생활 정보, 퍼즐, 책 소개, 작가 탐구, 오락 등으로 구성되어 있다.

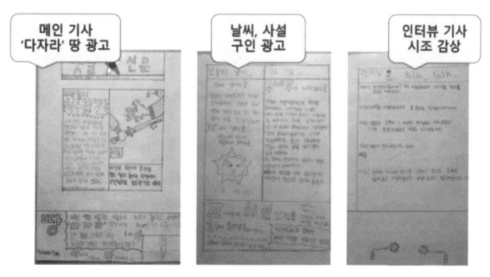

[그림 18] 초등 5학년 학생의 역사 신문 만들기 예시

㉮ 기사문 쓰기

책의 내용을 깊이 이해하도록 하기 위한 목적으로 중요한 사건을 기사문으로 쓰는 활동을 한다. 기사를 쓰기 위해서는 내용을 정확하게 알아야 하며 인과 관계가 드러나도록 구성할 수 있어야 한다. 책의 내용만으로 기사를 다 쓸 수 없을 때는 상상력을 발휘하거나 다른 자료를 찾아야 기사에서 요구하는, 독자가 알고 싶어 하는 정도의 기사를 작성할 수 있다.

내용을 충분히 파악했으면 다음에는 기사문의 형식에 맞춰서 쓰도록 기사문의 기본 요소를 알려 주도록 한다. 이 내용은 앞에서 나온 '글쓰기'의 내용을 참고로 하면 된다. 학생들을 지도하기 전에 신문 기사를 읽으면서 요건을 알도록 하는 것도 도움이 된다.

기사문을 다 쓴 후에는 방송 기자가 되어 기사를 전달하는 것처럼 발표하게 한다. 이때 마이크를 대어 준다거나 발표 내용을 녹음하여 들려 주면 더 역동적인 수업이 될 수 있다. 학생들은 자신이 쓴 기사문으로 기자가 된 것 같은 활동을 하면서 놀이를 하는 것 같은 즐거움을 경험하게 된다.

신문 기사를 쓸 때는 기사문의 특성에 맞춰 쓰도록 지도해야 한다.

첫째, 기사문을 작성할 때는 육하원칙에 따라 기자 수첩을 작성한 후 그에 따라 기사문을 쓴다.

둘째, 사실을 균형 잡힌 시각에서 쓰도록 한다. 기사문은 사실을 알리는 글이므로 개인적인 감정으로 한쪽에 치우쳐서 작성하면 안 된다.

셋째, '~ 하는 것 같았다.' 등의 애매한 표현을 쓰지 않고 '~ 했다.', '~ 했다고 ~가 말했다.'처럼 정확하게 표현해야 한다.

〈표 21〉『나비 부자』(김해등)의 내용을 바탕으로 한 기자 수첩

기자 수첩	
누가	청나라 황실 도화서 화공이
언제	지난 10일
어디서	남나비라 불리는 남계우의 사랑방에서
무엇을	자신의 잘못을(에 대해)
어떻게	무릎을 꿇고 사과했다.
왜	지난달에 남나비의 나비 온실을 망가뜨려 온실에 있던 나비가 다 날아가게 만들어서 남나비가 나비 그림 그리는 것을 방해했기 때문에

청나라 궁중 도화서 화공이 무릎을 꿇다!

남나비의 나비 온실 망가뜨린 범행 고백
나비 그림에 감동해 고개 숙임

지난 10일 청나라에서 온 도화서 화공이 남나비라 불리는 남계우의 사랑방에서 자신의 잘못을 말하며 무릎을 꿇었다고 한다. 이 화공은 청나라 재상의 어머니 칠순 잔치에 선물로 드릴 병풍 그림을 의뢰하러 왔다고 전해진다. 청인은 조선의 그림은 청나라의 그림을 베껴 그린 것이라고 비웃으며 그림 그리는 과정을 직접 봐야겠다고 하며 남나비의 집에 머물렀다.

남나비는 '동절양접'이라고 겨울에도 나비를 키우기 위해 나비 온실을 지었고 그 온실에서 크는 나비를 직접 관찰해 그림을 그렸다. 그런 나비 온실을 청인이 망가뜨려 그동안 키우고 있던 희귀 나비를 포함한 많은 나비를 잃게 되었다. 다행히 아들이 채집해 두었던 나비 화첩을 보며 천상의 나비 그림을 그렸다. 그 그림을 보고 감동한 청인은 무릎을 꿇고 자신이 나비 온실을 망가뜨렸고 그동안 신분도 속여 왔다며 용서를 빌었다고 한다. 이 모든 일은 청인과 함께 남나비의 집에 머물렀던 양인인 알렌에 의해 세상에 알려지게 되었다.

한우리 일보 한우리 기자 0000년 00월 00일

④ 광고하기

학생들이 읽은 책을 광고해 보게 함으로써 그 책에 대해 함축적으로 표현할 수 있는 힘을 길러 준다. 광고는 절제된 광고 문구로 그 상품을 사고 싶도록 해야 한다는 것을 가르쳐 주어야 한다.

우선 신문이나 잡지에 나와 있는 책 광고를 집중적으로 보게 한 다음 자신이 제일 읽고 싶은 책을 고르고 그 이유를 말하게 한다. 그 과정을 통해서 학생들은 광고를 어떻게 만들어야겠다는 것을 느낄 수 있을 것이다. 그다음에는 자신들이 읽은 책을 이처럼 신문에 광고한다면 어떻게 할 것인지 학생들이 광고를 만들어 볼 수 있도록 한다. 모둠별로 만들게 하면 더 효과적으로 할 수 있다.

책 광고는 책 표지 만들기로 대신해도 된다. 책 광고는 대부분 표지 내용을 인용하는 경우가 많다. 책 표지 꾸미기를 통해 같은 효과를 볼 수 있다. 초등학교 고학년 이상의 학생이라면 읽은 책과 같은 주제나 비슷한 내용 혹은 부분을 더 깊이 있게 다루는 책 기획서를 만들고, 책 표지를 함께 만드는 활동은 내용을 재구성하고 내용에 맞게 그림을 그리는 단계에서 더 나아가 새로운 책을 기획하는 단계까지 가는 수준 높은 사고를 하도록 돕는다. [그림 19]는 중학생이 만든 역사책 표지의 사례이고, [그림 20]은 천효정이 쓴 『아저씨, 진짜 변호사 맞아요?』 광고 예시이다.

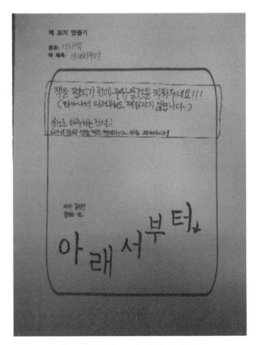

[그림 19] 책 표지 만들기 예시

[그림 20] 『아저씨 진짜 변호사 맞아요?』 광고 예시

다음의 [그림 21]은 중학생이 고조선 시대를 알리는 역사 신문을 만든 사례이다. 이렇게 한 시대를 바탕으로 신문 만들기를 하면 그 시기에 주변 국가에서 일어난 일을 알려 주는 '해외 단신'과 같은 내용을 넣어 그 시대를 깊이 다루게 된다. 초등 고학년부터 시도해 볼 수 있다. [그림 22]는 중학생이 양귀자의 『원미동 사람들』을 읽고 문학 신문을 만든 사례이다. 기사를 쓰거나 사설을 쓰는 활동을 하는 동안 학생들은 마치 주변에서 일어난 일을 기사로 작성하는 것 같은 경험을 하게 된다. 이를 통해 문학의 내용을 깊이 이해하는 데 도움이 된다.

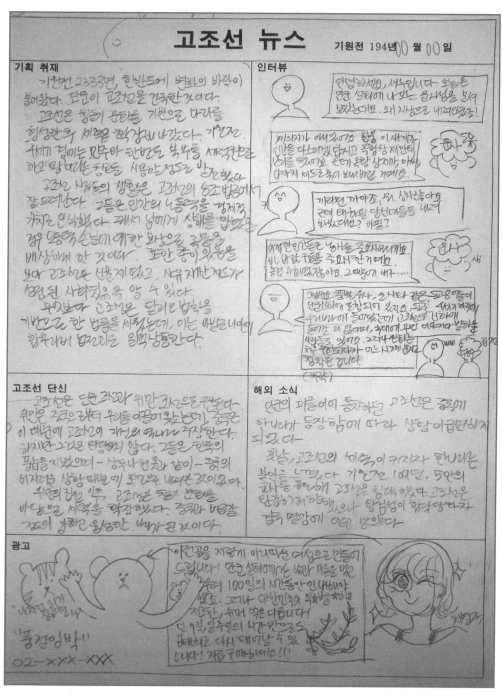

[그림 21] 역사책을 읽고 만든 역사 신문 예시

[그림 22] 『원미동 사람들』을 읽고 만든 문학 신문 예시

(4) 책 만들기

〈팝업 기본 책 접기〉

1. 종이 전체를 8등분이 되도록 접는다. 	2. 종이 전체를 세로로 2등분해서 반 접은 후 접힌 쪽에서부터 중심선을 따라 한 면만 가위로 오린다. 
3. 종이를 펼치면 한가운데에 가위로 오린 선이 나타난다. 	4. 종이를 다시 세로로 2등분해서 아래쪽으로 내려 접는다. 
5. 손으로 양쪽 끝을 잡은 채 중심점을 향해 안으로 밀어 넣는다. 종이의 가운데 부분에 공간이 생긴다. 	6. 종이 전체가 상자 모양이 될 때까지 계속해서 중심점을 향해 밀어 넣는다. 
7. 한쪽 면은 앞표지로 또 한쪽 면은 뒤표지로 정한 다음, 나머지 종이를 한 방향으로 몰아서 책 모양이 되도록 접는다. 	

이와 같은 방법으로 기본 책을 만들어 내용을 구성하는데, 다음과 같은 간단한 책을 만들 때 적합하다.

(폴 존슨, 2001)

① 동화 그림책

책을 읽고 학생 스스로 작은 책을 만들어 보게 한다. 이야기의 내용을 몇 장면으로 나누어 그림을 그리고, 그림에 맞게 이야기를 쓰게 한다. 요약 능력이 부족한 학생에게는 교사가 여섯 장면의 그림을 주고 학생들이 그에 맞게 이야기를 구성할 수 있도록 한다. 교사는 그림을 고를 때 이야기의 연결을 생각해야 한다. [그림 23] 왼쪽은 레오 리오니의 『프레드릭』을 읽고 만든 동화 그림책이다.

[그림 23] 『프레드릭』(레오 리오니, 시공주니어) 동화 그림책 만들기 사례와 사물 그림책 만들기 사례

② 사물 그림책

특정 사물에 관한 책을 읽고 잡지나 화보에서 관련된 사물을 오려 그림책을 만든다. 이영란의 『어린이를 위한 한국의 김치 이야기』나 햇살과나무꾼의 『가마솥과 뚝배기에 담긴 우리 음식 이야기』를 읽고 김치나 전통 음식에 관한 사물 그림책을 만들어 볼 수 있다. 이렇게 하면 사물에 대한 정확한 개념을 인식할 수 있다.

그 외에 라트의 『캄펑의 개구쟁이』와 같은 작가의 어린 시절 성장 모습이 서술된 동화를 읽었다면 자신의 성장 모습이 담긴 사진을 붙이고 동화를 꾸며 보는 활동을 할 수 있다. 부모님으로부터 자신의 어렸을 때 일을 미리 듣고 오게 하면 효과적이다. 계절에 관련된 책을 읽고 생각나는 것을 신문이나 잡지에서 오리거나 직접 그려 계절 그림책을 만들 수도 있다. 계절을 알리는 비문학이나 계절이 배경으로 두드러지게 드러난 동화를 읽은 후에는 계절과 관련된 사진이나 풍습 등을 모아 그림책으로 만드는 활동을 하는 것도 의미가 있다.

3. 극 활동

책을 읽고 이야기의 내용을 극으로 만들어 보면 각자 맡은 인물에 감정 이입이 되어 보다 깊은 이해를 할 수 있다. 또한 극 활동은 책의 내용을 자신들의 언어와 몸짓을 활용해 표현하는 또 하나의 창조 과정이기 때문에 창의성을 함양하는 데에도 도움이 된다. 따라서 극 활동은 학생들의 이해력과 표현력, 창의력을 기를 수 있는 좋은 활동이다. 그러나 무엇보다 극 활동의 묘미는 학생들에게 재미와 감동을 동시에 줄 수 있다는 것이다.

초등학생들이 즐겨 하는 놀이를 살펴보면 엄마놀이, 병원놀이, 학교놀이, 가게놀이 등이 있다. 이들의 놀이 과정을 지켜보면 엄마놀이를 할 때는 엄마들이 집에서 자신들에게 쓰는 언어를 그대로 흉내 내고 있는 것을 알 수 있다. 선생님놀이 역시 유치원이나 학교에서 담임 선생님의 말투를 그대로 흉내 낸다.

극놀이를 할 때도 역시 자신이 맡은 역할의 성격을 닮고 그대로 흉내 내려고 노력한다. 놀부 역할을 맡은 학생이 흥부처럼 하지는 않을 것이다. 책 속의 놀부라는 인물에 최대한 다가가려고 노력할 것이고, 그 인물의 성격 파악을 위해 좀 더 꼼꼼하게 책을 살펴볼 것이다. 즉, 극놀이를 할 때는 자신이 맡은 인물에 빠져들어 자신과 그 인물을 동일시하게 된다는 것이다.

1) 내용 이해를 돕는 극 활동

극 활동을 할 때, 자체가 목적인 경우와 텍스트의 내용을 깊이 이해하는 것이 목적인 경우로 나누어 진행한다. 극 활동이 목적이라면 극본을 쓰고 인물의 성격이나 극의 분위기에 맞게 낭독을 한 후 필요한 여러 가지 소품을 준비하는 것도 활동의 일부분이다. 그런데 내용 이해를 목적으로 하는 경우는 필요한 장면을 선택해서 진행에 필요한 기본적인 약속을 하거나 대사의 범위 정도를 정한 후 학생들이 상황에 맞게 표현하도록 한다. 간단한 소품을 이용해서 재미와 이해를 높이기도 한다.

(1) 동화

극 활동은 이야기의 내용 이해를 돕는 측면에서도 도움을 준다. 저학년들은 짧은 이야기를 읽으면서 내용에 따라 몸동작을 하면 그 글을 훨씬 쉽게 이해할 수 있다. 저학년 학생들과 윌리엄 스타이그가 쓴 『부루퉁한 스핑키』를 읽고 극 활동을 했다. 스핑키는 가족들이 자신을 소중하게 대하지 않아 화가 났는데 가족들과 친구들이 달래도 쉽게 화를 풀지 않다가 마지막에 화를 풀고 화해의 표시로 가족들의 아침을 준비한다. 스펑키 역할을 하는 학생들은 가족들이 순서대로 와서 달랠 때 스펑키처럼 오래 화를 내기 힘들고 중간에 마음이 풀렸다는 말을 하기도 했다. 스펑키가 화를 풀까 말까 고민하는 순간을 극 활동을 하는 동안 학생들이 알아차리기도 한다. 극 활동을 통해 가족들의 관심과 사랑에 마음이 풀어지는 스펑키의 속마음을 이해하게 되었기 때문이다.

[그림 24] 속마음을 드러내는 표정과 『수상한 선글라스』 역할극 도구

(2) 시

동시 수업을 할 때 무조건 암송하게 하는 것보다 시의 맛을 충분히 살려 생동감을 느낄 수 있도록 해야 한다. 문삼석 시인이 쓴 동시집 『우산 속』에는 초등 저학년 학생들이 몸으로 표현하기 좋은 시들이 많다. 처음에 교사가 시를 읽어 주면 그 시를 듣고 시의 내용에 맞게 몸으로 표현한다. 「그냥」이라는 동시는 엄마와 아이가 이유 없이 그냥 사랑하는 마음이 간결하게 잘 드러난 시라서 엄마와 아이가 되어 한두 번만 역할극을 하면 바로 외울 수 있다.

「기린과 하마」는 가면을 만들어 역할극을 하기도 하고 간단하게 이름표를 가슴에 붙이고 해도 학생들은 기린이나 하마가 된 듯 즐거워하며 몸으로 표현한다. 역할극을 한 후에는 시의 내용과 달리 "하마가 기린을 보고 칭찬을 했어요.", "기린이 하마를 보고 칭찬을 했어요."를 교사가 선창하고 그다음 내용을 학생들이 말하도록 하는 활동을 덧붙이면 즐겁게 시 수업을 할 수 있다.

2) 비판적 사고를 돕는 재판극

고학년의 경우에는 단순한 이해 차원이 아닌 비판적 사고를 목적으로 극 활동을 전개할 수도 있다. 역사책을 읽고 을사오적에 대한 모의재판을 한다고 했을 때, 학생들은 그들의 죄상을 밝혀내기 위해 필독서 외에 다른 자료들까지 찾아 그들을 비판하는 적극성을 드러낸다. 이런 경우는 일반적인 극 활동보다는 재판극을 하는 것이 더 효과적이다. 재판극을 할 때는 등장인물의 역할에 대한 설명 자료를 준다. 재판을 연 후에는 판결문을 쓰는 것으로 마무리한다.

〈표 23〉 재판극 예시

〈역할〉
- 피고: 죄의 혐의를 받아 재판을 받는 사람
- 원고: 피해를 입어 재판을 청구한 사람
- 판사: 재판에서 피고에게 판결을 내리는 사람. 검사와 변호사의 주장을 듣고 법에 따라 피고에게 판결을 내린다.
- 검사: 범죄를 수사하고 증거를 모아 피고에게 죄가 있음을 주장하는 사람
- 변호사: 검사와 맞서 피고에게 죄가 없다는 것을 주장하는 사람

〈판결문: 『조선왕조실록(태조)』을 읽고〉
- 사건: 왕명을 어기고 위화도에서 회군한 사건
- 피고: 태조 이성계
- 벌: 철령 이북 땅을 찾아 나라의 영토를 넓히도록 한다.
- 벌을 내리는 이유: 비록 고려의 국력이 약해지고 왕권이 실추된 상황이지만 이성계가 위화도에서 회군함으로써 고려가 멸망의 길로 갔다. 또한 철령 이북의 땅을 찾아 더 넓은 영토를 가진 강력한 국가가 될 수 있는 기회를 놓쳤다. 명과의 싸움에서 져서 고려가 완전히 망해 중국에 편입됐을 수도 있다고 하지만 최영 장군의 판단에 의하면 명은 북위와의 전쟁을 막 끝낸 상태이고 주변 이민족들의 세력도 만만치 않아 고려와의 싸움에 전략을 쓸 수 없는 다시없는 좋은 기회였다고 한다. 그런 기회를 사사로운 이익을 앞세워 위화도에서 회군을 하느라 놓쳤다. 이에 벌을 내린다.

---

4. 탐구 활동

1) 정서 탐구

뉴햄프셔대학의 심리학 교수인 존 메이어(John Mayer)와 피터 셀로비(Peter Salovey)는 정서를 감정으로 제한하지 않고 지능의 개념으로 규정했다. 정서가 우리의 사고와 의사 결정, 나아가 인생의 성공 여부에 미치는 영향이 일반인이 생각하는 것보다 훨씬 크다고 강조한다.(문용린, 1997)

두 학자가 말하는 정서 지능은 자신의 정서를 인식하고 타인의 정서를 알아차리는 데서 출발한다. 그다음에는 정서를 조절하며 타인과 대인 관계를 적절하게 맺게 된다. 스스로 동기화시키는 능력도 정서 지능에서 기인한다고 한다. 이들의 이론에 따르면 정서 지능은 생활 전반에 영향을 미치는 능력이다. 다행히 정서 지능은 후천적으로 발전시킬 가능성이 IQ보다 월등히 높다고 한다. 어떤 환경에서 어떤 노력을 하느냐에 따라 개선의 여지가 크다는 것이다.

문학 작품을 읽고 등장인물의 정서를 추론하는 활동은 학생들의 정서 지능을 높이는 데 좋은 자극이 된다. 등장인물의 정서를 추론하려면 그 인물이 하는 말이나 행동, 혹은 등장인물의 행동에 대한 다른 인물들의 반응을 바탕으로 사고해야 한다. 비슷한 상황을 겪었던 일상생활이 배경지식이 되기도 하고, 정서를 표현하는 풍부한 어휘가 바탕이 되어야 추론이 가능하다. 즉, 학생들은 상황에 대한 이해와 정서를 표현하는 어휘를 대응시킨 후에 등장인물의 정서를 추론할 수 있다.

(1) 정서를 표현하는 어휘 확장하기

학생들은 등장인물의 정서를 추론할 때 어휘의 부족을 호소한다. 어떤 감정인지는 알겠는데 표현할 적절한 단어가 떠오르지 않는 경우이다. 그런데 정서를 표현하는 어휘가 부족하면 섬세하게 감정을 인식하는 능력도 떨어지게 된다. 다양한 어휘를 알아야 자신의 정서를 하나로 뭉뚱그리지 않고 정확하게 표현할 수 있다.

학생들에게 정서를 표현하는 어휘를 모아서 표로 만들어 제공한다. 학생들이 아는 수준에서 어휘를 모을 수도 있지만 때로는 교사가 설명을 덧붙이더라도 조금 난이도가 높은 어휘를 섞어서 제공하면 어휘를 확장하는 데 도움이 된다. 어휘의 개수는 학생의 발달과 수준을 고려하여 정한다.

<표 24> 정서를 표현하는 어휘

감동한	감사한	걱정스러운	겁나는	경이로운
괴로운	귀찮은	궁금한	기대되는	기운이 나는
긴장이 풀리는	난처한	놀란	느긋한	답답한
당혹스러운	든든한	떨리는	마음이 갈팡질팡한	막막한
무기력한	무서운	무안한	반가운	불안한
불편한	비참한	상쾌한	서운한	속상한
슬픈	신경 쓰이는	신나는	실망한	심심한
안심이 되는	암담한	어색한	억울한	우울한
외로운	자랑스러운	정겨운	절망스러운	초조한
지친	창피한	평온한	푸근한	행복한
허전한	허탈한	혼란스러운	홀가분한	화나는
활기 넘치는	후련한	후회스러운	흐뭇한	흥분되는

(2) 정서 인식하기

교사와 학생이 함께 '정서를 표현하는 어휘 표'를 보며 자신의 현재 기분을 잘 표현할 수 있는 어휘를 찾는다. 학생이 발표한 후 교사는 학생이 그 어휘를 선택한 이유를 물어볼 수 있지만 학생이 말하고 싶지 않다고 하면 정서만 확인하고 넘어가는 것이 더 좋다. 특히 조심해야 할 점은 학생이 부정적인 정서를 선택했을 때 섣부르게 평가하거나 조언하지 않아야 한다는 것이다. 일반적으로 사회에서는 부정적인 정서를 표현하기보다는 억압하려는 경향을 보인다. 심한 경우에는 '겁난다', '떨린다'와 같은 감정을 표현하면 그런 감정을 수용해 주기보다는 그 감정에서 빨리 벗어나는 방법을 찾도록 하는 데 초점을 두기도 한다.(마셜 로젠버그, 2012) 그럴 경우 학생은 편안한 마음으로 자신의 정서를 밖으로 드러내기 어렵다. 자신의 정서를 편안하게 드러내고 수용받는 경험을 반복하면서 학생들은 정서 민감성이 높아지게 된다.

(3) 정서 알아맞히기

교사가 정서를 표현하는 어휘를 카드로 만든다면 정서와 관련된 다양한 활동을 추가로 할 수 있다. 정서 카드를 카드 게임할 때처럼 글자가 안 보이도록 쌓아 놓는다. 학생들은 카드를 한 장씩 고른 후 다른 학생들이 보지 못하도록 자신만 본 후에 덮어 놓는다. 순서를 정해서 한 사람씩 자신의 카드에 있는 정서를 표정이나 몸짓으로 표현하면 나머지 학생들이 어떤 정서 카드를 가지고 있는지 맞히는 활동이다. 정서를 맞힌 학생 앞에 그 카드를 놓는다. 처음에는 정서를 어떻게 표현해야 할지 몰라 당황하기도 하지만 몇 번 하면서 게임에 즐겁게 참여한다. 이 활동을 통해서 학생들은 다른 사람이 보내는 단서를 근거로 그 사람의 정서를 인식하는 능력이 올라가게 된다.

2) 가치 탐구

비고츠키(Vygotsky)는 사람들 간에 일어나는 외부의 활동이 개인의 내면 과정으로 이행되는 것을 내면화라고 보았다. 개인이 다른 개인이나 집단 안에서 의미 있는 문화·사회 활동을 하면서 받아들인 지식, 인지, 기억 등의 고차원적인 사고가 개인의 내부로 이행된다는 것이다. 발달과 관련된 활동을 통해 내면화가 이루어진다고 말한 피아제와 달리 비고츠키는 사회적 과정을 중요하게 생각했다.(르네 반 더 비어, 2013:206~209)

문학 작품을 읽고 '내면화 활동'으로 마무리를 하는 경우가 많다. 이때 학생은 혼자 책을 읽고 깨달음을 얻고 그 내용을 글로 쓸 수 있다. 또는 책을 읽고 함께 이야기를 나누고 우리 사회 현상에 빗대어서 탐구한 후 글로 쓰기도 한다. 일반적으로는 두 경우 다 내면화되었다고 평가한다. 그런데 비고츠키의 이론을 근거로 한다면 개인이 혼자 활동하기보다는 다른 사람과 혹은 집단 안에서 사회적 과정을 거쳐야 내면화가 되었다고 평가할 수 있다. 사회적 '상호 작용'의 과정이 중요하다는 것이다. 따라서 독서 후에 함께 다양한 가치를 탐구하고 다른 학생들 앞에서 자신이 추구하고 싶은 가치를 인정받는 활동은 사회적 상호 작용의 과정을 거친 내면화 활동으로 평가할 수 있다.

(1) 가치 단어 사전

학생들이 가치의 개념을 알 수 있도록 정의를 알려 준다. 표준국어대사전의 정의를 근거로 하면 가치는 '사물이 지니고 있는 쓸모, 인간의 욕구나 관심의 대상 또는 목표가 되는 진·선·미 따위를 통틀어 이르는 말.'이라고 말할 수 있다.

학생들이 중요하게 생각하는 가치에 대해 브레인스토밍을 한다. 가치를 말한 학생은 자신이 말한 단어를 포스트잇에 적어 모둠의 책상 가운데 붙인다. 돌아가면서 한 학생당 3가지 정도의 가치를 써서 모은 후 비슷한 유형끼리 다시 정리한다.

자신이 추구하고 싶은 가치를 3개 고르고 그 이유도 말한다. 다른 친구들의 발표를 들으면서 자신이 고른 내용을 수정할 기회를 준다. 가치 3개를 정해서 가치 사전을 만든다. 사전에는 자신이 고른 가치, 개념, 고른 이유, 그 가치가 필요한 상황, 가치를 드러내는 그림 등 다양한 내용 중에서 자신이 넣고 싶은 내용 몇 가지를 정해서 넣는다.

(2) 가치 단어 스피드 게임

두 명이 한 팀이 되어 설명을 듣고 가치 단어를 맞히는 게임이다. A4 용지 크기의 종이에 가치 단어를 써서 한 학생은 단어를 보고 그 가치를 설명하고 같은 팀인 다른 학생이 설명을 듣고 가치 단어를 맞히면 점수가 올라간다. 정해진 시간 안에 가장 많이 맞힌 팀이 승리하는 게임이다. 즐겁게 게임을 하며 가치를 알게 하려는 목표를 갖고 하는 활동이다.

〈표 25〉 가치 사전 예시

겸손	공감	공익	공정	관용
긍정	끈기	노력	도전	믿음
배려	배움	봉사	사랑	생명 존중
신뢰	열정	용기	용서	우정
유머	이해	인내	자신감	정의
정직	존중	진실	책임	평등
평화	행복	협동	효도	희망

(3) 인물이 추구하는 가치 찾기

문학이나 인물 이야기에 있는 인물을 보며 감동받는 경우가 많다. 인물이 한 행동, 자신이 중요하게 생각하는 가치를 지키기 위해 힘들어도 포기하지 않고 끝까지 밀고 나가는 모습에 감동받고 본받으려 한다. 인물이 추구하는 가치를 찾는 활동은 인물 이야기를 읽고 깨달음을 얻고 배우려는 목적에 부합한다.

초등학교 저학년 학생들이 읽을 만한 책으로 윌리엄 스타이그가 쓰고 그린 『용감한 아이린』은 제목에서 '용기'라는 가치를 전면에 드러내고 있다. 눈이 오는 날 엄마가 만든 공작 부인의 드레스를 몸이 좋지 않은 엄마를 대신해서 갖다주는 아이린의 모습을 통해 용기가 무엇인지 알려 주고 있다. 이런 책인 경우는 등장인물이 한 행동에서 가치를 찾기보다는 작가가 아이린을 용감한 인물이라고 말하는 이유를 찾도록 한다. 그리고 난 후 중요한 몇 개의 장면을 제시하고 용기 점수를 매기도록 하는 활동을 한다. 마지막으로 '용기'라는 가치를 기준으로 자신을 평가하는 활동을 한다면 하나의 가치를 깊이 이해할 수 있다.

〈표 26〉 『용감한 아이린』 '용기'에 대한 활동지 사례

1. 작가는 제목을 '용감한 아이린'으로 붙였어요. '용기'란 무엇일까요? '씩씩하고 굳센 기운. 또는 사물을 겁내지 아니하는 기개.'–표준국어대사전 2. 제목처럼 아이린은 용감한 사람이라고 생각하나요? 그렇게 생각하는 이유는 무엇인가요? 3. 아래 장면에서 아이린이 발휘한 용기에 별점을 매겨 주세요.	
눈송이가 휘몰아치는 추운 날씨에 엄마 대신 공작 부인 옷을 전해 주러 옷상자를 들고 나옴.	☆☆☆☆☆☆☆
바람이 점점 세져서 옷상자가 눈 위로 튕겨 나갔고 집으로 돌아갈까 잠시 고민했지만 다시 걸어감.	☆☆☆☆☆☆☆
바람에 옷상자가 열려 드레스가 날아갔지만 빈 상자라도 가져가 설명하려고 길을 다시 걸어감.	☆☆☆☆☆☆☆
구덩이에 푹 빠져서 발목이 삐었지만 공작 부인께 설명해야 한다는 생각으로 헤치고 나옴.	☆☆☆☆☆☆☆
길을 잃고 헤매다 멀리 불빛이 보이자 옷상자를 바닥에 내려놓고 썰매처럼 타고 내려갔음.	☆☆☆☆☆☆☆

〈표 27〉『나비 부자』를 읽은 후 인물이 추구하는 가치 찾기 활동 사례

인물이 추구하는 가치	근거(말과 행동)
소신 열정 극복	− 나비 그리는 것을 놀이라고 생각하는 사람들의 말에 휘둘리지 않음. − 살아 있는 나비의 모습으로 그리기 위해 나비 채집을 하고 온실을 만듦, 나비 관찰을 위해 양반 체면을 따지지 않고 쪼그려 앉아 나비를 들여다봄. − 청인이 온실 문을 열어 나비가 다 도망가도 포기하지 않고 나비를 그릴 방법을 궁리하고 이루어 냄.
그 가치를 자신이 실천하려면?	− 길에 과자 봉지 같은 것을 버리면 안 된다는 소신이 있는데 옆에서 괜찮다며 아무렇지 않게 버리면 나도 따라 하는 경우가 가끔 있다. 앞으로는 옳다고 생각하면 흔들리지 말아야겠다. − 수학 문제집을 풀다가 어려운 문제가 나오면 금방 답을 봐 버린다. 앞으로는 문제를 풀 때까지 포기하지 않고 끝까지 해야겠다.

5. 체험 활동

1) 역사 체험 활동

독서와 관련된 체험 활동은 활동 자체만으로도 학생들의 흥미를 자극해 독서에 대한 동기를 높이는 효과가 있다. 책에 나온 장소를 직접 가서 눈으로 보고 그곳의 분위기를 느껴 보는 체험은 책에 나온 내용이 현실로 다가오게 한다. 역사책 속에 나오는 유물을 보면 책을 읽을 때와는 달리 학생들의 분위기가 숙연해진다. 실물이 주는 아우라가 있기 때문이다. 그래서 역사 탐방은 좋은 내면화 활동이 된다.

역사 체험 활동은 역사 유적지를 탐방하거나 역사적 인물이 태어난 곳이나 유배지를 가는 체험 활동을 할 수도 있고 역사 박물관, 민속 박물관 등 박물관에 가서 다양한 문화제를 관람하는 체험 활동도 시도할 수 있다.

체험 활동은 일반적인 독서 수업보다 철저하게 준비해야 한다. 수업의 효과를 높이기 위해서는 활동 전에 장소에 가는 방법, 활동에 걸리는 시간, 준비물, 학부모나 학생들과 연락할 방법 등을 철저하게 점검한 후 수업을 설계해서 체험 활동 중에 발생할 수 있는 문제를 사전에 예방해야 한다.

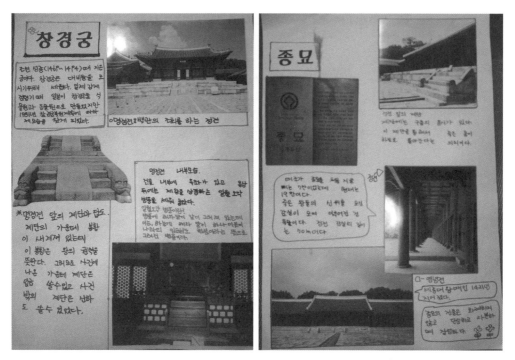

[그림 25] 궁궐 관련 책을 읽고 체험 활동한 예시

2) 관찰 체험 활동

과학 실험이나 식물 기르기의 내용을 전달하는 책을 읽은 후에 실험을 하거나 식물을 기르고 관찰 일기를 쓴다면 책을 출발점으로 해서 관찰과 쓰기까지 연결할 수 있다. 책에 나온 내용을 바탕으로 실험을 할 수도 있다.

[그림 26]은 에모토 마사루의 『어린이를 위한 물은 답을 알고 있다』를 읽고 체험 활동을 한 사진이다. 학생들은 물을 대하는 태도나 물을 향해 하는 말에 따라 물의 결정이 달라진다는 책 내용을 못 믿겠다는 반응을 보였다. 그래서 책에서 말한 대로 물이 포함된 사물을 가지고 실험을 해 보자고 했다. 학생들과 가장 쉽게 할 수 있는 방법을 선택했다. 빵을 사서 같은 크기로 잘라서 같은 재질의 플라스틱 통에 넣은 후, 한쪽 통에는 '사랑합니다, 감사합니다.'라는 글을 쓰고 하트 세 개를 그려서 붙이고 다른 통에는 '바보, 멍청이, 나쁜 녀석'이라는 글을 써서 붙였다. 그리고 다른 조건이 개입되지 않도록 플라스틱 통 입구를 테이프로 꼼꼼하게 붙였다. 3주 후에 뚜껑을 열었더니 좋은 말을 써서 붙였던 빵은 약간의 곰팡이가 피었고 그중에는 분홍색 꽃 모양의 곰팡이가 있었다. 나쁜 말을 붙였던 빵은 원래의 색을 알아보기 어려울 정도로 회색 곰팡이가 빵 전체에 뒤덮여 있었다. 실험 후, 학생들은 책의 내용을 더 진지하게 받아들였다. 이처럼 체험

활동은 글을 읽고 얻는 것 이상의 효과를 거두기도 한다.

[그림 26] 『어린이를 위한 물은 답을 알고 있다』체험 활동 사례

제1장 독서 지도 준비 단계

상향식(bottom-up) ←――――――――――――――→ 하향식(top-down)

자료 중심 **data-driven**	**절충적 관점** **eclectic approach**	**의미 중심** **concept-driven**

1. 언어 자료에서 스키마로
2. 정확한 해독(decode)
3. 소리-문자 대응(탈맥락적)
4. 발음, 체계 중심
5. 흥미 유지가 어려움.
6. Gough(1972), "읽기의
    일 초"
	1. 상향식과 하향식 절충
	2. 메시지 센터(철자, 어휘, 의
	    미, 통사 지식 작동)
	3. 언어 자료와 독자 지식
	4. Rumelhart(1977)
		1. 스키마에서 언어 자료로
		2. 능동적인 독자(배경지식)
		3. 경험의 총체(맥락)
		4. 학습자, 이해 중심
		5. 제한적인 학습량
		6. Goodman(1970), "심리 언
		    어학적 추측 게임"

[독서 과정에 대한 모형]

제2장 독서 전 단계 지도 전략

어휘 지도	**• 어휘 놀이** 끝말잇기, 앞말잇기, 수식어 붙여 끝말잇기, 생각이 꼬리에 꼬리를 물고, 우물(井)에 낱말 넣기, 빙고 게임을 하며 놀이를 하는 가운데 어휘를 확장시킬 수 있도록 돕는 활동 **• 내용 이해를 돕는 어휘 활동** 낱말 은행, 낱말 백과사전, 빈칸 메우기, 의미 지도 그리기 활동을 하며 텍스트에 있는 어휘를 습득하여 내용에 대해 깊이 이해할 수 있도록 돕는 활동
연상하기	제목, 핵심어, 그림이나 삽화를 보며 다양한 생각을 떠올리며 책과 연관을 지어 사고를 활성화하는 활동
연결하기	텍스트와 자신, 텍스트와 텍스트, 텍스트와 세계를 연결하며 자신의 스키마를 텍스트와 연결하며 깊이 이해하는 활동
질문하기	교사가 질문을 하거나 학생 스스로 질문을 하여 텍스트의 핵심 내용에 집중하여 읽을 수 있도록 하는 방법

제3장 독서 후 단계 지도 전략

내용 이해를 돕는 전략	등장인물 파악, 사건 파악, 핵심어 파악을 하며 벤 다이어그램과 마인드맵 등을 활용해서 텍스트의 내용을 깊이 있게 분석하는 활동
재구성을 돕는 전략	텍스트의 요소 바꾸기, 다른 장르로 변화시키는 활동, 신문 만들기, 책 만들기 포함
극 활동	텍스트의 내용을 극으로 바꾸어 보는 활동으로 내용 이해를 돕는 극 활동, 비판적인 사고를 돕는 재판극을 포함
탐구 활동	정서를 표현하는 어휘를 확장하고 인식하는 활동인 정서 탐구와 가치를 표현하는 어휘 확장과 가치 선택 활동인 가치 탐구 활동
체험 활동	역사 유적지 탐방, 박물관 견학 등의 역사 체험 활동과 과학 실험이나 관찰을 하는 관찰 체험 활동

1. 바틀레트가 말한 "스키마는 과거 경험의 능동적인 조직이다."는 스키마가 어떻게 작동한다는 의미인가?

2. "읽기는 심리 언어학적 추측 게임이다."라는 표현에 담겨 있는 의미를 설명해 보자.

3. 독서 지도 모형 중 상향식 모형과 하향식 모형의 차이를 생각해 보자.

4. 어휘 지도 방법 중 '의미 지도 그리기' 진행 방법과 효과를 설명해 보자.

5. 연결하기 활동 중 '텍스트와 세계'를 연결한다는 의미를 설명해 보자.

6. 질문하기 활동은 텍스트 읽기에 어떤 영향을 미칠지 생각해 보자.

7. 마인드맵으로 텍스트의 내용을 정리했을 때 얻을 수 있는 이점은 무엇인지 생각해 보자.

8. 텍스트의 내용을 다른 장르로 재구성하는 활동의 효과를 두 가지 이상 생각해 보자.

9. 학생들이 정서를 깊이 이해할 수 있도록 돕는 수업 방법을 설명해 보자.

- 교육부(1996), 중학교 국어 2-2.
- 교육부(2008), 『초등학교 교육과정 해설』, 대한교과서주식회사.
- 김영채(1996), 『사고와 문제해결 심리학: 인지의 이론과 적용』, 박영사.
- 그레첸 오오키(2013), 천경록·조용구 옮김, 『유·초등 독서 지도』, 박이정.
- 김영채(1998), 『사고력: 이론, 개발과 수업』, 교육과학사.
- 김창원·서혁·윤준채·이관규·정건지·김순임(2008), 「국민의 기초 문해력 조사」, 국립국어원.
- 노명완(1988), 『국어교육론』, 한샘.
- 노명완(1990), 「읽기의 개념과 읽기 지도의 문제점」, 『교육한글』 3호, 한글학회, 5~44쪽.
- 노명완·박영목·권경안(1991), 『국어과 교육론』, 갑을출판사.
- 노명완·이차숙(2002), 『문식성 연구』, 박이정.
- 노명완·정혜승·옥현진(2005), 『창조적 지식기반사회와 국어과 교육』, 박이정.
- 르네 반 더 비어(2013), 배희철 옮김, 『레프 비고츠키』, 솔빛길.
- 마셜 B. 로젠버그(2012), 캐서린 한 옮김, 『비폭력 대화』, 한국NVC센터.
- 문교부(1948), 『바둑이와 철수(국어 1-1)』.
- 문용린(1997), 『EQ가 높으면 성공이 보인다』, 글이랑.
- 박수자(2001), 『읽기 지도의 이해』, 서울대학교출판부.
- 박영목(2006), 「전략적 과정 중심 읽기 지도 방안」, 『독서연구』 16권 0호, 한국독서학회, 269-296.
- 박영목(2008), 『독서 교육론』, 박이정.
- 박정진(2009), 『국어교육학 정체성 탐구』, 소통.
- 박정진(2016), 「독서교육, 어떤 텍스트로 가르칠 것인가: 실제적 맥락과 가식적 맥락의 사이」, 『새국어교육』 제106호, 한국국 어교육학회, 7~28쪽.
- 서울대학교 국어교육연구소 편(1999), 『국어교육학사전』, 대교출판.
- 서울대학교 국어교육연구소 편(2014), 『한국어교육학 사전』, 하우.
- 손병화, 박정자(1996), 「학업 성취에 영향을 미치는 요인에 대한 일 연구-학습 동기와 학습 전략을 중심으로」, 『대구효성가 톨릭대학교 연구 논문집』.
- 손정표(2003), 『신독서지도방법론』, 태일사.
- 신헌재 외(1997), 『국어과 교수 학습 방법』, 박이정.
- 신헌재 외(2000), 『독서 교육의 이론과 방법』, 박이정.
- 에릭 M. 프랜시스(2020), 정혜승·박소희 옮김, 『이거 좋은 질문이야!』, 사회평론아카데미.
- 이경화(2003), 『읽기 교육의 원리와 방법』, 박이정.
- 이경화 외(2007), 『교과 독서와 세상 읽기』, 박이정.
- 이대구 외(1998), 『국어과 교육 잘하기』, 대교출판사.

- 이대규(1998), 『수사학 독서와 작문의 이론』, 신구문화사.
- 이순영·최숙기 외 4인(2015), 『2015 개정 교육과정을 담은 독서 교육론』, 사회평론.
- 임영규(2008), 『독서 자료 선정과 활용』, 박이정.
- 임용웅(1998), 『적극적 독서법』, 예문당.
- 장정희(2006), 「독서 교육이 중학생의 어휘력 향상에 미치는 효과」, 서강대학교 교육대학원
- 정옥년 외(2009), 『알기 쉬운 독서 지도』, 학이시습.
- 정혜승·박정진·서수현·유상희(2008), 『전략적 학습자 만들기』, 교육과학사.
- 조정래(2016), 『스토리텔링 교육의 모든 것』, 행복한 미래.
- 존 R. 앤더슨(1990), 이영애 옮김, 『인지심리학』, 을유문화사.
- 최미숙·원진숙·정혜승 외 5인(2012), 『국어 교육의 이해: 국어 교육의 미래를 모색하는 열여섯 가지 이야기』, 사회평론.
- 최정훈·이훈구·한종철·윤진·정찬섭·오경자(1995), 『인간행동의 이해』, 법문사.
- 토니 부잔, 베리 부잔(2010), 권봉중 옮김, 『마인드맵 북』, 비즈니스맵.
- 한국어문교육연구소 편(2006), 『독서 교육 사전』, 교학사.
- 한철우, 박진용(2001), 『과정 중심 독서 지도』, 교학사.
- Gretchen Owocki(2013). 천경록, 조용구 역, 『유.초등 독서지도』, 박이정.
- Jeanne E. Ormrod(2011), 이명숙 외 공역, 『교육심리학』, 아카데미프레스.
- Robert J. Sternberg, Qendy M. Williams(2010), 김정섭 외 옮김, 『교육심리학』, 시그마프레스
- Bartlett, F. C.(1932), 『Remembering: A Study in Experimental and Social Psychology』, New York: Cambridge University Press.
- Goodman, K. S.(1967), 「Reading: A psycholinguistic guessing game」, In Journal of the Reading Specialist 6-4(pp. 126-135), Routledge[이 논문은 "H. Singer & R. B. Ruddell (Eds.), Theoretical models and processes of reading, Newark, DE: International Reading Association, 1976, 259-272."에 재수록됨.].
- Goodman, K. S.(1970), 「Behind the Eye: What happens in Reading」, In K. S. Goodman and O. S. Niles(Eds.), Reading: Process and Program(pp. 3-38), Urbana, IL: National Council of Teachers of English.
- Gough, P. B.(1972), 「One Second of Reading, In J. F. Kavanagh and I. G. Mattingly(Eds.)」, Language by Ear and Eye(pp. 331-358), Cambridge, Ma: MIT Press.
- Irwin. J. W(2012), 천경록·이경화·서혁 옮김, 『독서교육론: 독해 과정의 이해와 지도』, 박이정.
- Robinson, F. P.(1946), 『Effective study』, New York: Harper and Row.
- Rumelhart, D. E.(1977), 「Toward an Interactive model of Reading, In S. Donic(Ed.)」, Attention and Performance Vol. 6.(pp. 573-603), Hillsdale, NJ: Lawrence Erlbaum Associates[이 논문은 "D. E. Alvermann, N. J. Unrau, and R. B. Ruddell (Eds.), Theoretical models and processes of reading(6th), Newark, DE: International Reading Association, 2013, 719-747."에 재수록됨.]

03

토의·토론 지도

///

독자의 글 해석은 독자들의 경험의 총체에 의존된다. 즉 독자의 이해와 세상에 대한 직·간접 경험—독자들 삶의 다양한 가족, 언어, 종교, 사회, 경제, 그리고 경제적인 맥락, 이전에 독서 경험 등—에 의존한다. 이것은 우리가 다양한 수준의 해석과 여러 가지 수준의 이해를 수용해야 한다는 것을 뜻한다. 학생들이 독서를 통하여 사회 문화적 스키마를 동원해야 한다는 것을 의미한다.

이렇게 독자들의 다양한 경험에 따른 해석과 이해를 위해서는 개별 독자의 지식과 경험을 나눌 수 있어야 한다. 지식과 경험을 나누는 과정을 우리는 '이야기를 나눈다.'고 말한다. 이를 학술적으로 발전시키면 토의와 토론의 과정을 거친다고 한다.

한 사람이 열 권의 책을 읽는 것보다 열 명이 한 권의 책을 읽고 토론하는 것이 더 효과적이라는 말이 있다. 즉 독서 지도에서 토의와 토론은 학습자가 내용을 더 잘 이해하고 사고를 확장하며 내면화하는 데 효율적이라는 것이다.

이 장에서는 독자들의 다양한 지식과 경험을 공유하여 의미를 구성하는 과정에 중요시되는 토의와 토론의 개념을 알아보고, 현장에서 토의와 토론을 어떻게 지도해야 하는지에 대한 방법론을 제시하고자 한다.

● 다음은 '토의와 토론'에 대한 몇 가지 설명이다. 맞는 설명이라고 판단하면 ○, 틀린 설명이라고 판단하면 × 표시를 해 보자. 그리고 이 단원 학습 후에 다시 판단해 보고, 학습 전 나의 생각과 비교해 보자.

	학습 전	학습 후
① 토의는 문제 해결이 중심이 되는 과정이다.		
② 토론은 대립하는 쟁점을 중심으로 이루어진다.		
③ 토론은 규칙이 없이 자유롭게 이야기하는 방식이다.		
④ 토의와 토론을 하기 위해서는 2인 이상이 필요하다.		
⑤ 독서에서 토의와 토론은 명확히 구분하여야 한다.		
⑥ 발문은 직접적인 것보다 우회적으로 묻는 것이 좋다.		

제 1 장
토의·토론의 이해

1. 토의·토론의 개념과 목적

1) 토의·토론의 개념

토의(discussion)는 집단의 공통된 문제에 대하여 최선의 해결책을 도출하기 위해 여러 사람이 정보와 의견을 교환하고 협의하는 집단적 담화의 한 형태이다. 토의 참여자들은 그 주제에 대해 학습하거나 문제를 해결하려는 말하기·듣기 활동을 한다. 또한, 토의에 참여한 구성원들은 문제에 관하여 서로 이해를 돕고, 활동을 조정하며, 문제 해결 등의 목표를 달성하기 위해 의사소통한다. 토의 참여자들이 상호 작용하며 각자의 의견을 말하거나 들어야 하므로 주로 소그룹 형태로 이루어지는 경우가 많다. 토의 참여자들은 공동으로 특정 문제에 대하여 숙의하고 문제가 갖는 여러 가지 가치와 의미를 밝혀가면서 상호 간에 정보, 사실, 의견, 지식 등을 공유하게 되며 협의와 절충, 타협을 통해 최선의 해결책을 도출한다.

토론(debate)은 어떤 논제에 대하여 정해진 시간과 형식에 따라 대립되는 입장으로 나뉘어 각각 논리적인 근거를 준비하고 주장과 검증을 통해 이성적인 판단을 내리는 과정이다. 그리고 토론은 논제에 대하여 서로 다른 주장을 하는 사람들이 논증과 실증을 통해 규칙에 따라 자기주장을 정당화하여 우리 측 주장이 옳고 상대방의 논거가 잘못되었다는 것을 말함으로 다른 사람, 청중을 설득하는 말하기· 듣기 활동이다. 따라서, 토론이 가능하려면 가급적 대립이 표면에 나타나는 이원적 대립 주제를 선정하는 것이 좋다. 토의가 문제 해결을 위해 서로 협동하여 말하는 것인 반면, 토론은 양측으로 나뉘어 대립한다는 점이 다르다.

원래 '토론(討論)'의 어원을 볼 때 '다투다'라는 것으로 해석하기 쉬워 오늘날에도 문제를 해결하기 위한 수단이나 방법으로 여기지 않는 경우가 있다. 그러나 사회가 복잡해질수록 수없이 많은 선택과 결정을 내려야 하는데 토론은 그러한 면에서 좋은 해결 방법이 될 수 있다. 왜냐하면, 좋은 의사 결정을 위해서는 선택지의 장점과 단점을 충분히 고려하는 것이 필요하기 때문이다. 어느 것이 정답인지 알 수 없는 상황에서 토론은 검증과 실증을 통해 더 나은 의사 결정을 할 수 있도록 도울 수 있다. 따라서, 토론의 목적을 인식하고 문제를 해결하기 위해 노력하는 것이 중요하다.

〈표 1〉 토의와 토론의 차이[1]

토의	구분	토론
대립 잠재적이거나 없음.	성격	대립 표면적
최선의 해결 방안	목적	최선의 결론
주장이 같아도 됨.	참석자(2명 이상)	주장이 달라야 함.
정보나 의견 교환	상호 작용	논증과 실증
비교적 자유로움.	형식	엄격한 형식과 절차
중요함.	사회자 역할	거의 없음.
없음.	팀워크	필요함.
다수의 의견	결론	승자의 결론

이처럼 토의와 토론은 개념이 서로 다르다. 그러나 현실적으로 토의와 토론이 분리되어 진행되는 경우는 드물다. 토의하다 보면 토론이 붙기도 하고, 토론하다 보면 토의가 되기도 한다. 예를 들어 가을 운동회에 우리 반에서 누가 달리기 대표로 나갈 것인가를 결정한다고 하자. 만약 A 학생과 B 학생이 후보로 나와 서로 나가야 한다고 주장하면 그때부터는 토론이 되어 버린다. 반대로 두 학생 중에서 어떤 기준으로 한 명을 뽑아야 할까를 의논하게 되면 다시 토의가 된다. 치열하게 싸우는 TV 토론 프로그램에서도 더 심도 있는 토론을 진행하기 위해서 주어진 논제나 개념에 대해서는 서로 합의하기도 한

---

1) 정문성(2017), 『토의·토론 수업 방법 84』, 교육과학사, 20~23쪽.

다. 즉 토의하는 것이다.

그러므로 토의와 토론의 상황을 엄격히 구분하기는 힘들다. 특히 학습을 위해 토의와 토론을 수업에 적용할 때는 더욱 그렇다. 즉 수업 목표를 달성하기 위해 수단으로 사용하는 토의와 토론이기 때문에 이를 구태여 분리할 필요가 없어진다. 오히려 이 두 방법을 함께 사용하는 것이 더욱 현실적이고 실용적이다. 그렇기 때문에 '토의·토론'이라는 용어를 사용하는 것이 바람직하다.

2) 토의·토론의 목적

토의(discussion)는 두 사람 이상의 참여자들이 어떤 문제점에 대하여 그에 관련된 일체의 지식이나, 정보, 사실, 의견 등의 교환을 통하여 문제 해결을 시도하는 집단 사고의 과정으로 화법의 한 형태이다. 토의는 참여자들이 다양한 의견을 자유롭게 교환함으로써 다각적으로 분석하고 다양한 제안을 검토하여 최선의 해결 방안을 찾아내는 데에 목적이 있다.

토론(debate)이란 어떤 논제에 대하여 형식을 갖추어 서로 다른 의견을 가진 사람들이 찬성과 반대 측으로 나뉘어 각기 논리적인 근거를 제시하면서 자기 의견의 정당함과 상대방 의견의 부당함을 주장하는 대립적이고, 설득적인 화법의 한 형태이다. 토론은 참여자들이 특정 문제에 대하여 상반된 두 주장을 논리적 사고를 통해 검증하여 최선의 결론에 도달하는 데에 그 목적이 있다.

2. 토의·토론 교육의 의의

1) 토의·토론 교육의 학습 효과

학습자의 학습 유형에 따라 학습의 효과는 다르게 나타난다. 학습자가 혼자 수행하는 학습 유형은 읽고, 듣고, 보는 방법이다. 이 방법은 학습 효과 측면에서 둘 이상 함께하는 협동 학습 또는 모둠 학습보다 효과가 적다. 둘 이상의 참여 학습 모형 중 교사 중심의 학습 모형은 주로 듣고 보는 방식이고, 교사와 학생, 학생과 학생의 상호 교류에 의한 구성주의 학습 모형은 듣기, 말하기가 주가 되는 학습 방법으로 여러 학습 유형 중에 학습 효과가 높다. 그중에서도 토의·토론 방식의 학습 모형이 학습 효과가 가장 높은 것으로 조사되었다.

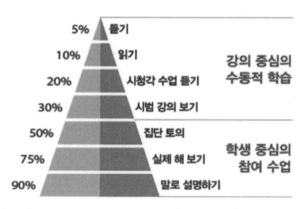

[그림 1] 출처:NTL(National Training Laboratiories)의 학습 방법 효과 연구(Bathel, Maine)

2) 토의·토론 교육의 장점

토의가 광의적 학습 모형이라면 토론은 구체적이고 협의적 학습 모형이다. 토의와 토론 교육을 통해 학생들은 보다 깊은 이해와 능동적 참여, 고차원적 사고를 함양할 수 있게 된다.

토의·토론 수업은 가르치는 수업이 아니라 학생 위주의 자기 주도적 수업이다. 교사가 알고 있는 것을 직접 가르치는 것이 아니라, 관련 자료를 제공하거나 스스로 준비하게 함으로써, 학생들이 스스로 깨달아 가는 수업이다. 또한, 어떤 책을 읽고 바로 교사가 그 책의 주제나 인물을 설명하거나 전달하는 것이 아니라, 학생들이 토의하면서 주제도 알게 되고 인물의 성격도 깨달아 가는 것이다. 물론 이때 교사는 발문을 치밀하게 준비해야 하며, 배경지식을 줄 수 있는 관련 자료를 마련해야 한다.

토의·토론 수업은 결과 중심이 아니라 과정 중심 수업이다. 계속 친구들과 의견을 나누며 생각하다 보면, 문제 해결 능력, 창의력 등 고차원적 사고력이 증진되기 때문에 학습 능력도 키울 수 있다.

토의·토론 수업은 친구들과 함께 고민하고 문제를 해결해 나가는 과정 중에 공동체 의식을 높일 수 있을 뿐만 아니라 민주적 소양도 기를 수 있다. 참여와 공감을 배울 수 있고 역할 나누기도 경험하며, 그 과정에서 협동의 의미와 필요성도 알게 된다.

또한, 토의·토론 습관은 민주적 행동 습관을 이루는 바탕이 되고, 민주적 시민으로서의 자질도 함양하게 된다. 학생들은 그동안 토의·토론에 익숙하지 못했고 제대로 배우지 않았기 때문에, 수업의 중심이 교사가 아닌 학생들 자신이라는 사실에 다소 어색해하고 오히려 힘들어할 수도 있다. 그러나 '나'만이 아닌 '우리'를 느낄 수 있는 수업이므로 그 필요성은 더욱 절실하다고 본다.

토의·토론 수업을 하면 책을 잘 읽어 왔는지 자연스럽게 확인할 수 있고, 나아가 다양한 관점을 수용할 수 있다. 책에 대한 여러 가지 다양한 해석을 쉽게 접함으로써, 개인적인 독서에서 흔히 빚어질 수 있는 피상적이고 독단적인 이해의 위험을 피할 수 있기 때문이다.

그 밖에 독서 토의·토론을 꾸준히 하다 보면 책을 정확하게 읽는 능력과 태도를 키울 수 있고, 자기 생각을 논리적이고 합리적으로 표현할 수 있는 능력과 상대의 의견을 존중하며 듣는 태도도 키울 수 있다.

토의·토론 수업은 글쓰기 능력 향상에도 도움을 준다. 글쓰기를 두려워하는 큰 이유 중 하나가 '쓸 것'이 없다는 것이다. 그러나 글을 쓰기 전 토의·토론의 과정을 가진다면 자신이 생각지 못한 다양한 견해들을 들을 수 있어 글의 내용이 한층 풍부해질 수 있다.

이상에서 살펴본 바와 같이 토의·토론 수업은 듣기, 말하기, 읽기, 쓰기를 생각하기와 함께 실현하는 종합적인 지적 활동이다. 즉, 토의·토론 수업은 '과정과 결과' 두 측면에서 모두 성과를 거둘 수 있는 많은 장점이 있다.

3. 토의·토론에 필요한 기본 기능[2]

의사소통(communication)의 어원은 라틴어의 '나누다'를 의미하는 'communicare'이다. 의사소통은 정보나 지식, 사상, 감정 등을 주고받아 서로 의사를 전달하고 나아가서는 서로의 의견, 태도, 행동 등에 영향을 미치는 행위라고 정의할 수 있다. 의사소통이 원활하다는 것은 자신이 전달하고자 하는 의미를 상대방이 잘 이해하고 받아들이며, 반대로 상대방이 전달하고자 하는 것을 자신이 잘 이해하고 받아들이는 상태를 말한다. 그러므로 의사소통의 목적은 단순히 청자와 화자가 나눈 대화의 전달에만 있는 것이 아니라 의사소통의 기본이 되는 개념을 전달하고, 소통하며 의미를 나누고 이해하며 영향을 미치는 것에 있다.

---

2) 박인기 외(2014), 『토론 교육 무엇을 어떻게 가르칠 것인가』, 한우리북스, 192~236쪽 요약 정리.

토의와 토론은 집단에서 하는 의사소통이다. 토의를 통해서 서로의 경험과 지식을 나누어 가질 수 있으며 원만한 대인 관계와 협동 정신도 기를 수 있다. 또한, 토론을 통해서 현안을 심도 있게 논의하고, 자신이 나아가야 할 길에 대해 함께 고민하게 된다. 우리 사회의 문제가 복잡해진 만큼 서로가 요구하고 주장하는 바도 다를 수 있다. 따라서 집단에서 자신의 주장과 생각을 잘 전달하고 의사소통을 잘하기 위해서는 다음과 같은 기본 능력을 익히는 것이 필요하다.

1) 읽기 능력

읽기는 모든 학습의 기본이라 할 수 있다. 텍스트에 대한 사실적, 추론적, 비판적, 창의적 읽기 능력은 구체적이고 다양한 의견을 제시해야 하는 토의·토론을 하는데 필요한 기본 능력이다. 책을 읽으면서 다양한 표현 방법 익히기, 요약하기, 관점 바꾸어 생각하기 등의 훈련을 하는 것은 토론에 필요한 읽기 능력을 향상시키기에 좋은 방법이다.

2) 정보 선별 능력

정보 선별 능력은 주제에 적합하고 필요한 자료를 가려내고, 제시하고자 하는 근거, 사례 등을 찾아 토론에 활용할 수 있는 능력을 말한다. 자료를 찾을 때는 많은 양의 자료를 찾기만 하는 것이 아니라 초점에 맞추어 자료를 찾는 전략이 필요하고 찾은 자료를 제대로 선별할 수 있어야 한다. 따라서 정보 중에서 어떤 것이 중요한지, 공신력 있는 자료를 어떻게 찾아야 하는지를 잘 알고 있어야 하므로 자료 조사 방법을 익힐 필요가 있다.

3) 내용 구성 능력

내용 구성 능력은 조사한 자료를 바탕으로 지식을 통합하고 자신의 논리로 구성하는 것을 말한다. 주제에 맞는 주장과 근거를 세우고 필요한 자료를 모은 뒤 이에 필요한 정보를 우선 순위로 선별해 조직할 수 있어야 한다. 그러기 위해서는 생각을 논리 정연하게 정리해 보는 것이 도움이 된다. 간단한 기호로 정리할 수도 있고 내용을 구성하여 글로 써 보는 것 또한 좋은 방법이다. 논리적으로 글을 쓰는 능력은 논리적으로 말하는 데도 도움이 된다.

또 토론할 때 자신의 주장뿐 아니라 다른 사람의 발언을 정리하고 기록하는 것은 매우 필요한 능력이다. 이렇게 기록한 것은 질문하거나 반박할 때 유용하게 사용된다.

4) 경청 능력

토의·토론을 잘하기 위해서는 상대방의 이야기를 잘 듣고 이해하는 것이 기본이다. 왜냐하면 '말을 잘 듣는' 능력이 '말을 잘할 수 있는' 능력이 되기 때문이다. 따라서 상대방이 발언할 때는 적극적으로 듣기 위해 노력해야 한다.

경청 능력을 높이려면 먼저 상대방 발언의 중심 내용이 무엇인지 파악하고 이를 지지하는 근거는 무엇인지 차근차근 정리한다. 또 상대방 의견을 자신의 언어로 표현해 보는 것도 좋은 방법이다.

5) 말하기 능력

원활한 의사소통을 위해서 다른 사람에게 나의 주장과 의견을 잘 전달하는 것은 기본이다. 이를 위해서는 정확한 표현, 적절한 목소리의 높낮이, 명료한 발음 등을 통해 다른 사람들에게 음성 언어로 전달할 수 있어야 한다. 발언 시에는 전달하고자 하는 내용의 요지를 먼저 말한 후 설명과 근거를 뒷받침하는 두괄식 화법으로 말하는 것이 좋다.

집단적 의사소통 중 토론은 논리적인 말하기나 사람의 마음을 움직여서 자신의 논리를 지지하게 만드는 설득의 과정이라는 점을 알고 효과적으로 전달하기 위한 노력을 해야 한다.

참고로 아리스토텔레스는 『수사학』에서 효과적인 의사소통을 위해 세 가지를 강조하였다.

인격적(ethos)일 것.
말하는 사람이 진정성이 있어야 한다. 자신이 말하는 분야에 대한 전문성과 함께 진실한 마음이 바탕이 되어야 한다.

감성적(pathos)일 것.
표현하는 면은 감성적이어야 한다. 말하는 사람의 열정, 상대방과 공감할 수 있는 능력이 필요하다.

논리적(logos)일 것.
내용은 논리적이고 이성적이어야 한다. 사례, 통계 자료 등을 활용할 수 있는 지적인 능력이 필요하다.

아리스토텔레스는 설득에서 가장 중요한 것으로 인격적일 것(ethos)을 그다음으로 감성적(pathos), 마지막으로 논리적(logos)일 것을 꼽았다.

이를 통해 말하는 사람은 진정성과 전문성을 갖추어야 하며 표현은 열정적으로 내용은 논리적으로 탄탄하게 준비하는 것이 설득에 효과적임을 알 수 있다.

토의·토론에 참여할 때는 듣는 이를 보면서 요점을 명확히 밝혀 구성원이 잘 알아들을 수 있는 알맞은 크기로 말해야 한다. 군소리를 넣지 않고 접속어를 적절히 사용하여 표준어로 대화하듯이 자연스럽게 말한다. 이외에도 아래와 같은 기본 화형을 익혀 두면 보다 체계적인 화법이 될 것이다. 아래의 여러 화형을 한꺼번에 학생들에게 지도하는 것은 바람직하지 못하다. 우선 찬성과 반대 두 가지 화형만 익혀도 된다. 익숙해지고 나면 차츰 다른 화형들도 하나씩 추가해 보는 것이 효과적이다.

〈표 2〉 토의·토론 수업의 기본 화형

제안	• 이 문제는 ～하는 것이 어떻겠습니까? • 다음은 ～에 대하여 ～하는 것이 어떨까요?
찬성	• 나는 ～의 의견이 더 좋다고 생각하는데, 그 이유는 ～ 때문입니다. • ～의 의견은 ～인 점에서 옳다고 생각합니다. • 나도 ～의 ～에 대해서 찬성합니다. 그것은 ～이기 때문입니다.
반대	• 나는 ～의 의견에 반대인데 그 이유는 ～ 때문입니다. • ～의 의견은 ～인 점에서 옳지 않습니다. • ～의 의견에 문제점이 있는 것 같습니다. 그것은 바로 ～입니다.
질문	• 당신은 왜 그렇게 생각합니까? 좀 자세히 설명해 주겠습니까? • ～의 의견 중 ～에 대해 의문점이 있는데 그것은 ～ 뜻입니까? • ～게 하면 결국 ～게 된다고 생각합니까?
수정	• ～의 의견에 문제점이 있는 것 같습니다. 그것은 ～이지 않을까요? • ～은 ～이라고 했는데 ～이 더 적당하다고 생각합니다.
보충	• ～의 ～도 좋지만 그것은 ～한 점을 추가해야 할 것입니다. • ～의 의견 중에서 ～한 부분은 제외해야 한다고 생각합니다.
비교	• ～와 ～의 의견에서 같은 점은 ～이고 다른 점은 ～입니다. • ～와 ～의 의견을 비교해 보면 ～의 의견이 ～인 점에서 더 타당합니다.
종합	• 이 문제에 대해 종합해 보면 결국 ～이라고 생각합니다. • 이 문제를 종합하면 ～ 가지로 말할 수 있는데 그건 ～, ～입니다. • 나는 이 밖에도 ～이 있다고 생각합니다. • 끝으로 이 문제는 ～이라고 종합할 수 있습니다.

4. 독서 토의·토론

1) 독서 토의·토론의 성격

독서 토의·토론은 책을 읽고 서로의 경험과 지식, 의견을 소통하며 학습을 진전시켜 합리적으로 문제를 해결해 나가는 활동이다. 협의적 의미로 볼 때, 독서 토론도 토론의 일종이기에 토론 형식에 맞추어 진행해야 한다고 볼 수 있다. 하지만 독서 토론을 중요한 교육 활동으로 볼 때 함께 협의하는 과정인 토의의 형식을 띠어도 좋다.

독서 토론이라는 명칭에 지나치게 갇혀 있기보다는 토론 지도를 더 잘하기 위해서 '토론 지향의 독서 토론'을 활용하고 독서 지도를 더 잘하기 위해서는 '토의 지향의 독서 토론'을 활용한다는 생각을 할 수 있다. 따라서, 독서 토론과 독서 토의를 구분하여 설명하기보다는 전 과정을 토의를 포함한 독서 토론으로 유연하게 살펴보고자 한다.

2) 독서 토의·토론 수업 과정

(1) 독서 토의·토론의 단계
1단계: 독서 토의·토론의 목표 정하기

독서 토론의 목표와 방향을 정하는 것은 토론을 더욱 능동적이고 주도적으로 할 수 있는 기반을 마련하는 일이다. 따라서 목표는 토론의 기술을 익히는 좁은 목표를 벗어나서 독서를 통한 전략적 학습이 될 수 있도록 넓고 크게 목표를 설정해야 한다. 예를 들면, 지식을 확장하기 위해서, 혹은 가치나 태도를 탐구하고 주제를 다원적으로 해석하며 이를 바탕으로 문제 해결을 위한 독서 토론을 진행하는 것을 목표로 삼을 수 있다.

2단계: 독서 자료 선정[3]

독서 자료를 선정할 때는 독서 토론의 목표에 적합한 텍스트를 선정하는 것이 가장 중요하다. 독서 자료 선정 기준은 다음과 같다.

- 해당 주제에 적합한가?
- 독서토론 목표에 부합되는가?

---

3) 박인기 외(2014), 앞의 책, 154~155쪽, 요약 정리.

- 학생들의 발달을 고려했는가?
- 학생들이 관심을 가지고 적극적으로 참여할 만한가?
- 단일 텍스트와 복합 텍스트, 어떻게 활용할 것인가?
- 활자 텍스트와 미디어 텍스트 어떤 전략으로 활용할 것인가?
- 텍스트 선정은 교사의 주도로 할 것인가. 학생 주도로 할 것인가?

3단계: 독서 토의·토론 논제 정하기

토의·토론의 논제를 정할 때는 텍스트를 읽고 학생들과 토의의 과정을 거쳐 토론해 보고 싶은 논제를 정할 수도 있고, 혹은 교사가 선정하여 토론을 진행할 수도 있다. 또는 텍스트를 읽기 전에 논제를 먼저 정하여 학생들이 독서하는 과정에서 근거를 찾고 준비하도록 할 수도 있다. 독서 토론의 논제는 텍스트의 내용과 잘 조화를 이루는 것으로 선정해야 한다. 하지만 특정 텍스트에 대해 상투적인 논제를 뽑기보다는 내용에 부합하되 새롭고 참신한 발상이 논제에 반영되도록 한다. 책에서 논제를 찾을 때 다음과 같은 방법으로 찾을 수 있다.

① 저자의 집필 의도

책의 출판 배경이나 그 책이 나오기까지 전후 배경을 알아본다. 또한, 저자가 가지고 있는 주제에 대한 접근 방법, 해결 방안 등의 장단점을 파악해 본다.

② 핵심 내용 찾기

핵심 내용 속에서 토의·토론의 논제를 찾을 때는 먼저 저자의 집필 의도와 다른 관점에서 찾는 것이다. 이는 저자가 문제 의식을 가지고 해결한 방법과 다른 시각으로 문제를 접근하는 것을 말한다. 또 한 가지의 방법은 핵심 내용 중 가장 중심이 되는 내용으로 논제를 찾는 것이다. 따라서 토론을 진행하기 전에 책의 핵심 내용을 잘 파악하는 것이 선행되어야 한다.

③ 중심 주제

저자가 책을 통해 이야기하고자 하는 중심 주제를 찾아 논제로 삼을 수 있다. 중심 주제가 옳은지 그른지, 주제를 해결하는 방법은 타당한지 토론해 볼 수 있다.

④ 사회 현상과 관련된 내용

독서를 한 후 책에 있는 내용을 바탕으로 사회 현상을 가져와 논제로 만들 수도 있다. 즉 책의 내용과 관련된 사회 문제로 확장해 토론하는 것도 좋다.

4단계: 독서 토의·토론 진행

토의·토론이 시작되면 적극적으로 임하는 자세가 필요하다. 경청하여야 하며, 다른 사람이 발언하는 동안 토의·토론 공책에 기록하는 습관을 들인다. 토의·토론이 끝나면 각자가 기록한 것을 보고, 토의·토론 내용의 요지를 다시 말로 해 보거나 글로 써 볼 수 있다. 나아가서 토의·토론 기록을 자료로 하여 독서 감상문이나 논술문으로 발전시킬 수도 있다.

5단계: 정리 및 평가

토론의 과정을 되돌아보고 정리하는 단계로, 자신의 의견과 관점을 되돌아보도록 한다. 토론에서 나온 내용 중 생각해 보지 않았던 것들을 나누거나 못다 한 이야기나 소감을 발표하며 마무리한다. 교사는 전체적인 평가와 피드백을 해 주어 더욱 발전적인 독서 토론이 되도록 동기를 부여한다.

(2) 독서 토의·토론 수업을 위한 준비

넓은 의미에서 토의·토론 수업은 현장에서 진행되는 토의·토론 과정만을 말하는 것이 아니다. 토의·토론 수업에 필요한 정보를 얻기 위해 텍스트(책, 인터넷 자료, 하이퍼텍스트 등 도표, 광고, 매체 등등 모든 읽기 자료)를 펼치는 순간부터 토의·토론 진행 과정과 토의·토론 후의 표현 활동까지 전 과정이 토의·토론 수업 과정이다. 그러므로 교사는 책을 어떻게 읽어야 하는지, 진행 방법은 무엇인지, 그 결과를 어떻게 정리하는지에 대한 전반적인 준비를 해야 하고 학생은 교육받은 내용을 충실히 수행할 수 있도록 노력해야 한다.

① 텍스트 바르게 읽기

토의·토론 수업은 교사가 토의할 논제를 뽑아 제시하는 경우가 대부분이지만 학생들 스스로 논제를 뽑아서 토의·토론할 수도 있다. 그러려면 숙독(熟讀)으로 책의 내용을 철저히 이해해야 할 뿐만 아니라, 비판적이며 논리적인 이해까지 수반되어야 한다. 다시 말하면 체계적이면서 능동적인 토의·토론을 위해서는 반드시 토의·토론 전에 관련 텍스트를 꼼꼼히 읽어 와야 한다. 읽을 때 다음과 같은 사항들을 염두에 두고 점검해 가며 읽는다면 토의·토론 전략을 갖춘 셈이다.

- 읽기 전에 어떤 내용일지 상상해 본다.
- 텍스트 읽는 목적을 스스로 갖는다.
- 텍스트가 문학이라면 줄거리와 등장인물의 성격을 파악하며 읽는다.
- 계속 물음을 던지며 읽는다.
- 자신의 생각과 비교하며 읽는다.
- 이어질 내용을 예측하며 읽는다.
- 텍스트에서 얻을 수 있는 것을 나름대로 정리한다.

중요하다고 생각되는 부분은 밑줄을 그으며 읽는 것도 바람직한 방법이다. 특히 비문학 장르의 책들은 그저 건성으로 한 번 읽었다고 해서 결코 이해되지 않을 뿐 아니라, 토의·토론할 수 있을 만큼의 정리는 더욱 불가능하기 때문이다.

② 텍스트 읽은 내용 정리하기

다음으로는 스스로 추출한 토의 사항마다 발표할 내용을 적어 보는 것이다. 이것은 책한 권을 읽고 논제를 추출한 뒤 여러 편의 논술문을 써 보는 효과가 있다. 그 내용에는 토의 사항에 대한 자신의 주장과 타당한 근거가 제시되어야 한다. 그리고 책 내용에서 어렵거나 이해가 되지 않는 등의 질문 사항은 따로 정리해 놓는다.

- 중요하다고 여겨지는 부분
- 이해가 안 되는 문장이나 구절
- 뜻이 여러 가지로 해석되거나 상징적인 의미가 있다고 짐작되는 부분
- 동의하거나 동의할 수 없는 부분
- 다른 사람의 의견이 필요한 부분
- 자신의 체험으로 이야기해 보고 싶은 부분

그런데 이러한 내용 정리가 초등 저·중학년에게는 어렵고 막연할 수 있다. 그러므로 훈련 과정에서는 교사가 먼저 시범을 보이고 과제를 제시하는 것도 좋다.

③ 텍스트 내용 요약하기

요약이란 글에 들어 있는 요점을 간략하게 간추리는 활동으로 전체적인 부분에서 일

부를 줄이거나 빼는 것을 말한다. 요약은 글을 이해하는 과정에서 반드시 해야 하는 활동이다. 이는 글의 내용을 분석하고 통합하며 이해하는 종합적 사고이기 때문이다. 독서 토론의 근거를 마련하기 위해서도 텍스트의 내용과 짜임을 잘 파악할 수 있는 요약 훈련은 필요하다.

요약과 축약을 비교하여 설명하자면 요약은 의미가 변하지 않게 자신의 말로 간추려 정리하는 것이고 축약은 있는 단어와 문장을 사용하여 줄여서 간략하게 하는 것을 말한다.

효과적으로 이야기 글을 요약하는 방법에 '이야기 요약법'이 있다. 이야기 요약법에 따라 내용을 요약하면 줄거리를 정확하게 알 수 있고, 토론 주제의 배경이나 토론의 근거를 마련하는 데도 도움이 된다.

〈표 3〉 이야기 요약법 순서

1. 주인공	이야기에 나오는 주요 인물은 누구인가?
2. 상황	이야기에서 벌어지고 있는 일은 무엇인가?
3. 동기	주인공이 그 일을 하게 된 동기는 무엇인가?
4. 행동	주인공은 어떤 행동을 하는가?
5. 방해	주인공이 하려는 일은 누구의 어떤 방해가 있는가?
6. 결과	이야기의 결말은 어떻게 되는가?

(3) 독서 토의·토론 수업을 위한 기본 준비물

토의·토론 수업을 위해 개인별 혹은 모둠의 토의·토론 기록장을 준비하는 것이 좋다. 모둠 토의·토론 기록장은 구성원이 돌아가면서 기록을 맡는다. 교사가 구성원의 기록에 대해 일일이 첨삭 지도할 필요는 없으나, 관심 있게 살펴보고 있다는 뜻에서 교사 나름의 소감 한마디를 말미에 적어 주는 것은 권장할 만하다. 예를 들면, "토의 주제가 좋구나. 다음에는 이런 주제도 이어서 해 보면 어떨까?", "토론 논제에 대한 주장을 말할 때, 타당한 근거가 받쳐 주고 있어서 상당히 설득력이 있었다." 등의 칭찬과 격려는 토의·토론 수업에 대한 동기 부여의 효과가 있다.

개인 토의·토론 기록장과 모둠 토의·토론 기록장을 병행하는 것에 대해 학생들이 부담스러워한다면 모둠의 수준에 따라 하나만 택할 수도 있다. 가령 중학년은 개인 토의·토론 기록장만 쓰기로 하고 고학년은 모둠 토의·토론 기록장을 쓰도록 지도하는 것도 한 방법이다. 개인 토의·토론 기록장을 잘 쓰면 학생들이 진지한 토의·토론 수업에 상당히 익숙해질 것이고, 모둠 토의·토론 기록장을 잘 쓰면 구성원들은 나중에 독후감을 쓸 때 활용할 수 있을 만큼 훌륭한 자료들을 마련하게 될 것이다.

토의·토론 기록장에 기록할 내용은 토의한 날짜, 토의 주제(책 제목), 참가자, 토의 사항, 발언자와 발언 내용, 교사의 지도 내용 등이다. 토의·토론 기록장은 다음 제시된 표를 참고하여 융통성 있게 만들어 쓰면 된다.

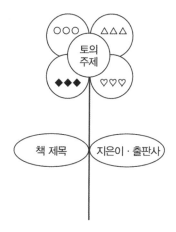

〈표 4〉 저학년 토의·토론 기록장

날짜	
책	
참가자	
토의 사항	
발언자	토의 내용 정리
결론 (생각, 느낌)	
선생님 말씀	기록자

〈표 5〉 고학년 토의·토론 기록장

또한 토의·토론 기록장 외에도 책을 읽은 후에는 자신이 그동안 읽은 책의 목록을 정리하는 독서 이력철과 읽은 책에 대한 정보, 느낌, 자신에게 미친 영향 등을 구체적으로 기록할 수 있는 독서 기록장을 쓰는 습관을 들이도록 한다. 토의·토론 기록장, 독서 이력철, 독서 기록장 등에 일정한 양식이 정해져 있는 것은 아니다. 자신의 개성과 생각을 잘 드러낼 수 있는 나만의 토의·토론 기록장, 독서 이력철, 독서 기록장, 독서 감상문, 관찰 보고서, 체험 학습 보고서 등등 그동안 독서와 관련된 모든 활동 내용을 기록해서 파일에 모아 둔다면 훌륭한 포트폴리오가 될 것이다.

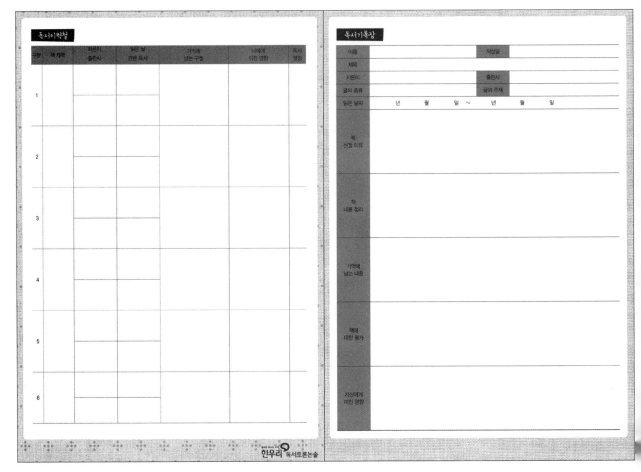

[그림 2] 독서 이력철   [그림 3] 독서 기록장

5. 독서 토의·토론을 위한 발문 만들기

　발문이란 학습자들의 학습 동기를 유발하고, 사고 활동을 활성화하기 위하여 제기하는 물음이다. 이 발문을 통하여 학생들은 문제의식을 갖고, 텍스트에 대한 이해력을 높이며, 고차원적 사고까지 하게 되며, 표현 활동까지 활성화하게 된다.

　교사는 학생들에게 학습 목표와 학습할 주제를 명확하게 전달하기 위해 효과적인 발문을 구사할 수 있는 능력을 갖추어야 한다. 일반적인 질문과 발문은 엄연히 다르다. 질문은 학생이나 교사가 궁금한 점에 대해 단순히 물음을 던지는 것이라면, 발문은 학습 주제에 대한 통찰을 높이고, 학생들의 생각을 모으기 위해 교사가 학생에게 던지는 체

계적인 물음이기 때문이다.[4]

　훌륭한 토의·토론을 위해서는 좋은 발문이 중요하다. 이 장에서는 여러 가지 발문법에 대하여 알아보고 제시된 텍스트로 발문 만드는 실습을 해 보고자 한다.

1) 좋은 발문의 조건

　좋은 발문은 학생들의 사고를 확장시키고 학습하려는 동기를 높이는 물음이다. 그러나 발문이 학생들의 사고를 자극한다고 해서 어떤 발문이든 다 학생들의 사고 확장에 유효하다고 할 수는 없다. 설사 정선된 좋은 발문이라 해도 그 발문이 모든 학생에게 다 적용되고 효과가 있다고 볼 수는 없다. 왜냐하면, 학생마다 사고의 수준이 다르며 확산적 사고로 발전하는 능력에도 차이가 있기 때문이다. 그러므로 다음과 같은 내용을 잘 숙지하여 교사는 항상 왜 이 발문을 하며, 그 발문을 통해 학생이 무엇을 얻을까, 얼마나 사고를 자극하고 유발할 수 있는가를 먼저 생각해 좋은 발문을 만들도록 해야 한다.

　첫째, 묻고자 하는 초점이 명확한 발문을 해야 한다. 여러 가지 뜻으로 받아들여져 혼동하는 막연한 물음이 아니라, 하나의 뜻으로 해석되고 생각은 다양하게 나올 수 있어야 좋은 발문이라고 볼 수 있다. 즉 물음 자체가 여러 가지로 해석되어서 여러 개의 생각이 나오는 것은 바람직하지 않다. 예를 들어 이야기 속 두 등장인물의 지혜로움에 대해 깨닫게 하고 싶다면 "두 등장인물에 대해 어떻게 생각하니?"라고 묻는 것보다 "둘 중에 누가 더 현명하다고 생각하니?"라고 묻고, 어떤 부분에서 그렇게 생각하는지를 묻는 것이 더 낫다는 것이다. 어디서부터 생각해야 좋을지 모르는 막연한 발문은 좋은 발문이라고 할 수 없다.

　둘째, 학생들이 꼭 깨달아야 할 사항이나 주제를 곧바로 직접 묻지 말고 우회적으로 돌려서 묻는다. 학생 스스로 이것저것 여러 가지 생각을 하다가 주제를 찾아낼 수 있도록 유도하는 발문이 사고력을 향상시키는 데 더 도움이 된다.

　셋째, 학생들이 이미 가지고 있는 지식이나 경험, 가치관 등을 부정하는 물음은 그들의 사고 활동을 자극하기에 효과적인 경우가 많다. 일반화되고 상식화된 사항에 반대되거나 대립되는 생각을 맞세움으로써 지적인 갈등을 일으켜 사고를 심화, 확산시킬 수 있기 때문이다. 예를 들어 「심청전」을 읽고 "아버지의 눈을 뜨게 하기 위해 인당수

---

4) 서미옥(2015), 『교육방법 및 교육공학』 공동체, 93쪽.

에 빠진 심청이의 행동은 과연 옳은가?"라고 물었다면 이면에 '아버지에게 효도를 하려고 했던 심청이의 행동이 전적으로 옳다고는 볼 수 없다.'는 부정적 단정이 있다. 심청이의 행동이 효를 행하는 것이라고만 생각했던 학생들은 자신의 생각이 부정되었으므로 '왜지?', '그럴 리가 없는데.', '그렇다면 진정한 효는 무엇일까?'라는 의문이 생기며 본격적인 사고의 확장이 시작될 것이다. 자신의 상식과 반대되는 주장을 맞닥뜨렸을 때 문제의식을 갖고 생각을 더 깊이 하게 되기 때문이다. 그러므로 학생들이 확산적 사고를 할 수 있도록 발문을 던져 다양한 생각이 나오게 해야 한다.

마지막으로 좋은 발문을 만들고 원활한 수업이 되기 위해서는 한 번에 한 가지만 발문해야 한다. 한 번에 여러 가지를 묻게 되면 학생은 답하기 어렵고 위축될 수 있기 때문이다. 또 발문하고 나면 학생이 답할 수 있도록 충분한 시간을 줄 필요가 있다. 학생들이 생각을 정리할 시간을 확보해 주어야 하기 때문이다. 그리고 답을 할 학생을 지명하기 전에 발문하는 것이 좋다. 학생을 지명하고 발문하면 학생이 당황할 수도 있고 생각할 시간이 없어 충분한 답변을 하기 어렵기 때문이다.

2) 발문 만드는 방법

(1) 명시적 발문과 암시적 발문

학생들이 내용을 제대로 이해했는지 확인하기 위하여 읽은 텍스트에 명시적으로 드러난 내용을 묻는 발문을 '명시적 발문'이라고 한다. 즉 사실적 이해 능력을 알아보는 질문이라고 할 수 있다.

명시적 발문과 달리 텍스트에 명시적으로 드러나지 않은 내용, 즉 암시적인 내용을 묻는 발문을 '암시적 발문'이라고 한다. 추론적 이해 능력 또는 비판적 이해 능력을 알아보기 위한 것으로 스키마를 적극적으로 활용하게 되는 발문이다. 저학년이나 독서 능력이 낮은 학생들에게는 명시적 발문을 중심으로 시작하여, 점차 독서 능력이 높아질수록 암시적 발문의 비중을 높여 가도록 하는 것이 좋다. 일반적으로 독서 토론에서는 '암시적 발문'의 성격을 지니는 내용으로 이루어지는 경우가 일반적이다.

① 명시적 발문

내용을 제대로 알고 읽었는지 확인하기 위한 발문을 만들기 위해서는 다음과 같은 것들을 물을 수 있다. 먼저 텍스트에 드러나 있는 세부 사항들을 물어본다. 텍스트에 반드시 명시되어 있고, 나아가 줄거리 요약이나 중심 내용 찾기의 재료가 될 수 있는 것들을 말한다. 다음으로 이야기의 시간적 흐름을 순서대로 잘 인지하고 있는지, 어떤 일의 원인과 결과를 잘 연결하고 찾아내는지 묻는다. 이외에 인물의 성격을 파악하기 위해 기초가 되는 내용 파악 발문, 결말은 어떠했는지 명확하게 알게 하는 발문을 할 수 있다. 한 가지 더 추가하면, 텍스트를 이해하는 데 필요하다고 여겨지는 어휘의 개념을 물어야 한다. 독해력에서 어휘력은 매우 중요한 요소 중의 하나이기 때문에 사전적인 의미뿐만 아니라 읽은 텍스트에서 어떠한 의미로 쓰였는지까지 파악하면 더욱 효과적이다.

② 암시적 발문

암시적 발문은 명시적인 내용 파악 질문이 아니라 추론하고 비판(평가)할 것을 요구하는 발문이다. 겉으로 드러나 있지 않고 숨어 있는 의미를 찾아내어 예측할 수 있어야 하고, 자신의 추론에 대해 텍스트에서 근거를 제시할 수 있어야 한다. 또한, 등장인물의 감정을 느껴 보는 감상적 이해를 돕도록 하는 발문도 가능한데, 이러한 감정 이해는 텍스트의 해석을 심도 있게 이해하도록 하고, 실제 현실에서는 어떤 상황이 전개될 수 있는지 물어 스키마를 활용할 수 있게 함으로써 독서 토론의 수준을 높일 수 있다.

(2) 인지적 발문과 정의적 발문

① 인지적 발문

블룸(J.S.Bloom)은 인간 특성과 관련하여 교육 목표를 인지적 영역, 정의적 영역, 신체적 영역으로 삼분한 바 있다. 여기에서 인지적 영역은 학습 자료의 기억에서부터 새로운 아이디어의 창출, 자료의 분석과 논리를 바탕으로 하는 고도의 독창적인 능력을 나타낸다.[5]

텍스트를 통해 얻게 된 정보의 내용에 대해 어떤 형태의 정신 활동이나 사고 수준을 자극하기 위한 물음을 인지적 영역의 발문으로 본다. 블룸(Bloom) 등에 의해 체계화된 6단계의 인지적 사고 유형은 독서 토론에서도 활용할 수 있다. 인지 과정 차원(cognitive process dimension)은 '기억하기, 이해하기, 적용하기, 분석하기, 평가하기, 창안하기'의 6단계로 구성되어 있다.

---

5) 서울대학교 국어교육연구소(1999), 「국어교육학 사전」, 대교출판사, 637~638쪽.

기억하기 단계: 이전에 읽었거나 알게 된 사실이나 개념, 일반화된 것, 또는 이론들을 기억으로부터 회상하도록 요구한다. 여기서는 학습자 고유의 생각은 필요하지 않고 사실, 정보, 지식을 떠올리고 회상하는 단계이다. 그 자료에 대한 파지를 증진시키는 과정으로 재인하기와 회상하기의 두 개 하위 단계로 나눈다.

이해하기 단계: 어떤 정보나 개념을 자기 방식대로 표현하고 설명할 수 있음을 과시해야 한다. 이것은 번역과 해석, 두 가지로 나눌 수 있는데, 번역은 어떤 정보나 개념에 대해 그 의미를 유지하면서 바꾸어 말할 수 있어야 하며, 해석은 어떤 개념 또는 사항을 다른 것들과 관련시키거나 비교하고, 그것을 남이 알도록 설명하거나 요약하는 것을 말한다. 추가로 '이해하기' 범주 속 인지 과정 차원은 분류, 요약, 추론, 비교, 설명이 포함된다.

적용하기 단계: 어떤 정보나 개념의 활용을 요구하며 앞 단계의 지식이나 이해를 새로운 상황에 적용하거나 문제 해결을 위해 이용하는 것을 말한다. 즉 주어진 정보를 선택하여 적절한 상황에 이용할 수 있는 단계이다.

분석하기 단계: 어떤 문제나 해결책, 혹은 개념이나 자료 등을 요소나 부분으로 나누도록 요구하며, 또 그것들이 어떻게 서로 관련되는가를 제시하도록 요구한다. 정보를 작은 것으로 해체하여 세부 사항을 조사하고 살펴볼 수 있는 단계이다. '분석하기' 단계는 이해하기의 확장이나 평가하기, 창안하기의 전제로 분석을 고려해 볼 수 있다.

평가하기 단계: 정한 기준을 이용하여 사물, 가치에 관해 판단을 내리는 데 요구되는 인지 과정이 필요하다.

창안하기 단계: 여러 개의 아이디어나 요소들을 결합하여 독특하고 새로운 것을 창조하거나 계획을 세우는 생각을 요구한다. '창안하기'는 세 단계로 나눌 수 있는데 해결을 요구하는 문제 제시, 가능성을 검토하고 실행 가능한 계획을 구하는 문제 해결 계획, 성공적으로 수행하는 문제 해결 활동이 있다.

위의 발문들을 적용할 때는 가장 하위 수준인 '기억하기' 단계부터 점진적으로 상위 수준인 '창안하기' 단계로 진행하여야 하며, 마침내는 상위의 발문을 더 많이 제시해야 할 것이다. 다시 말해 하위 단계 사고의 발문에 답하지 못하면 상위 단계에 답하기는 쉽지 않다. 그러므로, 교사는 적절하게 하위 단계와 상위 단계의 발문을 조합하여 학생들이 고등의 사고 단계까지 도달할 수 있도록 도와야 한다.

② 정의적 발문

정의적 영역은 인간의 감정이나 태도, 신념 또는 성격과 관련된다. 이 영역은 인지적 영역처럼 빈번히 이용되지는 않으나, 인간의 인지적 활동은 정의적 영역에 의해 지배되기 때문에 중요하다. 학습되는 정보나 개념에 초점을 두는 발문이 인지적인 데 반해, 어떤 것에 대한 개인의 의견이나 감정 또는 신념에 초점을 두는 것이 정의적 발문이다. 두 영역의 구별은 개념적으로 가능하지만, 실제 교육 현장에서는 그 구별이 어려운 경우가 많다. 크라스월(Krathwohl) 등이 정리한 정의적 영역의 5단계는 수용, 반응, 가치화, 조직화, 성격화로 분류한다.

'수용'이란 어떤 대상이나 생각에 대해 처음으로 주의를 기울이고 인식하는 단계로, 인지적 영역의 기억하기 단계와 상보적으로 밀접하게 연관된다.

'반응'은 어떠한 자극 또는 활동에 흥미와 관심을 가지고, 적극적으로 참여하고 자발적으로 반응하며, 그러한 참여와 반응에서 만족감을 얻게 되는 행동을 뜻한다.

'가치화'는 특정 대상이나 생각에 대하여 바람직하거나 유용하다거나 가치 있다고 믿는 단계로, 학생이 자신에게 제시된 생각이나 개념을 믿는지 여부를 확인하는 발문이 형성될 수 있다.

'조직화'는 여러 가치 사이의 갈등을 해결하려고 노력할 때 도달되는 단계로, 각각의 가치들을 결합하여 개인의 인생 철학을 지원할 가치 체계를 새롭게 형성하는 과정이다. 즉, 가치화 단계를 좀 더 내면으로 받아들이기 위해 계획을 세우거나 중요성의 정도를 판단하여 순위를 정하고 선택하는 과정으로, 여러 가치를 조직하고 대안을 비교, 분석, 검토하는 단계라고 할 수 있다. 조직화에서는 인지적 영역의 분석하기 또는 평가하기 단계의 사고가 주로 상보적으로 작용한다.

'성격화'는 개인의 활동 및 생활의 기준이 되며, 가치관이 지속적으로 일관성 있고 또 그것이 자신의 행동을 예측할 수 있을 정도로 확고하게 인격의 일부로 내면화된 정도를 말한다.

③ 인지적 영역과 정의적 영역의 관계

인지적 영역과 정의적 영역은 학생들이 기능적으로 또는 흥미롭게 학습하도록 할 때 모두 중요하다. 즉, 양자는 상호 보완적인 관계로 모든 인지적 영역에는 정의적 영역이 보완적으로 작용한다. 정의적인 영역 또한 인지적인 영역이 수반되어야 한다.

따라서 이들 두 영역은 분리될 수 없으며 학생의 학습에 있어 똑같이 작용한다.

인지적 영역 지식의 기억하기, 이해하기 단계는 정의적 영역의 수용, 반응과 상보적인 관계가 있다. 학생들은 자기가 원하는 지식을 기억하고 이해하며 생각을 나의 것으로 받아들이게 된다. 적용하기, 분석하기를 통해 중요한 개념을 파악하여 '가치화'하고 개인 생활에 이것이 어떻게 적용되는지를 판단하며 조직화를 거쳐 이 개념은 나의 것으로 '성격화'가 된다.

다시 말해 인지적, 정의적 영역은 보완적으로 작용하므로 발문에 있어 이러한 점을 감안하여 적절한 발문을 제시하여 학생들의 고른 지성 발달과 감성 발달을 돕도록 해야 한다.

〈표 6〉 인지적·정의적 영역의 발달[6]

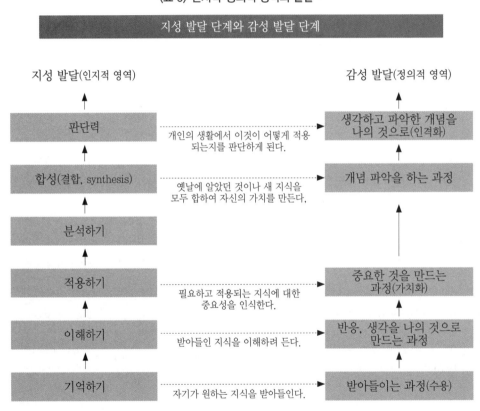

(3) 문학 도서 발문의 기본 조건

---

6) 전정재(2001), 『독서의 이해』, 한국방송출판, 269쪽 참고하여 신교육목표분류체계로 수정함.

토의·토론 수업을 할 때 문학과 비문학의 비율을 어느 정도로 둘 것인지는 학생들의 학년과 수준에 비추어서 결정해야 할 것이나, 그중에서 문학 도서의 발문을 만들 때는 크게 네 가지의 조건을 설정할 필요가 있는데 그것은 인물, 사건, 배경, 주제이다.

첫째, 작가가 중요한 인물의 특징을 어떻게 표현했는지 그 방법을 깨닫도록 도와주기 위해서 발문을 던지고, 작가가 표현하는 등장인물의 말씨나 행동, 그리고 다른 사람들의 반응들을 읽을 수 있도록 안내한다. 둘째, 구성이나 이야기의 순서를 알도록 주요 사건의 목록을 만들어 기록하게 한다. 작품에서 생략될 수 있는 사건을 찾게 함으로써 사건의 중요도를 가릴 수 있게 하며, 중요한 하나의 사건이 이야기를 절정에 이르도록 한다는 걸 깨닫게 해 준다. 작품은 처음(발단)과 가운데(전개, 위기, 절정), 끝(결말)으로 구분될 수 있으며, 갈등의 유형을 설명하여 일련의 갈등으로써 사건이 전개됨을 깨닫게 한다. 셋째, 시간적·공간적 배경을 알 수 있도록 발문하고 근거가 되는 단어나 문장을 찾게 한다. 넷째, 주제란 작품의 중심 사상이란 걸 설명해 주고 작품의 의미를 말해 보게 하며, 주제 진술 문장을 써 보도록 한다.

위에서도 살펴보았듯이 문학 작품의 발문은 여러 측면에서 작성이 가능하다. 그러나 어떤 작품이나 모두 위의 조건을 만족시킬 수는 없다. 어떤 작품은 인물의 성격이 중요할 수 있고 어떤 작품은 배경이 중요할 수 있다. 즉, 작품의 성격을 잘 파악하고 거기에 맞는 발문을 잡아 줌으로써 주제를 찾고 파악하는 데 도움이 되어야 한다. 작품의 주제와 연관성 있게 발문하는 것이 중요하다. 문학 작품의 발문을 만드는 방법은 다음과 같다.

① 등장인물 이해를 위한 발문

• 주인공은 누구인가요?
• 주요 인물과 주변 인물은 각각 누구인가요?
• ○○는 어떤 유형의 인물이며 그렇게 말하는 근거는 어디에 있나요?

② 사건 이해를 위한 발문

• 등장인물들이 갈등한 계기는 무엇인가요?
• 가장 중요한 사건은 무엇인가요?
• 만약 ○○이었다면 사건은 어떻게 전개되었을까요?
• 이야기의 정점은 어느 부분인가요?

③ 배경 이해를 위한 발문

- 시간적 배경은 언제이며 어떻게 알 수 있었나요?
- 공간적 배경은 어디이며 어떻게 알 수 있었나요?
- ○○○ 시대임을 알 수 있는 낱말이나 문장을 찾아보세요.

④ 주제 이해를 위한 발문

- 작가는 이 작품을 왜 썼을까요? 그렇게 생각하는 이유는 무엇인가요?
- 이 작품의 주제는 무엇이라 생각하나요?
- 작가는 여러분에게 무엇을 말하고 싶어 이 작품을 썼을까요?

⑤ 생활에 연결시키기 위한 발문

- 작품에서와 같은 사건을 경험한 적이 있나요? 있다면 무엇인가요?
- 작품 속에 나온 등장인물과 같은 사람을 알고 있나요? 있다면 어떤 사람인가요?
  그 사람에게 어떻게 대했나요?

⑥ 관점을 넓히기 위한 발문

- 작품을 읽고 나서 읽기 전에 가졌던 생각과 달라진 점은 무엇인가요?
- 만약 내가 작품 속의 ○○였다면 어떻게 했을까요? 왜 그렇게 할까요?

3) 발문 만들기 실습

다음은 장 지오노의 『나무를 심은 사람』을 읽고 만든 발문의 예시이다. 이 예시를 참고하여 『나무를 심은 사람』에 대한 발문 만들기 실습을 해 보도록 한다.

(1) 명시적 발문

① 이 이야기는 어디서 일어난 것인가요?
② 나무를 심은 노인은 본래 무슨 일을 하던 사람인가요?
③ '나'는 어떻게 노인과 만나게 되었나요?
④ 양치기 노인에겐 쇠막대가 있었는데 그것이 필요한 이유는 무엇인가요?
⑤
⑥

(2) 암시적 발문

① 나무를 심어 본 적이 있나요? 어떤 마음으로 심었나요? 양치기 노인과 자신을 비교하여 보세요.

② 내 땅도 아닌 땅에 모든 정성을 다해 나무를 심은 양치기 노인을 보고 어떤 생각이 들었나요?

③ 양치기 노인의 성격에 대하여 말해 보세요.

④ 양치기 노인은 당장의 어떤 이익을 바라지 않고 묵묵히 자신의 일을 했습니다. 내가 그와 같이 할 수 있는 일은 무엇이 있을까요?

⑤

⑥

(3) 인지적 발문

① 이 글의 '나'가 '인간은 위대하다.'고 생각하게 된 근거를 정리해 보세요.

② 이 글의 줄거리를 정리해서 말해 보세요.

③

④

⑤

(4) 정의적 발문

① 우리가 사는 세상이 더 살기 좋은 세상이 되려면 무엇이 달라져야 할까요?

② 노인과 같이 '봉사' 정신을 높이는 효율적인 방안은 무엇이 있을까요?

③

④

⑤

제2장
토의 지도 방법

1. 토의 준비

토의하기 전 해결을 위한 공동의 관심사를 찾아 토의 주제를 선정한다. 토의 주제(의제)를 선정한 후 문제 상황을 명확하게 정의하고 성격을 파악한다. 이에 대한 해결 방안을 모색하고 자료를 찾아 정리를 하는 것이 토의 준비 과정이다.

1) 토의 주제 선정
토의는 집단적 사고와 의사 결정 과정으로 협의를 통해 답을 구하는 데 목적이 있다. 토의는 공통된 문제를 해결하기 위해 서로 검토하고 협의하는 말하기 과정이므로 해결 방법을 협의하는 주제가 적합하다.

토론이 찬성과 반대로 나누어지는 논제가 적합하다면 토의는 여러 가지 생각들이 나올 수 있는 주제가 좋다. 이를 통해 다양한 생각을 제시하고 수렴하여 최상의 해결 방법을 찾을 수 있도록 한다.

토의 주제는 참여자의 공통 관심 주제로 선정하는 것이 좋다. 또한, 토의로 해결책을 논의할 만한 가치가 있어야 하며 시의적절한 주제를 선정해야 한다.

2) 토의에 필요한 자료 정리

토의 주제가 선정되면 문제 상황이 무엇인지 명확하게 파악하고 분석할 필요가 있다. 해결해야 할 문제가 무엇이며 제시하려는 방법의 장점과 단점을 파악하고 해결 가능한지 여부도 따져 보아야 한다. 또 이를 뒷받침할 만한 자료를 충분히 검토하여 정리하는 것이 토의 준비 과정 중 중요한 부분이다.

3) 토의 모둠 구성과 좌석 배치

토의 수업에서 모둠의 구성 인원을 몇 명으로 제한하기는 어렵다. 그러나 개별 활동력을 생각한다면 4~5명이 적당하다고 할 수 있다. 토의 수업이란 한두 명에 의해 독점되거나 이끌어지는 것보다는 구성원 모두가 의견을 내면서 참여해야 하는데, 5명이 넘으면 구성원들 사이에 거리가 생기기 시작한다. 즉, 한두 명이 토의를 주도하고 나머지는 떠들거나 딴전을 피우게 된다. 좌석 배치에 있어서 반드시 고려해야 할 점은 모든 학생이 똑같다는 인식을 갖게 하며, 학생 개인이 집단에 의해 무시되거나 소외되어 있을 가능성을 최대한 배제시키고, 상대방의 말에 경청하고 참여할 수 있는 상황을 조성할 수 있어야 한다. 그렇기 때문에 학생들이 서로 볼 수 없도록 앉아서는 안 되고, 학생들이 앞의 학생의 등을 보고 일렬로 앉아서도 안 되며, 대화할 때 서로 얼굴을 마주 보고 말을 한다는 생각을 갖도록 배치해야 한다. 그러므로 토의 수업을 할 때는 원탁 토의와 같은 좌석 배치를 하는 것이 바람직하다.

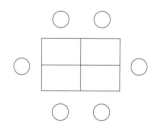
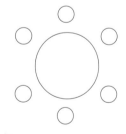

[그림 4] 토의 수업을 위한 좌석 배치 1   [그림 5] 토의 수업을 위한 좌석 배치 2

2. 토의 진행

1) 토의 수업의 일반적인 진행 방법

발언의 순서를 어떻게 할 것인지는 토의 진행 시 고려해야 할 중요한 사항이다. 순서 없이 각자 자유롭게 토의할 수도 있으나, 토의에 익숙하지 않은 학생들에게는 그리 권할 만한 방법이 아니다. 그럴 경우 대체로 토의 능력이 있는 일부 학생들만 참여하는 결과를 가져오기 때문이다.

그러므로 사회자(교사)는 구성원 전체가 말하고, 듣고, 의견을 수정하고, 결론에 도달하는 활동이 되도록 발언의 순서를 배려할 필요가 있다. 한 모둠에서도 능력의 차이는 있게 마련이므로, 조금 수준이 처지는 학생이 먼저 발언하고, 중간 수준의 학생이 예를 들거나 보충하며, 우수한 학생이 결론을 맺도록 하는 것도 좋다.

그리고 학생들이 토의에 익숙해질 때까지는 매번 다음의 토의 자세에 대해 주지시킬 필요가 있다. 첫째, 사람마다 생각이 다를 수 있다. 그러므로 자기 생각만 고집하면서 다른 사람의 생각, 의견을 무시하거나 억눌러서는 안 된다. 둘째, 바른 태도로 토의한다. 자신의 의견은 분명하게 전달하고 다른 사람이 발언할 때는 중간에서 끊지 말고 끝까지 들어야 하며 발언 중에 옆 사람과 떠든다거나 산만한 행동으로 방해해서는 안 된다. 셋째, 자신의 생각과 다른 사람의 생각에서 중심 내용이 무엇인지 정확하게 알아야 한다. 또 했던 말을 잊어버리고 같은 말을 한다든지, 다른 사람이 이미 한 말을 반복한다든지, 다른 사람이 한 말을 잘못 이해하여 엉뚱한 이야기를 하면 안 된다.

토의를 진행할 때 교사는 토의 주제와 적절한 발문을 만들고 어떠한 순서로 진행할 것인가에 대한 계획을 세운다. 학생들의 반응을 예측하여 자연스럽게 진행할 수 있도록 한다. 다음은 『나무를 심은 사람』을 읽고 독서 토의 수업을 하는 장면이다. 대상 학년은 토의 수업에 익숙한 초등학교 4~5학년 학생들이다. 교사는 토의로 들어가기 전에 내용 파악을 위해 몇 가지 질문을 먼저 던진다. 학생의 대답에 적절한 반응을 하는 교사의 발언을 눈여겨볼 필요가 있다.

교사: '나무를 심은 사람들'이라는 제목을 대했을 때 어떤 생각이 들었나요? 무슨 내용일 것이라고 생각했는지 말해 볼까요?

혜준: '나무와 숲을 사랑하는 사람이구나!' 하고 생각했어요.

성은: '나무를 시장에 내다 팔려나.' 했어요.

교사: 그렇게 생각했군요. 그런데 실제 내용은 어땠나요? 이제 주인공 노인에 대해서 이야기해 볼까요?

욱호: 노인은 착한 사람이에요.

교사: 그렇지요? 그런데 뭘 보고 그런 생각을 하게 되었지요?

욱호: 다른 사람들을 위해 혼자서도 나무를 심잖아요.

혜준: 저도 노인이 정말 착하다고 생각해요.

혜승: 하지만 선생님, 전 그렇게 생각하지 않아요. 왜냐하면 노인이 마을 사람들과 함께 나무를 심었다면 이 마을은 보다 빨리 살기 좋은 마을이 되었을 거예요. 그래서 무조건 다른 사람을 위해 혼자서 묵묵히 일하는 것만이 좋은 것 같지는 않아요.

교사: 그래, 그렇게 생각할 수도 있겠지요. 혜승이와 생각이 같은 사람이 있나요?

성은: 혜승이랑 생각이 아주 똑같은 건 아니지만 노인이 좀 답답하긴 해요. 저 같으면 이 마을 사람들을 설득해서 보다 좋은 마을을 만들기 위해 함께 하자고 했을 것 같아요. 마을은 누구 한 사람에 의해 좋아지는 것이 아니라고 생각해요. 살기 좋은 마을이 되기 위해선 공동체 의식이 있어야 하지 않을까요?

교사: 다른 사람은 어떻게 생각하나요? 노인의 입장이라면요.

혜승: 전 노인처럼 했을 거예요. 왜냐하면 이 마을은 오래전부터 사람이 살지 않고 있는 듯했다고 했어요. 어쩌면 이 마을은 벌써 사람들이 다 떠나버린 마을인지 몰라요. 노인은 그런 마을을 사람들이 행복하게 살 수 있는 마을로 만들고 싶었는지 몰라요.

욱호: 저도 노인처럼 혼자 묵묵히 나무를 심겠어요.

교사: 혜준이도 이야기해 보겠어요?

혜준: (좀 생각하다가) 저도 노인처럼 했을 거예요. 그런데 좀 힘들겠지요.

교사: 그래요. 다른 사람을 위해 아무 보상도 없이 일한다는 것은 쉬운 일이 아니지요. 아무나 할 수 있는 일도 아니고요.

욱호: 네, 그래서 노인은 위대해요.

교사: 왜 그런 생각을 했지요?

욱호: 노인은 사람이 살 수 없는 황무지를 혼자 힘으로 낙원을 만들었잖아요.

혜준: 네, 맞아요. 노인은 혼자 황무지를 낙원으로 만들었어요. 그래서 인간은 위대해요. 노인처럼 세상을 살기 좋게 변화시키는 사람은 위대하다는 것이지요? 그럼, 우리도 노인처럼 살기 좋은 세상을 만든다면 위대한 사람이 될 수 있겠네요.

교사: 그래요. 인간에게 잠재되어 있는 능력은 무궁무진해요. 여러분도 그렇지요. 인간이 위대한 것은 자신뿐 아니라 다른 사람을 사랑할 수 있는 마음을 가졌다는 겁니다.

교사: 오늘 토의 수업은 정말 흥미롭고 재미있었어요. 혜승이가 줄거리를 아주 잘 정리해 주었고, 욱호는 오늘도 역시 토의에 적극적으로 참여를 해서 아주 좋았어요.

그런데 너무 빨리 자신의 주장을 말하려고 하다 보니 이유를 놓쳐 버리는 것 같아요. 다음엔 좀 천천히 생각을 정리해 보세요. 혜승이와 성은이는 자신의 주장에 알맞은 이유를 들어서 바른 자세로 잘 얘기해 주었어요. 혜준이는 생각이 깊은 친구예요. 말수가 적지만 발표를 시켜 보면 생각을 많이 한다는 것을 알 수 있어요. 그런데 조금은 자신의 생각을 적극적으로 밝히려고 애를 써 보세요. 그러면 더 좋은 생각이 떠오를 수도 있어요. 모두들 정말 수고했어요.

2) 토의 참여자의 역할

토의 구성원은 사회자, 발언자, 청중이다. 토의와 토론에 참여한 구성원의 역할은 어떤 토의·토론 방식을 선택하느냐에 따라 각각 구성원의 참여 방식과 역할이 달라진다.

토의·토론 방식을 교수 학습에 적용할 때도 교사와 참여 학생의 역할이 정해져 있는 것은 아니다. 수업의 주제에 따라 토의냐 토론이냐가 결정된다. 그 후 수업 참여자들의 인원 구성 및 물리적 환경에 따라 토의와 토론의 여러 모형 중에 수업 방식과 모형이 결정되어 참여자 각자의 역할이 정해진다. 교사는 학생들에게 토의·토론 수업의 구성원 역할을 숙지하도록 해야 한다. 때론 교사가 수업 참여 인원에 따라 토의·토론 수업에 직접 참여하여 사회자나 청중의 역할을 수행하는 경우도 있고, 토론에서 심판관이 되어 평가자가 되기도 한다. 그러므로 토의·토론 참여자의 역할은 토의·토론 수업에서 학생들이 맡게 될 역할이기도 하다.

(1) 사회자의 역할

토의는 서로 다른 입장을 가진 다수의 참여자들이 의견을 제시하므로 진행을 맡은 사회자의 역할이 매우 중요하다. 사회자는 토의의 계획과 준비, 토의의 진행, 토의의 결과 정리 및 보고, 자료 제공 등의 네 가지 의무가 있다. 사회자는 토의 진행 시 논의되고 있는 토의 내용과 관련된 사항에 대해서 결론을 도출해 내야 하는 과제 해결의 과정을 원활하게 진행해야 한다. 또한, 모든 토의 참여자들이 참여할 수 있도록 발언의 기회를 균등하고 공정하게 배분하며, 토의 참여자들 사이의 갈등과 충돌을 조정하는 등 토의 전체의 분위기를 조성·유지해야 한다.

(2) 발언자의 역할

토의에 참여하는 발언자는 관련 자료를 분석·검토하여 문제를 제기하고, 해결 방안 및 해결 대안을 제안하는 역할을 해야 한다.

- 관련 자료를 수집하여 분석·검토한다.
- 토의에 참여하기 전 자신의 생각을 미리 정리해 둔다.
- 사회자의 진행에 따라 발언 순서에 맞춰 발표한다.
- 주장에 따른 적절한 근거와 구체적인 사례를 들어 정확하고 간결하게 발표한다.
- 다른 사람의 의견에 열린 사고를 가져야 한다.
- 상대의 의견을 경청한다.
- 토의가 진행되는 동안 예의 바르고 정중한 태도로 참여한다.
- 문제 해결을 위해 적극적으로 참여하고 지식과 의견을 교환하며 협력한다.
- 사회자의 진행을 방해하지 않으며 지시에 따라야 한다.

(3) 청중의 역할

청중은 토의에 참여할 수 있다. 청중은 토의 주제와 관련하여 모르는 부분이나 확인하고 싶은 내용에 대해 질문할 수도 있고, 사회자나 발언자로부터 질문을 받을 수도 있다.

- 토의 논제와 관련 있는 내용에 대해서만 질문한다.
- 질문할 때 요점만 간단히 질문한다.
- 사회자나 발언자의 질문에 객관적 입장이 되어 대답한다.
- 사회자의 진행을 따르며 발언을 적극적으로 경청한다.

3) 토의 진행 시 유의 사항

토의를 진행하는 교사는 학생들이 수업 중에 겪게 될 어려움을 예상하고 대처 방안을 마련해야 한다. 또한, 학생들이 적극적으로 수업에 참여할 수 있도록 학생들의 어려운 점과 참여 학생들의 행위를 파악해야 한다. 토의 학습에 참여한 학생 개개인에 따라 각자가 겪는 어려움은 다를 수 있다. 토의 수업에 참여하는 학생들의 어려움과 교사의 대처 방법은 다음과 같다.

첫째, 학생들은 다른 사람 앞에서 이야기하는 것을 두려워한다. 내향적인 학생들이 외향적인 학생들보다 더 어려워하는 등 개인에 따라 차이는 있으나 대체적으로는 동일하다. 이는 자신의 생각을 다른 학생들과 교류하며 진행하는 경험이 적었기 때문이기도 하다. 교사는 이를 인지하여 학생들이 자연스럽게 토의에 참여하도록 독려할 필요가 있다. 본격적인 토의에 앞서 쉬운 주제를 정하여 자신의 감정, 생각, 의견 등을 한 문장씩 자연스럽게 말할 수 있도록 한다. 점차 심사숙고해야 하는 주제로 난이도를 높여 가는 것이 좋다.

둘째, 학생들은 토의·토론의 다양한 방법이나 과정에도 익숙하지 않다. 이는 여타의 교육 현장에서 토의·토론 교육 과정을 학습할 기회가 없었기 때문이다. 교사는 익숙치 않은 학생들이 다양한 경험을 가질 수 있도록 수업 내용과 방법을 구성할 필요가 있다. 또한, 직접적인 교수 방법으로 '시범 보이기'를 하여 학생들이 쉽게 따라 할 수 있도록 도와야 한다.

셋째, 학생들은 내용을 어떻게 구성해야 하는지에 대해 미숙하다. 교사는 다양한 토의 기법과 질문을 통해 학생들이 확산적으로 생각하고 이를 정리할 수 있도록 도와주어야 한다. 말하기에 앞서 주제에 서론, 본론, 결론의 구조에 어떤 내용이 들어가야 하는지 발언의 개요를 작성하고 그 메모를 바탕으로 말하는 연습을 반복적으로 하도록 한다.

넷째, 개중에는 발언의 기회를 갖지 못하는 학생들이나 독점하여 말하는 학생들이 있다. 일부 학생들이 '독점하여 말하기'를 하지 않도록 교사는 주의 깊게 관찰하여 고루 학생들에게 발언의 기회를 제공할 필요가 있다.

3. 토의 정리 및 평가

1) 토의 정리

토의가 모두 끝나면 정리의 시간을 갖는다. 모둠의 대표 한 명이 토의에서 나온 발언들을 정리해 발표하도록 한다. 교사는 토의 결과 발표를 듣고 피드백을 한다. 더 깊이 탐구해야 할 부분이 있다면 교사는 학생들이 사고할 수 있도록 질문하고 독려할 필요가 있다. 토의에서 나온 결과를 도출해 합의의 과정을 거치기도 하지만 어떤 안건에 대해서는 토론으로 이어지기도 한다.

토의 후 학생들에게 소감을 발표하게 하는 것도 좋다. 학생들은 소감을 발표하며 주제에 대해 토의 전과 후에 생각이 어떻게 바뀌었는지, 다른 사람의 생각을 듣고 생각의 변화가 있는지 발표하며 주제와 입장에 대해 더 깊이 생각하게 된다. 그러면서 자연스럽게 내면화의 과정을 거치게 된다.

교사는 토의 주제에 대해 충분히 발언했는지 내용에 대해 강평하고 또한 모두 잘 참여하고 제외된 학생은 없는지 살피며 발언 태도에 대해서도 피드백을 해 주어 다음 수업에 적극 참여할 수 있도록 한다.

2) 토의 평가

토론은 승패가 중요하기에 엄격한 판정의 과정을 거치지만, 토의는 특별히 평가를 하지는 않는다. 그러나 토의 또한 중요한 수업 방법 중 하나이므로 교사는 토의 진행 시 학생들을 면밀히 관찰하여 학생들의 발전에 도움을 줄 필요가 있다. 교사가 토의에서 점검할 내용들은 다음과 같다.

- 토의 주제가 적절했는가?
- 주제에 대한 이해가 충분한가?
- 주제에 대해 충분히 토의가 이루어졌는가?
- 학생들은 적극적으로 참여했는가?
- 학생들은 민주적인 분위기로 자신의 입장을 충분히 피력했는가?
- 발언할 때 바른 태도와 언어를 사용했는가?
- 다른 사람들이 발언할 때 경청했는가?

점검 사항들은 절대적인 것은 아니고 때에 따라 적절하게 만들어 평가할 필요가 있다.

제**3**장
토론 지도 방법

1. 토론 준비

토론을 하기 전 문제 상황을 알고 대립하는 입장을 파악하여 논제를 만든다. 논제를 만든 후에는 각 입장에 대한 자료를 수집하고 정리한다. 수집한 자료는 찬반의 주장에 적절하며 타당한지 분석한다. 주장에 대한 근거를 정리하고 상대편의 주장과 근거를 예상한다.

1) 토론의 논제

논제는 토론에서 논하고자 하는 주제이다. 토론에서는 논제를 수용할 것인가, 말 것인가를 논하게 되므로, 토론자는 논제를 긍정하거나 부정하는 입장이 된다. 긍정 측은 논제를 수용하는 입장인 반면 부정 측은 논제를 수용해서는 안 된다는 입장이다.

토론 진행이 원활하기 위해서는 논제 선정이 중요하다. 토론이 성립되기 위해서는 논제가 양측의 입장이 뚜렷이 나뉘는 것이어야 하며 입증이 가능해야 한다. 또한, 긍정 측이 원하는 결정 혹은 판단을 중립적이고 비감정적인 표현을 사용하여 긍정의 서술문 형태로 간결하고 명확하게 나타내어야 한다. 여기에는 하나의 중심 생각만이 포함되어야 하고 범위의 한계성과 함께 논쟁의 초점이 무엇인지 분명하게 드러나야 한다.

독서 토론에서 논제는 우선 텍스트에서 찾는 것이 바람직하다. 텍스트에서 논제를 찾으려면 저자의 집필 의도와 배경을 파악하고 핵심 내용을 분석하는 것이 필요하다. 핵심 주제나 내용이 파악되었다면 자신의 생각과 다른 점, 혹은 시사점을 찾아 논제를 만들 수 있다. 독서 토론에서 논제는 텍스트 전체 내용을 포함하는 것이 좋다.

(1) 논제의 조건

논제의 조건은 다음과 같다.

- 입증이 가능해야 한다.
- 주장은 하나여야 한다.
- 찬·반이 나누어지는 긍정의 서술문으로 작성해야 한다.
- 시의적절한 것이어야 하며, 학생들의 발달을 고려해야 한다.
- 현상을 유지하는 것이 아니라 바꾸는 쪽으로 논제가 정의되어야 한다.
- 찬·반 양측의 의견이 한쪽으로 편중되지 않고 어느 정도 균형을 이루고 있어야 한다.

(2) 논제의 종류

논제는 의견이나 판단의 차이에 의해 사실 논제, 가치 논제, 정책 논제로 나눌 수 있다. 사실 논제는 무엇이 사실이고 참인지, 사실의 문제에 대한 의견의 차이이다. 가치 논제는 무엇이 옳고 그른지, 혹은 좋고 나쁜지에 대한 가치 판단의 차이이다. 정책 논제는 현 상황의 개선이나 어떤 목표를 달성하기 위하여 구체적으로 어떠한 행동을 해야할지에 대한 정책적 판단의 차이이다. 문제 갈등의 중심은 이 세 가지 차원에 걸친 의견이나 판단의 차이에 기인한다.

사실 논제: 사실 여부를 다루는 논제로 사실은 실제로 벌어진 어떠한 사건이나 행위를 말하는 것이다. 긍정 측은 '사실 논제가 맞다.'는 입장이고 부정 측은 '사실 논제가 아니다.'와 같은 입장을 갖는다. 사실 논제는 법정에서처럼 과거에 일어난 사실이나 행위의 유무를 판단하는 토론을 말한다. 전문적 지식이나 자료를 근거로 토론해야 하므로 교육용 토론으로 접근하기 어려운 면이 있다.

예 발해는 우리나라의 역사이다.

　　5년 후 대한민국은 경제적으로 세계 5위가 될 수 있다.

가치 논제: 가치(value)란 '사람들이 어느 것을 우선시하는지에 관한 생각'을 의미한다. 가치 논제는 어떠한 가치를 중시할 것인가 여부를 논하는 논제이다. 긍정 측은 '논제의 ○○ 가치가 옳다.'는 입장이지만 부정 측은 '논제의 다른 ○○ 가치가 옳다.' 혹은 '논제와 같은 가치 판단은 그르다.'는 입장이다. 그래서 이들의 가치는 개인적인 취향을 논하는 데 그쳐서는 안 되고 우리 사회에서 필요한 가치가 무엇인지 생각하게 하는 토론이 이루어져야 한다.

> **예** 선의의 거짓말은 해도 된다.
>
> '개미와 베짱이'에서 베짱이가 개미보다 더 행복하다.

정책 논제: 정책 논제는 어떠한 정책을 도입할 것인지에 관해 토론하는 논제이다. 긍정 측은 '논제의 정책을 도입해야 한다.'는 입장이고 부정 측은 '논제의 정책을 도입해서는 안 된다.'는 입장이다. 정책 토론으로 의사를 결정하기 위해서는 사실이나 가치 토론을 함의하기도 한다.

> **예** 동물원을 폐지해야 한다.
>
> 일회용 플라스틱의 사용을 전면 금지해야 한다.

♣ 실습 - 제시된 주제어로 사실, 가치, 정책 논제를 만들어 봅시다.

1. 사실 논제 -

2. 가치 논제 -

3. 정책 논제 -

---

2) 쟁점 찾기

쟁점은 논제를 수용할 것인지를 결정하는 데 있어서 토론상에 충돌이 일어나는 지점을 말하는 것으로 토론에서 긍정과 부정 측의 의견을 달리하는 대립 지점이다. 즉 문제 상황에서 서로 대립되거나 서로 다르게 주장하는 부분이다.

토론이 성립되기 위해서는 긍정 측에서 전체적인 방향을 좌우하는 핵심적인 요소들을 쟁점으로 주장해야 하고 반대로 부정 측에서는 긍정 측에서 제시한 쟁점 중에서 한 가지 이상을 성공적으로 논박해야 승리로 이끌 수 있다. 쟁점을 찾는 방법은 논제의 종류별로 조금씩 차이가 있을 수 있다. 쟁점을 찾는 데 아래 제시한 방법이 절대적인 것은 아니다.

① **사실 논제의 쟁점**: 사실 논제의 쟁점은 개념 정의, 사실 확인, 사실 해석으로 나누어 볼 수 있다. 사실을 입증하는 것은 증거 자료가 중요하며 이를 논거로 삼아야 한다.
  ㉣ 논제 – 발해는 우리나라의 역사이다.
    쟁점 1) 기록 문헌이 있는가?
    쟁점 2) 문헌의 기록으로 해석할 수 있는가?
    쟁점 3) 발해의 주류는 어떤 사람들인가?

② **가치 논제의 쟁점**: 가치 토론에서 쟁점을 찾을 때 가장 중요한 점은 논제에 숨어 있는 대립 가치를 찾는 것이다. 가치 논제의 쟁점은 개념 정의, 가치에 대한 판단, 가치 선택 시 결과이다.
  ㉣ '개미와 베짱이'에서 베짱이가 개미보다 더 행복하다.
    쟁점 1) 행복의 조건은 무엇인가?
    쟁점 2) 베짱이는 자기가 하고 싶은 일을 했는가? 개미가 부지런히 일한 이유는 무엇인가?
    쟁점 3) 베짱이는 자신의 꿈을 이루었는가? 개미는 안락한 삶을 이루었는가?

③ **정책 논제의 쟁점**: 정책 논제의 쟁점은 개념 정의, 현실 변화의 필요성, 정책의 실현 가능성, 중요성, 문제 해결 가능성, 비용과 효과이다.
  ㉣ 동물원을 폐지해야 한다.
    쟁점 1) 동물원은 동물을 보호하는가?
    쟁점 2) 동물원에 있는 동물들에게 나타난 문제점은 있는가?
    쟁점 3) 동물들은 야생에서 살아갈 수 있는가?

♣ 실습 – 제시된 논제에서 쟁점을 찾아봅시다.

---

3) 자료 찾기

논제가 정해지고 토론자는 주장을 뒷받침할 자료(근거)를 찾아야 한다. 구체적인 사실들을 충분히 확인해야 하며 제대로 된 양질의 자료를 수집하고 정리하기 위한 방법을 습득해야 한다. 자료를 수집하고 이 자료를 어떻게 활용할 것인지 잘 정리하는 것은 매우 중요하다. 주요 자료는 다음과 같이 찾을 수 있다.

(1) 언론 기사

언론 기사는 사실과 기자의 의견이 혼재된 경우가 많다. 따라서 언론 기사를 활용하기 위해서는 사실과 의견을 구분해야 한다. 언론 기사를 인용할 때는 정확한 출처와 내용을 밝혀야 하므로 자료를 정리해 두도록 한다.

(2) 전문성 있는 연구 자료

연구 자료는 도서관이나 연구 기관 등에 많이 있지만, 최근에는 온라인에서도 쉽게 검색하여 찾아볼 수 있다. 검색하거나 찾은 자료는 출처를 명확하게 정리해 두어야 한다. 재검색의 수고를 덜기 위해서라도 논문의 제목, 저자, 발행 연도를 반드시 정리해 둔다.

(3) 통계 자료와 여론 조사

통계 자료는 청중에게 큰 신뢰를 준다는 점에서 객관적인 사실을 제시할 때 매우 강력한 도구라고 할 수 있다. 통계 자료를 활용할 때는 단순한 숫자로만 제시하지 말고, 통계로 드러나는 맥락을 함께 정리하여 활용하는 것이 신뢰도를 높일 수 있다. 여론을 조사하는 기관은 많다. 따라서 여론 조사를 한 기관이나 여론 조사 방법이 신뢰할 만한지 잘 고려해 보는 것이 필요하다.

(4) 도서

독서 토론 시 근거 자료는 우선 책에서 찾는다. 주장을 뒷받침할 만한 부분을 찾았다면 밑줄 긋기나 인덱스를 활용하여 정리해 둔다. 책에서 찾은 근거 자료는 반드시 페이지를 적어 두고 정리해야 한다.

4) 논증

토론은 주어진 논제에 대해 서로 다른 입장을 가진 찬성과 반대 양측이 논증을 통해 다른 사람(청중, 심판)을 설득하는 것이다. 논증은 찬성과 반대에 대하여 그 이유나 근거를 들어 밝히는 것으로 논리적으로 체계화하는 것을 말한다. 토론에서 찬성 측은 논제가 옳음을 증명해야 하기 때문에 논제와 같은 방향으로 주장하게 된다. 예를 들어『정글북』이라는 동화를 읽고 토론할 때 논제가 '모글리는 인간 사회에서 살아야 한다.'라고 한다면 찬성 측은 모글리가 왜 인간 사회에서 살아야 하는지 책 속에서 근거를 찾아 주장해야 한다. 반면에 반대 측에서는 인간 사회에서 사는 것이 아닌 숲속에서 다른 늑대들과 살아야 하는 이유를 근거로 들어 주장해야 한다.

토론에서 찬성 측은 자신들의 주장이 정당함을 다양한 근거를 들어 입증해야 한다. 여기서 근거는 주장을 뒷받침하기 위한 증거나 사실을 말한다. 따라서, 찬성 측은 논제에 대한 입증(증명)의 의무가 있고 반대 측은 주장이 틀렸음을 증명하는 반증의 의무가 있다.

(1) 주장과 근거, 논거

주장은 청중이나 다른 사람들이 받아들이기 바라며 하는 토론자의 주된 의견을 말한다. 즉 주장은 논제에 대한 토론자의 입장이다. 청중이 주장을 받아들이려면 주장을 뒷받침하는 근거를 제시해야 한다. 토론자는 논제에 대한 입장부터 최하위에 근거까지 수직적으로 이어지는 '주장과 근거'를 명료하게 제시해야 한다. 토론자의 주장을 듣고 청중은 이 주장을 왜 받아들여야 하는지에 대해 논리적인 의문을 갖게 된다. 이때 근거는 논리적인 의문을 해소함으로써 주장을 수용하도록 해 준다. 근거는 주장을 뒷받침하기 위해 논리적으로 긴밀하게 인과 관계가 성립되어야 한다.

이러한 조건을 잘 충족했다 하더라고 청중은 주장을 바로 받아들이기보다는 근거가 타당한지 생각하게 된다. 따라서 토론자는 논거를 고려해 근거를 제시해야 한다. 논거는 근거를 듣고 청중이 떠올리는 생각을 말한다.

주장과 근거, 논거를 이해하는 것은 자신의 입장을 논리적으로 구성하고 상대방의 주장을 효과적으로 반박하는 데 유용하다. 그러므로 자신의 주장과 근거, 논거뿐 아니라 상대방의 입장 또한 잘 살펴야 한다.

(2) 논증의 구조

논증은 자신의 주장이 정당함을 다양한 근거를 들어 입증하는 것이다. 논증은 다음의 구조를 갖는다. 만약 '선의의 거짓말은 해도 되는가?'라는 논제에 대한 주장과 근거를 만들면 다음과 같은 논증의 구조가 된다.

주장: 선의의 거짓말은 해도 된다.
이유: 왜냐하면 선의의 거짓말은 상대방을 위한 노력이기 때문이다.
근거: ○○ 자료에 따르면 설문 조사를 한 결과 75%의 사람들이 선의의 거짓말로 더욱
삶의 의욕을 갖거나 희망을 갖는다는 결과가 있기 때문이다.

(3) 논증 시 유의점

논증 시에는 자신의 주장을 뒷받침할 수 있는 객관적이고 논리적인 근거를 마련하는 것이 필요하다. 논리적인 근거를 제시할 때는 출처와 증거가 공신력이 있는지, 정확한 사실인지를 반드시 확인한다. 근거 자료가 준비되었다면 이를 주장과 잘 연결해야 한다. 주장과 근거가 제대로 연결되지 않으면 논리의 오류가 생겨 논증이 무너질 수도 있기 때문이다. 또한, 자신의 주장이 문제의 해결 방법을 포함하고 있는지 점검해야 한다.

5) 토론 개요서 작성

토론에서 구상한 전체적인 스토리를 염두에 두면서 효율적인 토론을 준비하기 위해 입장을 간추려 정리하는 것을 토론 개요서라 한다. 개요서에는 논제에 대한 정확한 입장이 나타나야 한다. 이를 위해 논제에 등장하는 주요 용어를 정의하는 것이 필요하다. 토론 과정에서 반드시 논의되어야 할 주요 용어들을 적절하게 제시하고, 이들 용어를 올바르게 이해하고 있음을 토론을 통해 밝혀야 한다. 적절한 용어 정의는 토론의 범위를 한정하는 역할도 한다. 이를 위해 필요할 경우 논제가 등장하게 된 배경이나 역사, 논제의 현상 및 문제에 관해 명확하게 분석하여 제시하는 것도 중요하다.

개요서에는 입장(긍정과 부정)이 무엇인지 쟁점을 정리하여 전체적인 입론의 구성을 요약 제시한다. 이때 자신의 입장에 대한 주장을 완전한 문장(단정적인 주제문)으로 만들어 상대방이나 심사 위원, 청중이 정확하게 이해할 수 있게 해야 한다. 각각의 주장에 대해 통계나 사례, 사실이나 합리화 등의 자료를 통해 이유나 근거를 입증해야 한다.

(1) 토론 개요서의 구성 요소
① 용어 정의

논제에 나오는 용어에 대한 정의를 내리는 것이다. 논제에 나타나 있는 용어에 대하여 사전적 의미가 무엇인지를 먼저 찾아보고 사전적 의미에 비하여 어떤 의미로 논리를 전개해 나갈 것인지를 정리하는 것이 용어 정의이다. 특히 용어 정의를 통해서 논제의 의미를 정확하게 분석하게 되면 자기 팀의 강력한 주장이 될 쟁점을 발견할 수 있게 되며 반대로 상대 팀의 약점 또한 발견하게 된다. 즉 이를 통하여 논제에 나타난 쟁점을 찾아내는 것이다.

② 쟁점

쟁점은 논제에 내재된 사실이나 가치와 관련된 진술을 말하며, 문제의 지속성과 심각성, 실행 가능성과 해결 가능성이 포함되어야 한다. 쟁점은 찬성 측이 제기한 주장에 반대 측이 반론을 제기할 수 있는 '접점'을 말한다.

③ 주장

쟁점에 대한 찬성 측과 반대 측의 입장으로 나누어서 주장을 제시한다.

④ 근거

주장을 지지해 주는 구체적, 사실적인 정보로 주장을 입증할 수 있는 자료를 말한다.

(2) 토론 개요서 형식

팀명			팀장			팀원	

논제	

용어 정의	

쟁점	• 쟁점 1: • 쟁점 2:

입장			긍정 측	부정 측
쟁점1	주장			
	근거	• • •	• • •
쟁점2	주장			
	근거	• • •	• • •

2. 토론 진행

1) 토론 참여자의 역할

토론에서 참여자는 사회자, 발언자, 심판관과 청중이다. 토론 수업에서 사회자는 보통 교사가 진행하지만 때에 따라서는 학생이 하기도 한다. 마찬가지로 청중과 심판 또한 학생이 역할을 수행할 수도 있다. 토론 참여자의 역할은 다음과 같다.

(1) 사회자의 역할

토론의 사회자는 토론 장소와 참여자의 좌석을 정하고 토론의 진행을 책임진다. 토론 사회자는 토의 사회자와 같이 토론의 계획과 준비, 토론의 진행, 토론의 결과 정리 및 보고, 자료 제공 등의 네 가지 의무를 가진다. 그러나 토론 사회자는 토의 사회자의 진행 의무보다 역할 비중이 약하다. 토론은 토의와 다르게 일정한 규칙이 정해져 있기 때문이다. 그러나 토론 참여자들 사이의 갈등과 충돌을 조정하고, 전체의 분위기를 조성·유지해야 하는 의무는 토의 사회자와 동일하다. 토론은 경쟁적 말하기 방식으로 승패가 나뉜다. 그러므로 토론 사회자는 찬반 양측에 대해 끝까지 공정하게 진행해야 한다.

- 원활한 토론 진행을 위해 사전에 전체 진행을 어느 정도 가늠해 본다.
- 토론의 전체 시간을 정하고 고지한다.
- 토론 분위기를 편안하게 이끈다.
- 토론의 논제를 충분히 파악하고 있어야 한다.
- 토론 진행과 관련된 사항을 순서대로 제시해 주어야 한다.
- 양측에 똑같은 발언 시간, 발언 순서, 발언 횟수를 부여한다.
- 적극적으로 토론에 참여할 수 있도록 참여자의 의견 교환을 도와주어야 한다.
- 참여자들의 인신공격이나 발언권 남용을 차단해야 한다.
- 스스로 결론을 도출해 내지 않는다.
- 중간자적 입장에서 공정성을 유지하면서 진행해야 한다.
- 참여자들의 발언이나 반응을 메모하면서 진행한다.
- 진행 결과를 객관적으로 판단하여 모두가 공감할 수 있도록 마무리한다.

(2) 발언자의 역할

토론에 참여하는 발언자는 토론 논제를 분석하여 양측 주장의 대립점을 분명히 알아야 한다. 그리고 자기 팀의 주장을 받쳐 줄 근거를 수집하여 정리하고, 주장을 논리적으로 표현할 수 있어야 한다. 토론의 발언자는 찬성 측과 반대 측으로 나누어지며 각 측의 발언자는 팀, 발언 순서에 따라 역할이 다르다. 토론의 발언자들은 자기 팀의 주장을 내세우고, 상대 팀의 주장에 대해 논박해야 하는 동일한 의무가 있지만 찬성 측이냐 반대 측이냐에 따라 입장이 달라진다.

- 관련 자료를 수집하여 분석·검토한다.
- 논제의 대립점을 분명하게 알고 있어야 한다.
- 주장하는 바를 정확하고 간결하게 발표한다.
- 토론에 참여하기 전 자신의 입장을 미리 정리해 둔다.
- 상대방 발언의 논리적 오류를 찾아내야 한다.
- 주장에 따른 적절한 근거와 구체적인 사례를 들어 발표한다.
- 토론 규칙(발언 시간, 발언 순서, 발언 횟수)을 준수한다.
- 상대의 의견에 대해 적극적 경청의 태도를 갖는다.
- 사회자의 진행을 방해하지 않으며 지시에 따른다.
- 적절한 억양과 어조, 명료한 발음으로 예의 바르고 정중하게 발언한다.
- 발언은 원칙적으로 구두로 한다.
- 토론이 끝나면 심판 결과에 승복한다.

(3) 심판관, 청중의 역할

심판관은 토론의 형식에 따라 달리 정해진다. 법정 토론에서는 재판장 또는 배심원, 토론 수업에서는 교사 또는 위촉받은 심판관이 토론의 승부를 판정하게 된다. 심판관이 따로 없는 경우에는 청중이 심판관 역할을 맡기도 한다. 토론에서 청중은 토의와 같이 직접적으로 참여하지 않으며 평가자의 입장에서 객관적으로 참관한다.

- 관련 자료를 수집하여 분석·검토한다.
- 논제의 대립점을 분명하게 알고 있어야 한다.
- 토론 규칙(발언 시간, 발언 순서, 발언 횟수)을 파악해야 한다.

- 자신의 의견보다 객관적 입장으로 참관한다.
- 사회자의 진행을 방해하지 않으며 지시에 따른다.
- 발언자의 의견에 대해 적극적 경청의 태도를 갖는다.
- 양측 어느 쪽에도 편파적인 태도를 취하지 말아야 한다.
- 도출된 의견이나 제시된 근거의 타당성을 따져 공정한 판결을 내린다.

2) 토론 발언의 유형

토론 시 발언 유형은 입론, 질문(교차 조사, 교차 질의, 보충 질의), 반론(반박), 최종 발언의 네 가지로 압축된다. 토론의 종류가 매우 많은 것처럼 보이지만 이 네 가지를 어떻게 조합했는지에 따라 다양한 토론 방식이 된다. 따라서 각 토론 발언 형식에 대해 잘 알고 있어야 한다. 이 네 가지 발언이 모든 토론에 반드시 들어가야 한다거나, 한 번만 들어가야 한다는 등의 제한은 없다. 토론의 유형에 따라 네 가지 발언이 모두 들어가기도 하지만 어떤 토론 방식은 다르게 조합이 되기도 한다.

(1) 입론

입론은 논제에 대한 입장이며 주장을 펼치는 과정으로 '입장 표명'이라고도 한다. 입론의 내용은 논제를 둘러싼 사회적 배경, 논제에 관한 용어 정의, 쟁점, 주장과 이를 뒷받침하는 근거들로 구성한다. 주장의 근거를 제시할 때는 다음과 같은 구조의 틀로 할 수 있다.

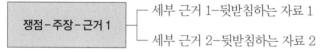

 ※입론 발언 예시

(2) 반론

반론은 상대측 주장의 허점이나 오류를 지적하고, 왜 잘못되었는지를 밝히는 단계로 토론에서 가장 핵심적인 단계이다. 반론을 하는 이유는 상대방의 주장과 근거가 옳지 않고 우리 측 주장이 옳다는 것을 제시하여 우리 측 주장을 강화하기 위한 것이다. 반론에 포함되어야 할 내용은 다음과 같다.

- 반박할 상대측 주장 재표현
- 상대방 주장에 대한 반박
- 우리 측 주장 다시 강화
  (새로운 주장을 제시하는 것은 지양)

  반론을 준비하는 과정은 '귀'와 '손'으로 이루어진다. 상대방이 말한 주장과 근거, 그에 관한 교차 질문과 상대방의 답변 등 모든 과정을 잘 듣고 빠르게 기록해야 하기 때문이다. 이를 바탕으로 토론자는 제한된 시간 안에 정리하여 빠르게 반론할 내용을 구성하여 발언한다.

  반론의 발언은 다음의 구조를 가지는 것이 좋다.[7)]

<표 7> 반론의 구조

구조	발언의 예
반박할 상대측 주장 재표현하기	• 상대측은 ~(이)라고 말했습니다. • 상대측은 ~(이)라고 주장했습니다.
부정하기	• 그러나 우리는 ~에 동의할 수 없습니다. • 그러나 우리는 ~라고 주장합니다.
이유 제시	왜냐하면, 그것은(사실이 아니기, 정확하지 않기, 관련성이 없기, 오류이기) 때문입니다.
이론적 근거 제시	그것은 ~입니다.

※반론 발언 예시

(3) 질문

---

7) 신광재 외(2011), 『토론을 알면 수업이 바뀐다』 창비, 126쪽 참고로 정리.

질문은 상대측의 입론이나 반론의 내용을 확인하고 검증하는 과정이다. 토론에서 질문은 '신문(訊問, question)'이나 '심문(審問, interrogation)'에 가깝다. 신문은 이미 알고 있는 사실을 캐어묻는 것이고 심문은 자세히 따져 물어 말할 기회를 주는 것이기 때문에 이러한 면에서 토론의 질문과 비슷하다. 토론에서 질문자는 이미 들은 내용의 사실을 캐어 묻고(신문) 논리적 허점에 대해 따져 묻는다(심문). 그렇기 때문에 토론의 질문은 법정에서 증인을 신문, 심문하는 모습과 닮아 있다.[8]

- 상대방의 주요 주장을 검증할 수 있음.
- 자신의 주장을 강화할 수 있음.
- 논제에서 벗어나는 것을 막아 줌.

질문하는 방식에 따라 교차 조사식 토론(CEDA)의 교차 조사(cross examination), 퍼블릭 포럼 디베이트의 교차 질의(crossfire), 의회식 토론에서 하는 보충 질의(Point of information)가 있다.

 ※질문 발언 예시

(4) 최종 발언

최종 발언은 토론 과정에서 드러난 상대측의 논리적 허점을 부각시키고 자신의 입장과 주장을 정리하는 단계이다. 즉 앞에서 언급한 내용을 간략하게 요약·정리하고 논제에 대한 자신의 입장을 다시 한번 부각시키는 단계이다.

토론은 논리적인 말하기지만 최종 발언에서는 효과적인 예시나 인용문을 활용해 듣는 사람들을 공감하게 하여 설득력을 높여 주는 것도 좋다. 그러나 예화나 비유, 인용문의 내용도 역시 신뢰성이 있어야 한다. 따라서 잘 알려지지 않거나 출처가 명확하지 않은 내용보다는 그 논제와 직접적인 관련이 있는 사례, 잘 알려져 있고 존경받는 사람들의 명언이나 전문가의 견해 등을 활용해야 한다. 그렇게 하면 상대측보다 더 설득력이 있음을 마지막으로 각인시킬 수 있다.

---

8) 양현모 외(2019), 『토론, 설득의 기술』 리얼커뮤니케이션, 181쪽.

 ※최종 발언 예시

3) 토론 진행 시 유의 사항

　토론을 진행하다 보면 여러 가지 문제들이 발생할 수 있다. 교사는 이러한 문제 상황들을 먼저 예측하고 대비하여 원활한 토론이 되도록 할 필요가 있다. 토론 진행 시 생길 수 있는 문제에 대한 교사의 역할은 다음과 같다.

　첫째, 학생들은 토론의 방법에 익숙하지 않다. 이는 경험이 부족한 탓으로 교사가 먼저 토론에 익숙해져서 방법을 제시할 수 있어야 한다. 또한, 교사는 토론 형식에 얽매이기보다 학생들의 수준에 따라 융통성 있게 조절할 필요가 있다. 대회용 형식 토론을 전체적으로 바로 진행하기보다 단계적으로 하나씩 지도하고 반복적인 연습을 하는 것이 토론 형식에 대한 두려움을 없앨 수 있다.

　둘째, 토론에서 발언할 내용을 교사의 자료에 의존하는 학생들이 종종 있다. 토론은 단순히 말하기가 아니라 주장에 따른 근거를 논증해야 하는 과정이다. 그러므로 교사는 학생들에게 자료를 모두 제시하기보다 스스로 찾고 정리할 수 있도록 지도해야 한다.

　셋째, 토론에서 승패에 지나치게 연연해 토론이 과열되는 양상들이 나타나기도 한다. 물론 토론은 승패 판정을 내리기도 하지만 그보다 중요한 것은 설득과 검증의 과정이라는 것을 염두하도록 지도할 필요가 있다.

3. 토론 정리 및 평가

1) 토론의 정리

　토론이 끝나면 정리의 시간을 갖도록 한다. 승패의 결과보다 어떻게 토론이 진행되었는지, 어떻게 하면 더 좋은 토론이 될 수 있는지에 대한 검토를 하고 피드백을 하는 과정이 필요하다. 피드백이 중요한 이유는 단순히 토론을 해 보는 것에 그치지 않고 주제에 대해 더 깊은 이해와 성찰을 할 수 있기 때문이다.

　승패를 가리는 것은 토론 수업에서 동기를 부여하는 큰 역할이 되기도 한다. 토론에서

이기기 위해 자료를 준비하고 발언 연습을 하고 팀의 전략을 세우며 좀 더 진지하게 토론에 임할 수 있기 때문이다. 그러나 토론 수업이 단순히 승패만 가리는 것으로 끝나서는 안 된다.

교사는 적절한 강평을 통해 주제에 대해 반드시 다루어야 할 쟁점을 짚어 보고 토론의 내용과 과정을 성찰할 수 있도록 해야 한다. 강평을 하기 전에 교사는 토론자들에게 소감을 말하도록 한다. 이 과정은 토론 준비를 하며 생기는 어려움이나 토론 중 부족한 부분을 이야기하며 토론의 전 과정을 스스로 깨닫고 성장하는 데 필요한 과정이다.

토론의 강평 순서는 다음과 같다.[9]

① 토론자를 격려한다.
② 토론 내용에 대해 평가한다. 토론의 골자를 간략하게 정리한 다음, 좋은 점을 지적하고 부족한 점을 충고한다.
③ 승패의 포인트를 지적한다.
④ 결론적으로 어느 팀의 승리라고 판정을 내린다.

2) 토론의 평가

토론 평가에서 주로 사용하는 토론 평가표의 예시를 제시하고자 한다. 각각의 토론 평가표는 토론 상황과 목적 등에 따라 변형하여 사용할 수 있다.

〈표 8〉 토론 평가표

전체 진행에 대한 평가	상	중	하
• 논제가 시의적절했는가? • 논제가 정확하게 제시되었는가? • 토론자들이 적극적으로 참여하였는가? • 중요한 문제들이 다 토론되었는가? • 시간을 투자한 가치가 있었는가?			

---

9) 이정옥(2008), 『토론의 전략』, 문학과지성사, 161쪽.

<표 9> 토론자 평가표

	평가 기준(각 항목별 5점)	찬성 팀	반대 팀
논제			
토론자	찬성 팀:		
	반대 팀:		
공통 항목	언어적 태도(목소리, 속도, 어조)의 적절성 토론의 예절과 규칙 준수 여부		
입론	논제를 바르게 이해했는가? 논거는 적절한가? 근거는 타당한가?		
질문	상대방의 논리적 허점을 잘 짚었는가? 핵심 쟁점을 파악하는 질문을 했는가?		
반론	상대방의 주장을 모두 반박했는가? 상대방의 논리적 허점을 잘 짚었는가? 반론의 논거는 타당한가?		
최종 발언	핵심 쟁점을 중심으로 논거를 잘 요약했는가? 승리의 이유를 제시했는가?		
	합계		
총평			

〈표 8〉은 토론 전체에 대한 평가이다. 교사는 토론을 마친 후 토론 전반에 관해 평가하여 다음 토론을 위한 자료로 활용할 수 있다. 〈표 9〉는 토론자 평가표이다. 공통 항목은 언어적 태도와 예절, 규칙 준수 여부를 평가한다. 언어적 태도는 목소리, 속도, 어조의 적절성 여부를 평가한다. 더불어 토론에서 예의 있게 규칙을 지키며 참여했는지 5점 척도로 평가한다. 토론에서 역할에 따라 적절한 발언을 충실히 했는지 또한 평가하여 5점 척도로 점수를 부여한다. 합계 점수가 높은 팀이 승리하게 되며 이를 바탕으로 승패를 발표한다.

평가표는 심판이 작성하는데 교사를 비롯해 다른 학생들이 평가할 수 있다. 점수를 부여해 승리 여부를 결정하는 것도 중요하지만 총평을 작성하여 피드백의 과정을 경험하게 하는 것 또한 중요한 학습이 되므로 심판은 반드시 총평을 적도록 한다. 위에 제시한 평가표가 절대적인 것은 아니다. 토론의 형식에 따라 다른 평가 기준을 두고 있으므로 적절히 활용할 필요가 있다.

제4장

토의·토론 수업의 실제

1. 여러 가지 토의·토론 방법

1) 브레인스토밍(brain storming)과 브레인 라이팅(brain writing)

브레인스토밍은 오스본(Osborn)이 광고의 아이디어를 내기 위해 고안한 방식이다. 아이디어의 발상과 평가를 철저히 분리하여 아이디어의 수준과 관계없이 자유롭게 많이 생성하는 것을 목적으로 한다. 자유롭고 편안하고 우호적인 분위기에서 지적 흥분 상태를 만든다. 그러한 환경에서 아이디어의 연쇄 반응을 일으켜 마음껏 아이디어를 발표한다. 그렇게 함으로써 다양하고 창의적인 아이디어를 얻는다.

이를 위해 다음과 같은 네 가지 원칙을 지킨다.

비판 금지: 어떤 제안에 대해서도 평가를 하지 않는다.

자유분방: 엉뚱하거나 비현실적인 아이디어일지라도 모두 환영한다.

수량 추구: 아이디어는 많으면 많을수록 좋다.

결합 개선: 타인의 아이디어에 편승하여 새로운 아이디어로 발전시키는 것도 좋다.

브레인스토밍은 문제를 해결할 때 혼자만의 구상보다는 여러 사람이 함께 많은 아이디어를 만들어 집단의 효과를 살리고 아이디어의 연쇄 반응을 낼 수 있다는 데 의미가 있다. 문제의 해결책을 찾을 때, 계획을 세울 때, 개선 방안을 만들 때 등 거의 모든 목적에 유용하게 사용할 수 있다. 또 다른 토의·토론 속에서 하나의 작은 토의 방법으로도 사용할 수 있다.[10]

브레인 라이팅은 독일 프랑크푸르트의 바텔 연구소(Battelle Institute)에서 개발된 기법이다. 이 방법은 참가자 전원이 소외되지 않고 시작부터 끝까지 토의·토론에 참여하게 하는 데에 가장 큰 목적이 있다.

교사는 주제를 학생들에게 제시하고 붙임 종이를 1인당 3~5장 정도 나누어 준다. 주제에 대해 학생들은 자신의 생각을 1장에 1가지씩 적고 모둠에서 발표한다. 모둠에서는 나온 의견들을 분류하고 비슷한 생각끼리 묶어 소제목을 붙인다. 그리고 모둠에서 한 사람이 대표로 나온 내용을 전체에 발표한다.

브레인 라이팅은 다양한 방법으로 응용할 수 있고 모든 학생이 소외되지 않고 참가할 수 있다는 장점이 있다.

〈표 10〉 브레인스토밍과 브레인 라이팅 비교

	브레인스토밍	브레인 라이팅
특징	• 대화를 통해 발상 • 4가지 규칙(비판 금지, 무조건 수용, 질보다는 양, 아이디어 결합)	• 글쓰기를 통한 발상 • 6.3.5 원칙(6명, 3개의 아이디어, 5분)
장점	• 다양한 생각을 한눈에 볼 수 있음. • 많은 양으로 다양한 아이디어 창출 • 마인드맵이나 유목화로 정리	• 정해진 수량만큼 아이디어 창출 가능 • 참가자 모두 평등한 의견 제시 가능 • 편안하고 조용한 분위기 조성 가능
단점	• 발언권 독점 • 특정 아이디어로 매몰 • 그룹에 따라 아이디어 양의 차이	• 전체적인 흐름을 보기 어려움. • 개인이 내는 아이디어의 한계 • 분위기가 침체될 수 있음.

2) 신호등

신호등의 빨강, 노랑, 초록의 신호등 이미지를 이용하여 참석자의 의견을 색으로 표시

---

10) 정문성(2017), 앞의 책, 171~172쪽, 요약 정리.

하고, 그 이유를 설명하는 토론 방법이다. 교사가 논제를 제시하면 자신의 의견을 찬성은 초록색 카드를, 반대는 빨간색 카드를, 중립은 노란색 카드를 들어서 표현한다.

교사는 신호등 색 카드를 똑같이 들게 되면 설명할 필요가 없지만, 서로 다르게 나왔을 때는 세 가지 색에 대한 자신의 이유를 설명하도록 한다. 간혹 토론하다 보면 학생들은 중립적인 입장에 서는 경우가 있다. 일반적인 찬반 대립 토론에서 중립의 입장은 허용되지 않으나 신호등은 노란색 카드를 들어 중립을 표시할 수 있다는 것이 흥미롭다.

학생들의 이유를 충분히 듣고 나서 교사는 다시 한번 똑같은 논제를 제시한다. 두 번째 제시했을 때 중립 의견을 낸 학생들이 어디로 가는지, 혹은 빨간색, 초록색 카드 학생들이 다른 색으로 이동했는지를 보고 옮긴 이유를 설명하게 한다.

신호등 토의·토론은 한 주제를 깊이 있게 다루기보다는 여러 주제를 빨리 다룰 때 유용한 방법이다. 또한, 여러 대안을 평가할 때 사용하기도 좋다. 교사는 가능하면 여러 학생이 고루 발표할 수 있도록 기회를 주어야 한다.

3) 짝 토의·토론

이 방법은 짝과 이야기하는 듯한 간단한 방식이지만 구조적으로 잘 이용하면 좋은 효과를 얻을 수 있다. 먼저 한쪽에 있는 학생은 주어진 시간 동안 계속 자기 의견을 말해야 하므로 논리적으로 정리하며 말하는 고급 사고를 경험하게 된다. 반대로 듣는 학생은 주의 깊게 듣고 메모를 해야 하므로 경청 능력이 향상된다. 두 사람의 활동이 모두 끝나면 기록한 학생이 발언한 학생의 말을 대신 발표한다. 발언한 학생은 짝의 발표를 통해 다시 한번 생각하며 피드백을 경험하게 된다. 두 사람이 토의·토론을 하기 때문에 대화처럼 매우 편하게 할 수 있어 긴장할 필요가 없다는 것이 장점이기도 하다.

4) 피라미드 토의

피라미드 토의는 모든 사람이 문제 해결 방안에 대하여 4가지(상황에 따라 꼭 4가지가 아닐 수 있음)를 적고, 임의로 두 명이 만나서 서로의 8가지 의견에 대하여 토의를 통해 4가지로 줄이고, 또다시 임의의 4명이 만나서 8가지 의견에 대하여 다시 토의를 통해 다시 4가지로 줄이는 방식을 연속적으로 활용하여, 전체 사람들의 최종적인 의사 결정을 하는 방식이다. 일반적인 의사 결정 과정에서는 몇몇 대표가 의견을 발표하고 그것을 가지고 토의하지만, 피라미드 토의는 모든 사람이 참여하여 자연스럽게 하나의 의사 결정을 수렴하는 방식이다.

5) 6단 논법을 이용한 토론

툴민(Toulmin)의 6단 논법은 논증[11] 과정으로 논증 능력을 향상시키는 데 도움이 된다. 3분 스피치와 같은 주제 발표에 효과적이며, 토론 전에 학생들에게 논리적 사고를 단계적으로 훈련시키는 데도 도움이 된다. 6단 논법을 익힌 후 다른 여러 토론 방식을 적용하면 보다 활성화된 토론이 될 것이다.

토론의 중심은 자신이 내린 결론에 대해서 이유를 제시하고, 상대방이 제시한 의견의 문제점을 지적하는 데에 있다. 그러려면 타당한 이유가 제시되어야 하고 상대 의견의 부당함을 지적할 수 있는 논증력을 갖추어야 한다. 그러므로 교육 현장에서의 토론 수업은 학생들의 논증력을 키우는 훈련이어야 하는데 6단 논법은 이에 적합한 논증법이라 할 수 있다. 6단 논법의 절차는 아래 표와 같다.

〈표 11〉 6단 논법 이용 토론의 절차[12]

찬성 측	순서	반대 측
	안건	
그렇게 생각한다.	결론(주장)	그렇게 생각하지 않는다.
그 이유는 무엇인가요?	이유	그 이유는 무엇인가요?
그 이유가 옳다는 설명을 해 보세요.	설명	그 이유가 옳다는 설명을 해 보세요.
상대편 생각의 잘못된 점을 밝혀서 반박해 보세요.	반론 (반론 꺾기)	상대편 생각의 잘못된 점을 밝혀서 반박해 보세요.
내가 밝힌 이유와 설명에도 예외가 있을 수 있어요.	(예외) 정리	내가 밝힌 이유와 설명에도 예외가 있을 수 있어요.

6) 원탁 토의·토론

원탁 토의는 보통 5~10명 정도의 소규모 집단이 동등한 자격으로 둘러앉아 집단의 문제에 대하여 의견을 나누는 토의의 한 유형이다. 원탁 토의는 형식에 그다지 구애받지 않고 서로 자유롭게 발언하는 것을 특징으로 하므로 자유 토의(free discussion)라고도

---

11) 논증(argumentation)이란 "1. 전제로부터 결론을 이끌어 내는 추론 과정. 2. 전제와 결론으로 이루어진 일련의 명제. 3. 서로 다른 입장에 대한 상호 설득을 목적으로 하는 사회적 추론 활동. 4. 그러한 사회적 추론 행위를 반영하는 담화 또는 텍스트" 등을 의미한다. 여기에서 1과 3은 논증을 추론의 과정이나 활동으로서 간주하는 동태적인 관점을 취하고 있는 데 비해, 2와 4는 그러한 과정이나 행위의 결과물로서 보는 정태적인 관점을 취하고 있다. 또 1과 2는 논증을 전제 또는 결론을 나타내는 명제들 간의 결합 또는 그 과정으로 협의적으로 접근하고 있는 데 비해, 3과 4는 그러한 추론 활동이 이루어지는 사회적 맥락을 포함하여 광의적으로 접급하고 있다.(한국화법학회 화법용어해설위원회, 2014: 218)

12) 오용순(2010), 「한우리 교사 교육—토론 모형의 실제와 수업 활용 방안」, 한우리독서논술연구소.

하며 토의의 가장 기본적인 유형이다. 참여자는 서열이나 지위에 관계없이 평등한 관계로 모이나, 원활한 진행을 위해 토의자와 사회자로 구성하기도 한다. 원탁 토의에서 다루는 주제는 일상적인 것에서 사회적 현안에 이르기까지 그 범위가 다양하다. 원탁 토의는 가족회의나 국제 회의에서 볼 수 있는 것처럼 10명 이내의 소수의 구성원이 다양한 주제에 대하여 동등한 수준의 지식과 관점을 가지고 참여한다.

원탁 토론은 원탁의 정신을 살리는 토론으로 상호 평등 정신을 바탕으로 한다. 원탁 토론은 특정 토론자만 많이 발언하는 자유 토론의 단점을 극복할 수 있는 토론 방식이다. 원탁 토론이라고 해서 원탁에서 해야만 하는 것은 아니지만 서로 마주 보고 앉는 방식이 좋다.

원탁 토론은 토론자들이 골고루 참여해야 하므로 사회자의 역할이 중요하다. 발언 시간과 발언 기회가 평등하게 주어지고 토론자들은 진행 절차와 형식에 맞추어 발언하는 것이 특징이다.

〈표 12〉 원탁 토론 모형

단계	사회자	토론자	시간
자기소개 또는 인사	원탁 토론의 취지 설명, 논제 소개	간략한 자기소개, 또는 토론에 임하는 자세 등	각자 1분 이내
1차 발언	사회자가 쟁점을 설정하는 것이 아니라 토론자가 입론하도록 유도	논제에 대한 입론	각자 2~3분 이내
2차 발언	1차 발언에서 형성된 쟁점에 대해 상호 질문과 반박 유도	1차 발언을 듣고 다른 견해에 대한 반박 또는 질문	각자 2~3분
3차 발언	2차 발언에 대한 질문이나 답변에 대해 답변이나 반박 유도	2차 발언에 대한 답변과 재반박	각자 2~3분
4차 발언	논의가 충분하게 이루어진 경우는 소감을 말하게 하고 그렇지 않으면 최종 변론을 하도록 유도	토론 참여 소감이나 최종 변론 입장이 바뀌었다면 이유와 함께 자신의 입장 재정리	각자 1분

7) 프로-콘(pro-con) 토론

프로-콘 토론은 찬성과 반대의 입장을 동시에 경험할 수 있는 토론 방식이다. 이 토론은 협동 학습의 논쟁 수업에 적합하고, 바람직한 해결책을 구하기 위해 논쟁의 과정을 수업 단계에 반영하여 효과를 높이는 특징이 있다. 이 토론의 참가자는 제한된 정보나 경험을 토대로 자신의 입장을 주장하나, 찬성과 반대의 입장을 모두 경험해 보고 자기 입장을 재조직하는 데 효과를 얻는다.

<표 13> 프로-콘 토론의 절차

순서	토론자	시간
1차 토론	찬성과 반대의 입장에 대하여 발표	각 2분
질문 만들기	상대편 주장에 대한 모순이나 오류 지적을 위한 질문 만들기	2분
질문과 답변	상대 주장에 대한 질문과 답변	2분
2차 토론	양측의 입장을 바꾸어 토론	각 2분
질문 만들기	상대편 주장에 대한 모순이나 오류 지적을 위한 질문 만들기	2분
질문과 답변	상대 주장에 대한 질문과 답변	2분
최종 입장 정리	최종 입장을 정리하고 이유 발표	

8) 의회식 토론(parliamentary debate)

의회 토론은 14세기 영국의 하원(the House of Commons)에서 시작된 의회 토론에 뿌리를 두고 있으며 영국 의회의 특징이 반영된 토론 방식이다. 영국 정치에서 의회의 영향력이 커지면서 토론의 영향력 또한 커졌고 이는 미국 대륙에도 전해졌으며 빠르게 확산하여 세계적으로 가장 널리 토론이 확산되는 계기가 되었다.

영국식 8인 방식이나 '세계식 토론(world style)'이라고 불리는 토론 유형도 있지만 전 세계적으로 확산된 것은 4인이 참여하는 미국 방식이며 이를 통칭하여 '의회식 토론(Parliamentary debate)'이라고 한다. 의회식 토론은 긍정의 '정부 측'과 부정의 '야당 측'으로 나뉘며 '국무총리', '여당 의원', '야당 대표', '야당 의원'이라 명명한다.

의회 토론의 논제는 의회를 배경으로 하므로 가치 논제보다 정책 논제를 주로 다룬다. 논제는 대회 직전에 제시되는 즉흥 논제 방식이다. 심사 위원이 논제가 적힌 심사 용지를 받고 토론장에 있는 토론 팀에게 전달하면 15분의 준비 시간이 주어진다. 그러므로 토론자는 평소에 사회 전반에 관심을 가지고 전문적인 지식을 습득하며 토론을 준비해야 한다. 즉흥 논제이므로 준비된 입론이나 자료를 읽는 것은 허용되지 않는다.

의회식 토론에는 교차 조사 시간이 별도로 없으나 보충 질의(Point of information)를 신청하여 상대방에게 질문할 수 있다. 보충 질의는 상대방이 말하는 도중에 제기하는 질문으로 토론 도중 신청 의사를 밝혀 발언할 수 있다. 입론자는 상대측의 보충 질의 발언에 대해 최소 1회는 수용해서 답변해야 하지만 그 외에는 거부할 수 있다.

〈표 14〉 의회식 토론의 순서

순서	긍정 측(정부 팀)	부정 측(야당 팀)
1	국무총리 입론(7분)	
2		야당 대표 입론(8분)
3	여당 의원 입론(8분)	
4		야당 의원 입론(8분)
5		야당 대표 반론(4분)
6	국무총리 반론(5분)	

※ 보충 질의는 상대 입론 시간에 신청할 수 있으며, 상대방이 받아들이는 경우 질문 가능

9) 교차 조사식 토론(cross examination debate)

교차 조사식 토론은 정책의 변화를 주장하는 긍정 측과 이를 반대하는 부정 측이 2인 1조로 입론, 교차 조사, 반론을 토론자별 1회씩 발언하는 토론 방식이다. 미국의 전국 토론 대회 형식에 교차 질문이 추가된 방식이다. 이러한 특징으로 인해 교육 목적으로 많이 활용되는 토론이기도 하다. 일반적으로 CEDA(Cross Examination Debate Association) 방식으로 알려져 있는데, '교차 신문 토론', '반대 신문형 토론', '정책 토론(policy debate)' 등으로 불리기도 한다.

이 토론은 사회 제도나 정책의 '변화'를 주장하는 데 철저한 자료 조사와 증거가 필요하다. 따라서 긍정 측에서는 이 정책의 변화가 필요하다는 것을 '입증'할 책임이 있으며 부정 측은 '반증'의 의무가 있다. 또한, 이 토론은 교차 조사와 반론이 활성화되어 있는 것이 특징이다. 기존의 토론 방식이 주장만 하는 것에 대한 반성으로 상대측의 논의에 대한 경청을 중시하게 되었다. 교차 조사는 상대 주장의 논점을 명확히 하고 상대측의 오류나 뒷받침되지 않은 주장을 드러내는 기능을 하며 이를 바탕으로 반론을 하게 된다. 교차 조사와 반론 또한 발언의 순서와 시간이 명확히 정해져 있다. 이로 보았을 때 교차 조사식 토론은 입증보다 검증에 중점을 두고 있다고 볼 수 있다.

교차 조사식 토론의 특징은 첫째, 긍정 측을 배려하는 차원에서 시작과 끝을 긍정 측이 발언하도록 설계되어 있다. 긍정 측은 새로운 정책을 도입해야 한다는 입장을 정책 논제의 쟁점인 변화의 필요성, 문제 해결 가능성, 비용-효과 등 많은 근거를 들어 설득해야 하기 때문이다. 즉, 긍정 측은 입증의 부담을, 부정 측은 반증의 부담을 갖게 된다. 두 번째 특징은 모든 토론자들이 동등한 발언의 기회를 가진다는 것이다. 각 토론자는

입론, 교차 조사, 반론을 수행하게 된다. 한 사람이 연속해서 발언하는 경우가 없으며 양측이 교차로 발언하게 설계되어 모든 토론자의 역량이 충분히 발휘되는 토론이다.

〈표 15〉 교차 조사식 토론의 순서

순서	긍정 측	부정 측
1	첫 번째 토론자 입론(8분)	
2		두 번째 토론자 교차 조사(3분)
3		첫 번째 토론자 입론(8분)
4	첫 번째 토론자 교차 조사(3분)	
5	두 번째 토론자 입론(8분)	
6		첫 번째 토론자 교차 조사(3분)
7		두 번째 토론자 입론(8분)
8	두 번째 토론자 교차 조사(3분)	
9		첫 번째 토론자 반론(4분)
10	첫 번째 토론자 반론(4분)	
11		두 번째 토론자 반론(4분)
12	두 번째 토론자 반론(4분)	

※ prep time(준비 시간)은 상대 발언 순서가 끝난 후 1분씩 2회 사용 가능

10) 퍼블릭 포럼 디베이트(public forum debate)

퍼블릭 포럼 디베이트는 미국에서 2002년 첫 전국대회가 열린 이후 고등학교를 중심으로 빠르게 확산되고 있는 방식이다. 원래 이름은 '논쟁(controversy)'이었지만 바로 'Ted Turner Debate'란 이름으로 바뀌었다. 2003년 미국의 디베이트 협회 중 하나인 NFL(National Forensic League)은 이 새로운 형식을 '퍼블릭 포럼 디베이트'라는 이름으로 최종 확정하였다. 이 방식은 퍼블릭 포럼, 공중(公衆)이라는 이름처럼 일반인들이 참여하는 경우를 가정하여, 보다 쉬운 아카데미식 토론을 표방하여 만들었다.

다양한 참여 방식으로 설정되어 마치 단계별 게임을 즐기는 듯한 효과가 있어 널리 확산되고 있다. 입론, 교차 질의, 반론, 요약, 마지막 초점으로 구성되어 단계별로 토론자들의 지적 호기심을 자극한다.

이 토론 방식은 교차 조사가 아닌 교차 질의(cross fire)가 있는 것이 특징이다. 교차 조사가 일방적으로 상대를 신문(訊問)하는 형태였다면 교차 질의는 자유롭게 질의·응답하는 것을 지향한다. 따라서 주도권 없이 자유 토론과 유사한 형태로 질의와 답변을 하게 된다.

퍼블릭 포럼 디베이트의 또 다른 특징은 요약과 마지막 초점이다. 이는 토론 방식이 일반 시민을 대상으로 하는 점이라는 것을 잘 보여 준다. 토론이 명료하도록 요약을 제시하고 마지막 발언에 어느 초점(focus)에 맞추어야 하는지를 드러냄으로써 일반 시민들의 판단을 돕도록 배려하고 있다.

〈표 16〉 퍼블릭 포럼 디베이트의 순서

		먼저 발언 팀	나중 발언 팀
1라운드	첫 번째 토론자	① 입론 4분	② 입론 4분
		③ 교차 질의 3분 – 1:1	
2라운드	두 번째 토론자	④ 반론 4분	⑤ 반론 4분
		⑥ 교차 질의 3분 – 1:1	
3라운드	첫 번째 토론자	⑦ 요약 2분	⑧ 요약 2분
		⑨ 전원 교차 질의 3분 – 팀:팀	
4라운드	두 번째 토론자	⑩ 마지막 초점 2분	⑪ 마지막 초점 2분

※ prep time은 팀당 2분으로 30초씩 나누어 쓸 수 있음.

2. 토의 수업의 실제

1) 주제 토의

어떤 쟁점이 될 만한 문제를 끌어내어 그것에 대해 의견을 집중적으로 나누는 것이 주제 토의 수업이다. 주제 토의는 친구끼리 나누는 대화에 공동성을 부여하는 것으로, 한 주제를 선정한 뒤 서로의 생각을 교환하면서 문제를 협의하고 결론을 도출한다. 주제 선정은 특별한 제한이 없지만 주로 윤리적·도덕적인 가치의 문제나 주변 생활에서 쉽게 접할 수 있는 것이면 된다.

간단한 내용의 텍스트를 함께 읽고 평소의 생각을 나누고 듣는 기회가 되므로 수업의 참여도가 높으며, 다양한 생각들을 통해 폭넓은 사고를 할 수도 있고 친구들을 이해하는 데도 도움이 된다. 그뿐만 아니라 사고력 증진과 더불어 바람직한 가치관 형성에도 도움을 준다. 미리 텍스트를 읽어 와야 하는 부담이 없으므로, 학생들이 수업에 대한 사전 준비가 미흡할 때 해 보는 것도 좋다. 주제 토의 수업의 기본 절차와 방법은 다음과 같다.

〈주제 토의 수업 준비 및 절차〉		
주제 토의 전	주제 토의 중	주제 토의 후
① →	② ③ →	④

텍스트 읽고, 토의 주제 생각하기 → 텍스트 내용과 관련된 토의 주제 제기하기 → 협의된 내용의 결론 도출하기 → 협의된 내용 실천하기

① 텍스트를 읽은 후 내용을 정리해 보고, 텍스트 내용 중에 의문점이나, 친구들과 토의해 보고 싶은 주제를 생각한다.
② 텍스트 내용 중에 의문점이나 토의해 보고 싶은 주제를 다양하게 제기한다.
③ 제시된 다양한 토의 주제를 가지고 서로 의견을 나누고 협의된 내용의 결론을 도출한다.
④ 토의 주제에 대해 도출된 결론을 받아들이고 실천한다.

♣ 실습 – 학생들과 토의하고 싶은 주제를 찾아 주제문을 만들어 봅시다.

2) 독서 토의

다음은 장 지오노의 『나무를 심은 사람』을 읽고 책의 내용에 대해 의견을 나누며 주제를 찾아가는 독서 토의 수업의 예이다. 『나무를 심은 사람』을 읽고 독서 토의 수업의 기본 절차와 방법을 숙지해 보자.

〈독서 토의 수업 준비 및 절차〉		
독서 토의 전	독서 토의 중	독서 토의 후
① →	② ③ →	④

책 읽고, 토의 주제 생각하기 → 책 내용과 관련된 토의 주제 제기하기 → 협의된 내용의 결론 도출하기 → 협의된 내용 실천하기

① 『나무를 심은 사람』을 읽은 후 내용을 정리해 보고, 책 내용 중에 의문점이나, 친구들과 토의해 보고 싶은 주제를 생각해 본다.
② 책 내용 중에 의문점이나, 토의해 보고 싶은 주제를 다양하게 제기한다.
③ 제시된 다양한 토의 주제를 가지고 서로 의견을 나누고 협의된 내용의 결론을 도출한다.
④ 토의 후 도출된 결론을 자신에게 적용하여 본다.

♣ 실습 – 제시된 텍스트에서 토의하고 싶은 주제를 찾아 주제문을 만들어 봅시다.

3. 토론 수업의 실제

1) 주제 토론

  뉴스나 신문을 활용한 시사 이슈와 관련된 시사성 있는 다양한 텍스트를 선정하여 주제 토론 수업을 하면 효과적이다. 학생들은 현실의 문제에 대해서 관심이 많으며, 사회 탐구 계열의 교과서와 연계하여 수업을 진행한다면 보다 활기찬 수업이 될 수 있다. 먼저 주제 토론 수업의 기본 절차와 방법을 숙지하고 최근 신문에서 이슈가 된 내용의 기사를 정하여 읽어 보자.

〈주제 토론 수업 준비 및 절차〉		
주제 토론 전	주제 토론 중	주제 토론 후
① →	② ③ ④ →	⑤

토론 논제 생각하기 → 토론 논제를 정한 후, 자료 수집과 분석하기 → 주장에 따른 근거 제시하기 → 상대 주장에 대해 반박하기 → 자신의 생각을 다시 정립하기

① 기사를 읽은 후 내용을 정리해 보고, 텍스트 내용 중에 의문점이나, 친구들과 토론해 보고 싶은 논제를 생각 한다.
② 토론 논제를 정한 후 찬성과 반대 입장을 정하고, 토론 논제를 염두에 두고 텍스트 내용을 다시 한번 검토한 후 주장을 뒷받침할 수 있는 근거를 찾는다.
③ 토론에 참여하여 자신의 입장과 입장에 따른 주장과 근거를 제시한다.
④ 토론에 참여하여 상대편의 주장과 근거의 논리적 오류를 찾아 반박한다.
⑤ 토론 후 도출된 결론을 받아들이고 생각을 다시 정립한다.

♣ 실습 - 최근 이슈 중에 학생들과 토론하고 싶은 논제를 문장으로 완성해 봅시다.

(1) 6단 논법 토론

최근 이슈가 된 기사를 선정하여 '6단 논법'으로 정리한다.

찬성	순서	반대
그렇게 생각한다.	**결론(주장)**	그렇게 생각하지 않는다.
그 이유는 무엇인가요?	**이유**	그 이유는 무엇인가요?

찬성	순서	반대
그 이유가 옳다는 설명을 해 보세요.	**설명**	그 이유가 옳다는 설명을 해 보세요.
상대편 생각의 잘못된 점을 밝혀서 반박해 보세요.	**반론** **(반론 꺾기)**	상대편 생각의 잘못된 점을 밝혀서 반박해 보세요.
내가 밝힌 이유와 설명에도 예외가 있을 수 있어요.	**(예외) 정리**	내가 밝힌 이유와 설명에도 예외가 있을 수 있어요.

♣ 실습 – 앞에서 찾은 논제를 6단 논법으로 정리해 봅시다.

논제:

찬성	순서	반대
	결론(주장)	
	이유	
	설명	
	반론 **(반론 꺾기)**	
	(예외) 정리	

(2) 퍼블릭 포럼 디베이트

퍼블릭 포럼 디베이트는 미국에서 2002년 첫 전국 대회가 개최되어 고등학교를 중심으로 빠르게 확산되고 있는 토론 모형이다. 일명 테드 터너 디베이트라 부른다. 이 유형은 단계별로 게임을 즐기는 듯한 효과가 있어 더욱 확산되고 있다. 같은 토론자끼리 같은 역할을 수행하는 것이 이 모형의 특징이다. '입론−교차 질의−반론−교차 질의−요약−전원 교차 질의−마지막 초점'으로 이루어져 있어 단계별 교육적 효과가 분명하다.

♣ 실습 − 앞에서 찾은 논제로 토론 개요서를 작성하고 토론을 진행해 봅시다.

〈퍼블릭 포럼 디베이트〉

1. 토론 방법 및 논제 소개
  • 토론 진행 순서

		먼저 발언 팀	나중 발언 팀
1라운드	첫 번째 토론자	① 입론 4분	② 입론 4분
		③ 교차 질의 3분 − 1 : 1	
2라운드	두 번째 토론자	④ 반론 4분	⑤ 반론 4분
		⑥ 교차 질의 3분 − 1 : 1	
3라운드	첫 번째 토론자	⑦ 요약 2분	⑧ 요약 2분
		⑨ 팀 교차 질의 3분 − 팀 : 팀	
4라운드	두 번째 토론자	⑩ 마지막 초점 2분	⑪ 마지막 초점 2분

2. 토론 진행
① 입장과 차례 정하기: 동전 던지기로 입장과 발언 순서를 정한다.
② 입론: 먼저 발언 팀이 입론하고 나중 발언 팀이 그다음 입론한다. 입론에는 논제의 배경, 용어 정의, 논제의 주장과 근거를 발언한다.
③ 교차 질의: 교차 질의는 토론자끼리 1 : 1로 하는 것도 있고 전원이 교차 질의하는 시간도 있다. 교차 질의 발언 순서는 정해져 있지 않으나 대체로 최초 질문은 먼저 발언 팀에서 시작한다.
④ 반론: 두 번째 토론자끼리 반론을 한다. 상대방의 입론과 교차 질의에서 얻은 정보를 가지고 각 4분간 반론을 한다.
⑤ 요약: 첫 번째 토론자끼리 각자의 핵심 쟁점에 대해 청중을 배려하는 차원에서 요약한다. 여기서 새로운 내용을 제시해서는 안 된다.
⑥ 마지막 초점: 두 번째 토론자들은 최종 핵심, 마지막 초점 내용을 발표한다. 양측 모두 자기 측이 승리해야 할 이유를 간략하게 발표한다.

3. 토론 내용 정리와 평가하기

2) 독서 토론

다음은 정해진 책을 읽고 책 속의 사건이나 주제를 찬반으로 나누어 토론할 수 있을 때 진행하는 독서 토론 수업의 예이다.

〈독서 토론 수업 준비 및 절차〉		
독서 토론 전	독서 토론 중	독서 토론 후
① →	② ③ ④ →	⑤

책 읽고, 토론 논제 생각하기 → 토론 논제를 정한 후, 자료 수집과 분석하기 → 주장에 따른 근거 제시하기 → 상대 주장에 대해 반박하기 → 자신의 생각 다시 정립하기

① 『〇〇〇〇〇』을 읽은 후 내용을 정리해 보고, 책 내용 중에 의문점이나, 친구들과 토론해 보고 싶은 주제를 생각해 본다.
② 토론 논제를 제시하여 논제를 정한 후 찬성과 반대 입장을 정하고, 토론 논제를 염두에 두고 책 내용을 다시 한번 검토한 후 주장을 뒷받침할 수 있는 근거를 책에서 찾는다.
③ 토론에 참여하여 자신의 입장과 입장에 따른 주장과 근거를 발언한다.
④ 다른 토론자의 주장과 근거의 논리적 오류를 찾아 반박하고 질문한다. 자신의 입장을 최종으로 정리하여 발언한다.
⑤ 토론 후 도출된 결론을 받아들이고 자신의 생각을 다시 정립한다.

♣ 실습 – 제시된 텍스트에서 토론하고 싶은 논제를 찾아 정리해 봅시다.

---

(1) 브레인 라이팅

브레인 라이팅은 각자 가지고 있는 생각을 주어진 붙임 종이 수에 맞춰 적은 것을 유목화하여 모둠의 주장과 근거로 사용할 수 있다. 교사는 논제를 학생들에게 제시하고 붙임 종이를 1인당 4~6장 정도 나누어 준다. 논제에 대해 찬성과 반대 의견을 1장에 1가지씩 적고 모둠에서 발표한다. 모둠에서는 나온 의견들을 분류하고 비슷한 생각끼리 묶어 유목화한다. 모둠에서 한 사람이 대표로 나온 내용을 전체에 발표한다.

♣ 실습 – 앞에서 찾은 독서 토론 논제에 대한 찬성과 반대의 의견을 브레인 라이팅으로 정리해 봅시다.

〈활동 절차〉

단계	활동 내용
1	소집단 구성하기
2	논제 제시하기
3	의견 적기
4	아이디어 발표하기
5	카드 분류하고 게시하기
6	정리 내용 발표하기

〈브레인 라이팅으로 정리〉

(2) 원탁 토론

원탁 토론은 토론자들이 둘러앉아 원탁의 정신을 살려 자유롭게 토론하는 것을 말한다. 원탁 토론의 정신은 참가자 모두가 평등하게 참가한다는 가치를 담고 있다. 때문에 발언할 수 있는 기회와 시간은 참가자 모두 공정하게 가진다. 토론의 효율성과 경제성을 고려하여 토론과 논제의 성격에 따라 미리 발언 순서와 발언 시간, 발언 횟수 등을 정하고 진행한다. 토론의 원활한 진행을 위해 사회자 1인을 두는 것이 일반적이다.

♣ 실습 - 앞에서 찾은 독서 토론 논제로 원탁 토론을 진행해 봅시다.

1. 구성원 및 토론 도서 소개하기

▶ 오늘 한우리 독서 클럽에서는 '_____'을 읽고 독서 토론을 합니다. 사회자 ○○○, 찬성 토론자 ○○○와 ○○○, 반대 토론자 ○○○와 ○○○입니다.

▶ 오늘 토론하는 책은 '_____'입니다.

(토론할 도서의 도서명, 도서의 간략한 내용, 지은이, 지은이의 약력 등을 소개한다.)

2. 토론 논제 제시하기

▶ 오늘은 '_____'라는 주제로 토론을 하겠습니다.

(토론할 논제를 직접 제시해 줄 수도 있지만, 학생들의 의견을 받아서 학생들 스스로 결정하도록 할 수 있다.)

3. 원탁 토론으로 독서 토론 진행

– 사회자: 논제 '_____'에 대한 원탁 토론 시간입니다. 먼저 사회자 오른쪽부터 자기소
　　　　　개를 1분씩 해 주시기 바랍니다.

토론자 1: 저는 ○○초등학교 ○학년 ○○○입니다. 저는 이번 논제에 찬성하는 입장입니
　　　　　다. 다른 친구들의 말을 잘 듣고 생각을 넓히는 시간이 되도록 하겠습니다.

　　　　　(이런 식으로 원탁에 둘러앉는 순서대로 자기소개를 간단하게 한다.)

〈1차 발언〉

– 사회자: 논제 '_____'에 대한 자신의 주장을 1번 토론자부터 2분 동안 펼쳐 주십시오.

* 1차 발언(각자 2~3분): 모두 자신의 의견, 입장(관점)을 분명하게 밝히는 단계이다. 이때 다
　른 토론자의 의견을 반박하지 않는다.(일종의 입론)

〈2차 발언〉

– 사회자: 1차 발언에 대해 토론자에게 질문이나 반박 의견이 있으면 질의해 주십시오. 질
　　　　　문을 받은 토론자께서는 즉시 답하지 마시고 3차 발언 시간에 답변해 주시기 바
　　　　　랍니다.

* 2차 발언(각자 2~3분): 서로의 생각에 반박도 하고 질문도 하는 반론의 단계이다. 1차 발
　언을 듣고 자신의 의견과 다른 견해에 대한 반박 또는 질문을 한다. 질문을 받은 토론자는
　바로 답하지 않는다.

〈3차 발언〉

• 사회자: 2차 발언에서 받은 질문이나 반론에 답변이나 재반박을 해 주십시오.

* 3차 발언(각자 2~3분): 2차 발언의 심화된 토론의 단계이다. 2차 발언에서 질문받은 내용
　또는 반박에 대해 답변한다. 1차와 3차는 모든 토론자들의 의무 발언 단계로 질문이나 반
　박을 받지 않은 토론자도 반드시 발언하도록 한다. 여러 해결 방안을 검토하면서 최선의
　해결안을 도출한다.

〈4차 발언〉

• 사회자: 토론하느라 수고가 많으셨습니다. 마지막으로 토론에 대한 소감이나 최종 자신의 주
　　　　　장을 변론하도록 하겠습니다. 순서대로 1분씩 말씀해 주세요.

* 4차 발언(각자 1분): 최종 변론이나 토론 참여 소감을 말한다. 다른 토론자들의 발언을 듣
　고 자신의 입장이 바뀌었다면 이유와 함께 자신의 입장을 정리하며 마무리한다.

– 사회자: 모두 수고하셨습니다. 이것으로 원탁 토론을 마치겠습니다.

4. 토론 내용 정리하기

제1장 토의·토론의 이해

토의와 토론의 개념	토의는 집단의 구성원들이 공통된 문제에 대해 협력적 사고를 통해 최선의 해결책을 도출하는 담화의 한 형태 토론은 어떤 논제에 대하여 대립되는 입장으로 나뉘어 각각 논리적인 근거를 발표하고 상대방의 논거가 잘못되었다는 것을 말하는 형태
교육적 의의	토의·토론 수업은 결과 중심이 아니라 과정 중심 수업으로 교육적 효과가 매우 큼.
토의·토론에 필요한 기능	토의·토론에 필요한 능력은 읽기 능력, 정보 선별 능력, 내용 구성 능력, 경청 능력, 말하기 능력임.
독서 토의·토론	독서 토의와 토론을 구분하기보다는 토의를 포함한 넓은 의미의 토론으로 보아야 함.
발문 만들기	학생들의 사고를 확장하고 깊이 있는 이해를 위한 좋은 발문은 독서 토의·토론에서 매우 중요함.

제2장 토의 지도 방법

토의 준비	토의 주제를 선정하고 필요한 자료를 정리하며 모둠을 어떻게 구성하고 좌석을 배치할지 준비해야 함.
토의 진행	토의 진행 방법을 알고 참여자의 역할에 맞게 토의를 진행해야 함.
토의 정리 및 평가	특별히 평가하지는 않으나 피드백을 통해 더 깊은 이해와 성찰을 할 수 있도록 함.

제3장 토론 지도 방법

토론 준비	학생들에게 적절한 논제를 만들고 쟁점을 찾아 주장과 근거, 논증을 세우며 토론 개요서를 작성해야 함.
토론 진행	토론에서 입론, 반론, 질문, 최종 발언의 유형을 알아보고 참여자의 역할에 따라 진행하는 방법을 숙지해야 함.
토론 정리 및 평가	토론 정리 후 평가 방법을 알고 피드백을 할 수 있음.

제4장 토의·토론 수업의 실제

여러 가지 토의·토론 방법	브레인스토밍과 브레인 라이팅, 신호등, 짝 토의·토론, 피라미드 토의, 6단 논법, 원탁 토의·토론, 프로–콘, 의회식 토론, 교차 조사식 토론, 퍼블릭 포럼 디베이트의 형식과 진행 방법 소개
토의 수업의 실제	주제 토의와 독서 토의 주제를 찾고 실습
토론 수업의 실제	주제 토론의 논제를 찾아 6단 논법으로 정리하고 퍼블릭 포럼 디베이트로 실습 독서 토론의 논제를 찾고 브레인 라이팅으로 예비 토론을 통해 입장을 정하여 원탁 토론으로 실습

1. 토의와 토론의 공통점과 차이점을 정리해 보자.

2. 인지적 발문과 정의적 발문이 무엇인지, 어떤 관련이 있는지 설명해 보자.

3. 3~4학년 학생들과 수업할 문학책을 한 권 선정해 문학 작품의 발문을 만들어 보자.

4. 토의 수업 시 교사는 토의 참여자 중 어떤 역할을 하는 것이 가장 효율적일지 참여자의 역할을 참고하여
   말해 보자.

5. 최근 이슈가 되고 있는 주제를 찾아 논제를 명제형 문장으로 만들어 보고 쟁점을 찾아보자.

6. 토론에서 논제의 '용어 정의'는 왜 중요한지 생각해 보자.

7. 토론 발언 유형 중 반론과 질문은 어떻게 다른지 설명해 보자.

8. 브레인스토밍의 4가지 원칙과 브레인 라이팅의 6.3.5 원칙을 말해 보자.

9. 논제를 정하여 6단 논법의 순서대로 정리해 보자.

10. 퍼블릭 포럼 디베이트와 교차 조사식 토론의 다른 점이 있다면 설명해 보자. 또한, 퍼블릭 포럼 디베이
    트를 진행할 때 어떤 순서로 해야 하는지 말해보자.

• 박병학(1993), 『매개적 수업 기술』 교육과학사.
• 박인기 외(2014), 『토론 교육 무엇을 어떻게 가르칠 것인가』 한우리북스.
• 서미옥(2015), 『교육방법 및 교육공학』 공동체.
• 서울대학교 국어교육연구소 편(1999), 『국어교육학사전』 대교출판.
• 신광재 외(2011), 『토론을 알면 수업이 바뀐다』 창비.
• 양현모 외(2019), 『토론, 설득의 기술』 리얼커뮤니케이션.
• 오용순(2010), 「한우리 교사 교육―토론 모형의 실제와 수업 활용 방안」 한우리독서논술연구소
• 이정옥(2008), 『토론의 전략』 문학과 지성사.
• 장 지오노(1993), 채혜원 옮김, 『나무를 심은 사람』 새터.
• 정문성(2017), 『토의·토론 수업방법 84』 교육과학사.
• 전정재(2001), 『독서의 이해』 한국방송출판.
• 한국교육개발원 편집부(1998), 『배우며 생각하며』 한국교육개발원.
• 한국독서학회(2003), 『21세기 사회와 독서지도』 박이정.
• 한국어문교육연구소 편(2006), 『독서 교육 사전』 교학사.
• 한국화법학회 화법용어해설위원회(2014), 『화법 용어 해설』 박이정.

04

논술 지도

/////////////////////////////////////

논술 지도는 다양한 독서를 전제로 한다. 독서로 쌓은 배경지식이 논술의 기초가 되며 사고력의 원천이 되기 때문이다. 그러므로 논술을 잘하기 위해서는 독서가 우선되어야 한다. 이러한 맥락으로 이번 장에서는 논술을 효과적으로 지도하기 위한 여러 방안들에 대해 탐구하고자 한다. 빠르게 변화하며 복잡하고 다양해지는 사회적 흐름에 대응하기 위해서는 초등학교 때부터 사회의 여러 문제를 다루는 다양한 논제에 대한 자신의 의견과 근거를 표현할 수 있는 능력을 함양해야 한다.

논술의 교육 과정에서는 논리력과 창의력이 중요시된다. 자신의 주장과 까닭을 논리적으로 표현할 수 있어야 하고 그 내용에는 남들과는 다른 창의적인 사고를 담고 있어야 설득력을 지니기 때문이다. 또한 자신 앞에 놓인 문제에 대한 원인을 분석하고 구체적인 해결 방안을 마련하는 것도 논술이 필요로 하는 능력이다. 겉으로 드러난 현상으로 피상적인 분석을 하는 것이 아니라 보다 심층적이고 근본적인 원인을 살펴야 문제를 해결할 수 있는 효과적인 해결 방안을 마련할 수 있다. 이러한 문제 해결 능력은 복잡한 현대 사회를 살아가는 민주 시민으로서 갖추어야 할 기본적인 능력이다.

이번 장에서는 논술의 개념을 바탕으로 논술의 과정을 살피면서, 학생들이 창의적이고도 비판적인 사고를 통해 자신의 주장과 근거를 논리적으로 표현할 수 있도록 지도하는 방안에 대해 살피고자 한다.

● 다음은 '논술 지도'에 대한 몇 가지 설명이다. 맞는 설명이라고 판단하면 ○, 틀린 설명이라고 판단하면 × 표시를 해 보자. 그리고 이 단원 학습 후에 다시 판단해 보고, 학습 전 자신의 생각과 비교해 보자.

	학습 전	학습 후
논술은 혼자 사고하는 과정이다.		
논술에는 정답이 없다.		
논술과 독서의 관계는 상호 보완적이다.		
논술의 교육 과정에서 독해력이 중요하다.		
논술에서는 어떤 주장을 하는지가 가장 중요하다.		
논술에서는 모두가 공감할 수 있는 중립적이고 원만한 주장과 표현을 해야 한다.		

제 1 장
논술의 이해

1. 논술의 개념

1) 논술의 정의

논술의 개념에 대해 살피기 전에 '독서지도사' 과정에서 '논술 지도'라는 과목이 지니는 의의에 대해 먼저 생각해 볼 필요가 있다. 흔히 논술을 잘하려면 독서를 많이 하라는 얘기를 한다. 단순히 책을 많이 읽는 것이 아니라 글의 내용을 파악하고 이해함으로써 의미를 구성하고, 자신의 삶 속에서 적용시킬 수 있어야 한다. 이런 독서의 과정을 통해 독해력과 문제 해결력, 사고력 등의 힘이 생기게 된다. 따라서 독서가 전제되지 않은 논술 지도를 생각하기 쉽지 않은 것이다.

논술에서 가장 중요시되는 능력은 창의성과 논리성이다. 그 두 가지 능력은 평소 다양한 책을 읽고 넓은 배경지식을 갖추고 있을 때 발휘될 수 있다. 그러므로 논술을 잘하고자 하면 독서가 바탕이 되어야 하고, 독서를 통해 갖춘 능력들은 논술을 통해 유감없이 발휘될 수 있다.

저자가 쓴 긴 글을 읽고 그 의도를 정확히 이해하고 중심 내용을 문맥에 맞게 정리할 수 있는 힘은 독서를 통해 배경지식이 축적되어야 가능하다. 배경지식은 독서 능력을 향상시키고, 독서 능력이 논술 능력의 바탕이 된다. 논술 훈련은 독서를 통한 지식, 자료, 정보들을 논리적으로 체계를 세워 정확하게 문장을 구사하여 풀어 가는 작업이라 할 수 있다. 따라서 논술을 잘하려면 다양한 독서를 통하여 배경지식을 넓혀야 한다.

논술의 사전적인 개념은 '어떤 문제에 대하여 자기 생각이나 주장을 타당한 근거를 들어서 논리적으로 풀어서 적은 글'이다. 개념만으로 본다면 논술은 어려울 것이 없다. 자신 앞에 놓인 어떤 문제에 대하여 누구나 자신의 생각이 있을 것이고, 그것을 논리적으로 풀어서 적을 수 있는 능력만 있다면 논술은 술술 써 내려갈 수 있는 글이다.

서술은 글로써만 할 수 있는 것이 아니라 말로도 할 수 있다. 단어의 사전적 의미에 따르면, 논술은 글쓰기뿐만 아니라 말하기도 포함할 수 있다. 그러나 말로 하는 서술은 '구술'이라는 용어를 별도로 사용하고 있으므로, 실제 '논술'이라는 용어는 일반적으로 글쓰기에 한정하여 사용하고 있다.

논술의 개념에 대한 정의를 구체화하자면 다음 세 가지의 측면으로 볼 수 있다.

첫째, 논술은 의사소통의 측면을 가지고 있다. 논술은 눈에 보이지는 않는 가상의 독자를 상대로 자신의 주장을 적는 글쓰기라는 측면에서 의사소통의 과정으로 생각할 수 있다.

둘째, 논술은 논리적 사고의 측면으로도 볼 수 있다. 논술은 비판적 사고를 바탕으로 자신의 생각을 논리적으로 전개하여 창의적으로 문제를 해결하는 과정을 거친다. 이런 의미에서 논술을 논리적 사고의 측면으로 이해할 수 있다.

셋째, 논술은 문제 해결의 과정으로 볼 수 있다. 논술은 어떤 상황에서 문제를 발견하고 그 문제 사태를 의미화하고 구체적인 해결 방안을 모색하여 글로 서술하는 언어적 실천 행위이기 때문이다.

선행 연구를 바탕으로 살펴볼 때 논술이란 해결해야 할 과제에 대하여 논리적인 사고 과정을 거쳐 문제를 해결하여 상대를 설득하는 글쓰기라고 볼 수 있다. 논술은 자신의 견해와 주장을 내세우는 개인적인 글임에도 상대를 설득시켜야 하기 때문에 수필과 같은 글이 되어서는 안 되고 객관적이고 논리적이어야 한다.

논술의 개념에 따르면 논술은 다른 글쓰기와 분명한 차이점을 지닌다. '자신의 생각'을 표현하는 다른 글들은 '감정 표현'에 주력하게 된다. 하지만 논술은 '설득'에 목적을 두어야 한다. 타당한 근거를 들어서 자신의 생각을 논리적으로 표현하는 논술의 목적은 '나와는 다른 생각을 가진, 혹은 별다른 생각이 없는 다른 사람들'을 설득하는 일이기 때문이다. 다른 사람들을 설득한다는 논술의 목적성을 고려할 때 논술에서 가장 중요한 것은 '타당한 근거'를 마련하는 일이다. 그리고 그것을 객관적이고 논리적으로 표현해야 한다. 자신의 생각, 혹은 주장을 표현하는 것이 논술이지만 그 과정은 누구나 인정할 수 있도록 객관적이고 논리적이어야 한다는 것이 논술이 지닌 가장 큰 특징이다.

독서와 논술의 상호 보완적 관계와 논술의 개념을 바탕으로 '논술 지도'에서는 학생들이 다양한 독서 활동을 통해 배경지식을 갖추었을 때 논술을 잘할 수 있는 방법과 논술을 통해서 독서력을 더욱 향상시킬 수 있는 방안에 대해서 살피고자 한다.

2) 논술의 필요성

논술(論述)은 '논리적 글쓰기'이다. 글쓰기는 자신의 생각을 질서를 세워 표현하는 것이며 의사소통의 중요한 수단이다. 글쓰기를 통해 새로운 세계를 파악하고 건립해 나갈 수 있기 때문에 논술은 단순히 주어진 지식을 암기하는 것을 넘어서 새로운 질서를 발견하고 표현할 수 있는 장점을 지니고 있다.

자칫 논술의 사전적 개념만으로 본다면 논술이 글쓰기의 한 분야로 오해될 수도 있다. 하지만 논술에서는 글쓰기로 표현되기 이전의 과정—창의적으로 생각하기, 논증하기, 비판하기, 통합하기—등의 사고 활동이 더 중요하다. 글쓰기란 이 모든 사고 과정의 표현이다.

오늘날 학생들에게 논술적 사고와 논술적 표현 방법이 요구되는 이유는 예전과 같은 일차원적이고 평면적인 사고 과정으로는 복잡하고 다양해진 사회 문제를 해결해 내기가 힘들기 때문이다. 사회 문제들이 더욱 복잡해지고, 문화 간 소통이 급속도로 증대되는 시대적 환경에서 '비판적으로 생각하기'와 '합리적으로 주장하기'의 능력이 절실히 요구되고 있는 것이다. 또한 미래 사회에는 지식을 많이 습득하는 것보다 학습한 내용을 바탕으로 새로운 환경과 상황 속에서 선택, 조정, 통합하여 문제를 해결하고 새로운 가치를 생성할 수 있는 창의 융합형 인재가 필요하다. 교육 과정에서 추구하는 핵심 역량에 '창의적 사고 역량'과 '지식 정보 처리 역량', '의사소통 역량'이 중요시되는 이유도 여기에 있다. 논술은 이러한 창의 융합형 인재를 육성하기 위한 적절한 교육 방법이다.

이런 맥락에서 꾸준한 논술 훈련은 문제 해결 능력을 향상시킬 수 있기 때문에 이를 토대로 논술자는 미래 사회가 요구하는 창의적이고 논리적인 사고가 가능한 창의 융합형 인재로 성장해 나갈 수 있다.

3) 논술의 어려움

　시대적으로 논술이 요구되고, 논술이 학생들의 사고력 증진에 매우 효과적임에도 불구하고 대다수의 학생들은 '논술'에 대해 부담을 느끼고 어려워한다. 학생들이 논술을 어려워하는 이유는 먼저 '자신만의 생각'이 없기 때문이다. 대부분의 학생들은 주어진 문제에 대해서 다양한 관점에서 살펴보고 토의와 토론의 과정을 거쳐서 자신만의 생각으로 문제를 해결해 나가는 훈련이 되어 있지 않다. 그래서 논술에서조차도 모범 답안을 따라 쓰거나 교사가 설명해 주기를 바라는 경우가 많다. 남들과는 다른 자신만의 창의적인 방안으로 문제를 해결하기보다는 정답에 가까운 답을 내놓아야 한다는 일종의 강박관념을 가지고 문제를 대하기 때문이다. 하지만 논술은 모범 답안을 외워서 쓰는 것이 아니라 자신만의 생각을 객관적으로 보여 주어야 하는 글이다. 논술을 하면서 다른 사람의 생각을 의식하거나 정답에 가까운 글을 쓰려고 하면 오히려 실패하기 쉽다. 각 대학에서 논술 고사를 치르고도 모범 답안을 발표하지 않는 것은 논술에는 처음부터 정답이 없기 때문이다.

　학생들이 논술을 어려워하는 두 번째 이유는 '타당한 근거'를 제시하는 것을 힘들어하기 때문이다. 논술은 문제를 발견하고 발견한 문제를 해결하기 위한 적절한 방안을 세우고, 주장의 근거를 모색하는 과정을 글로 서술하는 것이다. 다양성이 공존하는 현대 사회에서 발생하는 여러 문제들을 발견하고, 그 원인을 파악하고 분석하여 문제를 해결해 나가기 위해서는 주장을 뒷받침하는 근거의 타당성이 무엇보다 중요하다.

　자신의 생각이 옳다는 것을 증명하기 위해서는 반드시 타당한 근거를 마련해야 한다. 타당한 근거라는 것은 누구나 공감할 수 있는 지극히 마땅하고 적절한 근거를 말한다. 하지만 누구나 공감할 수 있는 객관적이고 적절한 근거를 마련하기란 쉬운 일이 아니다. '자신의 생각'이란 것은 주관적이기 마련인데 그것을 객관적인 근거를 들어서 증명해야 하기 때문이다. 하지만 이 또한 평소에 사회 현상에 대해 깊은 관심을 가지고 문제 해결을 고민해 보고, 독서를 많이 해서 배경지식이 풍부하면 어려운 일은 아니다.

　논술을 어려워하는 마지막 이유는 '논리적으로 표현'하는 것이 힘들기 때문이다. 이는 논술을 하는 과정에서 논술자가 종합적이고 논리적인 사고를 했는지를 보여 주는 결과물을 만들어야 한다는 의미이다. 논리적이란 '이치에 맞게' 혹은 '앞뒤가 맞게' 일관성을 지닌 것을 의미한다. 그렇다고 논술을 하기 위해서 거창한 논리학을 배워야 하는 것은 아니다. 감정적인 표현은 자제하고 누구나 공감할 수 있도록 이치에 맞게 서술하면 된다. 논술에서 요구하는 것은 현학적인 지식을 나열하고 어려운 단어를 사용하여 자신의 생각을 표현하는 것이 아니다. 상식적인 수준에서 문제를 해결하고 누구나 공감할 수 있는 객관적인 결론을 끌어내는 것이 중요하다. 처음에는 논리적으로 서술하는 일이 힘들겠지만 논술문의 형식을 익히고 일정한 훈련을 받는다면 논리적으로 표현하는 일을 익힐 수 있다.

2. 논술의 유형

1) 논제와 제시문의 종류에 따른 논술의 유형

논술을 잘하기 위한 첫 번째 단계는 논술의 유형을 파악하는 것이다. 논술의 유형에 따라 논술을 풀어 가는 과정이 다르며 기준을 무엇으로 두느냐에 따라 그 종류도 매우 다양하다.

논술의 유형은 논제의 유형에 따라 '찬반 토론형 논술'과 '문제 해결형 논술', '독해형 논술'로 나뉜다. '찬반 토론형 논술'은 어떤 문제에 대해 대립된 견해를 제시한 후 논술자의 견해를 묻는 형태의 논술이다. 논술자는 대립된 견해 중 하나를 선택하여(주로 찬성이나 반대) 자신의 주장에 대한 타당성을 증명해야 한다. '찬반 토론형 논술'에서는 자신의 주장이 옳다는 것을 증명할 수 있는 논증력과 상대방의 주장이 옳지 않다는 것을 증명할 수 있는 비판적 사고력이 요구된다. 초등학교 4학년 국어 교과서에서는 〈자신의 의견을 제시하는 글쓰기〉 단원에 실린 댐 건설에 반대하는 편지글을 통해 찬반 토론형 논술의 예시를 보여 준다.

'문제 해결형 논술'은 문제 상황을 주고 이에 대한 적절한 해결 방안을 묻는 유형이다. 이는 사회적으로 문제가 되고 있는 현상의 원인을 파악하고 해결책을 제시하는 유형이다. 이 유형은 제시된 자료와 문제 상황을 참고로 하여 주어진 문제를 해결하라는 형식으로 초등학생들은 4학년 국어 교과서 〈의견이 드러나게 글을 써요〉 단원과 6학년 국어 교과서 〈타당한 근거로 글을 써요〉 단원에서 학습하고 있다. 문제 해결형 논술에서 가장 중요한 점은 문제의 근본적인 원인을 정확하게 파악하여 분석하고 이에 맞는 적절한 대책을 마련하는 일이다. 그러므로 이 유형의 논술에서는 논술자의 분석적 사고력과 창의적이고 합리적인 해결 방안을 마련할 수 있는 능력이 가장 중요하다.

'독해형 논술'은 제시된 자료를 보고 자료를 요약하거나 공통 주제를 찾거나 추론을 통하여 자료가 보여 주는 문제를 분석하는 서술 방법이다. 이 유형은 기본적으로 제시문을 읽고 분석할 수 있는 독해력을 갖추고 있어야 하고 제시문 간의 관계를 파악할 수 있는 통찰력이 필요하다. 주로 대입 논술에서 많이 출제되는 유형으로 찬반 토론형과 문제 해결형 논술을 포함하는 서술 방식이므로 종합형 논술이라고도 할 수 있다.

또한 논술의 유형은 제시문의 종류를 기준으로 나눌 수도 있다.

제시문의 종류에 따라 분류를 하면 '역사 논술', '독서 논술', '수리 논술', '시사 논술' 등으로 나누기도 한다. '역사 논술'은 제시문이 역사적 사실을 다루고 있는 것이다. 예를 들면 '광해군은 현군인가, 폭군인가?', '병자호란 당시 주화론과 척화론 중 어느 주장이 타당하다고 생각하는가?' 등이 있다.

'독서 논술'은 책을 읽고 그 안에서 논제를 뽑아서 논술을 하는 것이다. 예를 들면『우리들의 일그러진 영웅』을 읽고 '부당한 권력에 대항하는 각 인물들의 태도를 분석하라.',『꺼삐딴 리』를 읽고 '이인국 박사의 행동에 대한 자신의 견해를 서술하라.'는 식의 출제가 가능하다.

'수리 논술'은 수학에 관한 제시문을 이용하여 수학적 지식을 묻는 논술이라고 할 수 있다. 하지만 수리 논술의 목적은 논술자의 수학적 지식을 평가하려는 것이 아니다. 정답을 맞히는 것보다 풀이 과정에서의 창의적이고 논리적인 사고의 과정을 평가하는 것이 수리 논술의 목적이다. 수능 논술의 경우에는 어려운 수학적 지식이 바탕이 되어야 풀 수 있지만 초등 논술의 경우 수리 논술은 상식적인 수학 개념에 대한 지식과 논리적 사고력만 있으면 풀 수 있는 논술이다. 예를 들면 '1 더하기 1은 2다. 하지만 물방울 하나에 물방울을 하나 더하면 물방울 하나가 된다. 이 경우에도 1+1=2의 개념이 적용될 수 있는지를 증명하라.'라는 논제가 있다.

'시사 논술'은 시사적인 문제들을 논술의 논제로 활용하는 것이다. 사회적 이슈가 되는 논제들은 그 사회의 문제를 반영하고 있으므로 논술자의 가치관과 문제 해결 능력을 묻고자 하는 논제들이 많다. 시대적 흐름을 반영하는 '환경 문제'나 '현대 과학 기술의 발달', '정책적 이슈' 등의 문제를 다룬다.

2) 학교급별에 따른 논술의 유형

초등학생, 중학생, 고등학생은 발달 단계와 지적 능력이 다르기 때문에 학교급에 따라 논술의 유형이 다르다. 이에 따라 각 학교급에서 요구하는 논술 능력도 다른데 이번 장에서는 학교급별에 따른 논술의 유형과 중점적으로 지도해야 할 논술 능력에 대해서 살피고자 한다.

⑴ 초등 논술

논술의 사전적 정의와 여러 학자들이 말한 논술의 개념을 바탕으로 초등 논술에서 가장 중요하게 고려해야 할 부분은 문제나 쟁점에 대해서 자신의 주장을 논리적 과정을 통해 전개할 수 있는 능력을 갖추는 것이다.

초등학교의 국어과의 학습 목표에서도 논술 교육은 주요한 내용으로 다루고 있다. 단원에 따라서 '문장의 짜임을 생각하며 의견을 제시하는 글을 써 봅시다.', '타당한 근거와 알맞은 자료를 활용해 논설문을 써 봅시다.', '뉴스와 광고에서 정보의 타당성과 표현의 적절성을 판단해 봅시다.' 등의 논술과 관련된 학습 목표를 제시하고 있다. 초등학교에서 실시하는 각종 글짓기 대회에서도 제시문이 없는 단문 논술의 형태가 논제로 많이 출제된다. '불조심 글짓기', '도로 교통 안전 글짓기', '한글 사랑 글짓기' 등이 그것이다. 살펴본 바와 같이 초등 논술에서는 주로 문제 해결형이나 찬반 토론형의 논술이 많이 출제되고 있다. 이때 중요한 것은 자신의 주장이나 문제 해결 방안에 충분한 설득력을 갖추는 것이다. 초등 논술에서는 자신의 생각을 정확하게 표현하는 능력도 평가 기준이 되기 때문에 논술문의 형식(서론·본론·결론)에 맞추어서 긴 글을 적는 훈련도 필요하다.

초등 단계에서 독서 논술은 책을 읽은 후 주제와 관련된 논제를 정해서 이에 대해 토의, 토론하고 논술문을 적는 과정으로 진행된다. 주로 등장인물의 행동을 비판하거나 옹호하기도 하고, 사건과 관련된 사회 문제를 논제로 다루기도 한다. 이 경우 제시문은 책 전체가 되고 논제도 주제와 관련이 있기 때문에 책을 꼼꼼하게 읽지 않으면 타당한 근거를 마련하거나 자신의 입장을 정리하기 힘들어진다.

초등 단계에서의 시사 논술은 초등학생들이 배경지식을 충분히 가지고 있는 보편적인 주제를 다룬다. 사회 문제를 해결할 수 있는 문제 해결형의 유형이 많으며 타당한 근거를 들어서 자신의 의견을 논리적으로 표현할 수 있는 부분에 중점을 둔다.

■ 초등 논술 예시

> ▶ 흉악범의 머그샷을 공개해야 할까?
>
> '흉악범의 머그샷(경찰에서 피의자의 얼굴을 식별하기 위해 찍는 사진으로 정면과 측면을 촬영한 사진)을 공개해야 한다.'와 관련된 다양한 주장과 근거들을 분석하여 봅시다.
>
> 1. 다음 물음에 답하며 안건에 대한 주장과 근거들을 알아봅시다.

찬성 측	반대 측
㉮ 우리나라는 현재……	㉰ 경찰은 '피의자의 인권도……'
㉯ 한번 범죄를……	㉱ 오늘날 소셜 미디어……

1) 우리나라에서 피의자의 신상 공개를 허용하는 기준과 ㉮에 제시된 해외의 기준을 비교하여 보고, 우리나라의 규정이 적절하다고 생각하는지 자신의 생각을 말하여 봅시다.

2) 아래 조항에서 규정하듯이 모든 인간에게는 인권이 있으므로 피의자의 인권도 존중해야 할 것입니다. 여러분은 ㉮의 밑줄 친 의견에 공감하는지 자신의 생각을 말하여 봅시다.

3) ㉯에서 흉악범의 머그샷을 공개할 경우 예상하는 효과는 무엇인지 말하여 봅시다.

4) 다음 글을 활용하여 ㉯의 의견에 반론을 제기하여 봅시다.

5) ㉰를 읽고 피의자의 머그샷을 공개할 경우 법률상 위배되는 점을 말하여 봅시다.

6) ㉱를 읽고 피의자의 신상이 공개된 후 주변 사람들이 겪게 되는 피해를 말하여 봅시다.

7) 경찰은 "현행법에 명시된 신상 공개 원칙에 어긋나지 않는 방식의 머그샷을 검토하고 있다."라고 밝혔습니다. 공공의 안전을 위해 머그샷을 공개한다면 어떤 방식으로 공개하는 것이 효과적일지 다음 글을 참고하여 생각하여 봅시다.

2. 지금까지 활동한 내용을 바탕으로 토론 준비표를 작성하여 봅시다.

(한우리독서토론논술 초등 교재, 『논리리더2』)

(2) 중등 논술

중등 논술이 초등 논술과 구별되는 가장 큰 차이점은 초등 논술과는 달리 단순한 문제 해결 방안을 묻기보다는 논술자가 가지고 있는 가치관을 묻는 유형이 많다는 점이다. 중학생은 사춘기를 거치면서 자신의 정체성과 가치관을 확립해 나가는 시기이기 때문에 논술에서도 문제 상황에서 논술자의 가치관을 묻거나, 올바른 가치관을 바탕으로 하는 문제 해결 방안을 유도하는 논술 유형이 많다. 독해형의 논술이 출제되기도 하는데 이 경우에도 제시문을 비교하거나 대조하면서 자신의 가치관에 적합한 하나의 방향을 선택해야 한다. 중등 논술에서도 초등 논술처럼 내용을 논리적으로 조직하거나 자신의 의견을 표현하는 능력이 여전히 중요시된다.

또한 독서 논술의 경우에도 중등에서는 책 내용에 머무르지 않고 책의 주제를 사회 전반의 문제와 연관하여 묻는 논제가 많다. 본문의 내용과 신문 기사 등을 제시문으로 주면서 제시문 간의 관계를 분석하거나, 비판·옹호하면서 논술자의 논지를 서술하도록 한다. 이 경우에도 초등 논술과 마찬가지로 책의 내용을 꼼꼼히 파악하고 주제에 대해 깊이 고민한 후 이를 사회 문제에 적용하여 서술할 수 있어야 한다.

■ 중등 논술 예시

▶ 다음 자료를 살펴보며 개고기 식용 금지를 둘러싼 논란에 대해 알아보자.

음식 배달 서비스 플랫폼인 '쿠팡이츠'는……

1. 현재 우리나라에서 나타나는 개고기 식용을 둘러싼 갈등을 정리해 보자.

▶ 다음 자료를 살펴보며 개고기 식용 금지에 찬성하는 측의 의견을 들어 보자.

1. QR코드 영상을 확인한 뒤 이를 토대로 주어진 물음에 답해 보자.

 재생 포인트 ~1분 36초

1) 오늘날 개고기에 대한 사람들의 인식은 어떻게 변화하고 있나?

2) 앞선 활동과 아래 자료를 참고로 개고기 식용 금지의 필요성에 대해 설명해 보자.

> 동물권행동 카라(이하 카라)와 동물권연구변호사단체……

2. 아래 자료를 개고기 식용 금지에 찬성하는 측의 주장으로 활용해 보자.

> 과거에 있던 모든 것이 현대 사회에서 다 문화로……

▶ 다음 자료를 살펴보며 개고기 식용 금지에 반대하는 측의 의견을 들어 보자.

1. 아래 QR 코드 영상을 바탕으로 주어진 물음에 답해 보자.

재생 포인트 37초~2분 45초

1) 과거 여러 차례 정부의 단속과 개고기 식용 금지 정책이 있었음에도 불구하고 오늘날까지 개고기가 사라지지 않은 이유를 짐작해 보자.

2) 영상 속 기사 내용과 식당 사장의 인터뷰, 아래 자료를 토대로 개고기 식용을 '야만의 습관'이라고 하는 주장을 비판해 보자.

> 집단에 따라 즐겨 먹는 음식이……

3) 아래 자료를 참고로 개고기 식용 금지가 가져올 수 있는 문제를 예상해 보자.

> 개 식용에 찬성하는 쪽은 적지 않은 국민이……

▶ 토의·토론의 장

앞서 살펴본 자료를 토대로 개고기 식용 금지에 대해 친구들과 토의·토론해 보자.

1. 개고기 식용 금지를 둘러싼 쟁점과 찬반 의견을 정리해 보자.

2. 개고기 식용 금지가 타당한지에 대한 자신의 견해를 밝히고, 이에 대해 친구들과 토론해 보자.

3. 아래 자료를 참고로 개고기 식용 문제를 둘러싼 갈등을 해결할 방안은 무엇이 있을지 이야기해 보자.

> ㉮ 구포 가축시장(구포 개시장)은 부산 최대 규모의……
>
> ㉯ '시장이 요구하면 그제서야 바뀌더라.' 취재진이……

4. 자신의 토의·토론 활동을 되돌아보자.

(한우리독서토론논술 중등 교재, 『소크라테스1』)

(3) 대입 논술

대입 논술은 대학 입시를 위해 치르는 논술이다. 그래서 다른 학년의 논술보다 평가적 목적이 강하다. 우리나라의 대입 논술 시험은 1986년도에 시작하여 1987년까지 실시되었다. 그러나 평가의 공정성과 출제의 어려움 때문에 폐지되었다가 1997년 다시 실시되어 지금까지 이어 오고 있다.

학생들은 대입 논술에 대해 큰 부담감을 느끼고 대학에서는 출제에 대한 어려움과 번거로움이 있다. 그런데도 대입에서 대학별로 논술 고사를 치르는 까닭은 오지선다형의 대학 수학 능력 시험으로는 학생들의 문제 해결 능력이나 창의력을 측정할 수가 없기 때문이다. 대입 논술 시험이 때로는 사회적 논란거리가 되기도 하지만 논술 시험의 긍정적인 역할을 무시할 수는 없다. 논술 시험은 학생들의 문제 해결 능력과 창의력, 나아가서는 가치관과 인성에 관한 영역까지 평가하려고 한다. 하지만 현실적으로 현재의 대입 논술에서는 독해력, 제시문 분석력, 논제 분석력을 중요한 능력으로 평가하고 있다.

3. 논술과 사고력

논술자의 머릿속에 저장되어 있는 배경지식을 논술의 논제와 제시문에 맞게 꺼내서 활용하는 능력을 사고력이라고 한다. 논술의 가장 중요한 요소는 말할 것도 없이 생각하는 힘, 즉 사고력이다. 사고력의 차이가 논술의 성패를 가르기 때문에 다른 사람에 비해 사고력이 떨어지는 사람은 좋은 논술을 하기 어렵다. 다양한 배경지식들을 지니고 있더라도 적절히 활용하지 못한다면 소용이 없기 때문이다. 그래서 논술을 잘하기 위해서는 사고력 훈련이 필요하다.

1) 논리적 사고력

논리적 사고란 이치에 맞게 따지고 앞뒤를 가려 모순이 없게 생각하는 것을 말한다. 그리고 논리적 절차와 규칙에 따라 문제의 발견과 해결을 생각하는 과정을 뜻하기도 한다. 여기에서 문제 발견이란 어떤 사태를 문제적 안목으로 파악하는 것을 뜻한다. 무조건적으로 수용하고, 무비판적으로 사태를 바라보는 것이 아니라 사회 현상이나 주어진 상황에 어떤 문제가 있는지를 파악하려고 깊이 들여다보고 생각하는 안목을 말하는 것이다.

논술에서 논리적인 사고가 필요한 이유는 사고의 객관성과 문제 해결 절차의 타당성을 유지하기 위해서이다. 사고 자체를 논리적으로 하고, 그 결과 논리성을 갖춘 문장으로 표현하는 것이 논술이기 때문에 논술과 논리적 사고는 불가분의 관계에 있다고 하겠다. 예컨대 '댓글 문화의 문제점은 무엇이고, 원인은 무엇이며, 이 문제를 해결할 수 있는 방안은 무엇인가?'라고 질문하고 적절하고 타당한 해결 방안을 모색하는 과정이 논리적 사고 훈련이라 할 수 있다. 논리적인 사고를 하기 위해서는 사물과 현상을 인과 관계 속에서 파악하고, 적정한 논거를 찾는 노력을 꾸준히 해야 하며, 논거에 일관성과 객관성, 규칙성이 있는지를 검토해야 한다.

2) 독창적 사고력

독창적인 사고를 한다는 것은 적절한 근거를 갖춘 주장이면서도 다른 사람들과 다른 생각을 담고 있고, 또는 적절한 논거이면서도 다른 사람들이 흔히 제시하지 않는 논거를 합리적으로 제시하는 것이다. '과학 기술이 우리에게 미친 영향에 대해 논하라.'라는 논술 문제를 접했을 때, 만일 "과학 기술이 인간을 편하게 만들었지만 환경 오염과 생태계 파괴, 그리고 전쟁 등과 같은 나쁜 영향을 미쳤다."라고 쓴다면 독창적이라는 평가를 받기 힘들다. 이는 많은 사람들이 생각하는 범주에서 벗어나지 못하고 있기 때문이다. 논술자는 다른 사람들과 다르게 생각할 수 있어야 한다.

논술자가 가진 배경지식에는 한계가 있다. 그래서 논술에서 해결해야 하는 문제 상황이 논술자의 배경지식만으로는 풀기 어려운 경우도 있다. 이런 경우에 자신이 가진 배경지식의 한계를 뛰어넘기 위해서는 이미 가진 정보를 다른 관점으로 해석하고 응용할 수 있는 능력이 필요하다. 논술에서 독창적 사고력이 요구되는 것은 이와 같은 이유 때문이다.

3) 비판적 사고력

비판적 사고란 독해의 과정에서 글에 제시된 내용, 표현, 조직 등에 대하여 적절성과 정확성, 타당성 및 효용성을 일정한 준거에 따라 판단하면서 이해하는 능력이다. 비판적 사고의 기초는 창의적 사고력과 함께 고등 수준의 사고 기능이다. 비판적 사고의 하위 요소로는 건전한 회의성, 객관성, 체계성 등을 들 수 있다. 또한 비판적 사고는 현실 세계 및 자신의 삶에 대한 비판적 평가나 성찰이 포함되는 사고 활동이다.

비판적 사고를 훈련하기 위해서는 글에서 사실과 의견을 구별하고, 정확성과 신뢰성, 타당성과 공정성에 대해 평가해야 한다. 그리고 한 문제를 다양한 관점에서 조망할 수 있어야 한다.

비판적 사고는 제시된 의견이나 근거에 대해 부정하는 것이 아니라 타당한 근거를 들어서 합리적 의심을 하여 오류와 적절하지 않은 내용을 밝혀내고자 하는 활동이다.

4) 종합적 사고력

종합적 사고란 어떤 문제와 관련된 여러 사항을 상호 연관 속에서 파악함으로써 합리적 사고에 이르는 것을 뜻한다. 종합적 사고는 판단의 합리성을 갖추도록 하여 전인적 인간상을 지향하는 지표 역할을 한다. 종합적 사고를 하기 위해서는 아집과 독선, 편견에 빠지지 않도록 객관적 시각을 가져야 하고, 독서를 통해 간접적 체험을 많이 쌓아서 견실한 판단의 근거를 확보해야 하며, 건전하고 긍정적인 관점을 유지하도록 노력하여야 한다.

제**2**장
논술의 전략

1. 논제 이해

　논제란 논술에서의 문제를 가리킨다. 논술을 '주어진 문제에 대한 자신의 생각을 논리적으로 서술하는 것'이라는 관점에서 본다면 논술의 시작은 논제의 이해에서 비롯된다. 논제를 정확하게 파악하지 못하거나 제멋대로 해석하게 되면 출제 의도를 파악하지 못하고 엉뚱한 이야기를 나열하거나 핵심 논점을 빠뜨리게 된다. 따라서 논술을 제대로 하려면 주어진 논제를 정확하게 이해하고 그에 충실한 답안을 작성해야 한다.

　1장 논술의 유형에서 살펴보았듯이 논제는 크게 '찬반 토론형', '문제 해결형', '독해형'으로 분류할 수 있다. 이번 장에서는 특성에 따라 보다 자세하게 논제를 나누어 설명하고자 한다. 논제가 요구하는 바에 따라 제시문을 어떻게 활용해야 하는지−요약해야 하는지, 분석해야 하는지, 제시문을 다른 자료나 견해에 적용해야 하는지−를 결정해야 하므로 주로 독해형의 논술을 세분화한 것과 같다.

1) 비판·옹호형 논제(찬반 토론형)
　비판·옹호형의 논제는 논제 또는 제시문에서 주장하는 입장에 대하여 논술자의 찬반 의견을 분명하게 보여 줄 것을 요구하는 논제 유형이다. 논제 또는 제시문의 내용, 주장에 대하여 찬성하는지, 반대하는지를 명확하게 밝히고, 그에 따른 비판 또는 옹호의 근거를 제시하는 논제이다. 여기에서 중요한 것은 비판 또는 옹호의 입장 중 어느 것을 선택하느냐가 아니라, 선택에 따른 근거를 명확하게 제시하는 것이다. 비판 또는 옹호의 입장에 따른 점수 차이는 없고, 근거 제시를 채점 요소로 활용하기 때문이다. 따라서 논술자의 입장에서는 어느 입장이 근거를 명확하게 제시할 수 있는지를 논제 분석과 제시문 분석, 개요 작성 단계에서 파악해서 답안을 작성하는 것이 중요하다.

■ 비판·옹호형 논제 예시

▶ 탄소세가 지구를 살릴까?

'탄소세를 도입해야 한다.'와 관련된 다양한 주장과 근거들을 분석하여 봅시다.

1. 다음 물음에 답하며 안건에 대한 주장과 근거들을 알아봅시다.

찬성 측	반대 측
㉮ 1981년~2010년까지……	㉱ 탄소세는 국민들의……
㉯ 탄소세는 이산화 탄소를……	㉲ 우리나라는 2015년부터……
㉰ 탄소세를 도입하면……	

1) ㉮와 다음 글을 읽고, 우리나라에 탄소세를 도입하는 것이 필요한 까닭을 설명하여 봅시다.

2) ㉯에 제시된 다른 나라들은 탄소세를 도입하여 어떤 결과를 얻었나요?

3) ㉰를 읽고 탄소세를 도입할 경우, 예상되는 효과에 대해 말하여 봅시다.

4) 다음 스웨덴 사례를 바탕으로 탄소세 도입을 찬성하는 측의 근거를 강화하여 봅시다.

5) ㉱에 나타난 탄소세 도입의 부작용은 무엇인지 말하여 봅시다.

6) ㉮의 기업들은 온실가스 배출을 줄이기 위해 어떤 노력을 하고 있는지 말하여 봅시다.

7) 탄소세를 도입하지 않고 생활 속에서 탄소를 줄일 수 있는 방법에는 어떤 것들이 있을까요? 다음 방법들 외에 또 다른 방법들을 생각하여 봅시다.

2. 지금까지 활동한 내용을 바탕으로 토론 준비표를 작성하여 봅시다.

(한우리독서토론논술 초등 교재, 『논리리더1』)

2) 대안 제시형 논제(문제 해결형)

대안 제시형 논제는 주로 제시문에 주어진 사회의 문제적 상황에 대한 개선 방안이나 해결 방안을 제시하거나 그러한 문제적 상황에 대한 논술자의 견해를 제시하는 논제 유형이다. 대안 제시형 논제는 문제적 상황을 개선하거나 해결하는 구체적 방안이나 대책을 제시할 것을 요구하기도 하지만 대략적인 방향을 모색하라는 경우도 있다. 또 주어진 상황에 대한 두세 가지의 견해를 소개하고 이와 관련하여 논술자의 입장을 밝히고 이를 논증 과정을 통해 설득력 있게 제시할 것을 요구하는 경우도 있다. 대안 제시형 논제를 해결하기 위해서는 우선 논제가 무엇에 대한 내용을 담고 있고, 그것이 사회적으로 어떤 문제가 있으며 어떤 결과를 초래하고 있는지에 대해 살펴보아야 한다.

대안 제시형 논제를 해결하기 위한 실마리를 제시하면 다음과 같다.

- 대안(문제 해결 방안)은 문제 상황에 대한 적합성, 효율성, 실현 가능성, 구체성을 띄어야 한다.
- 제시문이나 논제의 지시, 기준에 근거하지 않은 논술자의 자의적 견해나 대안을 답안으로 제시하지 않는다.
- 대안이나 자신의 견해를 뒷받침하는 논거는 복수로 제시하는 것이 바람직하다.

– 논증 과정이나 대안으로 제시되는 내용은 기본적으로 논제의 지시와 제시문의 내용을 기반으로 하며, 열린 답안을 명백히 허용하거나 많은 양의 답안 분량을 요구하는 경우에는 논술자의 창의적인 대안이나 논거 등을 답안으로 구성할 수 있다.

■ 대안 제시형 논제 예시

▶ 사이버 공간은 어떤 곳인가요?

사이버 공간의 특징을 알아봅시다.

1. 사이버 공간의 특징을 바탕으로 좋은 점과 나쁜 점을 설명하여 봅시다.

좋은 점	특징	나쁜 점
	언제 어디서나 이용할 수 있어요.	
	많은 정보를 빠르게 전달할 수 있어요.	
	이름과 얼굴을 숨길 수 있어요.	

2. 물음에 답하며 여러분이 주로 사용하는 메신저나 SNS에 대한 자신의 경험을 떠올려 봅시다.

메신저의 장점은 무엇일까?	소셜 네트워크 서비스(SNS)가 뭐야?
스마트폰이나 PC를 이용하여……	사이버 공간에서 친구를 사귀고……

1) 여러분이 주로 이용하는 메신저나 SNS는 무엇인가요? 하루에 얼마나 오래 쓰는지도 말하여 봅시다.
2) 메신저나 SNS를 사용할 때의 장점은 무엇이라고 생각하나요?
3) 메신저나 SNS를 쓸 때 갈등을 겪거나 문제 상황을 경험해 본 적이 있나요?

▶ 고발합니다, 사이버 폭력의 심각성

사이버 폭력의 심각성과 이를 해결할 수 있는 방법을 생각하여 봅시다.

1. 사이버 폭력의 실제 사례를 살펴보고 문제의 심각성을 알아봅시다.

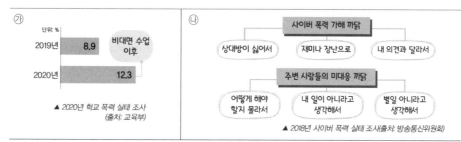

㉮

단위: %

2019년 8.9

2020년 12.3

비대면 수업 이후

▲ 2020년 학교 폭력 실태 조사 (출처: 교육부)

㉯

사이버 폭력 가해 까닭

상대방이 싫어서   재미나 장난으로   내 의견과 달라서

주변 사람들의 미대응 까닭

어떻게 해야 할지 몰라서   내 일이 아니라고 생각해서   별일 아니라고 생각해서

▲ 2018년 사이버 폭력 실태 조사(출처: 방송통신위원회)

㉰ A군은 어느 날 인터넷 검색을 하다가 깜짝 놀랐다. ……

1) ㉮를 보고 최근 들어 사이버 폭력이 일어나는 비율이 더 높아진 까닭을 생각하여 봅시다.

2) ㉯를 참고하여 사이버 폭력의 가해자와 주변 사람들의 태도의 문제점을 말하여 봅시다.

3) ㉰와 경찰관의 인터뷰를 바탕으로 사이버 폭력을 겪은 피해자가 느낄 고통을 짐작하여 봅시다.

> 사이버 폭력을 당한 트라우마는……

2. 사이버 폭력으로 인한 문제를 해결하기 위하여 어린이들이 토의를 하고 있습니다. 물음에 답하며 문제를 효과적으로 해결하기 위한 방법을 생각하여 봅시다.

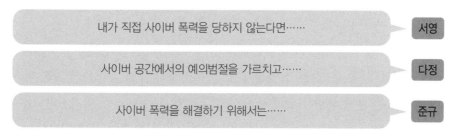

> 내가 직접 사이버 폭력을 당하지 않는다면…… **서영**

> 사이버 공간에서의 예의범절을 가르치고…… **다정**

> 사이버 폭력을 해결하기 위해서는…… **준규**

1) 서영이와 다정이의 해결 방법이 적절한지 평가하여 봅시다.

2) 준규의 의견에 반대하는 해인이의 말을 읽어 보고, 여러분은 어떤 친구의 말에 더 공감하는지 까닭을 들어 이야기하여 봅시다.

> 당사자가 아닌 사람이 문제에 끼어들었다가…… **해인**

3. 사이버 폭력이 일어나지 않도록 하기 위해 나에게 필요한 마음가짐을 발표하여 봅시다.

(한우리독서토론논술 초등 교재, 『독서리더2』)

3) 요약형 논제

요약형 논제란 제시문의 핵심 내용 또는 글쓴이의 핵심 주장을 파악하고 그것을 요약의 원리에 맞게 제한된 분량 안에 서술하도록 요구하는 논제이다. 요약형 논제는 제시문의 개수에 따라 단일 제시문을 요약하도록 요구하는 유형과 둘 이상의 복수 제시문을 요약하는 유형으로 구분할 수 있다.

요약형 논제를 해결하기 위해서는 제시문에 대한 정확한 독해 능력과 이해력을 바탕으로 이를 압축적으로 표현하는 능력이 요구된다. 따라서 좋은 요약을 위해서는 선택(삭제), 객관화, 일반화, 재구성의 원리 등 요약의 원리가 필요하며, 올바른 표현을 위한 정확한 국어 규범과 원고지 사용법 등에 대한 지식이 바탕이 되어야 한다. 제시문의 수를 기준으로 '단일 제시문 요약형'과 '복수 제시문 요약형'으로 구분하여 설명하면 다음과 같다.

단일 제시문 요약형 논제란 논술의 주제와 관련한 하나의 제시문을 제한된 분량에 맞추어 요약하는 논제이다. 단일 제시문 요약형 논제의 경우는 길이가 비교적 긴 제시문을 요약하라고 요구한다. 그리고 논술 전체 주제에 대한 정보를 전달하는 제시문을 요약하라는 요구가 많다. 대체로 전체 논제 중 가장 적은 배점을 차지하지만 다른 논제를 해결하기 위한 기본 논제가 되기 때문에 가장 중요하다. 이러한 단일 제시문 요약형의 경우 제시문의 분량이 많기 때문에 요약의 원리를 철저하게 준수해야 한다.

복수 제시문 요약형 논제는 요약형 논제의 한 종류로서, 단일 제시문 요약형의 확장된 형태로 볼 수 있다. 통상적으로 요약형 문항은 논술자의 독해 능력을 평가하기 위한 논제로서, 후속하는 논제 해결을 위해 필요한 기본적인 독해 능력을 평가한다. 하지만 복수 제시문 요약형 논제는 논술자의 기본적인 독해 능력을 측정하는 것뿐만 아니라 논술 주제와 관련한 다양한 견해를 정리해 보게 함으로써 후속하는 적용형, 평가형 논제 즉, 논증 능력을 측정하기 위한 논제로 심화되는 과정에서 곧잘 출제되는 논제 유형이다.

따라서 복수 제시문 요약형 논제는 단일 제시문 요약형 논제와는 다소 다른 성격을 지니고 있다. 즉, 단일 제시문 요약형 논제는 하나의 제시문에 대한 심층적 이해를 바탕으로 요약의 원칙을 적극적으로 활용하여 독해 능력과 요약의 능력이 중점적인 평가의 대상이 된다. 그러나 복수 제시문 요약형 논제는 정해진 분량 안에 두 개 이상의 제시문 내용을 요약해야 하므로 제시문의 여러 내용을 요약의 원칙에 따라 구성하는 것이 아니라, 각각의 제시문이 지닌 핵심 내용이나 관련 내용만으로 답안을 작성하여야 한다. 따라서 복수 제시문 요약형 논제는 각 제시문의 내용이 매우 간략하게 제시되는 특성을 지니게 되는 것이다.

4) 분석형 논제

제시문 표면에 드러난 내용을 정확히 이해했음을 보여 줘야 하는 요약형 논제와 달리 분석형 논제는 한 걸음 더 나아갈 것을 요구한다. '분석하기'는 분석 대상 속에 분명히 들어 있지만, 사람들이 잘 인지하지 못하고 있는 내용들을 타당한 근거를 제시하며 밝혀내는 것을 말한다. 표면에 드러난 내용을 다시 반복하는 것이 아니라 그 속에 담긴 의미까지 찾아내야 한다.

해당 제시문이나 자료 속에는 분명 어떤 내용과 의미가 들어 있다. 분석 대상에 담겨 있지만 사람들이 인지하지 못하고 있는 것을 타당한 근거를 대며 드러내는 것이 분석이다. 둘 이상의 대상에 대해 이런 작업을 하는 것이 비교 분석이다. 그럼으로써 이 대상들 간의 유사점과 차이점을 명확하게 이해할 수 있게 된다.

분석을 할 때는 기준을 잘 세우는 것이 중요하다. 그래야 대상을 더 명확하게 이해할 수 있다. 비교 분석 역시 일정한 잣대를 기준으로 둘 이상의 대상이 어떤 모습을 갖고 있는지 밝혀 주는 것이 좋다. 그래야 독자가 이 대상들의 내용과 성격을 보다 명쾌하게 이해할 수 있게 된다. 요즘 한창 인기를 끌고 있는 A와 B라는 아이돌 그룹을 비교 분석한다고 해 보자. 이때 외모, 가창력, 패션 등의 기준을 제시한 뒤 각각에 대해 A와 B를 분석한다면 이 둘이 더 명쾌하게 대비된다. 외모 측면에서 A는 부드러움을 강조한 것에 반해 B는 야수처럼 강인함을 강조하는 외모이고, 가창력 측면에서 A는 가느다란 미성을 기반으로 한 화음을 자랑하지만, B는 야성미 넘치는 샤우팅 창법을 주로 사용한다는 식으로 말이다. 이렇게 되면 이 두 아이돌 그룹을 보다 명확하게 사람들에게 이해시킬 수 있게 된다.

논술에서의 비교 분석 역시 마찬가지다. 논술에서 비교 분석형 논제는 제시문들을 분류하게 하거나, 공통점과 차이점을 서술하게 한다. 이때 두세 가지 기준에 맞춰 제시문들을 비교 분석하게 되면 글의 수준이 크게 올라간다.

분석형 논술은 줄글로 이루어진 제시문을 분석하는 것 이외에 주어진 자료를 해석하는 자료 해석형이 있다. 자료 해석형 논제는 표, 도표, 그림과 같은 특수 자료를 해석하는 논제 유형이다. 자료 해석형이 다른 논술 유형과 변별되는 가장 큰 특징은 앞서 언급한대로 분석의 대상이 일반적인 텍스트가 아니라는 점이다. 각종 사회 현상이나 상황을 효과적으로 표현할 수 있는 도표나 표, 그림 등을 활용하는 경우가 많다. 이와 같은 특수 자료들은 현대 사회를 설명하는 주요한 매체이자 표현 수단으로 볼 수 있다. 그런 의미에서 학생들의 대학 수학 능력을 측정하고자 하는 각종 대입 전형에서는 이러한 특수 자료를 이해하고 활용할 수 있는 능력을 측정하는 논제가 자주 출제된다.

　자료 해석형의 특수 자료 활용 논제는 두 가지 형태를 지니고 있다. 먼저 표, 도표, 그림과 같은 특수 자료 자체를 이해하고 분석하는 능력을 측정하려는 유형이 있다. 우리가 사회의 다양한 상황이나 문제들을 이해하기 위해 그와 관련된 텍스트를 읽고 이해하는 것처럼, 또 다른 표현 매체인 표, 도표, 그림 등을 정확히 이해하고 읽어 낼 수 있는지를 측정하고자 하는 것이다. 이런 맥락에서 본다면 이 유형의 논제들은 결국 텍스트가 아닌 새로운 형태의 제시문에 대한 독해 능력을 측정하는 논제 유형이라고 볼 수 있다.

　그러나 텍스트로 된 자료들을 단순히 정보를 전달하는 글로만 이해하는 것이 아니라 문제적 상황을 발견하거나 자신의 주장을 합리화하는 근거로 사용하는 것처럼, 특수 자료 역시 그 자체의 의미를 다양하게 활용할 수 있어야 한다. 특수 자료의 이해를 바탕으로 이를 활용하여 사회 문제를 발견하거나 자신의 주장이나 논리에 합당한 근거로 활용하는 능력을 측정하는 것이 단순 자료 해석형의 두 번째 논제 유형이라고 할 수 있다. 결국 이 논제 유형은 우선 특수 자료에 대한 독해 능력을 측정한 후 이를 활용하는 논증 능력을 측정하려는 논제 유형이라고 할 수 있다.

▶ 시간 관리를 왜, 어떻게 해야 할까?

1. 각 자료를 읽고 코로나19로 무너진 일상생활의 문제점을 파악하여 봅시다.

㉮ 코로나19 이후 생활시간 변화 그래프

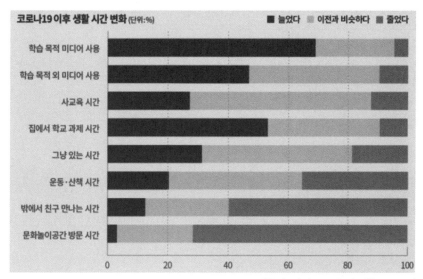

(출처: 경기도 교육연구원, 2020.07)

㉯ 코로나19 이후……

> 경기도 여성가족재단이……

1) ㉮를 읽고 코로나19 시대에 학생들이 시간을 어떻게 보내고 있는지 말하여 봅시다.

> 부족해진 활동 시간은? 주로 시간을 보내는 방법은?

2) ㉯를 읽고 코로나19로 달라진 생활이 학생들의 몸과 마음에 어떤 영향을 주는지 말하여 봅시다.

3) 여러분의 집콕 생활을 규칙적이고 건강하게 만드는 데 방해가 되는 요소들은 무엇인지 이야기하여 봅시다.

4) 지금까지의 활동을 바탕으로 올바른 시간 관리는 왜 필요한지 이야기하여 봅시다.

2. 올바른 시간 관리 방법 및 다양한 집콕 활동들을 생각하여 봅시다.

> ㉮ 우리가 취하는……

> ㉯ 시간은 모든 사람에게……

1) 집콕 생활에 무엇을 하며 시간을 보내면 좋을지 하루 일과에 필요한 항목들에 대해 의견을 나누어 봅시다.

2) ㉮에서 살펴본 시간 매트릭스를 활용하여 여러분의 일과에서 해야 하는 일들의 우선순위를 점검하여 봅시다.

3) ㉯를 참고하여 하루 일과 중 어떤 휴식 활동을 얼마나 하면 좋을지 생각하여 봅시다.

4) 다음 글을 참고하여 코로나19 이후 부족해진 사회 활동, 체육 활동, 문화 활동 등을 어떻게 실천하면 좋을지 다양한 의견을 모아 봅시다.

> 자치 활동도 온라인으로!

3. 지금까지 활동한 내용을 바탕으로 시간 관리 계획표를 작성하여 봅시다.

(한우리 독서토론논술 초등 교재, 『논리리더1』)

5) 적용형 논제

적용형 논제란 논제에서 요구하고 있는 항목에 대하여 제시문 또는 자료를 적용하여 설명하는 논제이다. 항목을 설명하기 위해서는 분석이 바탕이 되기 때문에 적용형 논제는 분석형 논제보다 발전된 형태의 논제라고 할 수 있다. 논제에서 설명을 요구하는 항목에는 의미 설명, 현상 설명, 한계(문제점) 설명, 제시문 간의 관계 설명 등이 있다. 적용형 논제를 출제하는 이유는 제시문이나 자료의 분석 및 이해 능력을 바탕으로 낯설고 어려운 개념이나 현상, 그것과 관련된 효과, 문제점 등을 글로 설명하는 능력을 측정하기 위함이다.

적용형 논제는 크게 두 종류로 분류할 수 있는데 첫 번째는 주어진 제시문을 논제에 적용하여 논술하는 유형이 있다. '제시문 적용형' 논제는 텍스트 형태로 된 제시문을 논제에 적용하여 개념이나 현상, 문제점, 의의 등을 설명하는 논제 유형이다. 제시문 적용형 논제를 해결하기 위해서는 다음과 같은 유의 사항에 주의해야 한다.

- 설명의 기준은 논제나 제시문에서 이미 주어지기 때문에 그 기준에서 벗어난 설명을 하면 안 된다.
- 제시문의 핵심어를 활용하여 설명할 수 있어야 한다.
- 제시문에서 구체적 사례를 언급하는 경우가 많기 때문에 그것을 일반화할 수 있어야 한다.

제시문 적용형 논제에서 사용하고 있는 서술어를 살펴보면, '논하시오', '설명하시오', '분석하시오', '지적하시오' 등으로 다양하다. 그러므로 '설명하시오'라고 지정하는 경우를 제외하고는 서술어와 항목과의 관계를 살펴보고 논제의 성격을 파악해야 한다. 제시문 적용형 논제에서 수험생들에게 설명하고 분석하기를 요하는 항목은 주로 제시문 간의 관계를 설명, 주장의 이유와 한계 설명, 현상에 대한 설명, 문제와 그 원인에 대한 설명, 대상의 변화 과정 설명 등이다.

적용형 논제의 또 다른 유형으로는 주어진 자료를 논제에 적용하여 논술하는 유형이 있다. '자료 적용형 논제'는 제시문에 주어진 표, 그래프, 그림 등 특수 자료를 활용하여 논제에서 요구하는 사항을 서술해야 하는 논제이다. 이 유형의 논술에는 설명을 요구하는 문제 상황을 특수 자료를 통해 제시하는 경우가 많기 때문에 특수 자료에 대한 정확한 이해가 필요하다. 복수의 특수 자료가 주어질 경우에는 논제에 부합하는 자료를 선택하여 문제를 해결해야 한다.

자료 적용형 논제의 경우 자료를 해석하거나 분석, 설명하도록 요구하거나 자료를 활용하여 문제 상황을 해결하는 근거로 사용하도록 요구한다. 물론 이 논제 유형에서 제공하는 특수 자료는 논제의 문제 상황과 연관된 것이다. 그 연관성이 분명하게 드러나는 경우도 있겠지만, 논술자가 연관성을 찾아 그 이유를 서술하도록 할 수도 있다. 이 경우는 논술자가 이 자료가 왜 자기주장의 옹호 근거 또는 비판 근거가 되는지 자료 해석을 통해 명확하게 밝혀야 한다.

또 자료는 구체적 수치를 바탕으로 현실의 모습을 보여 주는 경우가 많다. 그렇기 때문에 현실의 구체적 모습이 어떤 일반적 의미를 가질 수 있는지 파악하고 구체적 데이터를 이용하여 현실의 문제 상황을 해결할 수 있는 대안이나 해결 방안을 찾아야 한다.

2. 제시문 분석

논술을 쓰기의 한 분야라고 오해하기 쉬운 것은 답안지에 적어 낸 텍스트를 평가하기 때문이다. 하지만 논술은 단순한 쓰기 행위가 아니라 주어진 제시문을 분석하고, 그 내용을 참조해서 다양한 사고의 과정을 거쳐 자신의 의견을 서술해야 하는, 고도의 사고 과정을 거쳐서 만들어 낸 결과물을 평가하는 것이다. 그 사고 과정의 첫 단계는 제시문을 독해하고 제시문들 간의 상관관계를 파악하는 것에서부터 출발한다.

논술을 잘하기 위한 중요한 능력으로 제시문의 독해력을 우선으로 꼽을 수 있다. 논술에서 제시문을 대하는 학생들은 대부분 '어렵다'는 반응을 보인다. 하지만 논술의 제시문에 아무리 어렵고 낯선 내용이 담겨 있다 하더라도 학생들의 학년 수준을 뛰어넘는 범위로는 출제되지 않는다. 논술의 제시문은 논제와의 관계, 다른 제시문과의 대비를 통해서 주제를 추론해 낼 수 있게 제시된다.

그렇기 때문에 논술을 잘하기 위해서는 넓은 시야와 다양한 관점으로 제시문을 독해하는 능력이 요구된다. 단순 이해와 암기의 목적으로 읽는 것이 아니라 제시문 간의 관계를 파악하고 논제와의 상관관계 역시 파악할 수 있는 추론형, 사고형 독해를 해야 한다. 물론 이러한 독해를 잘하기 위해서는 처음에 밝힌 것처럼 평소 꾸준한 독서량이 뒷받침되는 것이 중요하다.

다음은 제시문을 올바르게 읽고 해석하기 위해 갖추어야 할 기본적인 독해 능력에 대한 설명이다.[1]

1) 해석적 읽기

해석적 읽기는 주로 평이한 제시문 내용의 글을 읽는 일반적 독서법을 말한다. 글에서 제시된 분위기, 배경을 이해하며 등장인물의 성격을 분석하며 읽는다. 그리고 암시적으로 나타난 인과 관계를 파악하며 주제를 추론하기, 제시된 전제로부터 결과를 예측하며 읽기, 내재된 주요 개념을 파악하고, 생략된 단어 또는 단락을 보충하며 읽기, 지시어가 가리키는 내용을 파악하며 읽는다.

2) 비판적 읽기

글을 비판하며 읽는다는 것은 글쓴이의 논리를 공격하거나 글의 가치를 낮추어 평가하는 것이 아니라, 글에 제시된 정보를 정확하게 이해하기 위하여 내용의 신뢰성과 타당성을 비평하고 판단하며 읽는 것을 말한다. 신뢰성 판단이란 글에서 제시된 사실이나 개념이 얼마나 정확하고 객관적인가를 판단하는 것을 말한다. 그리고 타당성 판단은 글쓴이의 의견이 일반적 사실에 적합한가, 시대적, 사회적, 윤리적 기준에 적합한가를 판단하는 것을 말한다. 즉 제시문의 비판적 읽기는 여러 가지 기준에 비추어 글의 의미와 가치를 폭넓게 이해하며, 글쓴이와 대등한 입장에서 글을 주체적으로 받아들이는 읽기이다.

비판적으로 글을 읽기 위해서는 글 전체의 내용을 정확하게 파악해야 한다. 그런 다음 글의 내용에 정확성이나 신뢰성, 공정성, 타당성 등을 따지며 읽는다. 글의 정확성을 판단할 때는 내용의 오류가 있는지 판단할 줄 알아야 하고, 기본적으로 신뢰하며 글을 읽으면서도 자신의 주장과 의견을 드러내며 읽어야 한다.

3) 추론적 읽기

글은 필자가 생각을 글자로 적어 놓은 것이지만 완전하게 표현되었다고 할 수 없다. 그러므로 글의 내용을 올바르게 파악하려면 글에 표현된 내용을 근거로 하여 표현되지 않은 내용을 추측하거나 상상하여 이해해야 한다. 추론하며 읽는다는 것은 글 속에 명시적

---

1) 한우리독서문화운동본부 교재집필연구원(2010), 『독서자료론 독서논술 지도론』, 위즈덤북.

으로 드러나 있지 않은 내용의 과정과 구조에 관한 정보를 논리적 비약 없이 추측하거나 상상하며 읽는 것을 말한다.

예를 들어 '5분 먼저 가려다가 50년을 먼저 간다.'라는 말의 내용을 제대로 파악하기 위해서는 문장 속에 함축되어 있는 의미를 추론하며 읽어야 한다. 남보다 먼저 가려고 과속을 하다가 무리한 추월로 앞차나 옆 차와 충돌하게 되면 큰 사고가 나서 사망할 수 있으니 조심해야 한다는 의미이다.

추론적 읽기의 영역에는 크게 내용 추론, 과정 추론, 구조 추론이 있다. 첫째, 내용 추론은 글에 제시된 내용을 바탕으로 글 속에 숨어 있는 의미나 생략된 내용을 상상력을 동원하여 찾아내는 것이다. 글의 제목을 보고 글의 내용을 예측하기가 이에 해당된다. 둘째, 과정 추론은 글쓴이의 처지나 태도, 관점이나 의도가 어떤 과정을 거쳐 표현되는가를 파악해 내는 것이다. 글쓴이의 태도, 관점, 의도 등이 이에 속한다. 셋째, 구조 추론은 글을 구성하고 있는 모든 요소를 추출하여 각각의 역할을 추론하거나 표현상의 특질을 파악해 내는 것이다.

4) 창조적 읽기

글을 창조적으로 읽는다는 것은 자신의 경험, 배경지식, 가치관, 상상력을 총동원하여 글과 끊임없이 상호 작용하면서 의미를 재구성하는 적극적인 독서 활동이다. 자신의 경험과 상상력을 바탕으로 글을 읽어 가면서 질문을 던지고, 의문을 가지면서 창조적인 의미를 만들어 가는 것이다. 독자는 글과 적극적으로 대화하며 의미를 재구성해 내는 능동적인 창조자여야 한다.

창조적 독자는 다른 사람들의 다양한 생각과 해석을 인정할 수 있어야 한다. 다른 사람의 생각이나 해석을 수용하면 자신이 알지 못했던 새로운 사실을 발견할 수 있으며, 다른 사람과 의견을 교환하면서 독서의 수준도 높일 수 있고, 사고의 폭도 넓힐 수 있다. 그리고 글 속에 등장인물을 자신의 처지에 대응시키며, 상상을 통해 새로운 견해나 창의적 접근 방법을 유도한다. 또한 독서에서 획득한 지식이나 생각을 자신의 주장, 생각을 뒷받침하기 위한 자료로 활용하고, 새로운 상황에 적용하기도 한다.

3. 배경지식 활용[2]

1) 배경지식의 개념

논술에서 배경지식은 제시문 독해와 논술문 쓰기의 중요한 요소이다. 주어진 제시문의 정확한 독해와 분석을 하는 데는 사전 지식이 필요하다. 논술은 배경지식을 바탕으로 논제에 맞게 제시문을 분석한 뒤 의미를 재구성하여 표현하는 것이며, 그 결과물이 바로 논술문이다. 논술문을 작성할 때 논술자는 배경지식을 활용하여 비판적이며 창의적인 표현 활동을 한다.

논술자의 기존 지식은 제시된 글과 상호 작용하면서 심리적 의미를 창조해 낸다. 글의 독해를 결정하는 배경지식은 우리 기억 속에 저장되어 있는 경험의 총체로, 지식의 구조(knowledge structure), 본(scripts), 틀(formes), 또는 스키마(schema)라고 한다. 이 경험은 구체적인 특정 사건과 연관되는 일화적 지식(episodic knowledge)과 구체적이고 경험적 사실로부터 추상화 또는 일반화되어 기억 속에 남아 있는 개념적 지식(semantic knowledge)으로 나누기도 한다.

지식은 경험의 소산이므로 개인마다 다르고 문화에 따라서도 다르다. 배경지식 이론에서 '글'은 독해 과정에 필요한 하나의 자극제이며, 독해의 소산인 '의미'는 독자가 구성해 내는 것이므로 독자는 독해 과정에서 글과 자신의 지식을 연결하며, 때로는 글의 내용을 변형하거나 또는 자기의 지식을 수정하기도 한다. 즉 글은 의미를 소유한 것이라기보다 독자가 의미를 해석하도록 하는 자극제이며 자료에 불과하다. 그러므로 같은 글이라 하더라도 글의 내용과 관련된 경험이나 지식의 정도에 따라 획득된 의미와 글에 대한 반응은 각각 다르게 나타날 수밖에 없다. 그러므로 독서는 단지 수동적 자세의 읽기가 아닌 독자의 경험에서 쌓인 배경지식을 활용하여 새로운 의미를 이루어 내는 것이다.

『흥부전』을 읽고 난 후에 보이는 반응은 사람마다 다르다. 어떤 사람은 흥부의 착한 마음에 박수를 보낼 것이고, 어떤 사람은 그의 무능력을 비난할 것이다. 또한 윤리적인 측면에서 인륜에 어긋나는 비인간적인 행위를 한 놀부를 질책하는 사람도 있지만, 간혹 뚜렷한 개성을 지니고 있는 놀부의 성격에 호기심을 갖는 사람도 있을 수 있다. 이렇게 글을 읽고 난 뒤의 반응이 사람마다 다른 것은 자라 온 환경이나 과정이 다르고 서로 다

---

2) 한우리독서문화운동본부 교재집필연구원(2010), 앞의 글.

른 경험에서 쌓인 인생관, 가치관 등이 다르기 때문이다.

따라서 논술자는 논제와 제시문을 정확히 파악한 후 배경지식을 최대한 활용하여 각각의 제시문들과 연결하고, 이에 따라 논제에 대한 자신의 주장을 일관성 있게 표현할 때 독창성을 확보할 수 있다.

4. 논거 마련

앞서도 밝힌 것처럼 논술은 자신의 주장을 가지고 상대방을 설득해야 하는 목적성이 강한 글이다. 이때 상대방을 설득하기 위해서는 타당하고 적절한 근거를 들어서 자신의 주장을 펼쳐야 한다. 논술에서의 근거는 '논거'라고 하며 논거를 제시하는 방법을 '논증'이라고 한다. 즉 논술은 상대방을 설득하기 위해서 타당한 논거를 내세워 논증하는 것이라고 볼 수 있다.

종합적 사고력을 갖추어야 많은 논거를 떠올릴 수 있다. 학생들은 흔히 제시문 안에서 논거를 해결하려고 한다. 하지만 평소 다양한 독서와 체험으로 얻은 배경지식과 남들과는 다른 창의적인 사고를 통해 적절한 논거를 제시할 수 있어야 한다.

다양한 관점을 가지고 창의적 사고를 통해 자신의 주장을 뒷받침할 수 있는 많은 논거를 마련한 다음에, 그중에 어떤 논거가 자신의 주장을 가장 타당하고 적절하게 뒷받침할 수 있는지를 판단해야 한다. 결국 논거는 선택의 문제이기도 하다.

1) 논거의 종류

(1) 사실 논거

사실 논거는 객관화된 자료나 정보로 이성적 판단을 할 수 있는 논거를 말한다. 사실 논거에는 일반화된 지식과 정보, 자연 법칙이나 과학적으로 증명된 사실, 역사적 사실 등이 있다. 또한 통계 자료나 설문 조사 자료 등도 이에 해당된다.

(2) 소견 논거

소견 논거는 전문가나 그 분야의 권위자의 의견을 빌려 자기 주장의 논거로 삼는 것이다. 이는 평소 독서와 강연 청취, 다큐멘터리 시청 등을 통해 많은 배경지식을 쌓아 놓아야 획득할 수 있는 논거이다. 소견 논거는 사실 논거보다 주관적 오류가 들어 있을 가능성이 크므로 논거 선택에 특별히 주의를 기울여야 한다.

2) 논거가 갖추어야 할 요건

논거는 주제의 범위 안에서 서술돼야 한다. 논거는 기본적으로 주제를 도와주고 뒷받침하는 것이기 때문이다. 논거가 주제에서 벗어나면 글이 산만해져 글의 통일성을 잃게 된다. 또한 논거는 사실적이고 객관적이어야 한다. 앞서 설명한 소견 논거가 오류를 범할 가능성이 크다는 논지와 일치한다. 그래서 논거는 소견 논거라 할지라도 명백한 사실이나 법칙을 토대로 서술되어야 한다.

인용을 할 때도 출처가 분명하고 정확한 사실만을 인용하여야 한다. 인터넷에서 무분별하게 퍼 온 자료는 불확실한 내용을 사실인 것처럼 포장하는 경우가 있으므로 주의해야 한다. 또한 특수하거나 한쪽으로 치우친 사례를 제시하는 것도 논거의 타당성을 해치게 된다. 논거는 일반성과 대표성을 갖추어야 한다.

3) 논리적 오류

오류란 자신은 옳다고 생각하지만 객관적인 입장에서는 거짓인 것을 말한다. 오류에는 추론의 형식을 제대로 지키지 않아서 생기는 형식적 오류와 명제와 논거를 잘못 사용하는 데서 빚어지는 비형식적 오류가 있다. 논술에서 오류가 있을 경우에는 글 자체의 타당성과 신뢰성에 흠이 생기므로, 글을 쓸 때 세심한 주의를 기울여 오류를 범하지 않도록 해야 한다. 오류를 범하지 않기 위해서는 명제와 논거 사용상의 유의점을 지키고, 타당한 규칙에 따라 추론해 나가는 것이 중요하다. 이번 장에서는 비교적 발견하기 어려운 비형식적 오류의 여러 종류에 대해서 알아보도록 한다.

(1) 심리적 오류

어떤 논지에 대해 심리적으로 설득시키려 하면 오류를 범하게 되는데, 이를 심리적 오류라 한다.

① 감정에의 호소: 동정, 연민, 공포, 증오 등의 감정에 호소해서 논지를 받아들이게 하는 오류

② 군중에의 호소: 군중 심리를 자극하여 논지를 받아들이게 하는 오류로, 많은 사람들이

그와 같이 생각하거나 행동함을 내세우는 것

> **예** 요즘은 아무도 그렇게 생각하지 않는다.

③ 부적합한 권위에의 호소: 소견 논거를 끌어들일 때 논지와 직접적인 관련이 없는 권위자의 주장, 견해를 근거로 신뢰하게 하는 오류

> **예** 광고에서 아름다운 모델을 내세워 당신도 이렇게 될 수 있다고 설득하는 것

> **예** 세계적인 지휘자 정명훈 씨는 무대에 오르기 전에 꼭 우유를 한 잔씩 마시는 습관이 있는데 우유를 마시면 긴장이 풀어지기 때문이래. 우리도 긴장을 풀기 위해 시험 전에 우유를 마시자.

④ 인신공격: 주장하는 사람의 인품, 직업, 과거 정황 등이 비난받아 마땅함을 내세워서 그의 주장 자체를 잘못된 것으로 받아들이게 하는 오류

> **예** 저 사람은 전과자이니까 / 장애인이니까 거짓말을 하는 것이다.

> **예** 카를 마르크스는 자본주의가 사악한 형태의 경제·사회적 조직이라고 주장함에 있어 잘못을 범하고 있음에 틀림없다. 왜냐하면 그는 자신의 가족을 부양할 만큼의 돈조차 벌 수가 없었던 한심스러운 실패자였기 때문이다.

⑤ 정황에의 호소: 어떤 사람의 입장, 신분, 처지 등의 정황을 내세움으로써 그의 생각, 행동을 비난 혹은 옹호하거나, 또는 자기주장의 당위성을 입증하려는 오류

⑥ 다른 잘못에의 호소(역공격): 자신의 비판받은 바가 상대방에게도 역시 동일함을 공격함으로써, 논쟁의 초점을 상대방에게로 돌리거나 자기를 합리화하려는 오류

> **예** 너도 그랬잖아.(피장파장의 오류)

⑦ 원천 봉쇄: 반론의 가능성이 있는 요소를 원천적으로 비난하고, 자신의 의견을 받아들이지 않을 경우 비난을 받는다거나 어떠한 해를 입을 수 있음을 암시함으로써, 자신의 주장에 따르도록 하는 오류

> **예** 일찍 자야 해. 늦게 자는 어린이는 나쁜 아이야.

(2) 자료적 오류

어떤 자료에 대해 잘못 판단하여 이를 논거로 삼을 경우 오류를 범하게 되는데, 이를 자료적 오류라 이른다.

① 성급한 일반화: 제한된 정보, 부적합한 증거, 대표성이 없는 사례를 근거로 마치 전부가 그런 것처럼 일반화하는 오류

> **예** 하나를 보면 열을 안다는 식의 오류

② 잘못된 유추: 유사성이 없는 측면까지 유사성이 있는 것처럼 비유를 부당하게 적용하

는 오류

> **예** 유비 추론의 논증 방식에서 오류를 범할 수 있다.(100% 유사성을 가지기 어렵기 때문에 잘못된 유추로 인한 오류를 범할 수 있다.)

③ 무지에의 호소: 어떤 주장에 대해 증명할 수 없거나 결코 알 수 없음을 들어 거짓이라고 반박하는 오류

> **예** 신이 없다고? 없다는 걸 증명해 봐. 못 하지? 그러니까 신은 있는 거야.

④ 논점 일탈: 원래의 논점과는 다른 방향으로 논지를 이끌어 감으로써 무관한 결론에 이르게 되는 오류

⑤ 우연의 오류: 일반적으로 그러함을 들어 특수한 경우에도 그와 똑같음을 내세우는 오류

> **예** 우리는 빌린 것을 갚아야 한다는 주장을 철폐해야 한다. 예를 들어, 어떤 사람이 당신에게 무기를 빌려주었는데, 빌려 간 사이 그 사람이 광인이 되었다고 하자. 이 미친 사람에게 무기를 다시 돌려줄 것이란 말인가?

⑥ 원칙 혼동: 상황에 따라 적용되어야 할 원칙이 다른데도 이를 일상적인 상황과 혼동하는 오류

> **예** 칼로 상처를 내는 것은 범죄 행위이다. 외과 의사는 칼로 상처를 낸다. 따라서 외과 의사는 범죄자이다.

⑦ 의도 확대: 의도하지 않은 결과에 대해 원래부터 어떤 의도가 있었다고 확대 해석하는 오류

> **예** A: 너는 왜 대학 진학을 포기했어?
> B: 뭐, 내가?
> A: 내일이 중간고사인데 공부는 안 하고 놀기만 하잖아.

⑧ 잘못된 인과 관계: 단순한 선후 관계로서 인과 관계가 없는 사실에 대해 앞의 사실이 뒤의 사실의 원인이 된다고 판단하는 오류

⑨ 발생학적 오류: 어떤 사실의 기원이나 출신 성분 등을 문제 삼아 거기에서 생겨난 것도 똑같은 속성을 지닌다고 판단하는 오류

> **예** 손가락으로 달을 가리키는데 달은 보지 않고 손가락에 묻은 때에 시비를 거는 것

⑩ 합성, 분할의 오류: 구성 요소의 속성을 전체도 똑같이 가진다거나(합성), 전체의 속성을 그 구성 요소도 똑같이 가진다고(분할) 판단하는 오류

> **예** 이 영화는 천만 영화배우인 강동원이 출연한 영화니까 천만 관객이 볼 거야.

> **예** 이 학원은 명문 대학교 진학률이 높아. 우리 아이도 이 학원에 다니면 좋은 대학에 갈 거야.

⑪ 흑백 논리: 어떤 집합의 원소가 단 두 개밖에 없다고 여기고, 이것이 아니면 저것일 수밖에 없다고 단정 짓는 데서 오는 오류

　　예 당신은 수프가 너무 차가워서 싫어하는 거군요. 그렇죠? 그렇다면 당신은 그것을 펄펄 끓여 오면 좋아하겠군요.

⑫ 복합 질문의 오류: 둘 이상의 개별적인 질문으로 나누어서 질문해야 할 것을 하나의 질문 안에 둘 이상의 판단 요소를 포함시켜 질문함으로써 그 대답 여하에 관계없이 자기에게 유리하게 해석하는 오류

　　예 A: 당신은 훔친 돈을 모두 유흥비에 탕진했지요?

　　　B: 아니오.

　　　A: 그러니까 당신은 돈을 훔쳤다는 사실을 인정하는군요.

⑬ 수레를 말 앞에 놓는 오류: 일의 우선순위가 지켜져야 함에도 불구하고 그 진행 순서를 뒤바꿈으로써, 문제의 핵심에서 벗어나는 오류

　　예 그는 정직한 사람이다. 왜냐하면 그는 거짓말을 하지 않기 때문이다.(순환 논증 오류, 선결문제 요구의 오류)

(3) 언어적 오류

명제 자체나 명제 속의 어휘가 잘못되었을 경우 오류를 범하게 되는데, 이를 언어적 오류라 한다.

① 애매어의 오류: 두 가지 이상의 의미를 가진 말을 하나의 판단 안에서 각기 다른 의미로 애매하게 사용함으로써 잘못된 결론에 이르는 오류

　　예 인간은 죄인이다.(기독교적인 의미) 그러므로 인간들은 감옥에 가야 한다.

② 은밀한 재정의(再定義): 용어의 의미를 자의적으로 재정의한 것을 원래 그러한 의미를 지닌 것처럼 사용함으로써 잘못된 결론을 이끌어 내려는 오류

　　예 이 옷은 값이 싸다. 값이 싼 옷은 잘 떨어진다. 그러므로 이 옷은 잘 떨어질 것이다. (값이 싼 옷은 잘 떨어진다고 의미를 자의적으로 재정의했다고 봄.)

③ 애매문의 오류: 문법적 구조의 애매함 때문에 어떤 문장의 의미가 두 가지 이상으로 해석되는 오류

　　예 지난주 토요일에 김 아무개와 이 아무개가 결혼했다. (두 사람이 각각 다른 사람이랑 결혼했다는 뜻인지, 둘이서 결혼을 했다는 의미인지 알 수가 없음.)

④ 강조의 오류: 문장의 어느 한 낱말이나 구절을 강조하여 말하며, 주장의 핵심을 잘못

받아들이는 오류

예 잔디밭에 들어가지 마시오? 그러면 잔디밭에 쓰레기는 버려도 되는 거네.

제3장
논술의 실제

1. 개요 작성

개요란 글을 쓰기 전에 글 전체의 윤곽을 그려 보는 것이다. 단순히 머릿속으로만 그리는 것이 아니라 개요표를 이용하여 도식화하는 과정을 말한다. 아주 진부한 표현이긴 하지만 개요란 집을 짓기 전에 설계도를 그리는 것과 같다. 설계도 없이 집을 짓는다면 튼튼한 집을 짓기도 힘들고 머릿속에 그렸던 집과는 다른 집을 지을 수도 있다. 논술도 마찬가지이다. 개요를 짜지 않고 무작정 써 내려가면 체계적으로 서술하기 힘들다. 개요를 작성해야만 글 전체적인 흐름을 일관성 있게 유지할 수 있고 각 문단의 분량과 글 전체의 분량을 효율적으로 조절하면서 서술할 수 있다.

1) 주제문 작성

개요를 작성할 때는 주제문을 미리 염두에 두어야 한다. 주제문은 글의 주제를 명확하게 하나의 문장으로 서술하는 것을 말한다. 주제문을 작성할 때는 논술자의 생각이나 주장을 명확하게 드러내야 하며 주어와 서술어를 갖춘 하나의 완전한 문장으로 표현해야 한다. 개요표에 따라서 주제문을 개요표의 맨 앞에 서술하도록 하는 경우도 있다. 제목을 적어야 하는 경우에는 주제문을 구절로 표현하면 된다.

주제가 넓은 범위를 다룰 때는 주제문을 만드는 과정에서 범위를 좁혀 주는 것이 좋다. 주제의 범위가 너무 넓으면 글을 쓸 때 막막해진다. 1,200자 안팎의 짧은 글에서 넓은 범위의 주제에 대한 논술자의 생각을 모두 쓰기란 불가능하며, 논술자가 그에 대한 방대하고도 전문적인 지식을 갖추고 있지도 않기 때문이다. 넓은 범위의 주제 안에서 자신이 경험한 적이 있거나 알고 있는 범주로 줄여서 적으면 효율적으로 논술을 할 수 있다.

가령 '환경 오염'에 관한 주제가 문제로 제출되었다고 가정해 보자. '환경 오염'은 매우 광범위한 주제이다. 이럴 때는 환경이라는 상위 항목의 하위 항목들을 열거해 보고 그 중에서 자신이 배경지식을 갖고 있는 하나의 항목을 선택해서 논술을 하는 것이 좋다. 환경 오염에는 '수질 오염', '대기 오염', '쓰레기 문제', '오존층 파괴', '토양 오염' 등의 다양한 하위 항목이 있다. 초등학생이라면 이 중에서 사회 교과서나 과학 교과서에서 배운 적이 있는 '수질 오염'에 관해서 많은 배경지식이 있을 것이다. 이렇게 '수질 오염'으로 주제의 범위를 좁히면 논술을 한결 쉽게 할 수 있다.

자신에게 적당한 주제를 선택했다면 다음에는 이에 대한 주제문을 작성해야 한다. 주제문은 문제로 제시된 단어와 자신의 의견을 담은 단어를 함께 적어야 한다. '수질 오염'을 주제로 택했다면 '수질 오염'이라는 단어와 함께 이에 대한 자신의 견해를 담은 문장을 작성하면 된다. 초등학교 수준이라면 '수질 오염을 막기 위해서는 세제 사용을 절제해야 한다.' 정도의 주제문이 나올 수 있다. 주제문을 효과적으로 작성하면 전체 글의 전개 방향을 알 수 있게 된다. 또한 글이 주제에서 벗어나지 않고 일관성 있게 서술하는 데 도움이 된다.

주제문을 작성할 때는 논술자의 의견이 명확하게 드러나는 완전한 문장으로 구성해야 한다. 문장을 구성할 때 표현은 명확하고 구체적이어야 한다. 또한 주장이 양립하는 두 개의 문장으로 주제문을 구성해서는 안 된다.

2) 개요 작성 방법

개요에는 '핵심(核心) 개요'와 '문장(文章) 개요'가 있다. 단계별로 중요한 내용을 핵심어만 사용해 구성하는 것이 핵심 개요이고, 단계별로 중요 내용을 주어와 서술어를 갖춘 완전한 문장 형식으로 정리하는 것이 문장 개요이다. 핵심 개요는 핵심 어구로 표현하는 개요이며, 문장 개요는 소주제를 하나의 문장으로 작성해 표현하는 개요이다. 논술을 할 때는 기본적으로 문장 개요를 권한다. 문장 개요는 핵심 개요보다 시간이 많이 걸리기는 하지만 개요를 자세히 적을 수 있고, 무엇보다 교사가 개요를 첨삭할 때 꼼꼼하게 첨삭할 수 있는 장점이 있다.

서론의 개요를 작성하기 위해서는 먼저 다양한 서론 쓰기의 방법 중에서 어떤 것으로 문제를 도입하고 문제를 제기할 것인지를 정해야 한다. 자신이 조사한 자료 중에서 가장 믿을 만한 자료를 제시하거나 자신의 경험을 활용하여 도입 문장을 만들 수 있다.(서론 쓰기의 다양한 방법의 안내는 2. 논술문 작성을 참고)

본론에는 자신의 주장이 옳다는 것을 증명할 수 있는 근거를 적거나 문제 해결 방안을 적는다. 이때 본론을 몇 개의 문단으로 구성할 것인지를 결정한 뒤 각 문단의 중심 문장을 적으면 된다. 비교 분석형의 논술은 본론을 크게 두 항목으로 나눈 뒤 다시 여러 개의 소항목을 나열하기도 한다. 비판 옹호형의 논제라면 논술자가 제시한 근거가 타당하고 설득력이 있어야 한다. 제시하고자 하는 근거를 여러 개 나열해 보고 그중 가장 타당성 있는 근거를 선택하면서 개요를 작성한다. 그래서 본론의 개요를 작성할 때는 근거의 타당성과 문제 해결 방안의 실현 가능성을 점검해 보고 근거의 제시 방법이 체계적이고 논리적인지도 검토해야 한다.

결론에서는 글의 일관성을 유지하면서 마무리를 어떻게 할 것인지 생각한 뒤 자신의 생각을 확고하게 나타낼 수 있는 중심 문장을 적는다.

〈표 1〉 개요표 예시

논제	'흉악범의 머그샷을 공개해야 한다.'에 관한 자신의 의견을 논술하시오.
주제문(제목)	공익을 위해 흉악범의 머그샷을 공개해야 한다.
서론	디지털 성범죄 사건이 큰 화제가 되었다. 이런 끔찍한 범죄를 저지른 사람들의 얼굴은 공개되어야 한다.
본론	1. 국민의 알 권리를 보장하기 위해 피의자의 머그샷을 공개해야 한다. 2. 흉악범의 머그샷을 공개하면 수사에 도움을 받을 수 있다. 3. 피의자의 인권보다 피해자의 인권이 더 존중되어야 한다.
결론	모두가 더불어 살아가는 공동체의 공익을 위해서 흉악범의 머그샷을 공개해야 한다.

2. 논술문 작성

논술문은 크게 서론, 본론, 결론의 형식으로 구성된다. 논술문은 비교적 명확한 구성을 갖춘 글이기 때문에 논술문의 구조를 익히면 어렵지 않게 서술할 수 있다. 서론, 본론, 결론의 각 문단의 특징과 내용을 이해하고 문단을 구성하는 방법을 익혀 놓으면 다른 글쓰기에도 적용 가능한 구성이다.

'서론'에서는 논술자의 견해를 중심 문장으로 제시한다. '본론'은 논술자의 견해를 뒷받침하는 논거들을 제시하며 설명하는 문단이다. 마지막으로 '결론'에서는 지금까지의 논의를 마무리하며 글을 정리한다.

1) 서론

서론은 주어진 논제에 대한 분석과 이해를 바탕으로, 논의의 방향과 범위 등을 구체적으로 설정하는 단계이다. 서론이 명확하고 짜임새 있게 구성되면 본론을 자연스럽게 시작할 수 있다. 서론의 내용은 가능한 한 간결하게 구성하는 것이 바람직하다.

논술자의 의욕이 지나치면 서론에서 시작을 장황하게 늘어놓을 수 있다. 이런 경우 논점을 흐리거나 시작이 산만할 수 있으므로 서론의 시작은 간단명료하게 논제의 배경을 설명하거나 주목을 끌만한 화제로 시작하는 것이 좋다.

서론에 들어가는 내용으로는 문제의 동기 유발, 문제 도입, 문제 제기, 서론의 마무리들이 적절하다. 서론의 구성은 논제 유형에 따라 차이가 있을 수 있으나 대체로 다음의 진술 방식을 필요에 따라 적절히 택하여 쓰는 것이 좋다.

(1) 사실 직접 진술로 시작하는 방법

주제문	사회가 발전할수록 노령화가 빠르게 진행되므로 노인 복지 정책을 확대해야 한다.
서론	통계청 발표에 따르면 올해 우리나라의 65세 이상 노인 인구가 전체 인구의 16.5%에 달하고 있다. 일반적으로 전체 인구에서 65세 이상이 차지하는 비율이 7% 이상일 경우 고령화 사회라고 하며 14% 이상을 고령 사회, 20% 이상이면 초고령 사회라고 한다. 바야흐로 우리나라도 본격적인 고령 사회로 접어든 것이다. 이렇듯 날이 갈수록 노인의 수는 늘어나고 있으나 우리나라의 노인 복지 정책과 시설은 턱없이 부족한 형편이다. 핵가족 시대가 되면서 장남이 부모를 모실 의무가 없다고 생각하는 의식이 확산되고 있으며, 자식과 독립해서 살기를 원하는 노인들도 늘고 있는 추세이다. 따라서 노인의 부양 문제는 개별 가정만의 문제가 아닌 사회적으로 해결해야 할 문제가 되었다.

(2) 구체적 사례로 시작하는 방법

주제문	스스로 죽음을 선택할 권리와 인간의 존엄성을 지키기 위해서 안락사는 허용되어야 한다.
서론	벨기에의 휠체어 스프린터 마리케 베르보토는 10대 때부터 난치성 척추질환을 앓기 시작했고 점점 증상이 심해져 20살에 하반신이 마비됐고 간질 발작과 지속되는 통증으로 고통이 점점 심해져 갔다. 그럼에도 불구하고 그녀는 휠체어 레이싱에 매진해 국가대표로 2012년 런던 패럴림픽에서 금메달을 따고 2016년 리우 대회에선 은메달을 획득했다. 하지만 그녀는 리우 대회가 끝난 후 자국에서 합법인 안락사를 할 예정이라고 말했다. 리우 대회에서 은메달을 수상한 후 운동을 그만둔 그녀는 3년이 지난 2019년 10월, 스스로 정한 날짜에 안락사로 세상을 떠났다. 향년 40세였다.

(3) 과제에 대한 간략한 소개로 시작하는 방법

주제문	문화유산에는 우리 민족의 얼이 깃들어 있으므로 잘 보존되어야 한다.
서론	문화유산은 다음 세대에 물려줄, 민족 및 인류 사회의 모든 문화를 말한다. 여기에는 보호의 대상으로 지정되어 있는 유형·무형 문화재 및 기념물이나 민속 자료 등이 있다. 이러한 문화유산의 가치를 살펴보고, 문화유산의 보존에 있어 원형 그대로의 보존과 현대적 재해석론의 차이점에 대하여 알아본 후 문화유산 보존을 위한 국가의 역할과 국민 개개인의 역할에 대해 고민해야만 한다.

(4) 반론을 위한 전제로 시작하는 방법

주제문	인간 복제는 인간의 존엄성을 상실시키고 악용될 수 있으므로 금지되어야 한다.
서론	최근 생명 공학이 발달하면서 인간 복제의 실현이 다가왔다. 인간 복제를 찬성하는 사람들은 질병 치료에 큰 도움이 된다는 점을 내세운다. 유전자 복제를 통해 이식 가능한 신장, 골수 등을 만들어 장기 이식을 필요로 하는 많은 사람들에게 희망을 준다는 것이다. 그러나 인간 복제는 여러 측면에서 인간의 존엄성을 상실시킨다. 또 상업적으로 혹은 다른 목적으로 악용될 소지가 높다. 다이너마이트나 방사선 등이 애초의 목적과 달리 사용된 경험을 되돌아보아야 할 것이다.

(5) 인용으로 시작하는 방법

주제문	과학의 발전은 인간성을 말살하고 기계화를 가속함으로써 인간 사회에 재앙을 불러올 수 있다.
서론	올더스 헉슬리는 『멋진 신세계』에서 고도로 문명화된 사회를 상상하여 그리고 있다. '모든 사람은 다른 모든 사람의 소유이다.'라는 인식을 전제로 진실보다는 안락함과 편안함에 기대어 사는 미래에 대한 이야기이다. 결론적으로 '멋진 신세계'는 전혀 멋진 신세계가 아니다.

(6) 비유로 시작하는 방법

주제문	바람직한 사회는 구성원 상호 간의 유기적 결합에 따라 달라질 수 있다.
서론	숯과 다이아몬드는 둘 다 같은 탄소로 이루어져 있다. 그러나 결정체를 이루면 다이아몬드가 되지만 결정체를 이루지 못하면 숯이 되고 만다. 사회도 이와 마찬가지이다. 같은 사회 구성원으로 이루어져 있다고 하더라도 구성원 상호 간의 유기적 결합이 어떠한가에 따라 그 사회의 모습은 완전히 달라질 수 있다.

(7) 의문문으로 시작하는 방법

주제문	남녀 분반을 하면 학업 성적을 향상시킬 수 있다.
서론	중고등학교 학생들은 수업을 남녀가 함께 받는 것이 좋을까 따로 받는 것이 좋을까? 미국 유럽 등 선진국에서는 최근 들어 남녀 분반 수업을 확산하는 추세를 보여 관심을 끌고 있다. 지금까지 이들 국가는 인성 교육과 성 평등을 위해 남녀 중고교 학생들이 같은 교실에서 수업을 받도록 지도해 왔다. 하지만 남녀 합반 수업의 학업 성취도가 떨어진다는 연구 결과가 나오면서 남녀 분반 수업이 크게 늘어나고 있다.

(8) 일반론으로 시작하는 방법

주제문	외래어의 남용은 문화 사대주의를 초래할 수 있으므로 자제하는 것이 바람직하다.
서론	현재 우리 사회에는 올바르지 못한 언어 사용이 점점 많아져 여러 가지 문제를 낳고 있다. 세종대왕께서는 1443년 당시 중국의 어려운 문자를 알지 못하는 많은 백성들을 위해 읽고 쓰기 쉬운 한글을 창제하셨다. 한글은 우리 민족만이 갖고 있는 과학적인 언어로 우리 민족의 큰 자랑거리라고 할 수 있다. 그러나 현대화되는 과정에서 우리 생활 양식 전반에 외국의 문물이 들어오고 그와 더불어 외래어의 사용이 많아지게 되었다. 특히 최근 들어 세계화를 주장하면서 마치 외래어를 많이 쓰는 것이 자랑거리인 양 생각하는 사람도 늘게 되었다.

2) 본론

본론은 서론에서 제시한 과제에 대해 구체적으로 해명하는 단계로, 글의 중심을 이루게 된다. 서론에서 제시한 글의 방향에 맞추어 주제나 과제에 대한 자신의 견해를 논리적으로 서술해야 한다. 구성은 논제에 따라 달라지지만 무엇보다도 주어진 과제 또는 문제에 대한 자신의 입장, 견해, 주장을 뒷받침해 주는 적절한 근거를 제시해야 한다.

(1) 원인·대책 제시형

어떤 문제에 대해 그것의 실태와 원인 분석, 그리고 대책을 제시하는 문제 해결형의 논술 유형에서 사용하는 본론 쓰기 방법이다. 사회의 현상이나 문제에 대한 대책을 요구하는 경우에는 과제를 해명하고 대책을 제시하는 내용이 중심을 이루도록 쓰는 것이 좋다. 이런 글의 경우 앞부분에서 과제의 원인을 분석하고 뒷부분에서 대책을 제시하는 것이 좋다.

① 원인 1 규명: 문제점 1 제시
　원인 2 규명: 문제점 2 제시
　해결 방안 1 제시: 자신의 견해 제시
　해결 방안 2 제시: 자신의 견해 제시

② 원인 1 규명: 문제점 1 제시
　해결 방안 1 제시: 자신의 견해 제시
　원인 2 규명: 문제점 2 제시
　해결 방안 2 제시: 자신의 견해 제시

(2) 열거형(소주제 제시형)

이는 본론에서 말하고자 하는 내용들이 첫째, 둘째, 셋째 등 항목 나열식으로 전개되는 구성 형식을 말한다. 그러나 반드시 첫째, 둘째 등과 같은 단어가 들어가야 하는 것은 아니며, 내용 전개가 나열하는 성격을 가지면 모두 이러한 유형에 속한다. 열거형이라도 내용이 단순히 나열되기보다는 뒤로 갈수록 논리적인 발전이 이루어질 수 있도록 구성하는 것이 좋다.

① 소주제문 A + 뒷받침 문장 a
② 소주제문 B + 뒷받침 문장 b
③ 소주제문 C + 뒷받침 문장 c

(3) 비교 논술형

주로 자료 분석형의 논술 유형에서 많이 사용하는 본론 쓰기 방법이다. 제시문 간의 관계를 비교하여 분석해서 그 공통점이나 차이점을 서술하고 자신의 견해를 드러내는 방법이다.

① 두 대상 A와 B에 대한 설명

　　비교, 대조의 기준 설정

② A의 장단점 설명

③ B의 장단점 설명

④ 비교, 대조 결과에 대한 자신의 견해

(4) 비판·옹호형

비판·옹호형은 주로 찬반 토론형의 논술 유형에서 많이 사용하는 본론 쓰기 방법이다. 하나의 문제에 대해 찬성과 반대 중에서 각자의 입장을 택하여 자신의 주장이 옳다는 것을 증명하기 위해서 근거를 구체적으로 서술하고, 상대방의 논거가 옳지 않음을 증명하는 방법이다.

① 대립되는 견해의 문제점, 단점, 한계, 부정적인 점 비판(소주제문 A)

　　상대 논거 비판 1

　　상대 논거 비판 2

② 자기 견해의 장점, 의의, 긍정적인 점 옹호(소주제문 B)

　　옹호 논거 제시 1

　　옹호 논거 제시 2

(5) 제3 의견 제시형: 정·반·합 유형

논술은 기본적으로 양비론도 양시론도 허용되지 않는다. 하지만 논술 문제들을 다루다 보면 찬성이나 반대의 한쪽 입장을 취하기 힘든 경우도 가끔 발생한다. 이런 경우에는 부득이하게 정·반·합의 변증법적 논리를 응용하게 된다.

① 일정한 관점의 옹호(정)

　　옹호 논거 1 제시

　　옹호 논거 2 제시

② 상반된 논리의 도입(반)

　　반대 논거 1 제시

　　반대 논거 2 제시

③ 모순의 종합(합)

　　정·반·합의 문제점 확인

　　자신의 견해: 절충적 조화

3) 결론

결론은 논술문의 마무리 단계로 서술하는 형식이 따로 있지는 않다. 형식이 자유롭다
보니 긴 논술문을 서술하는 과정의 마지막 단계에 와서 급하게 마무리를 하거나 지나치
게 자신의 주장을 반복하여 강조하는 경우가 있다. 급하게 마무리하면서 결론의 분량이
적어지면 결론을 제대로 지을 수 없으므로 유의하여야 한다. 또한 자신의 주장을 지나
치게 반복하기보다는 글을 정리하는 느낌으로 자신의 입장을 명확하게 전달할 수 있도
록 해야 한다.

(1) 결론의 내용

결론은 기본적으로 지금까지의 서술을 요약·정리하고 자기주장이나 입장을 재확인하
고 강조하는 단락이다. 본론 단락의 소주제문을 모아 본론 내용을 간결하게 요약·정리한
것이 바로 결론의 내용이 된다.

하지만 요약만으로는 빈약한 느낌을 주므로, 결론의 마지막에는 전망이나 우려, 제안
등을 제시하여 자연스럽게 끝맺도록 한다. 다만 본론 전개와 상관없는 말들로 멋있게
결론을 장식하려는 생각은 버려야 한다.

(2) 결론을 쓸 때 주의할 점

결론은 본론에서 이미 언급한 근거를 바탕으로 갈무리를 하는 단계이므로 새로운 내
용을 언급해서는 안 된다. 결론에서 새로운 담론을 제시하면 내용을 미처 펼치기도 전
에 글을 마감해야 하기 때문이다. 또한 흐지부지한 결론은 읽는 사람에게 실망감을 주
기 때문에 간단명료하게 논술자의 입장을 재확인하도록 적어야 한다. 결론의 분량은 서
론의 분량과 비슷하게 적도록 한다. 결론을 서론의 내용과 연결해 적으면 구조적으로도
안정감을 주고 앞의 내용을 한 번 더 확인하는 과정에서 논술의 주제를 명확하게 전달
할 수 있다.

〈실습〉

'안락사 허용'에 관한 개요를 작성해 봅시다

논제: 다음 제시문을 읽고 '안락사 허용'에 대한 찬성과 반대의 의견을 논술해 보세요.

제시문 〈가〉

안락사(安樂死)로 흔히 번역되는 영단어 'euthanasia'는 그리스어로 직역하면 '아름다운 죽음'이란 뜻이다. 현대의 '유타나시아'는 원어의 의미에서 크게 벗어나, 불치의 중병에 걸린 등의 이유로 치료 및 생명 유지가 무의미하다고 판단되는 생물에 대하여 직·간접적 방법으로 생물을 고통 없이 죽음에 이르게 만드는 인위적인 행위를 말한다.

참고로 존엄사(尊嚴死)는 인간으로서의 존엄을 지키기 위해 선택하는 죽음의 방법으로, 고통 없는 죽음만을 중시하는 안락사와는 조금 다른 개념이다. 2016년 1월 『호스피스·완화치료 및 임종과정에 있는 환자의 연명의료결정에 관한 법률』(약칭: 환자연명의료결정법)이 국회를 통과하면서 2018년 2월부터 대한민국에서도 일명 존엄사법이 시행되면서 연명 치료 중단 자체는 불법이 되지 않는다.

(출처: 나무위키)

제시문 〈나〉

① 적극적 안락사(조력 자살)

생명을 독극물이나 약물 투여 따위의 작위적인 방법으로 단축시키는 것을 뜻한다. 일반적으로 이는 전쟁 중에도 총에 맞은 전우가 소생 가능성이 없다고 판단될 때 곧 죽을 사람이 확인 사살을 요구하면 이 범주가 된다. 영화 〈라이언 일병 구하기〉에서 어윈 웨이드 병장이 모르핀을 더 놔 달라고 했던 게 이런 종류에 해당한다.

적극적 안락사는 종교적이나 의학적 입장에서도 허용되지 않거니와, 법률적인 입장에서도 허용되지 않는다. 환자의 '고통 제거 수단'으로 이를 행하였어도 이는 위법이다. 환자의 명시적인 청탁이나 촉탁이 있었다면 촉탁·승낙에 의한 살인죄, 없었다면 일반 살인죄가 성립된다. 윤리, 법률적인 문제 말고도 조력 자살을 선택한 환자의 보호자와 주변인들이 느끼는 상실감, 후회 등의 감정적인 문제도 존재한다. 환자 본인은 병마의 고통에서 해방되기 위해 조력 자살을 택했지만, 남겨진 유족이나 측근들은 '왜 그때 그 사람을 말리지 않았을까(못했을까)?' 같은 생각으로 후회와 죄책감을 느끼는 사례도 있다고 한다.

캐나다, 미국 등에서의 여론은 의사 조력 자살에 대한 찬성 의견이 70%에 이르며, 이미

대세 의견이 된 지 오래다. 전통적으로 의사 조력 자살에 부정적이거나 극도로 정제된 중립적인 입장을 보여왔던 미국 의료계도, 의사 개개인의 여론은 찬성이 절반쯤 된다. 캘리포니아, 콜로라도, 하와이, 오리건, 버몬트, 워싱턴, 뉴저지 등의 주와 캐나다, 네덜란드, 벨기에, 스위스와 같은 몇몇 국가에서는 이와 같은 조력 자살이 일정한 조건 하에서 합법이다. 이에 해당하는 조건들은 다음과 같다.

-환자가 성인일 것
-의사들이 환자가 정신적으로 정상인 것을 확인했을 것
-의사들이 환자의 수명이 얼마 남지 않았음을 확인했을 것
-의사들이 강압 없는 자발적인 환자의 요구를 확인했을 것
-환자는 호스피스 등 다른 옵션이 있음을 고지받았을 것
-조력 자살 요청 과정에서 이해관계가 없는 자에 의한 증거와 투명성 확보
-언제든 요청을 철회할 수 있음.

(2) 소극적 안락사(연명 치료 중단, 존엄사)

치료 및 생명 연장에 필수적인 의료 행위를 중단하여 사람이 죽음에 이를 때 다시 살려 내기 위해 필요한 조치를 취하지 않고 그냥 방치하도록 두는 것을 뜻한다. 다른 방법보다 더 온건해 보이고 인위적 개입이 훨씬 적기 때문에 존엄사와 혼동되어 쓰이기도 하는 용어인데, 정확히는 연명 치료 중단이 존엄사를 위한 수단으로서 사용되는 것일 뿐 서로 구별되어야 하는 용어이다. 우리나라에서는 이것을 존엄사와 결부시켜 제한적으로 인정하고 있다. "다음번에 맥이 멎으면 소생을 시도하지 마라."는 정도의 요구는 한국에서도 할 수 있다. 사전연명의료의향서라는 제도가 존재하는데, 과거 법적인 구속력이 없었으나 2018년 2월부터 해당 법령이 시행되어 법적인 구속력이 발생한다. 병이 아직 다 진행되지 않은 상태에서 이것을 선택할 리는 없겠지만, 의료 조치가 전혀 없다면 질병의 진행과 함께 신체 건강의 악화가 동반되어 이전보다 더 심하게 고통 받는 것으로 이어질 수 있다. 삶이 얼마 남지 않았다 하더라도 그 삶의 질을 낮추지 않기 위해서는 의료 조치는 어느 정도 필요하다. 독일에서는 수동적 자살이라고 칭한다. 확실히 연명 치료 중단은 사람들이 흔히 생각하는 안락사와는 거리가 멀고 자의로 연명 치료 중단을 결정하기도 하지만 병이 너무 심해 환자 본인이 의사 표현을 할 수가 없어서 타의로 결정되기도 한다. 존엄사라고 하기에도 좀 애매한 부분이 있지만 국내 기준으로는 대부분 존엄사로 표현한다.

(출처: 나무위키)

제시문 〈다〉

(1) 의학적으로 환자가 의식의 회복 가능성이 없고 생명과 관련된 중요한 생체 기능의 상실을 회복할 수 없으며 환자의 신체 상태에 비추어 짧은 시간 내에 사망에 이를 수 있음이 명백한 경우(이하 '회복 불가능한 사망의 단계'라 한다.)에 이루어지는 진료 행위(이하 '연명 치료'라 한다.)는, 원인이 되는 질병의 호전을 목적으로 하는 것이 아니라 질병의 호전을 사실상 포기한 상태에서 오로지 현 상태를 유지하기 위하여 이루어지는 치료에 불과하므로, 그에 이르지 아니한 경우와는 다른 기준으로 진료 중단 허용 가능성을 판단하여야 한다. 이미 의식의 회복 가능성을 상실하여 더 이상 인격체로서의 활동을 기대할 수 없고 자연적으로는 이미 죽음의 과정이 시작되었다고 볼 수 있는 회복 불가능한 사망의 단계에 이른 후에는, 의학적으로 무의미한 신체 침해 행위에 해당하는 연명 치료를 환자에게 강요하는 것이 오히려 인간의 존엄과 가치를 해하게 되므로, 이와 같은 예외적인 상황에서 죽음을 맞이하려는 환자의 의사 결정을 존중하여 환자의 인간으로서의 존엄과 가치 및 행복 추구권을 보호하는 것이 사회 상규에 부합되고 헌법 정신에도 어긋나지 아니한다. 그러므로 회복 불가능한 사망의 단계에 이른 후에 환자가 인간으로서의 존엄과 가치 및 행복 추구권에 기초하여 자기 결정권을 행사하는 것으로 인정되는 경우에는 특별한 사정이 없는 한 연명 치료의 중단이 허용될 수 있다. 한편, 환자가 회복 불가능한 사망의 단계에 이르렀는지 여부는 주치의의 소견뿐 아니라 사실 조회, 진료 기록 감정 등에 나타난 다른 전문 의사의 의학적 소견을 종합하여 신중하게 판단하여야 한다.

(2) 환자 측이 직접 법원에 소를 제기한 경우가 아니라면, 환자가 회복 불가능한 사망의 단계에 이르렀는지 여부에 관하여는 전문 의사 등으로 구성된 위원회 등의 판단을 거치는 것이 바람직하다.

(출처: 대법원 2009. 5. 21. 선고 2009다17417 전원합의체 판결
[무의미한연명 치료장치제거등] 종합법률정보 판례)

제시문 〈라〉

두 살 식물인간 아기가 안락사 위기에 놓이면서 생명 결정권에 대한 논란이 재점화하는 모양새이다.

지난 4일(현지 시각) 영국 BBC는 영국에 거주 중인 이스라엘 및 미국 이중 국적자 부모가 예정일보다 일찍 출산한 아이 알타 픽슬러(2)에 대한 연명 치료를 중단하라는 영국 법원 판결에 불복, 유럽인권재판소(ECHR)에 이의를 제기했지만 기각 통보를 받았다고 보도했다. 유럽인권재판소도 영국 법원에 힘을 실어 주면서 아이는 안락사 위기에 놓였다.

픽슬러는 출산 과정에서 뇌 손상으로 의식이 없을 뿐 아니라 스스로 숨을 쉬지도, 먹지도 못하는 상태였다. 이에 맨체스터대학병원 국민보건서비스(NHS) 신탁재단 측은 '더 이상의 치료는 무의미하다.'며 인공호흡기를 떼자고 설득했다.

하지만 부모는 '신이 주신 선물인데 멀쩡히 살아 있는 딸을 어떻게 죽이느냐.'면서 '인공호흡기를 우리 손으로 뽑으라는 거냐.'며 절규했다. 또한 정통 유대교를 따르는 자신들에게 안락사는 교리에도 어긋나는 일임을 강조했다.

결국 두 살 아이의 안락사 문제는 법원에서 다툼을 이어 가게 됐다.

지난 5월 맨체스터고등법원은 '회복 가능성이 없으므로, 생명 유지 장치를 제거하고 치료를 중단하는 것이 최선'이라고 판결했다.

부모의 마지막 희망이었던 유럽인권재판소도 지난 2일 맨체스터고등법원의 연명 치료 중단 판결에 동의, 더 이상 이 사안에 대해 개입하지 않을 것이라고 선을 그었다. 당초 이스라엘과 미국 두 나라에서 모두 아기를 돌봐 주겠다 약속을 받았던 부모는 절망할 수 밖에 없었다.

부모의 법률 대리인은 '딸의 생명을 구하기 위해 모든 방법을 강구한 부모에게 유럽인권재판소 판결은 엄청난 충격'이라며 '연명 치료가 아기에게 고통을 가져다 준다는 데 과도한 가중치가 부여된 것 같다.'고 밝혔다.

생명 결정권 존중에 대한 이번 논란은 2018년에 있었던 사례를 떠오르게 한다.

지난 2018년 당시 퇴행성 신경 질환으로 1년 넘게 치료를 받아 온 23개월 아기에게 회생 가능성이 없다는 이유로 영국 법원이 연명 치료 중단을 권고한 바 있다. 이에 부모는 소송으로 맞섰으나 유럽인권재판소도 이를 받아들이지 않았다.

이후 이탈리아 정부가 연명 치료 중단 결정이 내려진 이 아기에게 시민권을 부여하며 로마에서 치료를 받을 수 있도록 했으나, 영국 법원이 사법 관할권을 인정하지 않으면서 결국 생명 유지 장치가 제거됐다.

당시 프란치스코 교황도 생명 결정권이 신에게 있다며 연명 치료 중단에 대해 반대 입장을 보였으나 결국 아기는 숨을 거뒀다.

이에 따라 두 사례를 통한 생명 결정권에 대한 논란은 더욱 뜨거워질 전망이다.

(출처: 세계일보, 2021.08)

1. '안락사'란 무엇인지 정의해 보세요.

2. 적극적 안락사(조력 자살)과 소극적 안락사(연명 치료 중단)은 어떻게 다른가요?

3. 제시문 〈다〉와 〈라〉를 통해 생명 결정권이 누구에게 있다고 생각하는지 자신의 생각을 말하여 보세요.

4. '안락사 허용'에 관한 자신의 생각을 정리해 보세요.

개요표 실습

논제	'안락사를 허용해야 한다.'에 관한 자신의 의견을 논술하시오.
주제문 (제목)	
서론	
본론	
결론	

3. 논술 첨삭

일반적인 첨삭의 원칙

1) 삭제의 원칙: 불필요한 부분, 중복된 부분, 과장이 심한 부분은 삭제한다.
2) 첨가의 원칙: 내용에서 빠진 부분, 보충해야 할 부분을 첨가한다.
3) 재구성의 원칙: 글의 순서가 바뀌었거나 글의 흐름을 방해하는 부분은 재구성한다.

1) 논술 첨삭의 특징

논술이란 상대방을 설득하기 위한 목적성이 있는 글이다. 그래서 논술 첨삭은 글의 표현적인 면보다 내용적인 면에 치중하여 이루어지게 된다. 다른 사람의 사고에 관여하는 일은 매우 부담스러운 일이다. 하지만 논술에서 첨삭이란 교사가 반드시 거쳐야 할 과정이므로 보다 적극적인 자세로 첨삭에 임해야 한다.

논술 첨삭은 논술자가 첨삭자의 의도를 명확하게 파악할 수 있도록 간결하지만 친절하게 해야 한다.

2) 첨삭의 목적

학생이 퇴고의 단계까지 거친 자신의 글을 제출하면 교사는 그 논술문에 대한 첨삭을 해야 한다. 학생 스스로 논술문 적기 과정에서 완벽한 논술문을 적을 수는 없기 때문에 본인이 스스로 퇴고를 한다고 해도 학생의 글쓰기 능력을 향상시키기 위해서 교사가 학생의 글을 첨삭하는 것이다.

하지만 교사의 입장에서도 첨삭이란 부담스러운 과정이 아닐 수 없다. 게다가 논술문은 항상 논쟁형의 논제가 등장하거나 경우에 따라서 다양한 관점이 도출되는 글쓰기인 만큼 다른 글쓰기보다 첨삭의 기준이 까다롭고 힘들다고 볼 수 있다.

첨삭은 한마디로 학생의 논술문 쓰기 능력을 향상시키려는 목적으로 교사가 자신의 의견을 덧붙이는 과정이다. 채점을 하거나 평가를 내리는 과정이 아니라는 뜻이다. 첨삭이라는 개념이 채점이나 평가라는 개념이 되어 버리면 그 순간부터 학생과 교사의 의사소통의 길은 막혀 버리고 수험생과 시험 감독원의 관계가 되어 버리는 탓이다.

논술은 주어진 논제에 대해 문제의식을 가지고 접근하여 여러 가지 해결 방안을 궁리하며 글쓴이의 가치관과 관점에 맞는 방향으로 문제를 해결해 나가는 사고 과정이다.

논제에 대해 진지하게 고민하고 솔직한 자신의 가치관과 인생관을 보여 주는 글쓰기가 되어야 하는데 시험을 치르듯 논술을 하게 된다면 정답을 보여 주기 위한 글쓰기가 되어버린다. 그러므로 교사는 학생의 올바른 가치관 형성과 문제 해결 능력 향상에 도움을 주는 첨삭을 해야 한다.

아무리 배우는 입장에 있는 학생들이라 할지라도 분명한 자신의 가치관과 인격을 지니고 있다는 사실을 잊어서는 안 된다.

3) 첨삭의 종류

(1) 일회성 첨삭

주로 지면 첨삭으로 경시대회에 제출한 논술문에 대한 첨삭이다. 지도보다는 평가에 초점을 맞추어 첨삭하여야 하고 장기적인 반복 첨삭이 아니므로 학생이 가지고 있는 모든 문제에 대하여 가장 심각한 부분을 중심으로 언급하여야 한다.

(2) 장기 첨삭

교사가 수업을 하는 학생을 중심으로 이루어지는 첨삭으로 주로 대면 첨삭이 이루어진다. 오랜 시간에 걸쳐 학생의 글에서 발전이 이루어지는 과정을 볼 수 있으므로 가장 심각한 문제에서 출발하여 하나씩 문제점을 고쳐 나가야 한다.

장기 첨삭의 경우 표현상의 문제나 정서법의 문제는 빠른 효과를 거둘 수 있지만 논리적 구조의 문제나 배경지식에 관한 문제는 경우가 다르다. 이는 단기간의 노력으로 해결될 수 있는 문제가 아니기 때문이다. 이런 경우에는 첨삭자가 조급한 마음으로 학생을 지도하려고 하면 좋은 결과를 얻기 힘들다. 첨삭의 목적이 학생의 글쓰기 능력의 향상에 있음을 염두에 두어야 한다. 논술문을 쓰는 능력은 하루아침에 빠른 발전을 기대하기는 힘든 부분이다. 학생에게도 인내심이 요구되지만 교사 자신도 학생의 발전 과정에 대해서 인내심을 가질 필요가 있다. 그러므로 장기 첨삭의 경우는 교사가 인내심과 끈기를 가지고 계획적인 첨삭 지도가 이루어지도록 하는 것이 바람직하다.

(3) 지면 첨삭

학생이 제출한 원고를 중심으로 이루어지는 첨삭이다. 경시대회 등을 통해 제출된 원고도 물론이지만 수업 중에 학생이 제출한 과제물에 대한 첨삭도 가능하다. 지면 첨삭은 일목요연하게 교사가 전달하고자 하는 바를 효과적으로 전달하여야 하며 교사의 글씨체와 문장의 표현적인 면도 신경을 써야 한다.

(4) 대면 첨삭

학생을 직접 대면하여 하는 첨삭으로 수업 중에 이루어지는 경우가 많다. 학생의 글을 같이 읽으며 교사와 학생이 함께 참여하는 첨삭이므로 학생의 생각을 좀 더 깊이 있게 살필 수 있고 교사의 의견을 분명하게 전달할 수 있다. 교사의 첨삭에 관하여 학생이 의문을 가지거나 이의를 제기할 경우 효과적인 첨삭이다.

4) 논술 첨삭의 단계

(1) 구성 살피기

논술문은 단락 구분이 명확한 글이다. 그리고 다른 장르의 글쓰기보다 단락별 특성도 분명한 글이다. 그러므로 첨삭은 단락이 명확하게 구분이 되었느냐를 살피는 것에서 시작된다.

내용적인 면에서는 각 단락이 단락별 특성을 잘 나타내면서도 유기적으로 연결되어 통일성을 유지하고 있느냐 하는 점을 살펴야 한다. 단락 구분이 되어 있지 않은 논술문은 독자가 글쓴이의 주장을 파악하기 힘들다.

형식적인 면에서는 서론과 본론, 결론의 글자 수 안배가 적절한지 살핀다. 1,500자 논술문의 경우에는 서론이 300자 내외, 본론이 900자 내외, 결론이 300자 내외로 구성되는 것이 바람직하다. 본론의 각 단락은 소주제에 따라 글자 수에서 차이를 보이기도 하겠지만 비슷한 분량을 유지하는 것이 좋다.

단락이 잘 구분되어 있는지 사선으로 첨삭자가 표시를 해 주도록 한다.

(2) 내용 살피기

논술 첨삭에서 구성 살피기 다음으로 첨삭할 부분은 내용에 관한 것이다. 논제의 충실성과 제시문 분석의 적절성, 서론, 본론, 결론 내용의 타당성 등을 살펴야 한다.

① 논제

논술문에는 반드시 해결해야 할 논제가 있다. 논제는 학년이 올라갈수록 복잡해진다.

대입 논술의 경우는 논제가 숨어 있는 경우도 있으며 논제가 서너 개씩 있는 경우도 있다. 논제의 의도를 제대로 파악하지 못하면 그 논술문은 처음부터 틀린 방향으로 전개될 수밖에 없다. 그러므로 학생이 논제를 제대로 파악하고 그 이해에서 논술문이 전개되었는지를 살펴야 한다.

무엇을 지지하거나 반박하라.
무엇의 문제점을 분석하고 해결 방안을 제시하라.
무엇의 문제점을 파악하고 다음 결과를 예측하라.
A의 제시문을 읽고 B의 관점에서 자신의 생각을 논술하라.

이상과 같이 논제에서 요구하는 물음을 정확하게 파악하는 것이 논술의 첫걸음이다.

첨삭에서도 학생의 글이 논제가 요구하는 조건을 충족했는지 살펴야 한다. 논제를 제대로 파악했는지 살피는 가장 쉬운 방법은 주제문이 제대로 형성되었는지 보는 것이다. 주제문은 구체적으로 한정된 범위의 내용을 다루어야 한다. 개요 짜기에 나타난 주제문을 읽고 학생이 논제를 제대로 이해하고 논술문의 방향을 올바르게 정했는지 살피고 만약 논제에 대한 바른 이해가 이루어지지 않았으면 강평에서 문제점과 문제 해결 방안을 제시해 주어야 한다. 이런 경우에는 대면 첨삭이 바람직하다. 지면만으로 학생의 문제점을 알아내고 문제를 해결하기 힘들기 때문이다. 학생이 왜 논제를 제대로 파악하지 못했는지 그 원인을 철저히 밝혀내고 다음 논술문 작성에는 똑같은 잘못을 반복하지 않도록 해야 한다.

② 유의 사항

논제 아래에는 다음과 같은 유의 사항이 나온다.

⊙ 유의 사항

1. 답안에는 자신을 드러내는 표현을 쓰지 말 것
2. 논술문의 제목은 쓰지 말 것
3. 제시문을 단순히 요약하거나 옮겨 쓰지 말 것
4. 분량은 띄어쓰기를 포함하여 총 1,600±100자가 되게 할 것

유의 사항도 폭넓은 의미로는 논제에 속한다. 글의 분량과 금기 사항을 제대로 지켰는지도 살펴야 한다.

③ 제시문

논술의 형태는 두 가지이다. 단문형의 논술이 있고 제시형의 논술이 있다. 예전에는 '어떠어떠한 문제에 대하여 논술하라.'는 식의 단문형의 논술도 자주 논제로 등장했지만 요즘은 대부분 제시문이 나오는 제시형 논술이 주를 이룬다. 그러므로 제시문의 올바른 해석은 논제 파악만큼 중요한 과정이다.

제시문이 다양화될수록 제시문 읽기는 논술의 성공 여부를 좌우하는 중요한 역할을 하게 된다. 논술문에서 제시문을 그대로 옮겨 적거나 요약하는 일은 금기 사항이다. 제시문은 어디까지나 제시문이다. 제시문을 비판적이고 창의적인 시각으로 읽고 자신의 생각을 정립해야 한다. 하지만 논의의 틀이 제시문의 틀을 크게 벗어나서는 곤란하다.

④ 개요 작성

학생의 논술문을 첨삭할 때 논술문만을 첨삭하기보다는 개요 작성도 함께 첨삭하는 것이 바람직하다. 개요 작성을 보면 학생의 사고 전개 과정을 한눈에 볼 수 있고 논술문 작성에서 개요를 작성하는 습관을 들이는 데 도움을 주게 된다.

개요 작성을 첨삭할 경우에는 무엇보다 사고의 전개 과정에 유의해야 한다. 그리고 주어진 논제에 합당한 전개 방식을 택하였는지를 살펴야 한다. 논쟁형 논술문일 경우는 '원인-대책 마련'의 개요가 바람직하고, 내용 전개가 나열식인 논제에 대해서는 '열거형' 개요가 바람직하다. 각 대상을 비교 논술해야 할 경우는 '비교 기준 설정-장단점 비교-비교 대조에 대한 자신의 생각'을 적는 개요 작성을 선택해야 한다.

⑤ 서론

논술문에서 서론의 역할을 잘 인지하고 서론 첨삭에 임해야 한다. 서론에는 문제 제기와 글의 전개 방향이 제시되어 있어야 한다. 그러므로 첨삭에서도 이와 같은 입장에서 첨삭이 이루어져야 한다. 관심과 흥미를 끌 수 있는 내용인지, 논제에 대한 찬성과 반대의 입장이 분명히 밝혀졌는지 확인해야 한다.

'~에 대해서 논의하겠다.', '~에 대해서 살펴보자.', '~에 대해서 서술하고자 한다.'와 같은 상투적인 표현은 고치도록 한다.

용어의 정의나 격언, 속담의 인용으로 시작하거나 일반화할 수 있는 자신의 체험으로 시작하는 서론 쓰기의 방법을 제시해 준다.

⑥ 본론

본론을 첨삭할 때는 첫 번째로 근거의 타당성과 올바른 논리의 전개 과정을 확인한다. 학생이 마련한 근거가 타당성을 지니고 있는지, 자신의 주장의 옳음을 입증하는 과정이 체계적이고 논리적인지 살펴야 한다.

두 번째는 중심 문장과 보조 문장을 살핀다. 한 문단에 중심 문장이 하나인지, 보조 문장은 중심 문장을 잘 뒷받침하고 있는지 확인한다. 간혹 하나의 문단에 중심 문장이 두 개 들어가 있는 경우도 있으며 또 중심 문장과 상관이 없는 보조 문장으로 서술해 나가는 경우가 있다. 이런 경우에는 중심 문장과 보조 문장의 관계를 밝혀 첨삭해 주어야 한다.

세 번째는 지나치게 개인적인 이야기나 편견이 개입되었는지 살핀다. 편견이나 고정 관념은 근거의 타당성을 떨어지게 만든다. 우리가 흔히 잘못 알고 있는 과학적 오류나 상식들도 마찬가지이다. 그러므로 첨삭자는 평소에 해박한 지식과 풍부한 상식을 가지고 있어야 한다.

네 번째는 논리적 오류를 발견해야 한다. 흔히 범하기 쉬운 논리적 오류는 '성급한 일반화의 오류', '동정에의 호소에 의한 오류' 등이 있다. 개인적인 경험이나 일부의 잘못을 일반화시켜서 그것이 진실인 것처럼 포장하는 것이 일반화의 오류이다. 그리고 객관적이고 논리적인 논술문의 성격상 동정에의 호소는 글의 객관성을 떨어뜨리는 오류를 범하게 된다. 이런 논리적 오류를 바로잡아 줄 필요가 있다.

마지막으로 의문, 청유, 감탄형의 문장이 들어 있는지 확인한다. 본론을 전개하다가 보면 자신의 감정에 빠져서 감동적인 글쓰기가 이루어지는 경우가 있다. 그러나 논술문에서 감동적인 글쓰기는 금물이다. 따라서 의문형이나 청유형, 감탄형의 문장이 있다면 평서문으로 고쳐 주어야 한다.

⑦ 결론

결론에서는 서론과 본론의 내용이 결론에 와서 완결성을 잃지는 않았는지 확인해야 한다. 결론은 대부분의 학생들이 쉽게 여기고 소홀하게 다루기 쉬운 단락이다. 결론에서 학생이 자신의 주장에 대한 강조를 통해 읽는 이로 하여금 얼마나 공감을 자아낼 수 있게 글을 적었는지 살펴야 한다. 그리고 서론이나 본론에서 한 말을 다시 반복하여 적거나 자신의 주장만을 너무 자주 되풀이하고 있지는 않는지 살펴야 한다.

⑧ 표현법

비유적 표현법은 적절한 비유인지, 과장되거나 필요하지 않은 비유인지 살핀다. 너무 개인적인 생각의 표현도 하지 않도록 한다. 문체는 간결체와 건조체가 적당하다. 그러므로 지나친 꾸밈말은 삭제하도록 한다. 문장은 짧고 분명할수록 좋으며 서술어의 경우 이중 부정은 삼가도록 한다.

문장의 길이는 50자 내외가 적당하다. 한 문장이 원고지 두 줄을 넘지 않도록 해야 한다. 너무 긴 문장의 경우에는 첨삭 시에 두세 문장으로 나누어 준다.

상투적인 표현은 삼간다. 논술문의 특성상 비슷한 서술어가 반복되는 경우가 많다. 똑같은 서술어가 지나치게 자주 반복될 경우 다른 표현으로 바꾸어 주어야 한다.

⑨ 도움말

강평 혹은 총평이라고도 하며 첨삭의 마무리는 도움말 쓰기로 한다. 세부 사항을 첨삭해 오면서 느낀 점이나 전체적인 글의 논리적 구조에 대해서 첨삭할 부분을 적는 단계이다. 여기에서 주의할 점은 총평의 내용이 본문의 지도 내용이나 세부 항목 평가 등에서 지도한 내용과 일치해야 한다는 점이다. 첨삭 내용도 일관성을 지키는 것이 중요하다.

총평을 쓰는 방식도 여러 가지가 있다. 세부 사항의 평가 내용에 따라 서술해서 적는 방식이 가장 일반적이며 지난번 논술문의 내용과 비교하여 적는 연속적 평가 방식도 있다. 또한 학생의 논술문에서 가장 문제가 되는 부분만을 선택하여 적는 방식도 있다. 어떤 총평 방식을 적을 것인가는 학생과 논술문의 특성을 고려하여 첨삭자가 선택하여야 한다.

대입 논술의 경우는 모범 답안을 발표할 때 논술문의 세부 사항을 일일이 지적하면서 전체적인 글의 흐름과 전개 과정을 지적해 주는 강평을 하기도 한다.

첨삭에는 칭찬도 함께해야 한다. 총평을 적는 방식은 경우에 따라 다르지만 반드시 지켜야 할 원칙 하나는 잘못을 지적하는 것으로 마무리되어서는 안 된다는 것이다. 논술문의 잘못을 지적하고 문제점을 밝혀 총평을 적었다면, 그다음에는 발전 가능성이나 그 논술문에서 잘한 부분도 칭찬을 해 주어야 한다.

총평을 할 때는 정확하면서도 친절한 표현을 사용해야 한다. 문제점이 무엇인지 정확하고 분명하게 표현하고 잘못을 지적할 때는 친절하고 겸손하게 서술해야 한다. 또한 학생의 수준에 맞는 용어를 선택하여 학생이 잘 이해할 수 있도록 해야 한다. 문제점을 지적했을 경우는 반드시 그 대안도 함께 제시해 주어야 한다. 문제에 대한 지적만 있고 대안이 없는 총평은 학생의 마음만 더 힘들게 할 뿐이다.

5) 첨삭자의 자세

첨삭 지도에는 많은 변수가 따른다는 것을 명심해야 한다. 학생들마다 지적 수준이 다르고 배경지식이 다르며 학습에 대한 참여도가 다르기 때문이다. 따라서 첨삭 지도에도 학생들 개개인의 이러한 특성이 반영되어야 하고 그 과정에서 많은 변수가 나오기 마련이다. 이러한 변수들이 때로 교사들을 당황하게 만들고 첨삭이 어렵다는 생각을 심어 주기도 한다. 하지만 이런 어려움은 첨삭의 성격을 잘 이해하고 평소에 많은 논술문을 첨삭해 보는 연습으로 해결할 수 있다. 자신이 맡은 학생의 글이 아니더라도 경시대회의 입상작이나 구할 수 있는 다른 학생의 글들로 많은 첨삭 연습을 하고 다른 선생님들과 자신의 첨삭 내용을 비교해 보면 좋은 공부가 될 것이다.

첨삭의 분량에 대해서는 일정하게 정해진 규칙은 없다. 논술문의 분량과 학생의 수준에 따라 첨삭의 분량이 정해지겠지만 너무 간단한 첨삭은 무성의해 보일 수가 있다. 그러나 너무 많은 첨삭을 했을 경우에는 첨삭의 효과를 보기가 힘들다. 글쓰기 능력을 향상시키고자 하는 첨삭이 분량 면에서 너무 방대하여서 학생이 첨삭 내용을 보기도 전에 질려 버린다면 그 효과를 기대하기 힘들기 때문이다. 교육 과정의 후반으로 갈수록 첨삭의 분량이 줄어든다면 그것은 당연하고 발전적인 현상이므로 그것에 대해 지나치게 예민하게 여길 필요는 없다.

칭찬만큼 좋은 효과는 없다. 첨삭의 성격상 잘못을 지적하고 오류를 발견해 내고 틀린 점을 캐내야 하지만 첨삭에는 반드시 칭찬이 뒤따라야 한다. 학생들은 거부의 경험보다 수용의 경험을 빨리 받아들이며 오래 기억한다. 그러므로 첨삭을 할 때도 학생이 논술문을 작성한 노력과 과정에 대한 격려는 물론 지난번 글과 비교하여 나아진 점을 칭찬해 주어야 한다.

4. 논술 평가

논술의 평가 기준은 정형화되어서 정해진 것이 없다. 초등·중등·대입의 경우 학년마다 평가 기준이 다르고, 대학마다 발표하는 평가 기준 또한 그 대학만의 기준에 의해서 작성한 것이다. 논술의 평가에 명확한 기준은 없지만 그 내용은 여러 공통점을 가지고 있다. 논술 평가 항목은 크게 내용과 형식으로 구분될 수 있으며 형식보다는 내용을 평가하는 데 더 주안점을 두고 있다. 또한 내용을 평가하는 항목도 학년마다 차이점을 보이고 있으나 대부분 내용의 창의성과 논리성, 설득력을 기본으로 평가한다. 논술에서 평가 기준을 이해하는 것은 논술의 특성을 이해하는 데 도움이 된다.

〈표 2〉 초등학생 논술문의 평가 기준[3]

평가 영역	평가 기준	평가 요소
내용 생성	1. 주제의 선명성	글에서 전달하려는 주제는 분명한가?
	2. 논리성	주장에 대한 근거가 타당하고 논리적 오류는 없는가?
	3. 문제 해결력	문제에 대한 해결 방안이나 적절한 대안을 제시하고 있는가?
	4. 참신성	내용이 참신하고 독창적인가?
	5. 설득성	독자를 충분히 공감시키는가?
내용 조직	6. 문단 구성 방식	문단을 중심으로 글을 적절하게 전개해 나가고 있는가?
	7. 문단 연결의 적절성	서론과 본론, 결론이 적절한 분량과 비중으로 자연스럽게 연결되었는가?
내용 표현	8. 맞춤법과 띄어쓰기	띄어쓰기 / 맞춤법이 맞는가?
	9. 어휘의 적절성	어휘를 적절하게 사용하고 있는가?
	10. 문장의 정확성	문법적으로 정확한 문장을 사용하고 있는가?

한국초등국어교육학회에서 발행한 학술지 『한국초등국어교육』에서는 논술의 장르적 특성을 반영하여 평가 영역을 내용 생성, 내용 조직, 내용 표현의 세 영역으로 나누었다. 표에서 알 수 있듯이 내용 조직이나 내용 표현의 형식적인 면의 평가 항목이 다섯 가지이고, 내용 생성의 평가 항목은 다섯 가지이다. 다른 종류의 글쓰기보다 논술은 기

---

3) 유봉현(2008), 「초등학생의 논술쓰기 능력에 대하여」, 『한국초등국어교육』, 한국초등국어교육학회.

본적으로 형식적인 측면보다는 내용의 생성에 많은 비중을 둔다. 이는 형식을 지나치게 강조하다 보면 내용 생성에 부정적인 영향을 미치기 때문이다. 하지만 다음의 〈표 3〉과 비교하여 볼 때 초등 논술이 대입 논술보다는 형식적인 측면의 평가 항목이 많은 편이다. 대입 논술에서는 표현력의 배점이 매우 낮은 편인데 이는 학년이 올라감에 따라 맞춤법이나 띄어쓰기 등의 오류가 줄어들게 마련이고, 대입 논술의 경우 서론·본론·결론의 문단을 반드시 갖추어서 논술문을 적는 경우가 드물기 때문이라고 볼 수 있다.

〈표 3〉 대학교 논술 평가 항목

구분	평가 내용 및 기준
지시 사항 불이행	• 필기구 종류 및 색깔 위반 (두 종류 이상의 필기구 사용) • 응시자의 신원 노출
이해 분석력	• 논제에 대한 이해·분석 능력 • 제시문에 대한 이해·분석 능력 • 답안이 논제에 충실한 정도 • 제시문을 적절히 활용한 정도
논증력	• 근거 설정 능력 – 주장에 대한 적절하고 분명한 논거 제시 – 주장과 논거의 논리적 타당성 – 논제에 대한 분명한 자기 의견 표현 – 자기 의견과 제시문의 연관성 • 구성 조직 능력 – 전체 논의 전개의 정합성 및 일관성 유지 – 전체 논의 전개에 있어 논리적 비약 유무 – 글의 전체적인 흐름이 체계적이고 조직적으로 전개
창의력	• 심층적인 논의 전개 – 주장이나 논거에 대해 스스로 가능한 반론 제기 – 논의에서 더 나아간 함축이나 귀결들에 대해 고려 – 논의가 전개되고 있는 맥락이나 배경 상황에 대한 적절한 고려 – 묵시적인 가정이나 생략된 전제에 대한 고찰 • 다각적인 논의 전개 – 발상이나 관점의 전환을 시도 – 가능한 대안들에 대한 고려 – 여러 이질적 개념들의 종합 – 암묵적으로 가정된 전제에 대한 비판적 고찰

	• 독창적인 논의 전개 – 주장이나 논거의 새로움 – 문제를 통찰함에 있어 특이함 – 관점이나 논의 지평의 참신함			
표현력	• 표현의 적절성 – 문장 표현의 매끄럽고 자연스러움, 적절한 비유 – 단락 구성 및 어휘의 적절성 – 맞춤법 등의 어법, 원고지 사용법 준수			

표에서 알 수 있듯이 논술의 평가 항목은 창의성과 논리성에 집중되어 있다. 평가 항목을 살펴보면 자신의 주장이나 의견을 창의성 있게 논리적으로 서술하는 것이 중요하다는 논술의 특성을 이해할 수 있다.

〈표 4〉 자기 점검 평가표

구분	점검 내용	○	△	×
글	주제와 관련이 있는가?			
	의견과 뒷받침 내용이 관련 있는가?			
	의견을 뒷받침하는 내용이 사실이고 믿을 만한가?			
	문제 상황을 해결할 수 있는가?			
문단	한 문단에 하나의 중심 생각만 있는가?			
	중심 문장과 뒷받침 문장이 논리적으로 연결되는가?			
	문장과 문장의 연결이 자연스러운가?			
문장	문장의 호응이 잘 이루어지는가?			
	분명하지 않은 표현이 있는가?			
낱말	잘못된 낱말 사용은 없는가?			
	틀린 글자나 빠진 글자는 없는가?			

다음 학생의 논술문을 첨삭하고 평가표를 완성해 봅시다.

논리리더 2 _ 2021년 7월 호 〈위험한 비밀 편지〉 32쪽 생각열매 ④   이름: 이준서

서지정보
제목: 위험한 비밀 편지
앤드루 클레먼츠 글 | 이원경 옮김 | 비룡소 펴냄

흉악범의 머그샷을 공개해야 한다.

2020년 3월 인터넷과 텔레비전 뉴스 등 여러 매체를 통해 N번방 사건이 큰 사회적 이슈가 된 적이 있다. '텔레그램'이라는 디지털 성범죄를 저지른 사람들의 얼굴이 방송을 통해 모두에게 공개된 적이 있다. 이때 많은 사람들이 놀라고 무서운 세상이라며 공포에 떨었다. 우리가 만약 흉악 범들의 얼굴을 모른 채 함께 어울려 산다고 생각하면 너무 끔찍한 일이 아닐 수 없다.

국민의 알권리를 보장하기 위해 피의자의 머그샷을 공개해야 한다. 머그샷이란 경찰이 식별하기 위해 구금하는 과정에서 촬영하는 얼굴 사진을 말한다. 우리나라는 미국, 영국, 프랑스, 일본 등 적극적으로 피의자의 신상 정보를 공개하는 나라들의 비해 피의자의 신상공개를 허용하는 기준이 훨씬 까다롭다. 공개 된다고 하더라도 피의자가 얼굴을 가리면 소용이 없다. 2019년 전 남편을 살해한 혐의로 신상 공개 결정 됐던 고모 씨가 긴 머리카락으로 얼굴을 가려 신상공개의 법적 효력에 대한 논란을 일으키기도 했다. 왜냐하면 이를 제거할 권리가 없었기 때문이었다. 또한 머그샷을 공개 할 경우 일반 시민들에게 강력 범죄에 대한 경각심을 높일 뿐 아니라 잠재적 범죄자들의 유사 범죄를 예방하는 데도 도움이 될 것이다. 한 번 범죄를 저지른 사람은 또 다시 범죄를 저지를 확률이 높다. 흉악범의 머그샷을 공개 한 다면 범죄자들의 얼굴을 알고 있기 때문에 발 빠른 신고를 할 수 있어 수사에 도움이 될 것이다.

현재 전문가들 사이에도 공익을 우선시해 머그샷 공개를 지지하는 의견이 있는가 하면 혐의가 확정 되지도 않은 피의자가 피해를 받을 수 있다는 반론도 있다. 모든 인간에게 인권이 있으므로 피의자의 인권을 존중 해야 한다는 뜻인데 피의자의 인권보다 피해자의 인권이 더 존중 되어야 한다. 또한 피의자의 무죄가 확정될 확률은 아주 낮다.

현대사회는 모두 함께 더불어 살아가는 공동체 사회이다. 공동체 사회 에서 무엇보다 중요한 것은 공익이다. 사회의 안전이라는 공익을 위해서 흉악 범의 머그샷을 공개 해야 한다.

평가표

평가 범주	평가 질문	평가		
		상	중	하
내용	논술할 주제를 정확히 파악하였는가?			
	제시문의 독해와 활용이 제대로 이루어졌는가?			
	적절한 사례를 제시하였는가?			
	다양한 관점에서 보고 있는가?			
	내용 사이의 연관은 긴밀한가?			
사고 과정	적절한 해결 방안이나 대안인가?			
	글의 전체 구성에 통일성 및 일관성이 있는가?			
	신뢰할 만한 근거를 제시하였는가?			
	적절하고 타당한 논거를 제시하였는가?			
	참신하고 독창적이며 현실적인 주장을 폈는가?			
	논리적 비약은 없는가?			
표현	정확한 어휘와 개념을 사용하였는가?			
	문장 표현이 간결하고 명확한가?			
	문단을 잘 구성하였는가?			
	서론, 본론, 결론의 짜임에 알맞은 내용을 썼는가?			
	원고지 작성법, 맞춤법 등을 잘 지켰는가?			
고칠 점				

'한국초등국어교육학회'에서 제시하는 바람직한 논술 지도 방향은 다음과 같다.

첫째, 논리적 사고력과 글쓰기의 바탕이 되는 독서, 토의, 토론 교육을 활성화하며, 평가 방법을 다양화하여 문제 분석 및 해결력, 종합적 사고력이 신장되도록 한다.

둘째, 다양한 분야의 책을 읽으며 '독해력'을 키우고, 비판적인 읽기 능력과 창의적 글쓰기가 연결될 수 있는 독서 논술 교육이 활성화되어야 한다.

셋째, 초등 논술 교육도 범교과적 통합 교육으로 실시하고, 학생들이 교과 내용을 익히는 과정에서 자신의 생각을 독창적, 논리적으로 펼쳐서 다른 사람을 설득하는 능력이 길러지도록 한다.

넷째, 논술문의 텍스트 구조 교육이 필요하다. 논술에서 서론, 본론, 결론 부분에 어떻게 글을 써야 하는지, 논증을 어떻게 해야 하는지 등 많은 학생들이 잘 모르고 있다. 이를 위해서 논술문의 단계적 글쓰기 지도가 필요하다.

다섯째, 문제 해결형, 찬반 논의형, 독해형 논술 지도도 필요하다. 각 유형에 맞는 논술 지도 방법과 평가 방법을 마련하여 다양한 유형의 논술 쓰기 경험이 필요하기 때문이다.

요약의 원리

1. 선택(삭제)의 원리

하나의 글에는 중요한 내용과 그렇지 않은 내용이 섞여 있다. 요약을 할 때는 중요하지 않은 내용은 버리고 중요한 내용을 골라서 이를 답안에 반영해야 한다. 이렇게 하기 위해서는 중심 내용과 뒷받침 내용을 분간하면서 읽어야 한다.

2. 객관화의 원리

별도의 조건이 붙어 있지 않다면 글쓴이의 주장을 있는 그대로 요약하는 데 치중해야 한다. 글쓴이의 주장에 자기 나름의 해설이나 견해를 덧붙여서는 안 된다는 것이다. 따라서 제시문의 핵심어를 임의로 바꾸는 것은 동일성을 해칠 수 있으므로 삼가야 한다. 요약의 분량이 적으면 핵심 내용만을 간추려야 하고, 좀 더 많은 분량이 허용되는 경우에는 핵심 내용과 함께 그와 관련된 부수적인 내용까지 포함해서 요약해야 한다.

3. 일반화의 원리

중심 내용이 겉으로 드러난 경우에는 그것을 옮겨 오면 되겠지만, 어떤 글은 중심 내용이 분명하게 표현되지 않는 경우도 있다. 대개 일반적인 진술 없이 구체적인 예나 사례만을 제시하여 수험생으로 하여금 그 사례들이 무엇을 의미하는지 파악하도록 하는 경우가 여기에 해당한다. 예를 들어, 현대 사회의 다양한 소통 부재 현상을 예로 나열하는 경우 이를 일반화하여 현대 사회의 소통 부재 현상이라고 일반화할 수 있어야 한다.

4. 변화의 원리

주제를 제대로 찾기는 했는데 제시문의 문장을 그대로 옮기는 경우가 많다. 그런데 이렇게 하면 주제를 정확하게 이해했는지 그렇지 않은지 평가할 수 없다. 요약을 할 때는 핵심적인 내용을 옮겨 오되, 자기가 이해한 바에 맞추어 바꾸어 표현하는 것이 좋다. 이때 제시문에 나오는 어려운 어휘를 쉬운 어휘로 바꾸어 주는 것이 중요하다.

5. 재구성의 원칙

많은 분량의 내용을 요약하기 위해서는 선택(삭제)의 원리를 바탕으로 일반화와 변화의 원리를 적용해야 한다. 그런데 요약하기는 단순히 전체 글을 짧게 줄이는 것을 의미하지는 않는다. 요약하기를 통해 글쓴이의 핵심 주장이나 글의 핵심 내용이 효과적으로 전달되어야 한다. 그러므로 효과적인 요약을 위해서는 전체 글의 구조나 흐름을 재구성할 필요가 있다. 단락들의 순서를 재조정하거나 삭제하는 등의 재구성의 원리를 통해 요약된 글은 새로운 생명력을 얻을 수 있다.

학생들이 요약을 할 때 가장 많이 실수하는 것이 긴 분량의 글을 요약할 때 요약글을 마치 그것의 축소 복사판처럼 적는 것이다. 즉, 모든 문단의 내용을 다 요약하려는 잘못을 범하는 경우이다. 요약은 제시문에 대한 이해를 바탕으로 짧지만 한 편의 완결된 글이어야 한다. 이 점은 제시문을 학생의 이해로 다시 풀어 써야 한다는 것이다. 예를 들면, 어제 본 텔레비전 드라마를 친구에게 이야기할 때 드라마 속 인물들의 대화를 똑같이 해 가며 전체 이야기를 하는 것이 아니라 핵심적인 부분들을 조금 변형해 가며 이야기하는 것처럼 요약하기란 자신의 이해력을 바탕으로 소화된 내용을 자신의 표현으로 바꾸어 표현하는 것이다.

제1장 논술의 이해

논술의 개념	논술이란 어떤 문제에 대하여 자기 생각이나 주장을 타당한 근거를 들어서 논리적으로 풀어서 적은 글이다.
논술의 유형	논술의 유형은 논제와 제시문에 따라서, 혹은 학교급별에 따라서 구분되며 각 유형에 따라 논술의 특성이 달라진다.
논술과 사고력	논술에서는 논리적 사고력, 독창적 사고력, 비판적 사고력과 종합적 사고력이 필요하다.

제2장 논술의 전략

논제 이해	비판·옹호형	논제가 요구하는 바에 대해 논술자의 찬성과 반대 입장을 분명하게 보여 줄 것을 요구하는 논제이다.
	대안 제시형	제시문에 주어진 사회 문화적 상황에 대한 개선 방안이나 해결 방안을 제시하도록 요구하는 논제이다.
	요약형	제시문의 핵심 내용을 파악하고 그것을 요약의 원리에 맞게 제한된 분량 안에서 서술하도록 요구하는 논제이다.
	분석형	분석 대상 속에 숨어 있는 내용들을 논리적으로 밝혀내도록 요구하는 논제이다.
	적용형	논제에서 요구하고 있는 항목에 대하여 제시문과 자료들을 적용하여 입증하도록 요구하는 논제이다.
제시문 분석		• 논술의 제시문은 논제와의 관계, 다른 제시문과의 대비를 통해서 주제를 추론해 낼 수 있게 제시된다. • 넓고 분석적인 시각으로 문제와 제시문 사이의 연결 고리를 파악하며 독해하는 능력을 갖추어야 한다. • 제시문을 제대로 읽기 위해서는 해석적 읽기, 비판적 읽기, 창조적 읽기 등의 독해 능력이 필요하다.

배경지식 활용	• 논술은 논술자의 배경지식을 바탕으로 논제에 맞게 제시문을 분석한 후 의미를 재구성 하여 표현하는 것이다. • 배경지식을 활용하는 과정을 사고력이라고 하며, 논술에서 필요한 사고력에는 논리적 사고력, 비판적 사고력, 독창적 사고력, 종합적 사고력이 있다.
논거 마련	• 사실적이고 객관적이어야 하며 타당성을 갖춘 논거라야 설득력을 가질 수 있다. • 출처가 정확하고 근거를 뒷받침할 만한 내용을 인용하여야 하며, 논리적 오류를 범하지 말아야 한다.

제3장 논술의 실제

개요 작성		• 개요란 집을 짓기 위한 설계도와 같다. • 서론, 본론, 결론에서 반드시 서술해야만 하는 단어로 문장을 만들어 간다.
논술문 작성	서론	서론을 서술하는 방법에는 사실을 직접 진술하기, 구체적 사례로 시작하기, 과제에 대한 간략한 소개, 반론을 위한 전제로 시작하기, 인용, 비유, 의문문 으로 시작하기 등이 있다.
	본론	• 서론에서 제시한 과제에 대해 해명하는 단계로, 논술문의 중심을 이루는 문 단이다. • 주어진 과제에 대한 자신의 입장, 견해를 뒷받침하는 적절한 근거를 제시해 야 한다.
	결론	본론의 내용을 요약하여 정리하고 논술자의 주장을 재확인하고 강조하는 문 단이다.
논술 첨삭		논술자가 첨삭자의 의도를 명확하게 파악할 수 있도록 단계에 따라 간결하고도 친절한 첨삭 을 해야 한다.
논술 평가		• 논술 평가 항목은 크게 내용과 형식으로 구분될 수 있으며 형식보다는 내용을 평가하는 데 더 주안점을 두고 있다. • 평가 영역은 일반적으로 내용 생성, 내용 조직, 내용 표현의 세 영역으로 나뉜다.

1. 논술의 개념을 정의해 보자.

2. 논술의 필요성을 독서와 연관하여 정리해 보자.

3. 논술을 잘하기 위해 갖추어야 할 사고력에는 어떤 것이 있는지 정리해 보자.

4. 논거가 갖추어야 할 요건에 대해서 정리해 보자.

5. 대안 제시형(문제 해결형) 논제에서 올바른 대안의 특성을 제시해 보자.

6. 논술에서 제시문을 올바르게 해석하기 위한 독해 능력을 정리해 보자.

7. 개요 작성에서 주제문을 작성할 때 주의해야 할 점을 제시해 보자.

8. 논술문 작성에서 본론의 역할과 내용을 정리해 보자.

9. 논술 첨삭에서 표현법에 관한 첨삭 내용을 정리해 보자.

• 경기도 교육청(1997), 「논술교육의 실제」.

• 구연상, 「글쓰기와 논술」, 「철학과 문화」 제15집

• 김영정 외(2006), 「사고와 논술」 교사용 1권(기초 상).

• 김윤환(2014), 「논술답안백서」, ST&BOOKS.

• 배상복(2014), 「기자 아빠의 논술 멘토링」, HadA.

• 송은옥(2013), 「2012년 대학별 논술시험 문제에서 요구하는 논술 능력 분석」, 「국어교과교육연구」 22, 국어교과교육학회.

• 유봉현(2008), 「초등학생의 논술쓰기 능력에 대하여」, 「한국초등국어교육」, 한국초등국어교육학회.

• 이선애(2020), 「문단쓰기가 논술문쓰기에 미치는 효과연구」, 한국외국어대학교 교육대학원.

• 조영돈(2006), 「논술문 생산의 텍스트 언어학적 책략」, 태학사.

• 한국대학교육협의회 논술연구회(2009), 「논술가이드Ⅳ」.

• 한국대학교육협의회 중앙상담교사단(2006), 「논술교육 길라잡이」, 한국대학교육협의회.

• 한국대학교육협회(2014), 「논술지도의 원리와 실제」.

• 한우리독서논술교재 「논리리더1, 2」.

• 한우리독서문화운동본부 교재집필연구원(2010), 「독서자료론 독서논술지도론」, 위즈덤북.

• 캐슬린 E. 설리번(2015), 최현섭·위호정 옮김, 「작문, 문단쓰기로 익히기」, 삼영사.

05

독서 지도 준비와 수업 계획안 작성

독서 지도의 현장은 매우 유동적이고 다양하다. 따라서 독서지도사는 실제 수업에 앞서 현장에 대한 이해가 있어야 하며 수업을 위한 치밀한 계획을 수립하여야 한다. 이 과목에서는 독서지도사가 현장에 임하기에 앞서 준비해야 할 사항들을 살펴보며 정리한다.

제1장은 '독서 지도 준비'에 관한 내용으로, 학부모 상담·학습자 평가·독서 지도 교수법·첫 수업에 관하여 알아본다. 독서지도사는 학생들을 지도하기에 앞서 학부모 상담을 통하여 독서 지도의 개념을 알리고 독서지도사로서 어떠한 수업을 계획하고 있는지 학부모에게 구체적으로 설명하여 독서 지도의 필요성을 인식시켜야 한다. 이것은 독서지도사 스스로도 자신의 정체성을 확립하는 과정이다. 학부모 상담이 끝나면 학생들 수업에 대하여 구체적인 계획을 수립한다. 이때, 독서지도사가 학생들의 독서와 관련된 사항을 평가하여 그 결과를 바탕으로 계획을 세운다면 보다 효과적인 수업이 될 것이다. 수업 중에도 독서지도사는 학습자의 독서 능력이 변화하고 향상되고 있는지 살펴보아야 한다. 독서 지도 교수법을 알고 있다면 보다 효과적인 수업을 진행할 수 있다. 또 첫 수업은 학생들과 처음 대면하는 시간이므로 교사는 학생들이 독서 수업의 유익함을 알고 다음 수업에 대한 기대감을 갖도록 준비하도록 한다. 제2장은 '독서 수업 계획'에 관한 내용으로, 계획의 필요성과 종류 및 특징을 이해하고 현장에서 수업을 계획할 때 적절하게 활용하도록 한다. 제3장은 '독서 수업 계획의 실제'에 관한 내용으로, 문학·비문학·영화 수업의 예문을 보며 현장에서 대상 학생들에게 적절한 수업 계획에 적용하도록 한다. 이 장에서는 그동안 배운 독서 지도에 관한 내용을 총정리하여 학생들 수업에 필요한 구체적인 계획안을 작성해 봄으로써 현장 감각을 익히고 실질적인 수업안을 마련할 수 있을 것이다.

● 다음은 '독서 수업 계획'과 관련된 'K-W-L'이다. 이 단원 학습 전에 독서 수업 계획에 대하여 '아는 것(what I Know)과 알고 싶은 것(what I Want to know)'을 적어 보자. 그리고 학습 후에 새로 '알게 된 것(what I Learned)'을 정리한 후, 학습 전과 학습 후의 생각을 비교하여 보자.

K (what I Know)	W (what I Want to know)	L (what I Learned)

제**1**장

독서 지도 준비

1. 학부모 상담

독서 지도의 현장은 일반적인 형태라고 할 수 있는 4~6명의 소그룹을 비롯하여 6~10여 명의 그룹, 20여 명 이상의 대집단, 그리고 개별 지도가 요구되는 학생들의 경우 일 대 일 교육 등 공간이나 상황에 따라 달라진다. 더불어 학생들 수, 수업 환경, 수업 시간, 남녀 학생의 비율 등도 매우 다양하다.

독서지도사는 학부모 상담 시 독서 지도의 개념을 알리고 독서 수업의 내용과 방법에 대해 구체적인 설명을 해야 한다. 학부모들은 자녀의 독서 교육과 관련하여 어려운 점이나 구체적인 지도 내용 등을 질문하므로 이 질문에 전문가다운 답변을 할 수 있어야 한다. 그러므로 독서지도사들은 수업을 시작하기에 앞서 효과적인 학부모 상담 기법, 학생들과의 첫 만남 등에 대한 사전 준비가 필요하다. 예를 들면 '독서지도사는 어떤 역할을 하는 사람인가.'에 대한 재점검, 학생들에 대한 사전 평가 방법, 해당 학령기의 독서 발달 단계와 학교 교과 내용 이해 등을 들 수 있다.

독서 교육의 궁극적인 목적은 유능한 평생 독자를 기르는 것이다. 학부모 상담 시에도 이러한 독서 교육의 목적을 설명하고 수업의 구체적인 내용을 제시하여 학부모가 독서 수업의 유익함을 알 수 있도록 해야 한다.

다음의 전반적인 독서 교육 내용을 참고하여 상담 시 활용한다.[1]

독서 교육 과정: 학생들이 경험해야 할 독서 교육의 형식과 내용
독서 교육 목적: 유능한 평생 독자 기르기

독서 교육 내용

- ◆ 낱말과 문장 바르게 읽기
- ◆ 이야기 구조 알기
- ◆ 중심 내용 파악하기
- ◆ 글의 종류별 특징 알기

- ◆ 전략적 방법으로 글 읽기
- ◆ 저자의 의도 파악하기
- ◆ 도서관에서 자료 찾는 방법 알기
- ◆ 학습 과제 해결에 독서 자료 활용하기
- ◆ 독서 자료를 선정하고 활용하기
- ◆ 독서 감상을 다양한 방법으로 표현하기
- ◆ 다매체 자료 독해하기

- ◆ 독서의 즐거움 느끼기
- ◆ 독서 습관 점검하기
- ◆ 편독하지 않고 다양한 영역의 책 읽기
- ◆ 독서를 통해 자신의 삶 성찰하기

〈표 1〉 독서 교육 과정과 독서 교육 내용

2. 학습자 평가

1) 독서 평가의 개념과 목적

평가란 일반적으로 평가 대상의 장점과 가치를 결정하는 과정을 말한다. 교육 평가에 대해서는 목표 달성도 확인, 의사 결정을 위한 정보 제공, 그리고 가치 판단의 관점에서

---

1) 독서 교육 내용은 교육 과정에서 추구하는 목적을 달성하기 위하여 여러 가지 요소를 포함한다. 변우열은 미국과 일본의 독서 교육 내용, 우리나라의 교과 및 학교 도서관 기준의 독서 교육 내용 체계를 분석하여 10개의 범주로 된 새로운 독서 교육 내용 체계를 설정하였다.(변우열, 2010:431~446) 여기에는 전통적인 독서 교육의 영역과 독서 기능 및 전략 습득, 지식 정보화 사회에 필요한 내용 등이 포함되어 있다. 〈표 1〉은 이를 참고하여 작성하였다.

다른 정의를 내리고 있다.

독서 평가의 내용은 독서 교육의 목표에 근거하여 설정되어야 하며, 독서 능력과 관련된 모든 영역에서 균형적으로 다루어져야 한다. 그러므로 독서 교육의 모든 영역이 독서 평가의 내용이 될 수 있다. 독서 기능, 독서 습관, 독서 태도, 독서 흥미, 독후 활동 등과 같은 독서와 직접적으로 관련된 영역 외에도 학생들이 접하는 독서 환경, 독서 자료의 질과 양, 독서 위생, 도서관 시설 등과 같은 독서에 따르는 모든 활동 영역이 독서 평가의 내용에 포함될 수 있다.

다양한 영역에 대해 독서 평가를 실시하는 목적은 학습자의 독서 능력이 변화하고 향상하는 데 도움을 줄 수 있는 정보를 얻는 것이다. 독서지도사는 평가 결과를 바탕으로 학습자들의 독서 능력을 판단할 수 있으며, 학습자 개개인의 독서에 대한 노력 방향을 결정하고, 독서 교수·학습을 구체화할 수 있다. 사전에 이루어지는 진단 평가뿐만이 아니라 독서 지도 중에 지속적으로 이루어지는 관찰에 의한 평가는 수업 개선에 도움을 주게 된다. 또 독서지도사는 평가 결과를 바탕으로 학부모와 학생에게 상담 및 조언을 할 수 있으며 학습자는 독서 평가를 통해 자신의 독서 능력이 어느 정도 수준인지 구체적인 정보를 얻을 수 있다.

독서 평가의 목적이 단순히 독서 성취도를 측정하거나 독자를 변별할 목적이 아니라, 학습자 각자의 독서 능력에 대한 구체적인 정보를 얻고 독서 능력 및 지도 과정을 개선하는 데 있다면, 다음의 몇 가지 원리를 고려할 수 있다.

첫째, 독서 평가는 언어의 의사소통성을 최대한 보장해야 한다. 사람들은 의사소통의 필요와 욕구 때문에 언어를 표현하기도 하고 이해하기도 한다. 독서 평가는 이러한 언어 사용의 기본적인 성질에 비추어 문자를 매개로 한 필자와의 의사소통 능력을 평가해야 한다.

둘째, 독서 평가는 독서가 하나의 과정임을 분명히 인식한 다음에 이루어져야 한다. 독서는 일련의 세부적인 기능의 축적물이 아니라 독서 행위를 하는 일련의 과정이다. 따라서, 독서 후의 결과만이 아니라 독서 전이나 독서 중에 보이는 독자의 태도나 관심, 흥미, 의미 구성 방법을 평가해야 한다.

셋째, 독서 평가에서 가장 중요한 것은 교사의 관찰이다. 개개 학생의 독서 능력이 어느 정도이며 얼마만큼 진전되어 가는지, 독서할 때 그 학생의 강점과 약점이 무엇인지를 정확하고도 종합적으로 파악하는 것은 교사의 세밀한 관찰을 통해 가능하다.

넷째, 독서 평가 장면을 다양화해야 한다. 독서 평가는 지엽적인 지필 평가에 의존하지 말아야 하고 다양한 의사소통 상황에서 이루어져야 한다. 일기장, 독후감, 편지, 낙서장, 기타의 독서 반응 등이 모두 독서 평가의 장면으로 다루어져야 한다.

다섯째, 독서 평가는 지속적으로 이루어져야 한다. 독서 평가는 독서 수업 전이나 수업 중에 지속적이고 종합적으로 이루어져야 한다. 학습자가 해 온 과제물, 수업 중에 보이는 태도 등은 학습자의 독서 능력을 신장시키는 데 참고할 만한 자료가 된다.(한국어문교육연구소, 2006:183~183).

교사가 독서 평가를 실시했다면 그 결과를 분석할 때 등급이나 점수, 결과물에만 관심을 가져서는 안 된다. 예를 들어 두 학생의 독서 능력 진단 결과가 같이 '중' 등급이 나왔다고 해도 그와 같은 결과를 보여 준 독서 기능이나 태도의 세부 항목은 각각 다를 수 있기 때문이다.

2) 독서 평가의 종류

(1) 사전 평가—독서 능력 진단지

이 검사는 다양한 질문을 통하여 학생 개인에 대한 구체적인 정보를 얻기 위하여 제작된 형식적 검사지이다. 검사에 응용된 이론은 주로 스미스(Smith)의 이론을 근거로 하였는데, 그는 독서를 사실적 이해, 해석적 이해, 비판적 이해, 창의적 이해로 나누었다. 검사에 활용된 질문은 어휘력, 사실, 추론, 비판력에 대한 것으로 기본적인 독서 능력을 측정하기 위한 질문으로 구성하였으며, 창의력에 대한 질문은 점수로 환산하기 어려우므로 배제하였다. 단계(유치부부터 초등 6학년까지)마다 문학 한 편과 비문학 한 편의 완결된 글과 짧은 글로 구성되어 있다. 지문의 길이와 난이도는 각 학년의 교과서를 기준으로 하되, 교과서의 지문은 배제하였다. 제목은 지문의 내용이나 종류와 필요에 의해 생략된 경우도 있다.

진단용 검사지이므로 학생들의 수준을 점수로 매기는 것에 목적을 두지 않는다.

이 진단지의 구체적인 평가 내용과 구성은 다음과 같다.

① 독서력

(가) 어휘력: 어휘의 정확한 뜻을 알고, 제대로 활용하는 능력을 말한다.

(나) 사실적 이해력: 글에 드러나는 구조나 연결 관계를 올바르게 파악하여 내용을 정확하게 이해하는 능력을 말한다.

(다) 추론적 이해력: 글에 명시된 내용을 근거로, 표현되지 않은 내용을 추리하여 이해하는 능력을 말한다.

(라) 비판적 이해력: 글에 국한된 이해를 벗어나서 글의 내용과 표현, 구조, 가치 등을 평가하고 판단하는 능동적인 읽기 능력을 말한다.

② 독서 태도

(가) 독서 흥미: 읽을거리에 대한 관심 정도와 스스로 읽고자 하는 욕구가 어느 정도인지를 말한다.

　⑩ TV를 보거나 컴퓨터 게임을 하는 시간보다 책 읽는 시간이 더 많다.

　⑩ 재미있는 이야기를 읽으면 다른 사람들에게 이야기하고 싶어진다.

　⑩ 내 돈으로 책을 사는 일도 있다.

(나) 독서 전략: 책의 종류와 체제를 구별하고 그에 알맞은 방법으로 읽어 내는 능력을 말한다.

　⑩ 책을 읽는 동안 다른 것을 생각하지 않는다.

　⑩ 중요한 내용이 나오면 밑줄을 긋거나 표시를 하면서 읽는다.

　⑩ 책을 읽을 때 중간에 가끔 멈추고, 앞으로 어떤 일이 생길지 짐작해 본다.

〈표 2〉 독서 능력 진단지 구성

	평가 영역	문항 수	
		유치~초등 2학년	초등 3~6학년
독서 태도	독서 흥미	5	10
	독서 전략	5	10
독서력	어휘력	6	6
	사실적 이해력	6	6
	추론적 이해력	6	6
	비판적 이해력	6	6
	계	34	44

(2) 음독 오류 평가(한철우, 2011:119~133 재구성)

과거에 음독 오류를 연구한 학자들은 음독 오류를 읽기의 실패를 가져오는 장애적인 요소로 보고 제거해야 할 대상으로 삼았다. 음독을 읽기 수준의 단순한 확인 방법이나 읽기 부진아를 지도하기 위해 필요한 정보를 얻는 수단으로만 취급한 것이다. 그러나 1960년대 초부터 음독의 오류는 단순한 진단적 도구로써가 아니라 독서하는 동안에 일어나는 아동의 독서 전략, 사고 과정과 관련지어 이해되기 시작했다.

한국어에서 나타나는 일반적인 음독 오류 유형은 다음과 같다.

(가) 무반응: 아동이 10초 이상 읽지 못하거나 머뭇거릴 경우에 해당한다.

(나) 삽입: 원래 문장에 없는 낱말을 임의로 추가해서 읽는 경우이다.

> **예** 내가 어른이다. → 내가 더 어른이다.

(다) 생략: 아동이 문장에 있는 낱말을 생략하고 읽는 경우이다.

> **예** 파란 종이배도 떠내려갑니다. → 파란 종이배도 내려갑니다.

(라) 대치: 아동이 문장에 있는 낱말을 다른 단어로 바꿔 읽는 경우로, 무의미 단어 대치와 의미 단어 대치가 있다. 대치 단어가 나타난 경우 어형의 유사성이나 의미를 살펴 허용이 가능한 경우와 허용이 불가한 경우를 판단해야 한다.

> **예** 토끼가 말하였습니다. → 도끼가 말하였습니다. (의미 단어 대치)
> **예** 개미는 손님입니다. → 개미는 소딥입니다. (무의미 단어 대치)

(마) 반전: 문장에서 앞뒤 단어의 순서를 바꿔 읽는 경우이다.

> **예** 숭어는 용왕님의 아들입니다. → 용왕님의 숭어는 아들입니다.

(바) 자기 수정: 잘못 읽은 단어를 스스로 바르게 수정하며 읽는 경우이다.

이외에도 단어를 반복해서 읽는 경우, 읽는 속도가 지나치게 빠르거나 느린 경우, 행을 바르게 찾지 못하는 경우 등의 음독 오류가 있다.

음독 오류는 학습자의 독서 능력이나 글의 난이도 수준에 따라 차이를 보인다. 독서 능력이 낮을수록 무의미 단어 대치가 높게 나타나며 문맥 활용 능력이나 자기 수정 비율이 낮다. 반대로 독서 능력이 높을수록 자기 수정 비율이 높게 나타나는데 이는 학습자가 상위 인지를 활용할 줄 안다는 것을 의미한다.

또 독서 능력에 비해 읽어야 할 텍스트가 어려우면 음독 오류가 나타나는 비율이 높았다. 음독에 오류가 많은 것은 글 전체의 의미 이해가 어렵다는 것이며, 대치 단어가 많은 경우 단어의 어형을 파악하는 데 집중하기 때문에 문맥을 활용하는 읽기 전략을 알지 못하는 것으로 진단할 수 있다.

(3) 수업 중 관찰을 통한 평가

독서 수업 중에 교사가 "주인공의 행동에 대해 어떻게 생각하는가?"라고 물었다면, 이것은 등장인물의 행동에 대해 비판적으로 생각하며 수업을 진행하기 위한 발문이다. 이에 대해 학습자는 등장인물의 행동을 떠올리고 그에 대한 자신의 생각을 정리하여 말로 표현하게 된다. 이 과정에서 독서지도사는 학습자의 핵심 내용 파악 능력, 비판적 사고력, 말하기의 적절성 등을 파악할 수 있다. 이와 같이 수업 중에 이루어지는 관찰에 의한 평가는 부분적이지만 학습자의 전체 독서 능력이나 태도를 파악하는 데 도움이 된다.

비형식적 평가 방법인 체크리스트에 의한 관찰법은 학생들의 독서 활동에 관한 정보를 좀 더 광범위하게 얻을 수 있는 방법이며 관찰 내용이 누적되면 학생의 변화를 파악하는 데 도움이 된다. 체크리스트 항목은 아래 예시처럼 학습자에게서 관찰하고자 하는 내용으로 구성하면 된다.

수업 중 관찰을 위한 체크리스트 예시

항목	이름 ( )				
	1	2	3	4	5
읽은 책의 제목이나 내용을 바르게 기억한다.					
인물의 마음이나 행동에 숨겨진 의미를 짐작할 줄 안다.					
책의 주제를 이해한다.					
문맥을 활용해 어휘의 뜻을 짐작할 줄 안다.					
발표를 할 때 머뭇거리지 않고 자신의 의견을 정확히 표현한다.					
글에 자신의 생각과 이유를 넣어서 쓸 줄 안다.					
수업 중에 필요한 배경지식을 떠올려 활용할 줄 안다.					
읽은 책에 대해 스스로 이야기하기를 즐겨 한다.					
독서 수업에 적극적으로 참여한다.					
새 책을 주었을 때 호기심을 보인다.					

(1: 전혀 아니다, 2: 아니다, 3: 보통이다, 4: 그렇다, 5: 매우 그렇다)

3. 독서 지도 교수법

독서 수업을 계획하기에 앞서 수업 모형과 그에 따른 교수법을 이해하고 있다면 효율적인 수업을 계획할 수 있다. 독서지도사는 어떤 수업 모형을 선정하여 실제 수업에 적용할 것인가 하는 문제를 수업 계획 단계에서 반드시 고려해야 한다. 효과적인 독서 지도를 위한 교수 모형은 다양하게 시도되고 있으며 교수 모형마다 적절한 교수법을 제시하고 있다. 여기에서는 학습 주체와 집단의 크기에 따라 다른 교수법을 살펴보기로 한다.

1) 학습 주체에 따른 분류

(1) 직접 교수법(교사 중심 교수법)

'직접 교수'는 원래 복잡한 기능(skills)을 훈련시켜야 하는 상황에서 등장한 것으로, 독서 교육 분야에는 1970년대에 부진아 학습 프로그램으로 도입된 것이다. 직접 교수는 기본적으로 독서 능력을 세부 기능들로 분절하여 하나하나 체계적으로 접근시키는 방식이다. 수업은 대부분 강의식이 되어 설명, 예시, 연습과 피드백의 기회 등으로 진행된다.

이 방법은 독서 부진 학생에게 세부 기능을 단계적으로 연습시켜 효과가 입증되었던 만큼 인지 능력이 부족하거나 학년이 낮은 경우 효과적이다. 또 학년이 높더라도 새로운 기능을 처음 익힐 때는 직접 교수법으로 지도하는 것이 필요하다. 그러나 학습자의 흥미나 개인적인 능력에 관심을 거의 두지 않는다는 단점이 있으며, 학습자에게 스스로 탐구할 기회를 거의 주지 않아 떠먹여 주는 식의 주입식 교육이 되기 쉽다.

현재 우리나라에서는 독서 부진 학생만을 위한 것이 아니라, 독서 과정에서 필요로 하는 독서 전략이나 기능을 학생들이 직접 연습할 수 있도록 하는 일반 독서 지도 방법으로 적용되고 있다. 〈표 3〉은 직접 교수 모형의 적용 단계이다.

〈표 3〉 직접 교수 모형의 단계

과정(단계)	주요 활동
설명하기	• 전략(또는 기능) 제시 • 전략의 사용 방법 안내
시범 보이기	• 전략 적용 사례 제시 • 교사의 시범(방법 또는 절차)

질문하기	• 세부 단계별 질문하기 • 학생 질문 및 교사 대답 • 학습 내용 및 방법 재확인
활동하기	• 실제 상황을 통한 반복 연습 • 다른 상황에 적용

〈표 4〉 직접 교수법의 절차와 수업 지도안

차시 목표		사실과 의견을 구분하여 읽는 방법을 알 수 있다.		
교수·학습 활동		**교수·학습 활동**	**시간**	**자료 및 유의점**
단계	**활동 과정**			
설명하기	• 사실과 의견에 대해 나타내는 표현에 대해 설명하기 • 수업 목표 확인하기	• 사실과 의견에 대해 나타내는 표현에 대해 설명하기 – 사실은 '보았다', '들었다', '하였다' 등으로 객관적인 내용이고, 의견은 '마치', '좋다' 등의 글쓴이의 생각이나 느낌을 말한다. • 수업 목표 확인하기 – 사실과 의견을 구분하여 읽는 방법을 알아봅시다.	10분	수업 목표를 먼저 확인시키고 실례를 든다.
시범 보이기	• 문장을 읽고 사실과 의견 구분하기	• 문장을 읽고 사실과 의견 구분하기 – 사실을 나타내는 문장과 의견을 나타내 는 문장을 구분하는 방법을 교사가 사고 구술법으로 시범해 보인다.('~드러낸 곳이 보였다.'는 '보였다'가 있으므로 사실, '기쁘다'는 느낌을 표현한 부분이므로 의견을 나타내는 문장이다.)	5분	본문의 한 문장을 예로 든다.
질문하기	• 글 내용 파악하기	• 글 내용 파악하기 – 여러 유물 중 금관 장식이 눈길을 끈 이유는 무엇인가요? (우아하고 섬세해서) – 지석을 보고 재미있다고 생각한 까닭은 무엇인가요?	15분	질문에 대한 대답에 해당되는 부분을 밑줄 긋도록 한다.
활동하기	• 사실에 대한 글쓴이의 느낌과 생각 알기	• 사실에 대한 글쓴이의 느낌과 생각 알기 – 글쓴이는 유물을 보고 어떤 느낌과 생각을 하였나요? – 사실과 의견을 구분하여 글을 읽어 봅시다.	15분	본문에서 글쓴이의 느낌이나 생각을 찾을 수 있도록 한다.

(2) 학습자 중심 교수법

학습자 중심 교수법은 학습자들의 생활과 학습 스타일에 초점을 둔 상당히 융통성 있는 교수 방법이다. 이 교수법은 교사에게 의존하기보다는 다양한 학습 자료와 학생들의 활동에 의존하게 된다. 또 스스로 학습해야 하므로 능동적인 학습이 될 수 있다. 학습자는 스스로의 성취에 의해 성취감을 맛볼 수 있게 되므로 학습 동기를 높이는 결과를 가져온다.

예를 들어 동시 수업 시 학습자 중심 교수법은 일방적인 지식 전달 위주의 수업이 아닌 학습자의 적극적이고 능동적인 활동을 유도한다. 구체적인 예를 들면서 시의 느낌을 친구들과 함께 공유할 수 있도록 시의 분위기를 살려 낭독하거나 인물에 대한 생각이나 느낌을 말하기, 시 감상에서 자신의 경험에 비추어 이해하기, 글 속의 인물이 되어 보거나 글쓴이의 생각이나 느낌에 비추어 자신의 생각을 이야기해 보는 내용 등의 활동이 그 예이다.

(3) 상보적 교수법

이 교수법은 사회구성주의 이론에 근거를 두고 교사와 학습자가 번갈아 가면서 전략을 적용하고 과제를 해결하고 글의 의미에 관해 대화를 나누는 지도법이다. 교사와 학습자 간의 상호 작용을 강조하고 학습자의 내면화에 소요되는 시간의 필요성을 충분히 인정한다. 교사와 학습자 또는 학습자들이 서로 대화를 통해 역할을 교체하면서 글의 내용을 이해하고 학습하는 방법을 가르치는 것으로 글 이해 방법과 글 내용 학습 방법을 익힐 수 있도록 학생들에게 전략 사용의 책임을 점진적으로 이양하는 것이다. 상보적 교수법은 텍스트 이해 및 회상 정도, 전략 사용 정도, 내용 영역의 읽기에 일반화 정도의 지속성에 의해 성공 여부가 결정된다. 상보적 교수법은 학습자의 사고력을 증진시키는 수업의 관점에서 본다면 체계적이고 분석적인 직접 교수법보다 총체적이고 발전적인 접근으로 학습자의 능동적인 사고 과정의 체험에 더 효과적이다.

이 교수 방법은 공유하고 있는 텍스트의 각 부분에 대해 참여자들이 서로 논의의 주도권을 교환하면서 대화하는 형식을 취한다. 참여자들이 텍스트를 이해하기 위해 더 많은 경험이 필요할 경우 논의는 더욱 격렬해지는데 이때 참여자들은 질문하기, 요약하기, 예측하기, 명료화하기의 네 가지 전략을 사용하도록 한다.

수업의 단계는 먼저 교사가 수업의 목표 및 전략을 안내한 후 시범을 보인다. 다음 단계에서 수업의 대화 리더를 설정한다. 대화 리더는 교사가 될 수도 있고 학습자 중의 한 명이 될 수도 있다. 대화 리더는 텍스트의 한 부분을 혼자서 읽거나 함께 읽어 가면서 내용과 관련된 질문을 제기하여 토론을 시작하게 한다. 다른 참여자들은 질문에 대답하고 추가 질문을 한다. 질문에 대한 토론을 한 다음에는 대화 리더가 내용의 요지를 요약한다. 집단을 구성하는 사람들 중 요약한 내용에 동의하지 않을 경우 의견을 일치시키기 위해 텍스트를 다시 읽고 토론한다. 읽는 동안 제기된 문제나 대화의 핵심이 되는 토론을 명료하게 한다. 마지막으로 리더는 이어질 내용을 예측하게 한다. 대화를 통해 교사는 모델이 되어 주고 학습을 안내하고 참여자들을 지원한다.

〈표 5〉 상보적 교수 모형의 단계

과정(단계)	주요 활동
안내하기	• 학습 목표 및 독서 목적 안내 • 전략(또는 기능) 제시 및 사용 방법 설명
시범 보이기	• '예측하기, 질문 생성, 명료화, 요약' 전략의 구체적 적용 사례 제시 • 교사의 시범(방법 또는 절차)
교수적 지원 제공	• 교사의 피드백, 정교화, 단서화 제공 • 학생 질문 및 교사 대답 • 교사 역할의 학생이 주도하여 능동적으로 협의하면서 함께 학습
교수적 지원 중단	• 교사의 도움 없이 학생의 독립적 읽기 • 다른 상황에 스스로 적용

2) 집단 크기에 따른 분류

(1) 개별 교수법

개별 학습은 학습자 개개인의 능력을 계발하는 데 효율적인 방법이며 교사가 개별적으로 학습자와 접촉하여 학습자를 이해하고 그에 적절한 지도와 도움을 주는 방법이다. 개별 학습을 하는 학습자는 또래보다 독서 능력이 낮거나 월등히 높을 가능성이 높다.

또한 소집단으로 이루어지는 독서 수업을 할 때, 한꺼번에 같이 학습하고 있으나 각자가 자기 능력의 속도대로 학습 활동을 하는 집단 개별 학습도 있다. 개별 지도를 효율적으로 수행하기 위해서는 학습자의 독서 능력, 독서 흥미나 독서 생활 등을 조사하여 개인의 특성에 맞게 수업을 진행해야 한다. 독서 수업에서 소집단 구성원들의 수준 차이를 극복하는 방법으로 집단 개별 학습이 필요할 수도 있다. 이때는 개별 과제를 낸다거나 학습자 수준에 맞춰 질문의 난이도를 조절하는 방법의 전략을 구사한다. 개별 학습은 교사와 학습자의 상호 작용으로 완전 학습을 추구할 수 있지만 한편으로는 또래 학습자와의 교류가 부족할 수 있다.

(2) 소집단 교수법

소집단 활동은 일반적으로 구성 인원 사이의 효과적인 상호 작용 및 토론을 고취시키고자 하는 방법이다. 그러므로 각 학습 상황에 따라 집단의 크기가 적절하게 조장되어야 한다. 이상적인 소집단 인원은 4~6명 정도이며 실제 독서 지도 현장에서 가장 일반적인 규모이기도 한다. 독서 수업에서 소집단 교수 방법에는 토론·토의법, 게임, 역할극, 간단한 막대 인형극 등이 있다. 소집단 교수법은 의사소통 능력을 길러 주고 창조적인 사고 능력을 키울 수 있으며 자기가 어려워했던 점을 집단 사고의 힘으로 해결할 수 있는 반면 참여자들의 적극적인 태도를 필요로 하는 어려움이 있다.

(3) 대집단 교수법

주로 학교나 도서관 등에서 이루어지는 수업이 해당된다. 학교나 도서관 등에서는 대부분 10여 명 이상의 구성원이 집단을 이루게 되는데 이들은 학년이나 독서 수준이 다양하다. 소집단 수업에서처럼 한 권의 책을 모든 구성원이 사전에 읽어 오기를 기대하기 어려우며, 집단 크기에 비해 수업 시간은 짧다. 집단의 크기가 크기 때문에 학습자들의 주의 집중이 떨어질 수 있다. 또한 학습자들이 능동적으로 수업에 참여할 수 없기 때문에 수업의 효과가 낮은 편이다. 따라서 개인 교수나 소집단 교수와는 다른 교수 전략을 사용해야 한다.

대집단 교수 문제를 해결하는 방법은 교수 매체를 활용하는 것이다. 대집단을 대상으로 하는 수업 활동에서 사용하는 교수 매체로는 빔 프로젝트, 동영상 등이 있다. 저학년이라면 길이가 짧은 텍스트를 선정해 현장에서 윤독하는 방법도 효과적이다.

3) 기타

현재의 독서 지도 방법은 앞서 제시한 방법 외에 총체적 언어 학습을 위한 독서 지도, 독서 부진 학생을 위한 독서 지도, 언어 경험 중심의 독서 지도, 문학 작품에 대한 반응 중심의 독서 지도, 토론 학습과 협동 학습 중심의 독서 지도, 독해력과 비판적 사고력 개발을 위한 독서 지도, 교과 학습을 위한 독서 지도 등으로 분류되어 그 각각의 교수법 속에 여러 가지 모형들이 다채롭게 개발되어 있다.

4. 첫 수업 계획

초기 상담을 통하여 학생이나 학부모에 대한 정보 수집을 마친 독서지도사는 독서 지도를 위한 구체적인 설계를 한다. 학생 개개인에 대한 정보를 얻기 위한 작업으로 첫 회 수업, 또는 1개월여의 기간을 할애하기도 한다. 여기서는 초기 상담과 첫 수업에 대한 명확한 구분을 피하고 교사와 학생 그룹 전체가 처음 만나는 장을 설계해 보도록 한다.

1) 모형 수업

모형 수업은 처음 독서 지도를 받고자 하는 학생들에게 독서 지도 현장을 소개하는 것이다. 독서지도사들은 모형 수업을 위해서 먼저 대상 학생에게 적절한 읽기 자료를 선택한다. 학부모 상담이나 사전 평가를 통해 얻은 정보들을 활용하여, 그 그룹에 적합하다고 여겨지는 읽기 자료를 선택한다. 읽기 자료를 선택할 때는 독해 난이도, 활자 크기, 양, 삽화, 컬러 등을 고려하여 대상 학생들이 크게 부담을 느끼지 않는 수준의 자료를 선택한다.

읽기 자료는 대개 판형이 큰 그림책이나 단편 동화, 전래 동화가 활용된다. 읽기 자료의 주제, 소재, 내용상의 흥미도에 대한 고려는 물론, 가급적 아동들에게 낯선 자료를 선택하는 것도 원활한 진행을 위해 고려되어야 할 사항이다.

수업 방법은 자료의 특성에 따라 다양하게 시도되지만, 읽기 전 활동, 읽기, 독후 활동의 일반적인 흐름을 갖는다. 읽기 전 활동으로는 배경지식 활성화, 흥미 유발 등을 위한 발문, 읽기 전략 제시, 동기 부여를 위한 간단한 활동 등을 활용할 수 있다. 그 후 준비한 자료를 다양한 방법을 활용하여 읽고, 읽은 후 내용 이해를 위한 발문, 토의나 토론, 짧은 글쓰기, 창의적이고 역동성을 강조한 활동 등으로 마무리를 한다.

모형 수업을 통하여 교사는 단편적으로나마 학생들의 일반적인 독서력과 언어 능력, 흥미도, 표현 양식, 성향 등을 파악할 수 있을 것이다. 한편 학생들은 독서 지도의 목적과 구체적인 방법들을 접함으로써 독서 지도 시간에 대한 흥미와 기대감을 갖게 될 것이다. 모형 수업의 분명한 목표와 구체적인 방법이 구상되고 즐겁게 현실화될 때, 첫 수업은 성공적으로 진행될 수 있다.

2) 학생 이해를 위한 수업

초기 상담에서 사전 평가 방법을 통하여 어느 정도 개인별 학생에 대한 이해와 정보 수집은 이루어졌지만, 그룹 수업일 경우 구성원에 대한 이해가 필요하다. 그룹 구성원에 대한 이해를 위한 활동으로는 주로 자기소개와 그룹원 탐색이 있다.

모형 수업과 마찬가지로 자기를 구성원에게 소개하는 프로그램은 학령기의 능력을 고려하여 제시되어야 한다. 예를 들어 유창한 언어나 세밀한 그림 등으로 자신을 소개할 수 없는 유치부나 초등학교 1학년 초기 학생의 경우라면, 단순한 언어 표현에서 만족하거나 언어가 아닌 다른 매체들로 자신을 표현하게 하는 것이 좋다. 이 시기에는 교사의 질문 내용은 물론 교사의 표정, 음색, 적극적인 반응 등이 행동을 크게 자극할 수 있다. 교사가 동참하여 모델이 되어 주는 것도 효과적이다.

(1) 유치부, 초등학교 1학년

- 찰흙이나 다양한 색상이나 문양·질감을 지닌 천, 종이, 물체 주머니 등 구체물 등을 활용하여 자신이 마음에 드는 것을 선택하게 한 후, 교사는 학생들에게 다음과 같은 질문을 한다.

예 이것을 선택한 이유가 무엇인가요? 그것을 보고 무슨 생각을 했나요? 그것으로 무엇을 하고 싶은가요?

교사의 질문에 답하는 학생의 응답을 통해 선호도나 관심사, 어휘력, 문장의 완성도, 창의성 등을 파악할 수 있다.

- 옆 친구의 이야기를 잘 듣고 연결하여 소개하도록 하면 집중시키는 데 도움이 된다.

예 저는 ○○를 좋아하는 ○○○옆에 있는 ○○입니다.

(2) 초등학교 저학년

- '나'를 중심으로 한 생각 잡기: 교사가 먼저 시범을 보이며 형식을 제공할 수도 있고, 중심 이미지, 주가지, 부가지를 교사의 도움말과 함께 학생들이 자유롭고 창의적으로 구성할 수도 있다. 활동지에 나타난 어휘나 그림 중 특별히 먼저 구성한 것에 교사가 관심을 갖고 질문을 던져서 응답하는 수준이나 어휘, 문장 완성도 등을 관찰해 볼 수 있다.
- 집 평면도 그리기: 집의 구조보다는 가족 구성원에 초점을 두고 평면도를 간단하게 그린다. 가족들이 자신에게 주로 하는 말을 말 주머니 등으로 표현하게 한다. 평면도를 통하여 가족 구성원, 가족 분위기, 환경 등을 관찰해 볼 수 있다.

(3) 초등학교 중학년 이상

- NIE를 통한 자기소개 및 나를 중심으로 한 생각 잡기
- 간단한 글쓰기(이력서 쓰기, 자기소개 글쓰기 등)
- 인터뷰 형식으로 서로 묻고 소개하기

(4) 공용

자기가 가장 좋아하는 책 가져와 소개하기, 가족 소개하기, 자신이 듣고 싶은 별칭으로 소개하기, 명함 만들기, 자신을 칭찬하기, 선생님께 질문하기 등의 활동은 학년에 상관없이 공통적으로 활용될 수 있다.

3) 수업 안내

독서의 유익함과 독서 지도 시 필요한 준비물, 독서 파일, 독서 기록장 등을 준비하도록 안내한다. 더불어 수업 진행상의 규칙을 어기거나 책을 못 읽어 왔거나 과제를 해 오지 못했을 때 벌칙을 준다면 어떤 벌칙을 어떻게 줄 것인지 등이나 독서 그룹의 이름 등을 그룹원들과 함께 의논해 결정할 수도 있다.

제**2**장
독서 수업 계획

1. 독서 수업 계획의 필요성

독서 수업을 계획한다는 것은 독서 교육 과정의 성취 기준으로 교수·학습 계획을 구체화한다는 것이다. 독서 지도의 궁극적인 목표는 독서를 통하여 바람직한 인간 형성이 되도록하는 것이다. 이를 위하여 독서지도사들은 독서의 모든 기능을 최대한 발휘하여 이 목표에도달하도록 학생들을 지도하여야 한다. 독서 교육은 인간의 생활 자세와도 깊은 관계를 맺을 수 있으므로 독서지도사들은 반드시 뚜렷하고 분명한 목표와 그에 따른 계획을 가지고학생들을 지도하여야 한다. 특히 독서 지도와 같이 광범위한 분야에 걸친 지도는 영역을 분담하고 한계점을 명확히 하지 않으면 실제적으로 효과를 거두기 어렵다.

독서 지도 계획안의 필요성을 구체적으로 살펴보면 다음과 같다.

1) 독서 지도의 목적에 맞는 수업을 할 수 있다.
무엇을 위한 독서 지도인지, 교사의 목적에 맞게 나아가고 있는지 늘 점검할 수 있다.
2) 학생의 발달 단계와 독서 능력 및 흥미에 따른 체계적인 지도를 할 수 있다.
개인 지도 혹은 소그룹 지도, 10명 이상의 대그룹 지도 등 그룹의 형태에 따라 체계적인지도를 할 수 있다. 학생의 독서 흥미 및 능력을 고려하여 도서를 선정하고 수업을 구체화한다.

3) 학습 내용을 다양하게 구성할 수 있다.

장르별로 다양한 도서를 선정, 수업 내용도 다양한 활동으로 구성하여 학생들의 독서 능력을 고루 향상시킨다.

4) 차시별, 단원별 평가 등 지도 목표의 평가를 용이하게 한다.

목표가 분명하지 않으면 평가 기준이 애매하며 학생들의 발전된 모습을 기대할 수 없다.

5) 주어진 시간을 효율적으로 활용할 수 있다.

제한된 시간을 효율적으로 활용하여야 효과가 가장 높다.

6) 교재 및 자료의 공급을 원활하게 한다.

도서의 상태, 구입 가능 여부, 학생이 책을 준비할 시간적 여유와 신문, 인터넷, 잡지 등 필요한 참고 자료를 충분히 확보할 시간적 여유가 있다.

7) 정보 교환 및 자료 축적을 용이하게 한다.

교사들과 정보를 교환할 충분한 시간을 확보하여, 보다 나은 수업을 계획하도록 끊임없이 노력해야 한다.

8) 학교 행사나 프로그램을 놓치지 않는다.

4월 과학의 달, 장애인의 달, 5월 가정의 달, 6월 호국 보훈의 달, 환경의 달, 7월 제헌절, 8월 광복절, 9월 독서의 달, 추석, 10월 개천절, 한글날, 국군의 날, 노인의 날, 11월 학생의 날, 소방의 날, 12월 성탄절

2. 독서 지도 수업 계획안의 종류

계획안을 나누는 기준은 다양하겠으나, 본 장에서는 기간을 중심으로 장기(연간), 중기(학기별, 분기별, 월별), 단기(단원별, 차시별) 계획안으로 구분하고자 한다.

1) 연간 계획안

연간 계획은 장기적인 목표를 갖고 수립해야 하는 장기 계획안이다. 그러므로 연간 계획안을 세우려면 우선 독서 지도의 목표 및 내용에 대한 명확한 설명과 학생들의 독서 실태, 흥미, 능력 및 발달 단계에 대하여 교사가 정확히 파악하고 있어야 한다.

연간 목표로는 읽기 능력의 향상, 독서량의 증가, 독서 영역의 확장, 독서 습관의 정착, 쓰기나 말하기 등 다양한 표현력 향상, 어휘력, 논리력, 사고력, 창의력의 향상 등을 들 수 있다.

목표가 세워지면 이에 도달하기 위하여 전체적인 주제나 방안을 수립한다. 주제는 대상 학생들의 관심사, 창작 동화, 전래 동화, 위인전, 과학 동화, 역사 동화 등 도서의 형태, 학교 교과 과정, 계절별 특성, 과학의 달, 가정의 달 등 월별 학교 행사, 역사 동화 읽기, 갈래별 글쓰기 등, 특별 프로그램의 구성 등을 고려하여 선정한다.

2) 분기별·월별 계획안

연간 계획의 흐름 속에서 분기별, 월별 계획안을 세운다. 이때 주 몇 회 수업인가에 따라서 사용되는 계획안의 종류가 달라질 수 있다. 예를 들어 주 2회 수업인 경우에는 일반적으로 월별 계획안을, 주 1회 수업인 경우에는 분기별 계획안을 사용한다. 이러한 중기 계획안은 연간 계획안의 장기적인 목표를 단계적으로 실천하기 위한 목표로 설정하며, 좀 더 세부적인 항목들로 구성된다.

연간, 분기별, 월별, 차시별 계획안의 관계도 예시

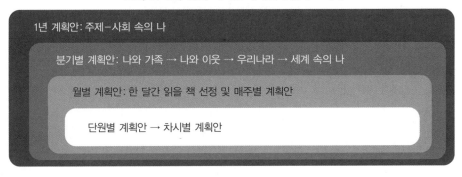

연간 목표 예시

- 다양한 장르의 책을 읽을 수 있다.
- 자신의 의견을 상대방에게 정확히 전달할 수 있다.
- 다른 사람의 생각을 이해하며 들을 수 있다.
- 다양한 형식의 글감을 접하고 이를 활용하여 글을 쓸 수 있다.
- 경험과 새롭게 알게 되는 사실을 균형 있게 조화시킬 수 있다.

연간 목표-분기별 목표의 관계

연간 목표	분기별·월별 목표
사회 속의 나를 이해할 수 있다.	• 나와 가족의 소중함을 깨달을 수 있다. • 나와 이웃의 관계를 통해 공동체 의식을 기를 수 있다. • 우리나라의 지리적, 문화적 특징을 파악할 수 있다. • 세계화의 의미를 알고 나의 미래를 그려볼 수 있다.
어휘력을 기를 수 있다.	• 문맥을 통해 어휘의 뜻을 짐작할 수 있다. • 유의어와 반의어를 찾을 수 있다. • 비유어의 의미를 파악할 수 있다. • 새로 알게 된 낱말을 활용할 수 있다.

3) 단원별 계획안

독서 지도 현장에서는 대부분 한 권의 도서로 단원이 설정되나, 하나의 주제 아래 여러 도서가 활용되거나 도서 중심이 아닐 수도 있다.

단원별 계획안의 구성 요소에는 다음과 같은 사항이 있다.

(1) **단원명**: 각 단원에 대한 성격을 나타내는 것으로 도서명이나 단원의 주제를 중심으로 표현한다.

　　예『자전거 도둑』, 역사책을 어떻게 읽을까, 갈래별 글쓰기 등

(2) **지도 대상 및 시간**: 지도하려는 대상을 구체화시키는 항목으로 학년, 학기, 지도 그룹의 형태, 지도 시간 등이 있다.

(3) **작품 해제**: 해당 도서를 설명하는 부분으로 책의 종류, 저자, 옮긴이, 출판사 등의 내용으로 구성된다. 작품의 간단한 내용 안내와 평가, 저자의 의도, 출판사의 출간 목적 등 책과 관련된 정보와 아울러 해당 도서가 어느 학령기에 맞는지, 어떤 상황의 아이들에게 적합한지 혹은 이 도서와 더불어 수업 진행 시 참고할 자료나 도서에 대한 정보를 담을 수 있다. 독서 지도 현장에서 해당 도서가 가지는 강점이나 부족한 부분, 유의점 등을 소개한다. 또 해당 도서를 학생들과 수업할 때 어떤 방향으로 이끌어야 할지 교사의 지도 지침을 담아 둔다.

(4) **학습 목표**: 독서지도사가 무엇을 위하여 그 도서를 선정하였으며, 책을 통하여 학생

들과 도달하고자 하는 것이 무엇인지 구체적으로 표현하는 것을 학습 목표라 한다. 학습 목표를 설정할 때는 다음과 같은 사항을 고려하도록 한다.

① 대상에 대한 정확한 평가와 학령에 대한 이해가 선행되어야 한다.

독서지도사는 지도 현장에서 학생들의 독서 능력 진단 결과와 다양한 반응을 여러 각도에서 살펴본 후 대상 학생의 독서 수준, 흥미, 학생 또는 학부모의 요구 사항 등을 고려한 목표를 설정해야 할 것이다. 덧붙여 학교 교과 과정이나 해당 학령기의 신체, 언어, 인지, 사회성, 도덕성 등의 발달 단계에 따른 이해력을 감안하고 이를 최대한 활용한 목표여야 한다.

② 학습 목표를 세울 때 교사는 '독서지도사'임을 잊지 말아야 한다.

종종 역사 교사, 과학 교사, 국어 교사 혹은 사회성·인성 계발 프로그램 교사인 듯한 목표들로만 일관된 계획안을 접하게 된다. 물론 교사는 학생들의 전인적인 성장을 돕고자 한다. 또한 도서라는 매체의 특성상 지식의 습득이 그 목표가 될 수도 있다. 그러나 독서지도사라면, 지도받는 대상 학생들이 책에 좀 더 가까워지고 책을 '잘' 읽을 수 있도록, 그리하여 좋은 독자가 되도록 지도하는 것을 우선적인 목표로 삼아야 할 것이다. 예를 들어 '육상 동물의 먹이나 주거 형태를 알 수 있다.'보다는 '사전식 과학 도서를 읽는 방법을 알 수 있다.' 혹은 '부모님의 사랑을 알 수 있다.'와 함께 '반복되는 어휘를 통해 작가의 의도를 알 수 있다.' 등의 활동 목표가 병행되어야 한다.

③ 연간 계획안이라는 전체 흐름 속에서 단계성을 가진 목표여야 한다.

지난해, 지난 분기, 혹은 같은 계열의 지난 수업과 비교하여 그 내용을 확장, 심화시켜 줄 수 있어야 한다. 예를 들어 동시 수업일 경우, '시를 다양하게 읽는 방법을 알고 즐길 수 있다.' → '시에서 다양한 글감을 찾을 수 있다.' → '시에서 흉내말의 맛을 알고 응용할 수 있다.' → '시의 주제를 알고 단어가 상징하는 것을 찾을 수 있다.' 등으로 점차 확장된 목표를 가져야 한다.

④ 독서 활동을 통해 성취해야 할 내용을 구체적으로 표현한다.

'독서 감상문을 쓸 수 있다.'보다는 '편지글 형식의 독서 감상문을 쓸 수 있다.' 또는 '등장 인물의 성격을 알 수 있다.'보다는 '인물의 말과 행동을 통하여 성격을 알 수 있다.' 등으로 표현한다.

⑤ **목표는 학습자의 입장에서 수업 후 성취된 상태로 진술한다.**

학습 목표는 독서 수업 내용과 행동으로 진술한다. 이 진술 방법은 타일러(Tyler)의 이원 목적 분류표를 기반으로 한 것이다. 내용은 도서를 통해 얻게 되는 지식, 활동을 통해 습득하게 되는 기능, 정서적인 변화 등을 말하며, 행동은 학습자가 수업을 통해 성취하게 될 지적 능력을 가리킨다.

내용	행동 용어
인물의 성격, 글의 종류, 이야기 흐름, 이야기 문법, 독서 감상문, 편지, 작가의 의도, 그림 감상, 독서 토론	안다, 이해한다, 정리한다, 파악한다, 깨닫는다, 평가한다, 인식한다, 기른다, 감상한다, 쓴다, 적용한다, 비교한다

한동안 학습 목표는 '비교한다, 구별한다, 나열한다'와 같이 결과를 예측하고 평가할 수 있는 행동적 용어, 그중에서도 명시적 동사로 진술해야 한다는 주장이 설득력을 얻었다. 그러나 정서적이거나 태도적인 면이 교육 내용에 포함되어 있는 문학이나 예술 등의 과목에서는 명시적 동사만으로는 진술이 어려운 부분이 있다. 따라서 독서 수업의 학습 목표는 행동적 용어를 사용해 구체적으로 표현하되 지나치게 세분화하지 않도록 한다.

한편 목표에 도달하기 위하여 학생들은 다양한 활동을 하게 되는데, 이것은 '~해 보기' 또는 '~해 보자.'로 진술된다. 이때는 각각의 활동에 대한 방향이 분명해야 하므로 관찰이 가능할 만큼 구체적으로 진술하는 것이 필요하다. 학습 목표 진술에서 교사의 입장을 반영한 '~을 알게 한다.', '~을 가르친다.'와 같은 표현은 잘못된 것이다.

⑥ **목표량은 너무 많지 않도록 한다.**

목표는 그날 수업 가운데 가장 핵심적인 것을 위주로 정한다. 독서 수업의 흐름은 내용 이해, 주제 파악 및 표현 활동의 세 단계로 정리하는데, 각 단계별로 목표를 설정한다. 학습 목표의 예는 다음과 같다.

예 내용 이해를 위한 학습 목표
• 그림을 보며 이야기의 흐름을 정리할 수 있다. (그림책)

• 인물의 말과 행동을 보며 성격을 파악할 수 있다.(인물 중심)

• 사건의 흐름을 따라가며 내용을 정리할 수 있다.(사건 중심)

• 이야기의 배경이 되는 역사적 사실을 정리하며 내용을 알 수 있다.(배경 중심)

예 주제 파악을 위한 학습 목표

• 친구와의 진정한 우정의 의미를 깨달을 수 있다.

• 진정한 행복을 느낄 수 있는 조건을 파악할 수 있다.

• 나를 사랑하는 마음을 기를 수 있다.

• 친구 간에 배려하고 협동하는 마음의 소중함을 깨달을 수 있다.

• 이야기를 통하여 우리 조상의 슬기를 배울 수 있다.

예 표현 활동을 위한 학습 목표

• 등장인물에게 보내는 편지글 형식으로 독서 감상문을 쓸 수 있다.

• 책을 읽은 느낌을 담아 친구에게 권하는 글을 쓸 수 있다.

• 새롭게 알게 된 사실이 담긴 설명문 형식의 감상문을 쓸 수 있다.

• 생각 그물로 역사적 사건을 정리할 수 있다.

(5) 지도 시 유의 사항: 수업 방향을 제시하거나 실제 활동 시 유의할 점을 기술한다.

▶ 단원 계획

한 권의 책으로 2차시를 계획하거나 하나의 주제 아래 여러 차시의 수업이 계획될 경우에는 단원별 계획안 안에 단원 계획을 추가한다. 단원을 개관하는 것으로 몇 회로 나누어 수업을 진행할지, 어떤 흐름을 갖고 있는지를 개략적으로 보여 준다.

① **차시**: 한 단원을 몇 회로 구분하였는지를 나타낸다. 대상 학령 혹은 그룹원들의 집중 가능 시간, 주어진 여건 등에 대한 이해를 전제로, 계획된 목표나 다양한 활동에 적절한 시간을 감안하여 구성한다. 한 권의 책을 2회로 나누어 수업할 경우, 첫 회 수업을 1차시(1/2 차시), 두 번째 수업을 2차시(2/2 차시)로 표기한다.

② **소주제**: 각 차시가 무엇을 중심으로 이루어지는지 밝힌다. 정해진 용어는 없으나 일반

적으로 다음과 같이 적절하게 표현한다.

- 책의 내용을 알기 위한 활동: 내용 이해를 위한 활동, 바르게 읽기, 이야기 나누기
- 주제와 관련한 활동: 주제 파악을 위한 활동, 생각 나누기·깊이 읽기, 독서 토의하기, 주제 토론하기
- 종합 정리하기: 표현 활동, 솜씨 보이기

③ **활동 내용**: 각 차시의 중심 활동들을 차례대로 기술한다. 활동 내용이 그 차시의 핵심 사항일 경우 소주제와 중복된 표현이 나올 수 있다. 예를 들어 등장인물의 성격 알기, 사건의 흐름 파악하기, 중심 문장 찾기, 주제에 대하여 자신의 의견 발표하기, 편지글 쓰기, 역할극 하기 등이 있다.

④ **자료, 준비물**: 각 차시에 소용되는 모든 자료와 준비물을 기술한다. 이때 자료에 대한 정보는 가급적 정확하게 설명한다. 참고 도서, 음악, 시 등이 자료일 경우 제목을 정확히 명시한다.

단원 계획 예시 1

○ 단원명: 『한국사 뛰어넘기』(이정화, 열다)

차시	소주제	활동 내용	자료 및 준비물
1	선사 시대부터 고조선까지	– 역사를 배우는 이유에 대해 알 수 있다. – 선사 시대부터 역사 시대 초기의 나라들과 관련된 개념과 역사적 흐름을 알 수 있다.	– 필독서 – 선사 시대 지도, 유물 사진
2	삼국 시대와 남북국 시대	– 삼국 시대의 역사 흐름을 알 수 있다. – 신라의 삼국 통일 의미에 대하여 토론할 수 있다.	– 필독서 – 삼국 시대 지도, 유물 사진 – 도화지, 색연필

단원 계획 예시 2

○ 단원명: 미래 사회와 진로

차시	소주제	활동 내용	자료 및 준비물
1	문학 작품 읽기	문학 작품을 읽으며 꿈을 가진 삶의 아름다움에 공감하기	– 필독서 – 편지지
2	인물책 읽기	인물들을 통해 직업의 다양성 이해하기	– 필독서 – 직업 카드
3	과학책 읽기	과학의 발전으로 미래 사회가 어떻게 변화할지 예측하기	– 필독서 – 퀴즈 문제지

| 4 | 통합 수업 | 앞의 3차시 수업을 바탕으로 미래에 나는 어떤 꿈을 실현시키고 싶은지 논술하기 | - 원고지 |

4) 차시별 계획안

각 차시별 계획을 구체화하는 것으로 소주제, 차시별 활동 목표, 준비물, 교수·학습 활동 단계(생각 열기, 본 활동, 마무리, 관련 활동, 평가 초점, 예상 시간, 유의점 및 자료) 항목으로 구성된다.

(1) **단원명**: 일반적으로 필독서 제목을 쓴다.

(2) **학습 목표**: 전체 활동 목표 가운데 이번 차시에 해야 할 수업 목표를 기술한다.

(3) **교수·학습 활동 단계**

각 단계의 목적에 맞는 활동을 구체적으로 나열하되, 각 활동 간의 긴밀한 연계를 염두에 둔다. 활동을 위한 별지나 별도의 자료를 활용할 경우 이를 구체적으로 표기한다. 각 단계는 생각 열기(도입), 본 활동(전개, 심화 등), 마무리(정리) 등으로 구성되며, 각 단계도 역시 활동 목표가 있다. 단계별로 가능한 활동은 어떤 것인지 살펴본다.

① **생각 열기(도입)**

도입은 차시 계획에서 매우 중요하다. 그날 수업의 학생 참여도가 이 부분에서 결정되기 때문이다. 생각 열기는 독서 전 지도와 다르며 본 활동을 하기 전에 배경지식 활성화, 동기 유발, 수업 분위기를 조성하는 것이 목표이다. 특히 도입의 마지막 단계에서는 그날 수업의 목표를 적절하게 제시하여 학생들이 능동적으로 참여할 수 있도록 유도해야 한다.

② **본 활동(전개, 심화)**

본 활동에서는 그날 수업과 관련하여 내용 파악에서 주제 관련 활동, 표현 활동까지가 이루어진다. 즉 본 활동은 해당 도서의 내용을 바르게 알고 주제를 이해한 후 적용하기와 표현하기 활동으로 연결되는 수업을 구성하는 것이 목표이다. 본 활동에서 가장 중요한 활동은 '질문하기'이다. 질문은 계획과 의도를 가지고 실행하는 활동의 하나인데, 기능 수준(인지적·정의적 영역), 초점 수준(수렴적·확산적), 난이도 수준, 실현성 수준(학생이 질문을 처리할 능력이 있고 사회적 규범에 합당한 것인가) 등이 고려되어야 한다.

질문을 제시할 때는 다음 사항을 고려해 그 내용과 양을 선정해야 한다. 질문 이용 여부, 종류(사실 확인, 의견, 하위 수준, 상위 수준), 주제, 형식(예/아니오로 대답 가능한가), 대상(우수한 학생 혹은 덜 우수한 학생), 시기(처음, 중간, 끝), 방식(몸짓, 표정, 시선), 가정(학생에게 필요한지 아닌지), 목표 등을 고려한다.(Dillon, 1998)

③ 마무리(정리): 지금까지 이루어진 활동을 정리하고, 다음 수업에 대한 안내 또는 독서 전 지도를 한다.

(4) 시간 안배: 대상 인원을 감안하여 각 활동마다 시간을 적절히 안배한다. 활동이 구체적으로 계획될수록 시간 안배 역시 현실적일 수 있다.

(5) 자료 및 유의점: 활동을 진행할 때 필요한 자료, 예견되는 상황에 적절히 대처할 수 있는 방법, 고려해야 할 점 등을 제시한다. 교사가 학생들의 예상 답이나 반응 등을 명시해 둘 수도 있다.

(6) 관련 활동: 수업을 계획하다 보면 시간 배분이나 난이도 등의 문제로 이번 대상 학생들에게는 적용할 수 없지만 버리고 싶지 않은 좋은 아이디어가 있을 수 있다. 이 경우, 같은 책을 다른 학생들과 수업할 때를 대비하여 아이디어를 저축해 두는 난이다.

(7) 평가 초점: 여기에서의 평가는 교사가 수업 계획안을 학생들에게 적용시켰을 때 적절한지 판단하는 것으로 수업의 전 과정이 포함된다. 수업에 관한 한 어떠한 내용도 담길 수 있으며 다음 수업 계획 시 참고 자료로 유용하게 활용될 수 있다.

제**3**장
독서 수업 계획의 실제

1. 문학 수업 계획의 실제

〈예시 1-1〉 단원별 계획안

1. 단원명:『토토와 오토바이』, 케이트 호플러 글, 사라 저코비 그림, 이순영 옮김, 북극곰 펴냄

2. 지도 대상 및 시간: 초등 1학년, 90분, 1차시

3. 작품 해제

　토토는 밀밭에서 산다. 바로 옆에는 커다란 도로가 있는데, 그 길에서는 다양한 소리가 들려온다. 버스가 지나가는 소리, 트럭이 지나가는 소리, 승용차가 달리는 소리 그리고 오토바이가 달리는 소리까지. 하지만 토토는 한 번도 도로를 따라가 본 적이 없다.

　그러던 어느 날, 토토의 친구인 슈슈 할아버지가 하늘나라로 갔다. 평소 슈슈 할아버지는 토토에게 자신이 경험한 세상 이야기를 들려주었다. 할아버지의 이야기를 듣고 있으면 토토는 할아버지와 함께 오토바이를 타고 있는 것만 같았다. 이제 토토는 슈슈 할아버지 없이 어떻게 살아갈 수 있을까?

　학생들도 새로운 도전에 두려움을 느낀 경험이 있을 것이다. 이 책을 읽으며 토토에게서 용기 있는 행동으로 삶을 개척해 가는 태도를 배울 수 있을 것이다.

4. 학습 목표

1) 그림과 글을 보며 주인공이 겪은 일을 말할 수 있다.

2) 토토의 행동을 보며 낯선 일에 도전하는 용기를 배울 수 있다.

3) 토토의 마음이 되어 그림일기를 쓸 수 있다.

5. 지도 시 유의 사항

학생들이 그림을 감상하며 작가의 메시지를 짐작할 수 있을 정도로 글과 그림이 조화를 잘 이룬 작품이다. 토토는 단 한 번도 슈슈 할아버지와 함께 오토바이를 타고 길을 떠난 적이 없다. 하지만 이 그림책에서 가장 아름다운 장면은 바로 둘이 함께 오토바이를 타고 달리는 장면이다. 도전하는 것이 너무도 무섭고 두려워서 한 발짝도 내딛지 못하는 우리에게 응원의 메시지를 주며 막연한 두려움에서 벗어나도록 도와주는 책이다. 학생들도 앞으로 새로운 일에 도전할 기회가 많을 것이다. 그때 이 책을 떠올리며 용기 있게 도전하는 자세를 갖도록 지도한다.

〈예시 1-2〉 차시별 계획안

단원명	『토토와 오토바이』(대상: 초등 1학년)			차 시	1차시(90분)
학습 목표	1. 그림과 글을 보며 주인공이 겪은 일을 말할 수 있다. 2. 토토의 행동을 보며 낯선 일에 도전하는 용기를 배울 수 있다. 3. 토토의 마음이 되어 그림일기를 쓸 수 있다.			준비물	필독서(토토와 오토바이), 그림일기 공책
활동 단계	교수·학습 활동			시 간 (분)	유의점 / 자료
생각 열기	• 인사 나누기 • 용감한 사람은 어떤 사람일지 이야기 나누기			10	각자 자유롭게 이야기한다.
본 활 동	**활동 1. 토토에게 무슨 일이 있었나요?** • 그림을 보며 토토가 겪은 일을 정리한다. 	집 앞에 혼자 앉아 있는 장면	슈슈 할아버지에게서 이야기를 듣는 장면	토토 혼자 앉아 있는 장면
오토바이를 집에 들여놓는 장면	오토바이를 타고 여행을 떠나는 장면	밀밭으로 돌아온 장면				10	1. 내용 정리와 말하기 활동을 함께 한다. 누가, 무엇을, 어떻게의 문장으로 말하도록 지도한다.
	활동 2. 토토의 마음을 알아보아요. • 표정 그리기와 낱말을 이용해 토토의 마음 파악하기 • 1번에서 준비한 그림 아래에 토토의 표정을 그리고 알맞은 낱말을 찾아 써 보자. 〈보기〉 외롭다, 행복하다, 신난다, 설렌다, 두렵다, 걱정된다, 다행이다, 슬프다			10	2. 표정을 그린 후 알맞은 낱말을 써 본다. 낱말은 〈보기〉로 제시한다.

	활동 3. 토토야, 용기를 내 봐!(인터뷰 형식으로) • 토토가 되어 질문에 답하여 용기를 내게 된 과정을 알아본다. – 슈슈 할아버지의 이야기를 들으며 어떤 생각을 했나요? – 슈슈 할아버지가 왜 토토에게 오토바이를 남겨 주었다고 생각하나요? – 왜 길을 떠날 생각을 하게 되었나요? – 밀밭으로 돌아와 새 친구에게 어떤 이야기를 들려주고 싶은가요?	10	3. 학생들이 토토가 되어 질문에 답하며 용기를 낸 과정을 알아본다.
	활동 4. 토토야, 나도 너처럼 용기를 갖고 싶어. • 토토 이야기를 각자 적용하여 이야기 나누며 용기가 필요한 까닭을 생각한다. – 토토 이야기에서 가장 기억에 남는 장면과 그 까닭을 이야기해 보세요. – 토토가 만약 집에 머물러 있었다면 어떻게 되었을지 생각해 보세요. – 토토처럼 용기를 내어 했던 일이 있다면 이야기해 보세요. 그런 경험이 없다면 앞으로 어떤 일에 용기를 내고 싶은지 이야기해 보세요. – 두렵다고 아무 일에도 도전하지 않는다면 어떻게 될지 생각해 보세요.	20	4. 누구나 낯선 일을 하려면 두렵고 겁나지만, 이를 극복하는 용기가 필요함을 깨닫도록 지도한다.
	활동 5. 이날을 기억해요. • 토토의 마음이 되어 그림일기 쓰기	20	5. 여행을 마치고 돌아 온 날의 마음이 담기도록 쓴다.
마무리	• 각자 쓴 일기 발표하기 • 다음 차시 예고: 『안녕, 나의 등대』	10	독서 전 지도 전략: 제목 보고 내용 예측하기
관련 활동	토토에게 격려의 말이 담긴 편지(쪽지) 쓰기		
평가 초점	1. 그림과 글을 보며 주인공이 겪은 일을 말하였는지 평가한다. 2. 토토의 행동을 보며 낯선 일에 도전하는 용기를 배웠는지 평가한다. 3. 토토의 마음이 되어 그림일기를 썼는지 평가한다.		

1. 단원명:『안녕, 나의 등대』, 소피 블랙올 글·그림, 정회성 옮김, 비룡소 펴냄

2. 지도 대상 및 시간: 초등 2학년, 90분, 1차시

3. 작품 해제

　『안녕, 나의 등대』는 등대지기의 삶을 중심으로 등대지기 가족의 이야기와 함께 점차 사라져 가는 등대지기라는 직업을 다시금 조명하는 그림책이다. 작가 블랙올은 주인공 등대지기와 한 공간에 있는 듯한 착각이 들 만큼 등대지기의 삶을 꼼꼼하게 보여 주면서도 등대지기의 직업적인 특징뿐만 아니라 등대지기라는 한 사람의 이야기를 성실하게 그려 냈다. 이 그림책은 시간이 흐름에 따라 변하는 바다의 사계절과 등대지기의 삶이 함께 그려진다. 삶의 의미를 되새기게 하는 이야기에 작가의 특기인 섬세한 수채화 기법이 어우러져 더욱 깊은 감동을 전한다. 『안녕, 나의 등대』는 바다가 등대에 바치는 한 편의 시이자, 우리 삶을 밝히는 희망 그리고 상실에 대해 이야기하는 그림책이다.

　이 책을 읽으며 등대지기가 하는 일을 알고 그의 삶에서 교훈을 얻는 수업이 되도록 지도한다.

4. 학습 목표

　1) 그림과 글을 보며 등대지기의 삶을 정리할 수 있다.
　2) 인물의 삶에서 최선을 다하는 모습을 배울 수 있다.
　3) 책을 읽은 느낌을 담아 등대지기에게 주는 상장을 만들 수 있다.

5. 지도 시 유의 사항

　작가 소피 블랙올은 이 그림책으로 칼데콧 대상을 두 번째 수상하게 되어, 그 특별함을 더해 준다. 『안녕, 나의 등대』는 미국, 영국, 중국, 이탈리아, 일본에도 소개되었고, 블랙올은 세계적인 그림책 작가로 그 명성을 다시 한번 입증했다. 어른과 아이가 함께, 모든 세대가 볼 수 있는 아름다운 그림책으로 수업 중에도 그림을 감상하며 지도하면 감동이 배가될 것이다.

〈예시 2-2〉 차시별 계획안

단원명	『안녕, 나의 등대』 (대상: 초등 2학년)	차 시	1차시(90분)
학습 목표	1. 그림과 글을 보며 등대지기의 삶을 정리할 수 있다. 2. 인물의 삶에서 최선을 다하는 모습을 배울 수 있다. 3. 책을 읽은 느낌을 담아 등대지기에게 주는 상장을 만들 수 있다.	준비물	필독서, 등대가 하는 일을 알려주는 동영상, 상장 용지
활동 단계	교수·학습 활동	시 간 (분)	유의점 / 자료
생각 열기	• 인사 나누기 • 동영상을 보며 등대가 하는 일에 관해서 알아보기	10	동영상은 교사가 준비한다.
본 활 동	**활동 1. 그림과 글을 연결하여 이야기를 정리해요.** • 등대지기가 등대에 왔어요.—커다란 배가 아내를 데려다주었어요.—한밤중 큰 사고가 났을 때 선원 세 명을 구했어요.—등대지기가 병이 나서 아내가 대신 등대를 지키고 업무 일지를 썼어요.—아이가 태어났어요.—해안 경비대원들이 와서 전구로 빛을 내는 기계를 달았어요.—등대를 떠나 살고 있어요. **활동 2. 최선을 다하는 삶이 아름다워요.** • 그림을 보며 등대지기가 했던 행동을 정리하고 배울 점이 무엇인지 생각해 본다. – 등대지기가 하는 일을 정리해 보세요. – 등대를 지키며 가장 힘들었던 순간은 언제일지 짐작해 보세요. – 등대지기가 앓아누웠을 때, 아내가 한 일을 보고 왜 이렇게 행동했을지 생각해 보세요. – 등대지기가 등대를 떠날 때 마음을 짐작해 보세요. – 마지막 장면에서 등대를 바라보는 가족들의 마음은 어떠할지 짐작해 보세요. **활동 3. 인물의 모습에서 느낀 감동과 교훈을 나누어요.** – 등대지기 행동에서 가장 기억에 남는 것과 그 까닭을 이야기해 보세요. – 우리 주변에도 각자 자신의 일에 최선을 다하는 분들이 있습니다. 어떤 분들인지 이야기해 보세요.(예 경찰관, 소방관, 환경미화원 등등) – 등대지기와 위 사람들에게서 본받을 점이 무엇인지 이야기해 보세요. **활동 4. 등대지기야, 고마워.** – 책을 읽은 느낌을 담아 등대지기에게 주는 상장을 만든다.	15 20 20 15	1. 교사는 그림과 도서의 내용을 연결하여 대답하도록 이끈다. 2. 등대지기의 삶이 잘 드러난 그림을 함께 보며, 그의 행동에서 배울 점을 찾는다. 3. 등대지기와 주변 사람들의 공통점을 생각하며, 최선을 다하는 삶의 모습을 본받도록 지도한다. 4. 자신의 일에 최선을 다하는 등대지기에게 상을 준다.
마무리	• 각자 만든 상장을 보여 주고 교사는 잘된 점을 칭찬한다. • 다음 차시 예고: 『할머니의 사랑 약방』	10	독서 전 지도 전략
관련 활동	• 등대지기 마음이 되어 업무 일지 쓰기		
평가 초점	1. 그림과 글을 보며 등대지기의 삶을 정리하였는지 평가한다. 2. 인물의 삶에서 최선을 다하는 모습을 배웠는지 평가한다. 3. 책을 읽은 느낌을 담아 상장을 만들었는지 평가한다.		

1. **단원명**:『할머니의 사랑 약방』, 박혜선 글, 이승원 그림, 크레용하우스 펴냄

2. **지도 대상 및 시간**: 초등 2학년, 90분, 1차시

3. **작품 해제**

   봄 소풍을 다녀온 진우가 감기에 걸리자 할머니는 겨울을 견딘 민들레 뿌리가 진우의 열을 내려 주고 기침도 멎게 해 줄거라며 들판으로 향한다. 할머니는 진희의 손등에 사마귀가 났을 때도 씀바귀 꽃대를 꺾어 하얀 즙을 진희 손등에 발라 준다. 무더운 여름이 되자 온몸에 모기가 물려 가려워하는 진희를 위해 할머니는 진희와 진우가 딴 도꼬마리잎을 찧어서 진희에게 발라 준다. 찬바람이 부는 가을이 되자 할머니는 허리, 무릎이 쑤신다면 끙끙 앓는다. 진희와 진우는 할머니의 약을 구하기 위해 할머니의 약방으로 간다. 보이는 대로 풀을 캐고 들꽃을 꺾어 온 진희와 진우는 할머니에게 이 약들을 달여 먹고 빨리 나으라고 말한다.

   이 책을 읽으며 학생들은 할머니가 아이들을 치료하기 위해 쓴 약초들도 알 수 있고, 서로를 걱정하고 위해 주는 따뜻함도 느낄 수 있을 것이다.

4. **학습 목표**

   1) 그림을 보며 인물들 간에 있었던 일을 정리할 수 있다.
   2) 인물들의 행동을 보며 서로를 아끼는 마음을 깨달을 수 있다.
   3) 인물의 마음으로 할머니께 감사의 편지를 쓸 수 있다.

5. **지도 시 유의 사항**

   이 책은 할머니가 들판에서 구한 약초의 이름을 익힐 수 있고, 또 서로를 위하고 걱정해 주는 따뜻한 마음도 함께 느낄 수 있는 책이다. 우리나라의 사계절을 배경으로 하고 있어 그림을 감상하는 재미도 느낄 수 있다. 서로를 위하는 사랑이 담긴 책을 감상하며 학생들도 가족의 사랑을 함께 생각해 보는 시간이 되도록 한다.

〈예시 3-2〉 차시별 계획안

단원명	『할머니의 사랑 약방』 (대상: 초등 2학년)	차 시	1차시(90분)
학습 목표	1. 그림을 보며 인물들 간에 있었던 일을 정리할 수 있다. 2. 인물들의 행동을 보며 서로를 아끼는 마음을 깨달을 수 있다. 3. 인물의 마음으로 할머니께 감사의 편지를 쓸 수 있다.	준비물	필독서, 편지지

활동 단계	교수·학습 활동	시 간 (분)	유의점 / 자료
생각 열기	• 인사 나누기 • 약으로 쓸 수 있는 식물 이름 말하기	10	각자 자유롭게 이야기한다.
본 활 동	**활동 1. 그림을 보며 이야기 내용을 말해요.** • 진우가 감기에 걸렸어요.–할머니가 민들레 뿌리로 약을 만들어 주셨어요.–진희 손등에 난 사마귀를 씀바귀 꽃대에서 나온 즙으로 없애 주셨어요.–모기에 물린 진희도 낫게 해 주셨어요.–가을이 되자 할머니 무릎이 아팠어요.–진희와 진우는 할머니를 위해 들풀을 한 가득 꺾어 왔어요. **활동 2. 서로를 아끼며 사랑해요.** – 할머니가 진희와 진우를 위해 만드신 약은 무엇인지 연결해 보고 어떤 특별한 점이 있는지 알아보세요. 1) 감기 걸린 진우—민들레 뿌리 2) 진희의 사마귀—씀바귀 꽃대에서 나온 하얀 즙 3) 모기 물리지 않게 하려고—도꼬마리 잎에서 나온 즙 – 할머니는 어떤 마음으로 진우와 진희 약을 만드셨을까요? – 진희와 진우가 무릎이 아픈 할머니를 위해 한 일은 무엇이며 그 일을 할 때 어떤 마음이었을까요? – 들풀을 가져온 진희와 진우를 보며 할머니는 어떤 마음이 들었을까요? – 할머니가 진희와 진우가 가져온 들풀을 손질한 까닭은 무엇일까요? **활동 3. 우리 가족도 소중하고 아끼는 마음을 가져요.** – 여러분이 아팠을 때 누가 어떻게 해 주었는지 이야기해 보세요. – 여러분은 가족이 아플 때 어떻게 하였는지 이야기해 보세요. – 우리 가족의 소중함을 느꼈던 경험을 이야기해 보세요. **활동 4. 할머니, 감사합니다.** – 진희와 진우가 되어 할머니께 감사한 마음을 편지로 써 보세요.	15 20 15 20	1. 봄 여름 가을 겨울 사계절의 특징이 뚜렷한 그림책이다. 그림을 보며 내용을 정리하도록 한다. 2. 할머니의 약은 자연에서 구할 수 있는 재료이며, 할머니도 할머니에게서 배운 전통적인 민간요법임을 알게 한다. 할머니가 진희와 진우를 위해 약을 만들었듯이 진희와 진우도 아픈 할머니를 위해 들풀을 가져오는 것을 보며 서로를 아끼는 마음을 알게 한다. 3. 각자 경험을 이야기하며 내면화하는 과정을 갖는다.
마무리	• 각자 쓴 편지를 발표하고 교사는 잘된 점을 칭찬한다. • 다음 차시 예고: 『내 맘도 모르면서』	10	독서 전 지도 전략
관련 활동	• 약이 되는 들풀 이름 알아보기		
평가 초점	1. 그림을 보며 인물들 간에 있었던 일을 정리하였는지 평가한다. 2. 인물들의 행동을 보며 서로를 아끼는 마음을 깨달았는지 평가한다. 3. 진희와 진우의 마음으로 할머니께 감사의 편지를 썼는지 평가한다.		

〈예시 4-1〉 단원별 계획안

1. 단원명: 『그 소문 들었어?』, 하야시 기린 글, 쇼노 나오코 그림, 김소연 옮김, 천개의바람 펴냄

2. 지도 대상 및 시간: 초등 3학년, 90분, 1차시

3. 작품 해제

'거짓은 내가 가만히 있어도 슬며시 찾아오지만, 진실은 스스로 나서지 않으면 구할 수 없다!' 누가 봐도 나쁜 사람은 사회적으로, 법적으로 당연히 비난을 받기 마련인데 그 주위에서 아무 생각 없이 방관하는 사람들은 어떨까?라는 의문에서 시작된 동화 『그 소문 들었어?』.

욕심 많은 금색 사자가 착한 은색 사자를 누르고 왕이 되기 위해 거짓 소문을 낸다. 동물들은 생각도 하지 않고 금색 사자의 말을 이쪽저쪽 옮기고, 그렇게 은색 사자는 누명을 쓰게 된다. 이야기는 입에서 입으로 전해지며 점점 부풀려지고 결국 금색 사자의 꾀에 넘어간 나라는 망할 위기에 처하게 된다.

망해 버린 나라를 보며 누구의 탓이라고 말할 수 있을까? 거짓된 이야기를 꾸민 것은 금색 사자이지만, 거짓 이야기가 소문이 되기까지는 수많은 동물들의 입방아가 필요했다. 누군가 단 한 번이라도 은색 사자에 대한 소문이 사실인지 아닌지 생각하고, 확인했다면 이야기는 달라지지 않았을까? 이러한 동물들의 이야기는 하나의 이야기가 커다란 소문이 되는 과정을 보여 주고, 소문은 어느 한 사람만이 만들 수 있는 것이 아님을 생각하게 한다.

이 책을 통하여 소문의 위험성과 그에 대처하는 자세에 대하여 생각해 보는 기회가 될 것이다.

4. 학습 목표

1) 빈 곳을 채우며 소문이 퍼져 나가는 과정을 정리할 수 있다.
2) 소문의 문제점을 알고, 소문에 대처하는 바른 자세를 기를 수 있다.
3) 작가의 마음이 되어 일부를 바꿔 써 볼 수 있다.

5. 지도 시 유의 사항

잘못된 소문은 실체도 없이 우리를 병들게 한다. 거짓 소문이 얼마나 무서운 결과를 초래하는지 책을 통해 잘 나타내고 있다. 학생들이 이 책을 읽으며 거짓 소문으로 인한 문제를 파악하고 소문을 대하는 올바른 태도를 기르도록 지도한다.

〈예시 4-2〉차시별 계획안

단원명	『그 소문 들었어?』(대상: 초등 3학년)	차 시	1차시(90분)
학습 목표	1. 빈 곳을 채우며 소문이 퍼져 나가는 과정을 정리할 수 있다. 2. 소문의 문제점을 알고, 소문에 대처하는 바른 자세를 기를 수 있다. 3. 작가의 마음이 되어 일부를 바꿔 써 볼 수 있다.	준비물	필독서, 모의재판 용 대본, 공책
활동 단계	교수·학습 활동	시 간 (분)	유의점 / 자료
생각 열기	• 인사 나누기 • '소문'이란 무엇일까?	10	자유롭게 이야기 한다.
본 활 동	활동 1. 빈 곳을 채우며 소문이 퍼져 나가는 과정을 정리해요. • 동물 나라에 (새 왕)을 뽑아야 해요.—금색 사자는 동물들이 자신보다 (은색 사자)를 더 좋아하자 은색 사자에 대해 (나쁜 소문)을 퍼뜨렸어요.—동물들은 (거짓 소문)을 믿었고 소문은 점점 더 부풀려졌어요.—금색 사자가 (왕)이 되었어요.—금색 사자는 나라를 잘 돌보지 않아 동물 나라는 (황폐하게) 변했어요.	10	1. 줄거리를 요약하는 활동으로 빈 곳을 채우며 내용을 정리하도록 지도한다.
	활동 2. 소문은 꼬리에 꼬리를 물고 퍼져 나가요. • 등장인물에게 인터뷰 형식으로 질문에 답하며 동물 나라가 황폐해진 까닭을 알아본다. – 금색 사자에게: 은색 사자에 대하여 나쁜 소문을 퍼뜨린 까닭은 무엇인가요? – 은색 사자에게: 왜 자신에 대한 나쁜 소문에 아무 말도 하지 않았나요? – 동물들에게: 왜 소문이 진실인지 거짓인지 알려고 하지 않았나요? – 올빼미와 작은 새에게: 왜 자신들의 생각을 믿도록 친구들을 설득하지 않았나요?	15	2. 각 동물의 입장이 되어 그들이 했던 행동과 그 까닭을 생각하여 이야기한다.
	활동 3. 모의재판을 해 봅시다. • 각 인물들의 말과 행동에서 잘못된 점은 없는지 생각해 보고, 모의재판을 하며 각자가 생각하는 가장 잘못된 행동을 한 인물을 정하고 그 까닭을 발표한다.	15	3. 모의재판에 필요한 역할을 정하고, 각자 맡은 배역을 연기한다.
	활동 4. 소문은 소문일 뿐이야. – 여러분이 주변에서 들었던 소문이 있다면 이야기해 보세요. – 그 소문은 어떻게 퍼져 나갔으며, 소문을 들었을 때 여러분은 어떻게 행동했나요? – 사람들이 확실하지 않은 이야기를 소문으로 퍼뜨리는 까닭은 무엇일까요? – 소문이 생겼을 때 어떻게 행동하는 것이 올바른 태도일지 이야기해 보세요.	15	4. 주변에서 들었던 소문과 그 소문의 문제점은 없는지 생각하며 도서 내용을 내면화한다.
	활동 5. 내가 작가라면 • 작가가 되어 이야기의 일부를 바꿔 써 본다. • 등장인물들이 다르게 행동하였더라면 이야기가 어떻게 전개되었을지 상상하여 내용 일부를 바꿔 써 본다.	15	5. 인물 중 하나를 선택하여 그 인물이 다르게 행동하였더라면 어떻게 되었을지 상상하여 글을 쓴다.

마무리	• 각자 쓴 글을 발표하고 그렇게 바꿔 쓴 까닭을 이야기한다. • 다음 차시 예고: 『일기 감추는 날』	10	독서 전 지도 전략
관련 활동	• 뒷이야기 상상하기		
평가 초점	1. 빈 곳을 채우며 소문이 퍼져 나가는 과정을 정리하였는지 평가한다. 2. 소문의 문제점을 알고, 소문에 대처하는 바른 자세를 기를 수 있게 되었는지 평가한다. 3. 작가가 되어 내용 일부를 바꿔 썼는지 평가한다.		

〈예시 5-1〉 단원별 계획안

1. 단원명: 『길모퉁이 행운 돼지』, 김종렬 글, 김숙경 그림, 다림 펴냄

2. 지도 대상 및 시간: 초등 4학년, 90분, 1차시

3. 작품 해제

　어느 날, 진달래 마을에 안개가 몰려온 후 길모퉁이에 '행운 돼지'라는 가게가 생긴다. 가게 앞에는 골동품 같은 조각상이 서 있을 뿐 그다지 특별해 보이지 않는다. 그런데, '당신에게 커다란 행운을 공짜로 나누어 드립니다.'라는 광고 전단지가 사람들의 마음을 사로잡는다.

　마을 사람들은 '행운 돼지' 가게에서 아무런 대가도 치르지 않고, 신기한 물건을 얻는다. 한 번 주름을 펴면 영원히 주름이 가지 않는 다리미, 클레오파트라가 쓰던 가위, 펼칠 때마다 새로운 이야기가 나오는 책까지 그야말로 '행운'을 공짜로 얻는다. 하지만 그 물건을 사용한 다음에는 돼지로 변하고 만다. 이렇게 『길모퉁이 행운 돼지』는 인간의 욕심이 빚어낸 우스꽝스러운 현실을 재기 발랄하게 묘사하고 있다.

　이 책을 읽으며 행운이란 누구나 원하는 것이지만 지나치게 원할 때 어떤 문제가 생기는지 깨닫고 행운을 바라는 바른 태도에 대하여 생각해 보는 시간이 될 것이다.

4. 학습 목표

　1) 사건의 흐름을 따라가며 진달래 마을에 생긴 일을 정리할 수 있다.

　2) 행운의 의미를 알고 이를 대하는 올바른 태도를 배울 수 있다.

　3) 뒤에 이어질 내용을 상상하여 글로 쓸 수 있다.

5. 지도 시 유의 사항

　이 책은 상징적인 내용이 많아 학생들이 어렵게 느낄 수 있다. 교사는 이런 도서의 특성을 파악하여 학생들에게 충분한 설명을 할 필요가 있다. 행운을 바라는 마음이 결코 나쁜 것은 아니지만, 행운과 요행은 차이가 있고, 노력하지 않고 행운을 바라는 마음이 지나치면 문제가 될 수 있음을 깨닫도록 지도한다.

〈예시 5-2〉 차시별 계획안

단원명	『길모퉁이 행운 돼지』 (대상: 초등 4학년)	차 시	1차시(90분)
학습 목표	1. 사건의 흐름을 따라가며 진달래 마을에 생긴 일을 정리할 수 있다. 2. 행운의 의미를 알고 이를 대하는 올바른 태도를 배울 수 있다. 3. 뒤에 이어질 내용을 상상하여 글로 쓸 수 있다.	준비물	필독서, 공책

활동 단계	교수·학습 활동	시 간 (분)	유의점 / 자료
생각 열기	• 인사 나누기 • 만약 눈앞에 행운을 주는 상자가 있다면 무엇을 얻고 싶은지 이야기하기	10	자유롭게 이야기한다.
본 활 동	**활동 1. 사건 전개를 따라가며 내용을 정리해요.** • 길모퉁이에 행운 돼지 조각상이 나타나고 마을에 광고지가 뿌려진다.–사람들이 행운 돼지에게서 물건을 얻어 온다.–엄마가 물건을 얻어 온 후 돼지로 변한다.–행운 돼지가 나타난 후 진달래 마을에 이상한 일이 벌어진다.–행운을 주겠다는 돼지의 말을 나는 거절한다.–행운 돼지가 돼지로 변한 엄마 아빠를 돌려놓는 방법을 알려 준다.	10	1. 줄거리를 요약하는 활동으로 사건 전개에 따라 내용을 정리하도록 지도한다.
	활동 2. 누구나 원하지만 지나치면 안 되는 것들 • 행운 돼지가 나타난 후 마을에 일어난 변화를 살펴보며 문제점 찾기 – 행운 돼지 광고지에 쓰인 문구 중 사람들이 가장 관심 있어 하는 것은? – 마을 사람들이 어떻게 달라졌는지 알아보고 그 까닭을 짐작해 보세요. – 돼지로 변한 사람들은 왜 자신들의 모습이 이상해 보이지 않았을까요? – 행운 돼지는 왜 얻은 물건을 스스로 없애야만 원래대로 돌아간다고 했을까요?	15	2. 누구나 행운을 바라지만 그것이 지나칠 때 문제가 생길 수 있다는 점을 알도록 지도한다.
	활동 3. 행운을 대하는 올바른 태도는 • 학생들의 경험을 바탕으로 행운을 대하는 올바른 태도를 생각해 본다. – 여러분이 겪었던 행운이라고 생각했던 일을 이야기해 보세요. – 스스로 노력해서 얻는 행운과 우연히 얻게 된 행운의 차이를 생각해 보세요. – 진달래 마을 사람들의 행운은 어디에 속하는지 살펴보고 그들의 태도에 어떤 문제가 있는지 알아보아요. – 행운을 바라는 올바른 태도는 어떤 것인지 이야기해 보세요.	15	3. 공짜로 얻는 것이 행운이라고 생각하지만 그것은 요행일 뿐 행운은 아니라는 점을 깨닫도록 이끈다.
	활동 4. 내 의견을 말해요.(토론하기) – 마을 사람들이 돼지로 변한 것은 누구 탓인지 토론해 봅시다. 안건: 사람들이 돼지로 변한 것은 자신들의 욕심 탓이다. vs 행운 돼지 탓이다.	15	4. 각자 자신의 생각을 근거를 들어 말하도록 이끈다.
	활동 5. 뒷이야기 상상하여 쓰기 • 행운 돼지가 사라진 후 '나'와 진달래 마을은 어떻게 되었을지 상상하여 쓴다.	15	5. 행운에 대하여 깨닫게 된 내용이 글에 드러나도록 쓴다.

마무리	• 각자 쓴 글을 발표하고 교사는 잘된 점을 칭찬한다. • 다음 차시 예고: 『바보 의사 장기려의 청진기』	10	독서 전 지도 전략
관련 활동	• '나'의 마음이 되어 행운 돼지가 사라진 날 일기 쓰기		
평가 초점	1. 사건의 흐름을 따라가며 진달래 마을에 생긴 일을 정리하였는지 평가한다. 2. 행운의 의미를 알고 이를 대하는 올바른 태도를 배웠는지 평가한다. 3. 뒤에 이어질 내용을 상상하여 글로 썼는지 평가한다.		

1. 단원명:『뭘 그렇게 재니?』, 유미희 시, 조미자 그림, 스콜라 펴냄

2. 지도 대상 및 시간: 초등 5학년, 90분, 1차시

3. 작품 해제

　『뭘 그렇게 재니?』는 자연과 일상에서 관찰을 통해 발견된 기쁨과 여유로움 등을 다채로운 동시로 담아 엮은 동시집이다. 시인은 주변을 관찰하며 더 자세히 들여다볼수록 발견할 수 있는 것들에 주목하고 있다. 주변에서 흔히 볼 수 있는 친근한 자연물부터 자연현상, 물건들을 관찰하며 심상을 더해 동시로 썼다. 시인의 이런 관찰력과 상상력 덕분에 우리는 시를 감상하며 전과는 다른 입장이 되어 보기도 하고 지난날들의 흔적에 관심을 가져도 본다.

　이 동시집을 통해 학생들도 시의 다양한 표현법을 익히고, 이를 적용하여 시를 감상하며 시가 주는 감동을 느껴 보길 바란다.

4. 학습 목표

　1) 다양한 방법으로 시를 읽고 감상할 수 있다.
　2) 다양한 표현법을 알고 시에 적용할 수 있다.
　3) 관찰한 내용을 글감으로 시를 쓸 수 있다.

5. 지도 시 유의 사항

　시의 다양한 표현법을 이해하는 시간을 먼저 갖는다. 시는 짧은 글에 함축적인 의미를 나타내는 문학 장르이므로 적절한 비유적인 표현은 시를 더 맛깔나게 만든다. 학생들도 비유적인 표현을 배워 감상뿐 아니라 시 쓰기에도 적용할 수 있도록 지도한다.

〈예시 6-2〉 차시별 계획안

단원명	『뭘 그렇게 재니?』 (대상: 초등 5학년)		차 시	1차시(90분)
학습 목표	1. 다양한 방법으로 시를 읽고 감상할 수 있다. 2. 다양한 표현법을 알고 시에 적용할 수 있다. 3. 관찰한 내용을 글감으로 시를 쓸 수 있다.		준비물	필독서, 공책, 색연필
활동 단계	교수·학습 활동		시 간 (분)	유의점 / 자료
생각 열기	• 인사 나누기 • 평소에 주위를 관찰하는 습관이 있는지 이야기하기		10	자유롭게 이야기한다.

	활동 1. 시를 낭송해요.		1. 각자 마음에 드
	• 마음에 드는 시를 골라 친구들 앞에서 낭송하기	15	는 시를 골라 친
	– 책에서 여러분이 마음에 드는 시를 골라 보세요.		구들 앞에서 낭
	– 마음에 든 까닭을 이야기하고 시를 낭송하여 보세요.		송한다.
	– 친구들의 시 낭송을 들으며 어떤 생각을 하였는지 이야기하여 보세요.		
	활동 2. 시의 표현법을 익혀요.		2. 비유적인 표현
	• 교사는 직유법, 은유법, 의인법 등 비유적인 표현의 종류와 표현 방		의 종류와 그 방
	법을 설명한다.		법을 알고 시에
	• 각 시에서 위 표현법이 사용된 행을 찾아 보고 무엇을 비유한 것인		적용하여 시인이
	지 이야기한다.	20	그렇게 표현한 까
	– 「개똥참외꽃」에서 시인은 개똥참외를 무엇에 비유하였으며 그렇게		닭을 짐작하며 감
	한 까닭은 무엇일까요?		상하도록 지도한
	– 「제비꽃과자가게」에서는 제비꽃 씨앗을 무엇에 비유하였나요?		다.
	– 「강」에서는 강에 사물이 비치는 모습을 보며 강을 무엇에 비유하였		
본	나요?		
활	활동 3. 시를 감상해요.		3. 가능하면 여러
동	• 각 시를 읽으며 시를 감상한다.		편의 시를 읽고
	– 「기름에게」를 읽고 시의 글감과 특징을 말해 보세요.		내용에 알맞게
	– 「꽃들의 견학」을 읽고 시의 표현에서 평소 생각과 다른 점을 찾아보		감상하도록 지도
	세요.	15	한다.
	– 「개구리들의 시위」를 읽고 개구리들이 우는 까닭을 알아보아요.		
	– 「제 맘대로 냉장고」를 읽고 냉장고를 닦는 엄마를 바라보며 어떤 생		
	각이 들었는지 이야기해 보세요.		
	• 그 외 다른 시들도 읽고 알맞은 질문으로 시를 감상하도록 한다.		
	활동 4. 주위를 관찰하며 글감을 정하여 시를 써요.		4. 시에 어울리는
	– 주변에서 관심이 가는 대상을 하나 정해 그 특징을 관찰해 보세요.		그림도 함께 그리
	– 대상을 보며 떠오르는 장면이나 상황을 이야기해 보세요.	20	도록 지도한다.
	– 다양한 표현 방법을 떠올리며 관찰한 대상을 글감으로 시를 써 보		
	세요.		
마무리	• 각자 쓴 시를 발표하고 교사는 잘된 점을 칭찬한다.	10	독서 전 지도 전략
	• 다음 차시 예고: 『1+1이 공짜가 아니라고?』		
관련 활동	• 친구에게 이 책을 추천하는 글쓰기		
평가 초점	1. 다양한 방법으로 시를 읽고 감상하였는지 평가한다. 2. 다양한 표현법을 알고 시에 적용하였는지 평가한다. 3. 관찰한 내용을 글감으로 시를 썼는지 평가한다.		

〈예시 7-1〉 단원별 계획안

1. 단원명:『바보 의사 장기려의 청진기』, 박그루 글, 이지후 그림, 밝은미래 펴냄

2. 지도 대상 및 시간: 초등 4학년, 90분, 1차시

3. 작품 해제

　『바보 의사 장기려의 청진기』는 가난한 사람들을 위한 의사가 되겠다는 스스로의 약속을 지키며 한평생 살다 간 의사 장기려에 관한 이야기를 담고 있다.

　장기려 박사는 의료 사각지대에 놓인 사람들을 위해 봉사하는 삶을 살았다. 부산에 '복음병원'을 열어 가난한 환자들을 무료로 진료하고 오늘날 우리나라 의료 보험의 모태가 되는 '청십자의료 보험조합'을 만들어 적은 돈을 내고도 필요한 치료를 받을 수 있도록 도왔다. 뿐만 아니라 간 대량 절제 수술에 성공하여 우리나라 의술 발전에 큰 공헌을 하였다.

　학생들은 가슴 따뜻하면서도 뛰어난 의술을 가지고 있었던 장기려 박사의 이야기를 통해 나눔을 실천하는 삶이 얼마나 위대한지 느껴 볼 수 있을 것이다. 더 나아가 오늘날 장기려 박사의 뜻을 이어받아 환자들을 위해 봉사하는 의료진들에 대한 고마움도 생각해 볼 수 있을 것이다.

4. 학습 목표

　1) 장기려 박사의 일생과 한 일을 정리할 수 있다.
　2) 장기려 박사의 삶에서 훌륭한 점을 본받을 수 있다.
　3) 인물책을 읽고 느낀 점을 담아 묘비를 만들 수 있다.

5. 지도 시 유의 사항

　인물 이야기책을 읽는 이유는 인물의 삶과 업적을 알고, 인물이 우리 사회에 끼친 영향을 생각해 보기 위함이다. 학생들이 그 인물과 똑같은 일을 하라는 의미가 아니며, 학생들도 인물처럼 우리 사회에 보탬이 되는 어른으로 성장하기를 기대하기 때문이므로, 각자 최선을 다하는 삶의 자세를 배울 수 있도록 지도한다.

〈예시 7-2〉 차시별 계획안

단원명	『바보 의사 장기려의 청진기』 (대상: 초등 4학년)		차 시	1차시(90분)
학습 목표	1. 장기려 박사의 일생과 한 일을 정리할 수 있다. 2. 장기려 박사의 삶에서 훌륭한 점을 본받을 수 있다. 3. 인물책을 읽고 느낀 점을 담아 묘비를 만들 수 있다.		준비물	필독서, 장기려 실제 사진 자료, 묘비 형식
활동 단계	교수·학습 활동		시 간 (분)	유의점 / 자료

생각 열기	• 인사 나누기 • 장기려 박사에게 '바보 의사'라는 별명이 생긴 까닭 이야기하기	10	자유롭게 이야기 한다.

본
활
동
	활동 1. 장기려 박사를 소개합니다.
	• 각 시대별로 장기려 박사의 삶을 정리한다.
	– 어린 시절: 돌 팽이, 담배, 화투 등의 제시어를 사용하여 어린 시절
	  장기려를 소개하세요.
	– 경성의전 졸업: 졸업 후 평양기독병원으로 간 까닭은 무엇인가요?
	– 복음병원 원장: 복음병원을 세운 까닭은? 그곳에서 어떤 일을 했나요?
	– 부산의대 교수: 우리나라 최초로 이룬 업적은 무엇인가요?(간 대량
	  절제 수술 성공)
	– 의료 보험 조합 설립: '청십자의료 보험조합'을 설립하게 된 경위와
	  의의는 무엇인가요?
	– 수술 일선에서 물러난 후: 일선에서 물러난 후 어떻게 지내셨나
	  요?(여전히 환자들을 진료함.)
	– 1995년 돌아가심: 장기려 박사가 우리에게 남긴 것들과 그 의미는
	  무엇인가요?
		20	1. 각 시대별로 장
			기려 박사에게 있
			었던 일을 중심으
			로 정리한다.

	활동 2. 장기려 박사의 삶이 우리에게 주는 의미
	– '우리 곁에 살다 간 성자', '평생 가난한 이들의 친구', '소외된 자들
	  을 위한 삶' 등, 박사에 대한 수식어를 살펴보고, 박사의 삶이 어떠
	  했는지 짐작해 보세요.
	– 박사와 관련된 또 다른 일화를 찾아보고, 그 의미를 생각하여 보
	  세요.
	– 박사가 한 일을 보고 느낀 점을 이야기해 보세요.
	– 박사에게 어울리는 별칭을 지어 주고, 그 의미를 이야기해 보세요.
		15	2. 일화를 통해 인
			물됨을 알아본 후
			본받을 점에 대하
			여 생각해 본다.

	활동 3. 장기려 박사의 업적이 우리 사회에 끼친 영향
	– 청십자의료 보험조합의 설립 과정을 이야기해 보세요.
	– 의료 보험이 있어서 좋은 점을 알아보세요.
	– 블루크로스 의료봉사단이 생기게 된 까닭을 알아보고, 이들의 활동
	  이 우리 사회에 어떤 영향을 끼치는지 생각해 보세요.
	– 그 외에도 우리 주변에서 애쓰는 의료진들은 없는지 찾아보고 느낀
	  점을 이야기해 보세요.
		20	3. 의료 보험으로
			인한 혜택을 구
			체적으로 알아보
			고 박사의 업적
			이 우리 사회에
			끼친 영향을 생
			각한다.

	활동 4. 돌아가신 장기려 박사에게 드리는 묘비 • 책을 읽고 느낀 점을 담아 장기려 박사의 묘비를 만들 수 있다.	15	4. 박사에게서 본 받고 싶은 점이 드러나도록 쓴다.
마무리	• 각자 쓴 묘비를 발표하고 서로 잘 쓴 점을 칭찬해 준다. • 다음 차시 예고: 『한 숟가락 역사 동화』	10	독서 전 지도 전략
관련 활동	• 장기려 블로그 꾸미기		
평가 초점	1. 장기려 박사의 일생과 한 일을 정리하였는지 평가한다. 2. 장기려 박사의 삶에서 훌륭한 점을 본받았는지 평가한다. 3. 인물책을 읽고 느낀 점을 담아 묘비를 만들었는지 평가한다.		

〈예시 8-1〉 단원별 계획안

1. **단원명**:『자전거 도둑』, 박완서 글, 다림 펴냄

2. **지도 대상 및 시간**: 초등학교 6학년, 90분, 2차시

3. **작품 해제**

　사람이 살아가는 데 꼭 필요한 것에는 무엇이 있을까? 물질적인 것도 중요하지만 그보다 더 상위에 두어야 하는 것은 정신적인 가치들일 것이다. 박완서의『자전거 도둑』에는 인간 사회를 맑고 투명하게 만들지 못하는 것들에 대한 이야기를 담고 있다. 당장 눈앞의 이익과 편리함에만 급급해 정말 우리에게 필요한 것을 잊고 살아가는 사람들을 어린아이의 시선을 통해 비판하고 있다.

　오늘날 우리 사회는 몸을 잘 살게 하는 것에만 관심을 기울이는 사람들이 많아지고 있다. 진정 중요한 것은 마음이 잘 사는 사회인데도 불구하고 어른들은 그것을 깨닫지 못한다. 작가는 세상의 겉과 속을 들추어내어 진정한 세상을 위해서는 보이지 않는 것들을 대하는 우리 마음이 얼마나 중요한지 여섯 작품을 통해 이야기하고 있다.

　이 책을 읽으며 학생들은 진정한 행복의 조건이 무엇이며, 우리가 추구해야 할 가치 있는 삶은 무엇인지 깨달을 수 있을 것이다.

4. **학습 목표**

　1) 질문에 답하며 6편의 내용을 각각 정리할 수 있다.
　2) '마음이 잘 산다.'는 말의 의미를 알 수 있다.
　3) 행복한 삶을 위한 필요조건을 파악할 수 있다.
　4) 책을 읽은 느낌을 담아 감상문을 쓸 수 있다.

5. **단원별 계획서**

차시	소주제	활동 내용	자료 및 준비물
1	(이야기 나누기) 보이지 않는 것들의 소중함	－ 6편의 내용 정리하기 － '마음이 잘 산다.'는 말의 의미 알기	바르게 읽기 과제
2	(생각 나누기) 진정한 행복이란	－ 진정한 행복의 조건에 대해 토의하기 － 책을 읽고 느낀 감상 나누기	신문 기사, 원고지

6. **지도 시 유의 사항**

　단편집이므로 이야기마다 내용을 정리하되 주제나 인물의 공통점이 있는 이야기를 묶어 생각 나누기를 진행한다.

〈예시 8-2〉 차시별 계획안

소주제	보이지 않는 것들의 소중함 (대상: 초등 6학년)		차 시	1 / 2차시(90분)
학습 목표	1. 질문에 답하며 6편의 단편 내용을 각각 정리할 수 있다. 2. '마음이 잘 산다.'는 말의 의미를 알 수 있다.		준비물	필독서, 바르게 읽기 과제
활동 단계	교수·학습 활동		시 간 (분)	유의점 / 자료
생각 열기	• 인사 나누기 • 가장 재미있게 읽은 이야기의 제목과 이유를 발표하기		10	각자 1분씩 시간을 제한한다.
본 활 동	활동 1. 6편의 이야기는? • 바르게 읽기 과제를 점검하고 퀴즈 형식을 빌려 묻고 답하며 단편 별로 내용을 정리하기		15	
	활동 2. 등장인물의 성격은? • 등장인물의 말과 행동을 근거로 성격 알아보기 	인물	성격	책 속 근거	 |---|---|---|
수남이	순진하다	
가게 사장님		수남이를 야학에 보내 준다고 속인다. 돈을 물어 주지 않아도 된다고 좋아한다.			15	2. 수업에서 중요 하게 다룰 인물을 중심으로 정리한 다.
	활동 3. 상처 받은 가슴 • 사람들이 상처 받은 이유 알기 – 다음 인물들이 아래와 같이 행동한 이유가 무엇일지 이야기 나눠 보세요. 	수남이가 시골로 돌아간 이유		 |---|---|
궁전아파트 할머니들이 자살한 이유	
한뫼가 봄뫼의 수학여행을 방해한 이유	| – 위 인물들의 행동에 대한 이유에는 어떤 공통점이 있나요?		20	3. 인물들이 상처 받은 이유를 알아 본다.
	활동 4. 마음이 잘 산다는 것 • 인물들의 비교를 통해 마음이 잘 산다는 것의 의미 이해하기 – 등장인물들을 기준에 따라 분류하고 '마음이 잘사는 삶'은 어떤 것 인지 이야기 나눠 보세요. | 정신적 가치를 추구하는 사람	물질적 가치를 추구하는 사람 | |---|---|		20	4. 앞의 3번과 연 결하여 마음이 아 플 때, 마음이 행복 할 때를 비교한다.
마무리	• 각자 행복하다고 느낄 때를 한 가지씩 이야기하며 정리한다. • 다음 수업 안내: 행복한 사람의 이야기가 담긴 기사문 찾아오기		10	독서 전 지도 전략
관련 활동	• 책 속 사건을 기사문으로 정리하기 • 인물들의 성격을 인터뷰 형식으로 파악하기			
평가 초점	1. 단편 내용을 각각 정리하였는지 평가한다. 2. '마음이 잘 산다.'는 말의 의미를 이해했는지 평가한다.			

소주제	진정한 행복이란 (대상: 초등 6학년)	차 시	2 / 2차시(90분)
학습 목표	3. 행복한 삶을 위한 필요조건을 파악할 수 있다. 4. 책을 읽은 느낌을 담아 감상문을 쓸 수 있다.	준비물	필독서, 신문 기사, 원고지

활동 단계	교수·학습 활동	시 간 (분)	유의점 / 자료
생각 열기	– 인사 나누기 – 단편 제목을 보며 각각의 내용 회상하기	10	
본 활 동	**활동 1. 어른이 필요해요.** • 「자전거 도둑」의 주인아저씨, 수남이 아버지 비교하기 – 수남이나 수남이 형이 한 행동에 대해 두 인물이 보인 반응을 기준으로 바르게 가르치는 어른이 많아야 하는 까닭을 말해 보세요. **활동 2. 행복의 기준은 무엇인가?** • 신문 기사를 이용해 우리 사회에서 정신적 가치를 추구하는 사람들이 있음을 이해하기 – 정신적 가치를 추구하는 이유, 그와 같은 삶이 행복한 이유 등에 대해 이야기 나눠 보세요. **활동 3. 내가 추구하는 행복의 기준은?** • 체크리스트를 통해 자신은 정신적 가치와 물질적 가치 중에 무엇을 더 중요하게 생각하는지 파악하기 – 다음 목록에서 행복한 삶에 필요하다고 생각하는 기준의 순서를 정해 보세요.(건강, 가족, 친구, 자아실현, 돈, 사회적 성공, 명예, 여가, 취미, 유명한 대학) – 1번으로 선택한 항목이 왜 중요한지 이유와 함께 말해 보세요. – 진정으로 행복한 삶이란 어떤 삶이라고 생각하는지 정의해 보세요. **활동 4. 감상문 쓰기** • 책을 읽은 느낌을 담아 감상문을 쓴다.	15 15 15 25	1. 아름다운 사회가 되기 위해 바른 가치관이 필요함을 깨닫도록 지도한다. 2. 신문 기사를 요약한 후 기사 속 인물이 추구하는 삶의 가치를 이해하도록 지도한다. 3. 결과를 친구들과 비교해 본다. 4. 단편집 감상문 쓰는 법을 예시를 통해 지도한다.
마무리	• 1, 2차시 수업 중 가장 기억에 남는 부분을 1분씩 발표하며 수업을 마무리한다. • 다음 차시 예고: 「마지막 이벤트」	10	독서 전 지도 전략
관련 활동	「자전거 도둑」이나 「달걀은 달걀로 갚으렴」 뒷이야기 쓰기		
평가 초점	1. 진정으로 행복한 삶을 위한 필요조건을 파악했는지 평가한다. 2. 책을 읽은 느낌을 담아 감상문을 썼는지 평가한다.		

▶ 읽기 전에

　사람들은 누구나 잘 살기를 원합니다. 몸도 건강하고 생활도 여유로우며 정신적으로도 안정된 삶을 원합니다. 그러나 이 모든 것을 만족시키기는 그리 쉬운 일은 아닙니다. 여러분은 몸이 잘 사는 것과 마음이 편안한 것 중 어느 것이 더 중요하다고 생각합니까? 두 가지를 동시에 만족시킬 수 없다면 우선순위에 두어야 할 것은 무엇이라고 생각합니까? 책을 읽으며 위 질문에 대한 답을 생각해 보세요.

▶ 내용 바르게 알기(학생용 과제)

1. 6편의 이야기가 담긴 책입니다. 책의 내용을 생각하며 다음 물음에 답하세요.

　① 「자전거 도둑」
　• 수남이가 저녁에 일을 마치고 공부를 해야겠다고 결심한 이유는 무엇인가요?
　• 수금을 마치고 돌아가려는 수남이에게 생긴 일은 무엇인가요?
　• 야학에 가려는 꿈을 가지고 있던 수남이가 시골로 내려간 이유는 무엇인가요?

　② 「달걀은 달걀로 갚으렴」
　• 봄뫼 반 아이들은 달걀을 팔아 무엇에 쓰려고 했나요?
　• 한뫼가 도시인들에게 상처를 받았던 일은 무엇인가요?
　• 문 선생님이 생각하신 '달걀은 달걀로 갚는다.'라는 것은 어떤 일이었나요?

　③ 「시인의 꿈」
　• 시인은 사람들이 왜 시를 쓸모없는 것으로 취급한다고 했나요?
　• 시인은 시를 읽으면 사람들이 어떻게 달라진다고 하였나요?
　• 시인의 꿈은 어떤 사람을 만나는 것이었나요?

　④ 「옥상의 민들레꽃」
　• 궁전아파트에 사는 사람들이 가장 두려워하는 것은 무엇인가요?
　• '나'가 생각한 할머니의 죽음의 원인은 무엇인가요?
　• '나'는 할머니의 죽음을 막아 줄 방법이 왜 민들레꽃이라고 생각했나요?

　⑤ 「할머니는 우리 편」
　• 길수는 할머니와 같은 방을 쓰는 게 조금도 싫지 않다고 했습니다. 그 이유는 무엇인가요?
　• 할머니가 새로 이사 온 아파트를 좋아하는 이유는 무엇인가요?
　• 엄마가 다시 이사 가자고 하는 이유는 무엇이며 할머니가 반대하는 이유는 무엇인가요?

⑥ 「마지막 임금님」

- 임금님이 사는 나라에 딱 두 줄 남은 법조문의 내용은 무엇인가요?
- 촌장이 감옥에 가게 된 경위를 정리해 보세요.
- 임금님은 촌장이 마시려던 독배를 왜 스스로 마셨을까요?

2. 다음 빈 곳을 채우며 책 속에 나오는 인물들의 말과 행동을 통하여 성격을 알아봅시다.

인물	성격	책 속의 근거
수남이	순진하다.	
가게 사장님		– 수남이를 야학에 보내 준다고 속인다. – 돈을 물어 주지 않아도 된다고 좋아한다.
한뫼		
문 선생님		한뫼의 행동에 대해 차근차근 이야기를 나눈다.
궁전아파트 사람들	물질주의적이다.	
궁전아파트 '나'		
길수 엄마		좋은 학군을 찾아 또 이사를 가려고 한다.
길수 할머니		
임금님		
촌장님	긍정적이다.	

3. 다음 인물들이 한 행동의 이유를 짐작해서 말해 봅시다.

- 수남이가 시골로 돌아간 이유
- 궁전아파트 할머니들이 자살한 이유
- 한뫼가 봄뫼의 수학여행을 방해한 이유
- 위 인물들의 행동에 대한 이유에는 어떤 공통점이 있나요?

4. 이 책의 등장인물들을 기준에 따라 분류하고 '마음이 행복한 삶'을 사는 사람들이 누구라고 생각하는지 이야기해 봅시다.

물질적 가치를 추구하는 인물	정신적 가치를 추구하는 인물

5. 각자 행복을 느낄 때가 언제인지 이야기해 봅시다.

6. 수남이 형과 수남이가 한 행동에 대해 어른들이 보인 반응을 정리해 봅시다. 우리 사회에 어른다운 어른이 필요한 까닭을 생각해 봅시다.

수남이 형의
도둑질

수남이 아버지:

수남이의 도망

가게 사장님:

7. 다음 신문 기사를 요약한 후, 김 씨가 추구하는 삶의 가치를 궁전아파트 사람들과 비교해 봅시다. 김 씨는 이 일을 하며 어떤 마음을 느낄 것 같은가요?

봉사가 바꾼 삶

김상덕 아모레퍼시픽 부장(50)은 매년 100시간 넘게 봉사활동을 한다. 경기 오산 사업장에 근무하는 그는 주말마다 가족이 있는 청주에 내려가 시간을 쪼개 봉사활동을 한다. 중증·지적장애인 시설의 일손을 돕는 것은 기본이고 장애인 보호 작업장 배식 및 청소, 공예관 안전사고 관리, 어린이박물관 청소 등 도움이 필요한 곳을 수시로 찾아간다. 지난 10일 충북 청주시 서문동 청주YMCA한국어학당에서 만난 김 부장은 "10년째 봉사활동에 중독돼 있다."며 너털웃음을 지었다.

김 부장이 봉사활동의 매력에 빠진 것은 2010년. 아들 손을 잡고 한 척수장애인 생활시설에 갔을 때였다. 아들이 다른 사람에게 베풀 줄 아는 사람으로 성장했으면 하는 교육 목적이었다. "눈을 마주친 시설 장애아동이 활짝 웃어 주는데, 순간 가슴이 뭉클하고 뻐근하더군요." 이날부터다. 김 부장은 주말마다 이곳을 찾았다.

교통사고로 척수를 다쳐 1급 장애인이 돼 웃음을 잃은 아동을 만난 뒤로는 그 마음이 더 깊어졌다. 이 아동을 웃게 해 주고 싶다는 생각에 잠을 설쳤다. 사회복지사 온라인 강의를 들으며 장애인을 보듬는 법을 공부했다. 장애인과 공감대를 쌓으면서 그들의 행복에 조금이라도 더 보탬이 되고 싶은 마음에서였다. 사회복지사 2급 자격증도 땄다. 김 부장은 "유대감을 쌓으려고 심리학 책도 많이 봤다."고 했다. 몇 달에 걸친 김 부장의 애정 공세에, 그 아동은 결국 웃음을 보였다. 삐뚤빼뚤 적은 손 편지도 손에 꼭 쥐어 줬다.

"행복을 나눠 줄수록 더 큰 행복감이 들더라고요. 봉사활동을 안 하고는 못 살겠어요."

(출처: 한경닷컴, 2020. 12)

8. 다음에서 행복한 삶을 살기 위해 중요하다고 생각하는 순서대로 번호를 써 보세요.

> 건강, 가족, 친구, 자아실현, 돈, 사회적 성공, 명예, 여가, 취미, 유명한 대학

1) 1번으로 선택한 항목이 왜 중요하다고 생각하는지 이유와 함께 말해 보세요.
2) 친구들의 이야기를 듣고 목록에서 순위를 수정하고 싶은 항목이 있다면 이야기해 보세요.
3) 진정으로 행복한 삶이란 어떤 삶이라고 생각하는지 정의해 보세요.

> 진정으로 행복한 삶이란

9. 아름다운 세상을 위하여
  • 책을 읽은 느낌을 담아 독서 감상문을 써 봅시다.

2. 비문학 수업 계획의 실제

〈예시 9-1〉 단원별 계획안

1. 단원명: 『우리 한과 먹을래요』, 김영미 글, 김규택 그림, 아이세움 펴냄

2. 지도 대상 및 시간: 초등 2학년, 90분, 1차시

3. 작품 해제

    한과는 오랜 세월 동안 우리 조상들과 함께해 온 우리 전통 과자이다. 인공 색소로 색을 낸 요즘 과자와는 달리, 주로 자연 재료를 사용한 한과는 자연을 닮은 은은한 색과 섬세한 모양을 자랑한다. 또한 대부분 영양가 높은 곡물과 꿀, 씨앗, 열매 같은 자연 재료를 사용해 몸에도 좋은 건강한 과자이다. 책『우리 한과 먹을래요』속 한과 마을에 사는 할머니를 만나러 간 주인공 진호와 함께 한과에 담긴 우리 조상들의 맛과 멋, 지혜를 만나 본다.

    이 책을 통해 우리 한과의 좋은 점을 알고 한과를 즐길 수 있기를 바란다.

4. 학습 목표

  1) 그림을 보며 한과의 종류와 맛, 재료 등을 정리할 수 있다.

  2) 오늘날 과자와 비교하며 한과의 좋은 점을 알 수 있다.

  3) 한과의 특별한 점을 알리는 초대장을 쓸 수 있다.

5. 지도 시 유의 사항

    한과는 특별한 날에만 먹는 것으로 생각하는 아이들이 많다. 맛도 좋고 종류도 다양한 한과를 우리 아이들은 먹어 본 경험이 많지 않을 것이다. 책을 통해 우리 한과가 만들어진 유래나 한과에 담긴 조상들의 정성을 알고 우리 한과를 즐기는 아이들이 될 수 있도록 지도한다.

단원명	『우리 한과 먹을래요』 (대상: 초등 2학년)	차 시	1차시(90분)
학습 목표	1. 그림을 보며 한과의 종류와 맛, 재료 등을 정리할 수 있다. 2. 오늘날 과자와 비교하며 한과의 좋은 점을 알 수 있다. 3. 한과의 특별한 점을 담아 한과 잔치에 초대하는 초대장을 쓸 수 있다.	준비물	필독서, 한과 사진, 한과, 초대장 형식
활동 단계	교수·학습 활동	시 간 (분)	유의점 / 자료
생각 열기	• 인사 나누기 • 한과를 먹어 본 경험 나누기	10	아이들과 함께 간단히 한과를 먹어 보는 경험을 해도 좋다.
본 활 동	활동 1. 그림을 보며 한과의 종류와 맛, 재료 등을 알아봐요. 엿강정 그림-달면서도 부드러운 조청으로 만들어요. 약과 그림-생강으로 알싸한 맛이 나요. 매작과 그림-사각형 반죽을 꽈배기처럼 꼬아서 만들어요. 숙실과 그림-계피로 만들어 매콤한 맛과 향이 나요. 정과 그림-맛과 향이 으뜸인 감귤로 새콤달콤한 맛을 내요. 다식 그림-소나무 꽃에서 얻은 고운 송홧가루로 노란색을 내요. 유과 그림-감기를 예방하는 오미자로 붉은 색을 내요. 엿 그림-보리, 찹쌀 등의 곡물로 천연의 단맛을 내요.	20	1. 필독서에 있는 그림을 활용하여 종류와 재료, 맛 등을 정리한다.
	활동 2. 한과의 특징을 알아봐요. – 한과의 재료는 주로 무엇인지 책에서 찾아보세요. – 우리 조상들은 언제 한과를 먹었는지 알아보세요. – 한과의 역사를 정리하여 보고 이렇게 오랫동안 사랑받은 까닭을 생각해 보세요. – 한과를 만드는 과정을 알아보고, 한과에 담긴 조상들의 마음을 짐작해 보세요.	15	2. 한과 만드는 순서를 책을 참고하여 알아보고, 정성이 가득한 음식임을 알게 한다.
	활동 3. 한과와 오늘날 과자를 비교해요. – 여러분이 즐겨 먹는 과자를 이야기해 보세요. – 한과와 여러분이 먹는 과자는 어떤 점이 다른지 이야기해 보세요. – 한과와 오늘날 과자의 재료를 비교해 보고 느낌을 이야기해 보세요. – 여러분이 한과를 만든다면 어떤 재료로 어떤 맛을 내는 과자를 만들고 싶은지 이야기해 보세요.	15	3. 오늘날 학생들이 먹는 과자에는 인공 색소 등이 많이 있으나 한과는 천연 재료를 이용하여 건강에도 좋다는 점을 알게 한다.
	활동 4. 우리 한과가 최고야! • 한과 마을에 잔치가 열렸어요. 한과의 특별한 점을 담아 잔치에 초대하는 글을 쓴다.	20	4. 한과의 특별한 점을 담아 초대장을 쓰도록 지도한다.

마무리	• 각자 만든 초대장을 친구들 앞에서 발표한다. • 다음 차시 예고: 『할머니의 사랑 약방』	10	독서 전 지도 전략
관련 활동	• 한과 먹어 보고 느낌 이야기하기		
평가 초점	1. 그림을 보며 한과의 종류와 맛, 재료 등을 정리하였는지 평가한다. 2. 오늘날 과자와 비교하며 한과의 좋은 점을 알았는지 평가한다. 3. 한과의 특별한 점을 알리는 초대장을 썼는지 평가한다.		

〈예시 10-1〉 단원별 계획안

1. 단원명:『비북 bee book: 생태계를 살리는 꿀벌 이야기』, 샬럿 밀너 지음, 박유진 옮김, 청어람아이 펴냄

2. 지도 대상 및 시간: 초등 4학년, 90분, 1차시

3. 작품 해제

　『비북 bee book: 생태계를 살리는 꿀벌 이야기』는 지구의 작은 일꾼, 벌에 관한 모든 것을 담았다. 벌의 생태, 벌이 하는 일, 군집을 이루어 사는 방법, 그리고 벌이 사라지면 일어나는 일까지, 놀라운 벌의 세계를 확인할 수 있다. 또한 벌의 멸종을 막기 위해 어린이가 할 수 있는 일들도 소개한다.

　벌은 우리 지구에 꼭 필요한, 매우 중요한 곤충이다. 식물과 특별한 관계를 맺고 있기 때문이다. 그런데 지금 수많은 벌이 사라지고 있다. 벌의 수가 왜 줄어들고 있는지, 벌이 사라진다면 어떤 일이 벌어지는지 이 책을 통해 알아본다.

4. 학습 목표

　1) 꿀벌의 생태를 정리할 수 있다.

　2) 꿀벌을 보호해야 하는 까닭을 알 수 있다.

　3) 꿀벌과 관련하여 새롭게 알게 된 사실을 글로 정리할 수 있다.

5. 지도 시 유의 사항

　주변에서 쉽게 볼 수 있는 곤충 중 하나인 벌이 몇 년 전부터 전 세계적으로 뜨거운 관심을 받고 있다. 벌의 개체 수가 빠르게 줄어들고 있기 때문이다. 과학자 아인슈타인은 "꿀벌이 완전히 사라지면, 인류도 몰락할 것"이라고까지 했을 정도로 벌은 생태계에서 중요한 역할을 한다. 이 책은 벌이 생태계에서 얼마나 큰 역할을 하는지 잘 알려 준다. 학생들이 벌의 중요성을 인식하도록 지도한다.

〈예시 10-2〉 차시별 계획안

단원명	『비북 bee book: 생태계를 살리는 꿀벌 이야기』 (대상: 초등 4학년)	차 시	1차시(90분)
학습 목표	1. 꿀벌의 생태를 정리할 수 있다. 2. 꿀벌을 보호해야 하는 까닭을 알 수 있다. 3. 꿀벌과 관련하여 새롭게 알게 된 사실을 글로 정리할 수 있다.	준비물	필독서, 〈왕벌의 비행〉 음악, 공책, 동영상

활동 단계	교수·학습 활동	시 간 (분)	유의점 / 자료
생각 열기	• 인사 나누기 • 〈왕벌의 비행〉이라는 음악을 듣고 떠오르는 곤충 이야기하기	10	자유롭게 이야기 한다.
본 활 동	**활동 1. 궁금해요, 꿀벌의 세계** • 꿀벌의 생김새와 몸의 역할을 알아본다. 　− 꿀벌의 몸은 세 부분으로 되어 있습니다. 각 부분의 명칭을 써 보세 　　요. 　− 몸의 각 부분이 하는 일을 알아봅시다. (꿀벌 그림, 사진을 주고 각 몸 　　의 명칭을 쓴 후 하는 일을 쓴다.) 　⑩ 꿀벌의 눈은 몇 개인가요?/숨은 어떻게 쉴까요? 　　더듬이: 냄새 맡고 맛도 본다. 　　꿀주머니: 꽃꿀을 담아서 집으로 가져간다. 　　혀: 기다란 혀를 빨대처럼 꽃 속에 넣고 꿀을 빨아 올린다. 　　다리: 꽃가루를 벌집으로 나르는 역할을 한다. 　　침: 군집을 보호하기 위해 사용한다.	15	1. 꿀벌에 대한 정 보를 정리하는 활동으로 책을 보며 정확한 내 용을 알도록 지 도한다.
	활동 2. 꿀벌들의 역할과 생활 모습 　− 여왕벌, 수벌, 일벌이 하는 일을 각각 정리하여 보세요. 　− 수벌이 가을이 되면 벌집 밖으로 쫓겨나는 까닭은 무엇인가요? 　− 일벌이 꿀을 만드는 과정을 정리하여 봅시다. 　− 꿀벌들은 어떻게 의사소통을 할까요? 　− 꿀벌들이 떼를 지어 이사 가는 까닭은 무엇인가요?	20	2. 꿀벌들의 생활 모습을 정리한다.
	활동 3. 꿀벌이 살아야 우리도 살 수 있어요. • 꿀벌을 소중히 여기고 보호해야 하는 까닭을 알아본다. 　− 꿀벌의 수가 줄어드는 까닭은 무엇인가요? 　− 벌이 없어서 수분이 되지 않는다면 생태계에 어떤 영향을 끼치게 　　될까요? 　− 로봇벌이 꿀벌을 대신할 수 있을지 영상을 보고 생각하여 보세 　　요.(동영상 준비) 　− 위 내용을 바탕으로 우리가 꿀벌을 보호해야 하는 까닭을 이야기해 　　보세요.	15	3. 꿀벌이 사라 지면 생태계에도 큰 변화가 일고, 사람에게 영향이 온다는 점을 알 도록 지도한다.
	활동 4. 새롭게 알게 된 사실을 정리해요. • 꿀벌에 대하여 새롭게 알게 된 사실을 중심으로 글을 쓴다.	20	
마무리	• 꿀벌에 대하여 알게 된 사실 발표하기 • 다음 차시 예고: 『지구인을 위한 패스트 패션 보고서』	10	독서 전 지도 전략
관련 활동	• 꿀벌을 보호하자는 캠페인 노래 만들기		
평가 초점	1. 꿀벌의 생태를 정리하였는지 평가한다. 2. 꿀벌을 보호해야 하는 까닭을 알게 되었는지 평가한다. 3. 꿀벌과 관련하여 새롭게 알게 된 사실을 글로 정리하였는지 평가한다.		

〈예시 11-1〉 단원별 계획안

1. 단원명: 『1+1이 공짜가 아니라고?』, 이정주 글, 강은옥 그림, 개암나무 펴냄

2. 지도 대상 및 시간: 초등 5학년, 90분, 1차시

3. 작품 해제

　『1+1이 공짜가 아니라고?』는 편의점에서 간식을 사 먹거나 쿠폰을 모으고, 비싸더라도 인기 있는 캐릭터가 그려진 상품을 사는 등 어린이들이 생활 속에서 한 번쯤 경험해 보았을 법한 사례를 바탕으로 경제 활동과 관련된 개념들을 쉽고 재미있게 소개하는 책이다.

　이 책을 통하여 프랜차이즈 가맹점과 소규모 상점의 운영 원리를 비교하고, 대형 마트에서는 왜 1+1 상품을 판매하는지, 인터넷 쇼핑몰은 왜 오프라인 상점보다 가격이 싼지 등 기업의 다양한 판매 전략을 알 수 있을 것이다. 또 마케팅, 유통, 기회비용, 규모의 경제와 같은 용어들을 익힐 수 있다.

　나아가 기업의 마케팅 전략을 파악하여 지혜롭게 소비하는 습관을 기를 수 있을 것이다.

4. 학습 목표

　1) 다양한 마케팅 방법들을 파악할 수 있다.

　2) 가치 있는 소비 활동의 기준을 세울 수 있다.

　3) 지혜로운 소비 활동을 알리는 연설문을 쓸 수 있다.

5. 지도 시 유의 사항

　경제 용어 등이 생소하여 학생들이 이해하기 어려울 수도 있다. 교사는 우리 주변에서 볼 수 있는 여러 경제 관련 상황 등을 설명하며 학생들의 이해를 도와주도록 한다.

〈예시 11-2〉 차시별 계획안

단원명	『1+1이 공짜가 아니라고?』 (대상: 초등 5학년)		차 시	1차시(90분)
학습 목표	1. 다양한 마케팅 방법들을 파악할 수 있다. 2. 가치 있는 소비 활동의 기준을 세울 수 있다. 3. 지혜로운 소비 활동을 알리는 연설문을 쓸 수 있다.		준비물	필독서, 공책
활동 단계	교수·학습 활동		시 간 (분)	유의점 / 자료
생각 열기	• 인사 나누기 • 물건을 살 때 어떤 기준으로 사는지 이야기하기(가격, 브랜드, 디자인 등)		10	자유롭게 이야기 한다.

본 활 동	**활동 1. 상품이 우리 손에 들어오기까지** – 상품이 생산자로부터 소비자에게 오기까지 유통 단계를 알아보고 소비자에게 유통의 장점을 이야기해 보세요. – 기업의 다양한 경제 활동을 소개하여 보세요.	10	1. 상품이 생산자로부터 소비자에게 오는 유통과정을 알아본다.	
	활동 2. 생산자의 판매 전략 – 기업의 상품 판매의 다양한 전략을 알아보세요. ⓔ 대형 마트가 상품을 싸게 파는 전략은?/유명 브랜드가 가격을 비싸게 유지하는 까닭은?/기업들이 캐릭터 상품을 만드는 까닭은?/자영업자들이 프랜차이즈와 계약을 맺으려는 까닭은?/소비자들이 편의점을 찾게 만드는 편의점의 전략은?/인터넷 쇼핑몰이 오프라인 상점보다 가격이 싼 까닭은?	20	2. 우리가 주로 소비 활동하는 마트, 편의점, 온라인 쇼핑몰 등에서 펼치고 있는 판매 전략을 알아본다.	
	활동 3. 지혜로운 소비란? • 합리적이고 가치 있는 선택이 무엇인지 알아본다. – 물건값이 비싼 까닭은 무엇이며 사람들은 비싼 물건을 구입하며 기대하는 것은 무엇일까요? – 기업들이 가격 경쟁을 하는 까닭을 알아보고 이때 일어날 수 있는 문제는 무엇인지 살펴보세요. – 위 내용을 참고하여 물건을 살 때 따져 봐야 하는 기준을 알아보세요. – 거래 비용과 기회비용이 무엇인지 알아보세요. – 소비 활동에 있어서 가치 있는 선택의 기준을 세워 보세요.	20	3. 물건을 살 때 가격만 볼 것이 아니라 여러 조건들을 살펴보아야 최적의 선택을 할 수 있음을 안다.	
	활동 4. 지혜로운 소비를 알려요. • 지금까지 활동을 바탕으로 지혜로운 소비를 하자는 내용으로 연설문을 쓴다.	20	4. 연설문 쓰는 방법을 알려 준다.	
마무리	• 각자 쓴 글로 친구들 앞에서 연설을 해 본다. • 다음 차시 예고: 『뭘 그렇게 재니?』	10	독서 전 지도 전략	
관련 활동	• 경제 신문 만들기			
평가 초점	1. 다양한 마케팅 방법들을 파악하였는지 평가한다. 2. 가치 있는 소비 활동의 기준을 세웠는지 평가한다. 3. 지혜로운 소비 활동을 알리는 연설문을 썼는지 평가한다.			

〈예시 12-1〉 단원별 계획안

1. 단원명:『지구인을 위한 패스트 패션 보고서』, 민마루 글, 유유 그림, 썬더키즈 펴냄

2. 지도 대상 및 시간: 초등 4학년, 90분, 1차시

3. 작품 해제

　『지구인을 위한 패스트 패션 보고서』는 옷을 만들고 파는 과정이 아주 빠르고, 옷값도 저렴하여 부담 없이 옷을 사고, 금방 옷을 버리는 패션이 지구 환경을 파괴하고 소중한 생명을 고통 받게 하고 있다는 사실을 일깨워 주는 책이다.

　목화를 대량 생산하기 위해 엄청난 양의 물을 끌어 쓰다 결국 거대한 호수가 사막이 되어 버린 이야기, 또는 1초에 트럭 1대씩 버려지는 의류 쓰레기와 옷을 만들고 버릴 때 생겨나는 독성 물질들, 따뜻한 겨울 패딩을 만들기 위해 희생당하는 동물들과 옷에 스팽글 붙이는 작업을 밤새 해야 하는 가난한 나라의 어린이들 이야기까지. 우리는 이 같은 이야기를 모르는 채 여전히 유행에 따라 옷을 사고 금방 싫증을 느껴 옷을 버리는 행위를 반복한다.

　이 책을 읽으며 학생들은 패스트 패션의 문제점을 알고 슬로 패션을 실천하는 것이 중요함을 깨닫도록 지도한다.

4. 학습 목표

　1) 패스트 패션과 슬로 패션의 뜻과 특징을 알 수 있다.
　2) 슬로 패션의 중요성을 알 수 있다.
　3) 슬로 패션 실천의 내용을 담아 보고서를 작성할 수 있다.

5. 지도 시 유의 사항

　싸게 사서 입다가 금방 버려지는 옷들이 점점 많아지고 있다. 그러나 우리는 이런 옷들이 만들어지는 과정에서 지구 환경을 오염시키고, 동물들을 괴롭히며, 옷을 만드는 사람들에게도 문제가 발생한다는 사실을 잘 모르고 있다. 수업을 통해 우리들이 쉽게 사서 입다가 싫증이 나서 버리는 옷들이 여러 방면에서 문제를 일으킨다는 사실을 깨닫고 이를 개선하기 위한 방법을 찾는 시간을 갖도록 지도한다.

〈예시 12-2〉 차시별 계획안

단원명	『지구인을 위한 패스트 패션 보고서』(대상: 초등 4학년)	차 시	1차시(90분)
학습 목표	1. 패스트 패션과 슬로 패션의 뜻과 특징을 알 수 있다. 2. 슬로 패션의 중요성을 알 수 있다. 3. 슬로 패션 실천의 내용을 담아 보고서를 작성할 수 있다.	준비물	필독서, 보고서 형식

활동 단계	교수·학습 활동	시 간 (분)	유의점 / 자료
생각 열기	• 인사 나누기 • 옷을 살 때 어떤 점을 가장 중요하게 생각하는지 이야기하기	10	자유롭게 이야기 한다.
본 활 동	**활동 1. 패스트 패션이란?** – 패스트 패션의 뜻에 대하여 알아봅시다. – 패스트 패션이 등장하게 까닭을 이야기해 보세요. – 사람들이 패스트 패션을 좋아하게 된 까닭을 알아봅시다.	15	1. 빨리 만들고 쉽게 살 수 있으며 가격 도 저렴하고 유행 을 반영하여 만들 기 때문에 사람들 이 패스트 패션을 좋아하게 되었다.
	활동 2. 패스트 패션의 문제점을 알아보아요. – 티셔츠와 청바지가 우리 손에 오기까지 과정을 알아보고, 각 과정에 서 생기는 문제점에 대하여 알아보세요. – 한겨울에 우리가 주로 입는 옷을 만드는 과정에서 어떤 문제가 발생 하는지 알아보세요.(패딩, 코트, 양털 스웨터) – 옷을 자주 사고 버리면 그 옷들은 어떻게 처리되는지 알아보고, 그 때 생기는 문제는 없는지 생각해 보세요.	20	2. 우리가 즐겨 입는 패스트 패션 의 문제점을 알아 본다.
	활동 3. 슬로 패션에 대하여 알아봅시다. – 슬로 패션의 뜻은 무엇인가요? – 기업에서 유기농 순면과 학대받지 않은 거위 털을 사용하는 까닭은 무 엇일까? – 일하는 사람들의 환경에 관심을 두고 임금은 잘 받는지, 어려운 점은 없는지 확인하는 까닭은 무엇일까요? – 슬로 패션을 실천하기 위한 쇼핑 방법을 알아보고 여러분이 할 수 있 는 방법은 무엇일지 이야기해 봅시다. – 슬로 패션을 실천하기 위한 첫걸음으로 여러분의 옷장을 정리하여 보 세요.(계속 입을 옷, 잘 안 입는 옷, 버릴 옷 등을 구분하고 어떻게 정리 할지 생각해 보세요.)	20	3. 유기농 순면과 학대받지 않은 거 위 털을 사용하는 까닭은 지구를 해 치지 않고 동물들 의 권리를 지키 며 옷을 만들자는 생각에서 시작되 었다.
	활동 4. 보고서 작성하기 – 지금까지 알게 된 내용으로 보고서를 작성하여 봅시다.	15	4. 앞에서 배운 내 용을 정리하여 보 고서 형식에 맞게 쓴다.
마무리	• 각자 만든 보고서를 친구들 앞에서 발표한다. • 다음 차시 예고: 『플라스틱의 정체를 밝혀라』	10	독서 전 지도 전략
관련 활동	• 슬로 패션을 실천하자는 주장 글 쓰기		
평가 초점	1. 패스트 패션과 슬로 패션의 뜻과 특징을 알았는지 평가한다. 2. 슬로 패션의 중요성을 알았는지 평가한다. 3. 슬로 패션 실천의 내용을 담아 보고서를 작성하였는지 평가한다.		

3. 영화 수업 계획의 실제

〈예시 13-1〉 단원별 계획안

1. 단원명: 〈하늘을 걷는 남자〉, 로버트 저메키스 감독, 조셉 고든 레빗 주연, 유니버설픽쳐스인터내셔널코리아 배급

2. 지도 대상 및 시간: 중등 1학년, 90분, 1차시

3. 작품 해제

　〈하늘을 걷는 남자〉는 어려서부터 하늘을 걷는 도전을 꿈꿔 온 무명 아티스트인 프랑스 출신 고공 줄타기 예술가인 필리페 페팃의 실화를 바탕으로 제작되었다. 그는 '20세기 최대의 예술 범죄'라고 불리는 뉴욕 세계 무역 센터 줄타기를 감행한 사람이다. 1971년 프랑스 노트르담 대성당 횡단 및 1973년 호주 시드니항 철교 횡단 등의 기습 공연으로 노하우를 축적하고, 6년간의 연구 조사 끝에 1974년 미국으로 건너가 무역 센터 고공 횡단을 이룩하였다. 이는 누구도 상상하지 못했던 비범한 예술적 성취로 기록되어, 책, 연극, 다큐멘터리 영화 등으로 만들어져 불가능에 도전하는 자유로운 예술 정신을 전 세계인들에게 널리 알렸다.

4. 학습 목표

　1) 극의 구성을 이해하며 〈하늘을 걷는 남자〉를 분석할 수 있다.
　2) 꿈과 도전의 메시지를 파악하고 이를 자신의 삶에 적용할 수 있다.
　3) 영화를 알리는 광고 포스터를 제작할 수 있다.

5. 지도 시 유의 사항

　실화를 바탕으로 제작된 영화로, 아름다운 곳에 줄을 달고 그 위를 걷고 싶었던 한 예술가의 꿈과 도전 및 불가능을 가능으로 바꾸며 사람들에게 희망을 전했던 주인공의 삶을 살피며 영화를 감상하고 메시지를 파악하도록 지도한다.

〈예시 13-2〉 차시별 계획안

단원명	〈하늘을 걷는 남자〉 (대상: 중등 1학년)		차 시	1차시(90분)
학습 목표	1. 극의 구성을 이해하며 〈하늘을 걷는 남자〉를 분석할 수 있다. 2. 꿈과 도전의 메시지를 파악하고 이를 자신의 삶에 적용할 수 있다. 3. 영화를 알리는 광고 포스터를 제작할 수 있다.		준비물	영화, 공책, 필리 페 페팃에 관한 자료
활동 단계	교수·학습 활동		시 간 (분)	유의점 / 자료
생각 열기	• 인사 나누기 • 줄타기 공연을 본 경험 나누기		10	자유롭게 이야기 한다.

본
활
동
	활동 1. 극의 구성 원리 알아보기
	• 극의 특징: 작가의 상상력으로 꾸며 낸 이야기 / 대사와 행동 / 대립
	  갈등 / 현재형으로 서술
	• 내용적 요소: 인물, 사건, 배경
	• 구성 단계: 발단, 전개, 절정, 하강, 대단원
	• 시나리오 구성 요소: 해설, 장면 번호, 대사, 지시문
			10	1. 극은 문학의 특
				  수 갈래로, 극의
				  특징이나 내용 요
				  소, 구성 단계, 용
				  어 등을 이해하고
				  감상하도록 지도
				  한다.

	활동 2. 어떤 내용인가?
	• 영화의 장면을 보며 내용을 정리한다.
	– 도입: 필립의 직업은 무엇인가요?
	    필립은 '세계 무역 센터' 빌딩이 세워진다는 소식을 보고 어
	    떤 꿈을 갖게 되었나요?
	– 중간: 필립이 꿈을 이루기까지 누구의 어떤 도움을 받았는지 정리해
	    보세요.
	    뉴욕으로 떠나기 전, 노트르담 성당에서 했던 일은?
	    뉴욕에 도착한 후, 계획을 실행하기 위해 사전에 어떤 준비를
	    했나요?
	    필립에게 닥친 위기는 무엇인가요?
	– 결말: 줄타기 공연은 어떻게 막을 내렸으며, 그 후 필립은 어떻게 지
	    냈나요?
			15	2. 극의 구성 단계
				  를 생각하며 내용
				  을 정리한다.

	활동 3. 꿈을 이루기까지
	– 필립이 자신의 꿈을 이루기 위해 주변 사람들과 어떤 갈등을 빚었는지
	  알아보고, 만약 자신이 필립이었다면 어떻게 했을지 이야기해 보세요.
	– 필립이 세계 무역 센터에서 줄타기에 성공할 수 있었던 요인은 무
	  엇일까요?
	– 필립의 대사 가운데 기억에 남는 것을 떠올려 보고 그 까닭을 이야
	  기해 보세요.
	– 자신의 꿈을 생각해 보고, 그 꿈을 이루기 위해 나는 어떤 자세를 가
	  지면 좋을지 이야기해 보세요.
	– 가장 감명 깊은 장면은 무엇이었는지 이야기해 보세요.
			15	3. 필립의 도전 정
				  신과 갈등을 정리
				  하며 영화가 주
				  는 메시지를 파악
				  한다.

	활동 4. 필립의 도전이 갖는 의미에 대하여 토론하기 • 필립의 도전은 매우 위험한 일이었다. 결과는 성공하였으나 과연 그런 도전을 할 필요가 있었을지 각자 생각해 본다. – 안건: 필립의 도전은 무모한 것이다. vs 의미 있는 것이다.	10	4. 자신의 생각에 대한 근거를 들어 이야기한다.
	활동 5. 영화 광고 포스터 제작하기 • 영화를 본 소감이 포스터에 나타나도록 제작한다.	20	5. 영화 감상평도 곁들인다.
마무리	• 각자 만든 포스터 발표하기 • 다음 차시 예고: 〈줄무늬 파자마를 입은 소년〉	10	감상 전 지도 전략
관련 활동	• 영화 감상문 쓰기		
평가 초점	1. 극의 구성을 이해하며 〈하늘을 걷는 남자〉를 분석하였는지 평가한다. 2. 꿈과 도전의 메시지를 파악하고 이를 자신의 삶에 적용하게 되었는지 평가한다. 3. 영화를 알리는 광고 포스터를 제작하였는지 평가한다.		

〈예시 14〉 차시별 계획안

단원명		차 시	1차시(90분)
학습 목표		준비물	
활동 단계	교수·학습 활동	시 간 (분)	유의점 / 자료
생각 열기			
본 활 동			
마무리			
관련 활동			
평가 초점			

제1장 독서 지도 준비

1. 학부모 상담
독서지도사는 학생들을 지도하기에 앞서 학부모 상담을 통하여 독서 지도의 개념을 알리고 독서지도사로서 어떠한 수업을 계획하고 있는지 학부모에게 구체적으로 설명하여 독서 지도의 필요성을 인식시켜야 한다. 이것은 독서지도사 스스로도 자신의 정체성을 확립하는 과정이다.

2. 학습자 평가
학습자 평가는 독서 지도 전, 중, 후 어느 단계에서라도 이루어질 수 있다. 독서 지도를 실시하기 전에는 학생의 독서 능력을 파악하고, 강점과 약점을 진단하기 위해 사전(진단) 평가를 실시하며, 주로 검사지를 이용한다. 독서 수업 중에는 학습자가 겪는 문제 상황이나 처리 능력, 결과물을 완성하기까지의 과정을 통해 학생의 현재 독서 수준이나 사고력을 평가한다. 주로 단계별 산출물 분석법, 교사 관찰법을 이용한다.

3. 독서 지도 교수법
독서 수업을 계획하기에 앞서 수업 모형과 그에 따른 교수법을 이해하고 있다면 효율적인 수업을 계획할 수 있다. 독서지도사는 어떤 수업 모형을 선정하여 실제 수업에 적용할 것인가 하는 문제를 수업 계획 단계에서 반드시 고려해야 한다. 효과적인 독서 지도를 위한 교수 모형은 다양하게 시도되고 있으며 교수 모형마다 적절한 교수법을 제시하고 있다.

4. 첫 수업 계획
초기 상담을 통하여 학생이나 학부모에 대한 정보 수집을 마친 독서지도사는 독서 지도를 위한 구체적인 설계를 한다. 학생 개개인에 대한 정보를 얻기 위한 작업으로 첫 회 수업, 또는 1개월여의 기간을 할애하기도 한다. 수업에서 볼 수 있는 학생들의 상황을 관찰하며 학생에 대한 이해를 높이도록 한다.

제2장 독서 수업 계획

1. 독서 수업 계획의 필요성

독서지도사는 학습자가 독서 수업을 통해 독서 능력이 향상되고 도서와 친근한 태도를 형성하도록 도와야 한다. 그러기 위해서는 효과적이고 효율적인 수업이 체계적으로 계획되어야 한다. 즉 수업 계획은 도서의 종류, 지도 대상, 수업 시간 등의 상황에 적절한 활동을 구체화하는 과정이라고 할 수 있다.

수업 계획을 위해서는 학부모 상담과 독서 평가를 통해 학습자와 환경에 대한 진단이 이루어져야 한다. 그리고 학습자의 독서 능력이나 집단의 크기에 적절한 교수 방법을 적용할 수 있어야 한다.

2. 독서 지도 계획안의 종류

1) 연간 계획안: 독서 지도의 방향을 결정하는 장기 계획안이다.
2) 분기별·월별 계획안: 연간 계획안의 장기적인 목표를 달성하기 위해 세부적인 목표를 설정하는 중기 계획안이다.
3) 단원별 계획안: 한 권의 도서 또는 하나의 주제로 한 단원을 설정하고 작품 해제를 정리하고 활동 목표를 설정하는 단계의 계획안이다.
4) 차시별 계획안: 각 차시별 수업을 구체화한 것으로 생각 열기–본 활동–마무리 활동 외에도 준비물, 관련 활동, 평가 초점 등이 계획된다.

1. 독서 교육 내용에는 어떤 것들이 있는지 설명해 보자.

2. 독서 지도에서 다음 독서 평가의 결과를 어떻게 활용할 수 있을지 설명해 보자.

> • 독서 능력 검사 결과
> • 음독 오류 평가
> • 체크리스트에 의한 관찰법

3. 학부모와의 초기 상담을 위하여 독서지도사가 준비해야 할 사항을 정리해 보자.

4. 소집단 수업에서 학생들 사이에 독서 능력의 차이를 보일 때 이를 극복할 수 있는 방법을 모색해 보자.

5. 독서 수업 계획의 필요성을 3가지 이상 이야기해 보자.

- 김경일(1980), 『독서 교육론』, 일조각.
- 김영미(2016), 『우리 한과 먹을래요』, 아이세움.
- 김종렬(2018), 『길모퉁이 행운 돼지』, 다림.
- 독서능력 진단지는 (주)한우리열린교육에서 개발한 검사 도구.
- 로버트 저메키스 감독(2015), 〈하늘을 걷는 남자〉, 유니버설픽쳐스인터내셔널코리아.
- 민마루(2021), 『지구인을 위한 패스트 패션 보고서』, 썬더키즈.
- 박그루(2020), 『바보 의사 장기려의 청진기』, 밝은미래.
- 박수자(2001), 『읽기 지도의 이해』, 서울대출판부.
- 박승배(2007), 『교육과정학의 이해』, 학지사.
- 박완서(1999), 『자전거 도둑』, 다림.
- 박혜선(2018), 『할머니의 사랑 약방』, 크레용하우스.
- 변우열(2010), 『독서교육의 이해』, 조은글터.
- 브루너(1990), 이홍우 옮김, 『브루너 교육의 과정』, 배영사.
- 샬럿 밀러(2018), 박유진 옮김, 『비북 bee book: 생태계를 살리는 꿀벌 이야기』, 청어람아이.
- 서울대학교 교육연구소 편(2006), 『교육학용어사전』, 하우동설.
- 소피 블랙올(2019), 정회성 옮김, 『안녕, 나의 등대』, 비룡소.
- 신헌재 외(2002), 『독서 교육의 이론과 방법』, 박이정.
- 양태식 외(2013), 『초등 국어과 교육의 원리』, 박이정.
- 유미희(2018), 『뭘 그렇게 재니?』, 위즈덤하우스.
- 이정주(2018), 『1+1이 공짜가 아니라고?』, 개암나무.
- 이종승(1991), 『교육과정과 수업의 원리(타일러)』, 교육과학사.
- 이홍우(1991), 『교육의 개념』, 문음사.
- 정범모(1976), 『교육과 교육학』, 배영사.
- 조재윤(2007), 「국어 평가 연구의 발전 전망」, 『한국어교육』, 26, 223~248, 한국어문교육학회.
- 조재윤(2011), 「국가수준 국어과 학업성취도 평가의 적합성 검토 연구」, 『한국초등국어교육』, 46, 349~377, 한국초등국어교육학회.
- 조재윤(2015), 「학업성취도 평가와 빈칸 메우기 평가의 상관관계 연구」, 『독서연구』, 36, 95~118, 한국독서학회.
- 천경록 외(2013), 『활동 중심 독서지도』, 교육과학사.
- 최미숙 외(2016), 『국어 교육의 이해(개정3판)』, 사회평론.
- 케이트 호플러(2019), 이순영 옮김, 『토토와 오토바이』, 북극곰.
- 피터 애플러백(2010), 조재윤·서수현·김종윤 옮김, 『독서 평가의 이해와 사용』, 한국문화사.
- 하야시 기린(2017), 김소연 옮김, 『그 소문 들었어?』, 천개의바람.
- 한국교육평가학회 편(2004), 『교육평가 용어사전』, 학지사.
- 한국어문교육연구소(2006), 『독서 교육 사전』, 교학사.
- 한우리열린교육 독서 교육지, 『생각하는 나무』.
- 한철우(2011), 『거시적 독서 지도』, 역락.
- 홍후조(2002), 『교육과정의 이해와 개발』, 문음사.
- Afflerbach, P.(2007), 『Understanding and Using Reading K-12』 조병영·김소현·조Bobbitt, F.(1918), The Curriculum, Boston: Houfhton Mifflin.
- Leslie, L. & M. Jett-Simpson(1997), Authentic Literacy Assessment: an Ecological Approach. 원진숙 옮김(2004), 『생태학적 문식성 평가』, 한국문화사.
- McKenna, M. & Kear, D.(1990), 「Measuring attitude toward reading: A new tool for teachers」, 『The Reading Teacher』, 43, 626-639.
- Tyler, R. W.(1949), 「Basic Principles of Curriculum and Instruction, Chicago: University of Chicago Press.」

06

교육과 교육학

현대 사회에서 교육은 개인뿐만 아니라 국가의 주요 관심사이다. 교육은 한 나라의 국가 경쟁력으로 작용하기에 많은 나라들은 의무 교육 연한을 늘리고 평생 교육의 차원에서 교육에 심혈을 기울이고 있다. 더욱이 우리나라처럼 인적 자원이 국가 발전의 원동력이 되는 나라에서 교육의 중요성은 더 말할 필요가 없을 것이다. 따라서 가르치고자 하는 사람에게 '교육이란 무엇인가?' 하는 문제는 공부하는 내내 계속해서 고민하고 탐구해야 할 명제이다.

'교육과 교육학'에서는 과목에서는 교육에 대한 기본적인 이해를 돕기 위해 교육의 개념과 어원을 알아보고 교육의 목적을 살펴본다. 교육의 이념과 교육의 목적 및 교육 목표의 설정은 교육 내용과 학습 방법의 선정에 상당한 영향을 끼친다. 따라서 교육의 구성 요소로서 교사, 학습자, 교육 내용의 성격을 어떻게 규정짓고 이들 사이의 관계를 어떻게 파악해야 하는지, 또한 교육 성립의 전제 조건과 현대 사회에서의 교육의 필요성도 살펴보도록 한다. 또 교육학 일반 이론에서는 교육 과정이란 무엇을 의미하고, 우리는 무엇을 가르쳐야만 하는가에 대해 고찰해 보고 더불어 교육 평가의 기능과 교육 평가의 조건에 대해서도 살펴본다. 그리고 사람을 만드는 전문가로서 교사의 역할에 대해서도 논하고자 한다.

다만 한 가지 독서 교육에 관한 교육 과정이나 평가 등의 내용은 관련 과목에서 다루고 있으므로 이 과목에서는 교육에 관한 전반적인 내용에 대해서 정리하기로 한다.

● 다음은 교육에 대한 일반적인 설명이다. 맞는 설명이라고 판단하면 ○, 틀린 설명이라고 판단하면 × 표시를 해 보자. 그리고 이 단원 학습 후에 다시 판단해 보고, 학습 전 나의 생각과 비교해 보자.

	학습 전	학습 후
교육학은 인간의 미완전성이라는 관점에서 출발한다.		
인간이 변화할 수 있다는 신념이 없다면 교육은 의미가 없다.		
교육의 구성 요소는 학생, 교육 내용, 교육 과정이다.		
교육의 평가 조건은 타당도, 신뢰도, 객관도, 실용도라고 할 수 있다.		
교육 목표는 교육 이념보다는 하위 개념이고, 교육 목적보다는 상위 개념이라고 볼 수 있다.		

제 1 장
교육의 기본적 이해

1. 교육의 본질

1) 교육의 개념

인간은 교육을 반드시 필요로 하며 평생 교육 속에서 살아가는 존재이다. 인간은 교육을 받음으로써 비로소 진정한 의미의 인간으로 완성되어 간다. 이런 점에서 인간은 교육적 동물이라고 볼 수 있다.

"세 사람이 함께 가면 그중에 반드시 나의 스승이 있다."라는 공자의 말처럼 인간이 모여 사는 곳에는 언제나 교육이 존재한다. 교육은 인간이 모여 있는 삶 속에서는 항상 일어나는, 거의 자연적이며 필수 불가결한 삶의 현상이다. 특히 오랜 기간 누적된 문화와 삶의 양식을 가르치고 배우는 체계화된 교육 활동은 인간에게서만 볼 수 있는 특징이다.

교육학은 인간의 미완전성이라는 관점에서 출발한다. 인간은 이 지구상에 존재하는 수많은 동물들 가운데서 가장 미완전한 상태로 태어난다. 이런 인간이 하나의 독립된 개체로 그가 지닌 성장 발달의 가능성을 계발시키고 도약시켜 나가기 위해서는 교육이 그 밑바탕에서 작용되어야 한다.

1910년대 영국의 수학자이자 교육자였던 화이트헤드(Whitehead)에 의하면, 교육이란

'지식 활용의 방법을 체득하게 하는 것'이다. 그는 교육의 기본 원칙으로 다음의 두 가지를 들고 있다. 첫째, 지나치게 많은 것을 가르치지 마라. 둘째, 가르쳐야 할 것은 철저히 가르쳐라. 화이트헤드는 이에 대해 "교육은 인생의 목적이 무엇이건 간에 그 목적을 위해서 유용한 것이어야 한다."라고 설명하고 있다.

칸트(Kant)는 "교육에 의해서만이 인간이 될 수 있고 인간이란 교육을 통해 만들어진 것에 불과하다."(Über Pädagogik, 1803)라고 했고, 이율곡은 "세상에 태어나서 학문이 아니면 인간이 될 수 없다."라고 말했다. 많은 이들이 교육에 대해 정의했음에도 불구하고 아직까지도 "교육은 무엇인가?"라는 질문은 쉽게 대답할 수 없는 어려운 문제이다. 특히 현대 인간의 삶은 급격하게 변화하고 있으며, 다양한 사회와 문화적 관계 속에서 복잡하게 얽혀 있기 때문에 인간의 삶과 밀접하게 연관되어 있는 교육을 한마디로 규정하기란 더더욱 어렵다.

2) 교육의 어원

(1) 우리말의 어원

우리말로 교육이란 단어를 풀어보면 '가르치다'인데, 이는 '갈다'와 '치다'의 합성어이다. '갈다'에는 헌것을 버리고 새것으로 바꾼다, 칼을 간다, 밭을 간다, 분가루로 간다 등 기존의 상태를 개선하거나 용도에 따라 맞추어 사용하거나 적용한다는 뜻이 담겨 있다. '치다'는 가축을 치다, 문제에 부딪치다, 손뼉을 치다, 합치다, 그물을 치다, 적군을 물리치다, 양념을 치다, 누에를 치다, 방을 치다 등 낳고 기르는 일, 아름답게 가꾸는 일, 자기 방어나 보호하는 일 등의 뜻을 가지고 있음을 알 수 있다. 또 다른 의미로는 가르다, 고르다, 갈라내다의 뜻으로 옳고 그른 것을 가려내고 소중한 것을 골라낼 수 있는 선택력 또는 판단력을 갖도록 한다는 뜻이 포함되어 있다.

(2) 한자어의 어원

교육이란 말은 중국 고전인 『맹자』의 「진심」 중의 '군자유삼락장(君子有三樂章)'의 한 구절에서 찾아볼 수 있다. 그 내용은 부모가 생존하고 형제가 무고한 것이 하나의 즐거움이고, 하늘을 우러러 한 점 부끄러움이 없고 아래로는 사람들을 대하여 부끄러움이 없는 것이 또 하나의 즐거움이고, 천하의 영특한 인재를 가르치는 일, 즉 교육하는 일이 또 하나의 즐거움이라고 하였다. 가르친다는 것은 위에서 베풀고 아래서는 그것을 본받는다는 의미가 있다. 한자어에서 '교육(敎育)'이라는 말은 '가르칠 교(敎)'와 '기를 육(育)'의 합성어이다. 먼저 '교(敎)' 자의 구성을 살펴보면 '교(敎)'는 '본받을 효(爻)', '아들 자(子)', '칠 복(攴)'으로 구성되어 있다. 이는 한자어에서 '교(敎)'의 의미가 윗사람이 아랫사람에게 지도와 격려를 하고 솔선수범하며 아랫사람은 본받는다는 것을 뜻한다.

'육(育)' 자의 구성을 풀어서 살펴보면 '육(育)' 자는 '아들 자(子)'와 '고기 육(肉)'으로 구성되어 부모가 자식을 따뜻한 젖가슴으로 안아 주듯 사랑과 관심으로 기른다는 뜻이다. 기른다는 의미에서 보면 특정 내용을 미성숙자에게 주입한다는 의미보다는 미성숙자가 선천적으로 지니고 있는 미성숙자 내부의 어떤 것이 바람직하게 나타나도록 보호한다는 의미가 강하다.

(3) 영어의 어원

영어에서 교육(education)은 라틴어의 educare가 어원으로, e와 ducare의 합성어이다. e란 '밖으로'란 뜻이고 ducare란 '끌어낸다'는 뜻으로, 교육이란 '아동이 갖고 있는 잠재적인 능력을 밖으로 끌어낸다.'는 의미임을 알 수 있다. 즉, 학습자가 지니고 있는 잠재 가능성이 발현되거나 발달되게 한다는 의미를 지닌다.

희랍어로 교육을 paedagogy라고 한다. 어원은 paidagogos로서 paidos는 '아동'이란 뜻이고 agogos는 '이끈다'는 뜻으로 역시 아동을 어떤 방향으로 이끈다는 의미가 있음을 알 수 있다.

(4) 교육의 기본적 의미

교육이라는 말은 기본적으로 두 가지 의미로 사용되고 있다. 하나는 성숙한 사람들이 미성숙한 사람들을 이끌고 인도하여 보다 가치 있는 상태로 만들고 형성한다는 의미이고, 또 다른 하나는 성숙한 사람들이 미성숙한 사람들의 내면에 있는 잠재 가능성을 계발하고 성장할 수 있도록 도와준다는 의미이다.

교육의 한자어 어원에서 살펴보았듯이 교육은 주형으로서의 교육과 성장으로서의 교육[1]이라는 두 측면을 동시에 가지고 있다. 교육은 외적인 기준에 따라 어떤 상태로 인간을 이끈다는 주형의 의미와 미성숙자의 선천적으로 가진 능력들이 발현되도록 도와

---

1) '주형'(鑄型)이란 석회나 진흙을 일정한 틀에 부어 어떤 모양의 상을 만들어 내는 것을 의미한다. 교육을 주형으로 본다는 것은 아동을 석회나 진흙과 같은 재료로 보고 환경 즉 교육에 의해서 얼마든지 변형시킬 수 있는 존재라고 본다는 것을 의미한다.

준다는 성장의 의미를 가지는 것이다. 이는 교육이 단순히 외적인 것의 주입이나 내적인 것의 발현만으로 설명될 수 있는 것이 아니라 내적인 것과 외적인 것이 적절하게 상호 작용하는 것을 통해 이루어진다는 것을 뜻한다. 다시 말해서 교육은 개인과 개인을 둘러싼 환경의 상호 작용을 통하여 보다 바람직한 인간을 구현하는 과정이다.

3) 교육의 정의

(1) 규범적 정의

규범적 정의는 어떤 궁극적 목적과 연관되어 있다. 교육은 결코 가치 중립적이지 않으며 개인적인 가치든 사회적인 가치든 가치를 지향하는 행위이다. 따라서 교육의 정의는 그 교육이 지향하는 가치와 관련되어 규정된다. 이런 규범적 정의는 시대, 사회, 문화에 따라 달라질 수 있다. 또한 교육의 정의는 교육의 목적 혹은 교육관과도 관련되어 있다.

교육의 규범적 정의는 '교육은 이러이러한 것이어야 한다.'라는 방식으로 교육의 의미를 밝히는 것이다. 예를 들면 다음과 같다. "교육은 인간을 인간답게 만드는 것이다.", "교육은 사랑이다.", "교육은 신의 모습 속에서 인간의 형상을 만드는 것이다.", "교육은 진리를 추구하는 과정이다.", "교육은 민주 시민으로 가져야 할 자질을 양성하는 과정이다."

영국의 교육 철학자 피터스(R. Peters)는 교육의 규범적 의미를 규정하기 위해서 어떤 활동이 교육에 속하는지를 밝히는 준거를 마련해야 한다고 생각하고, 다음의 세 가지 준거를 들었다.[2]

첫째, 교육적인 활동이나 과정이 가치 있는 것이어야 한다. 교육이라는 말속에는 가치 있는 것이 전달되거나 촉진된다는 뜻이 들어 있다. 이것이 규범적 준거이다.

둘째, 교육은 지식과 이해 그리고 모종의 지적 안목을 길러 주는 일이다. 그래서 교육받은 사람은 단순한 기술이나 방법상의 요령만을 터득하고 있어서는 안 되고 사실을 전체적으로 조직하는 원리를 이해하고 있어야 한다. 이것이 인지적 준거이다.

셋째, 교육은 교육받는 사람의 의식과 자발성을 전제로 하는데, 어떤 것이 교육적 과정으로 간주되기 위해서는 교육받는 사람에게 자기가 교육받고 있다는 데 대한 최소한의 의식 자발성이 필요하며, 이것이 배제된 조건화, 세뇌 등은 교육의 범주에서 제외된

---

2) 윤정일 외(2002), 『신교육의 이해』, 학지사, 40쪽.

다는 것이다.

결국 교육의 규범적 정의는 교육의 가치, 한 시대 사회의 이상적인 교육 이념을 제시해 줄 수는 있지만 주관적인 한계를 벗어날 수 없다는 약점이 있다. 그러나 교육 활동의 본질적인 측면을 보여 준다는 점에서 교육을 이해하는 데 매우 중요한 의미를 갖는다.

(2) 서술적 정의

서술적 정의는 교육이 인간을 변화시키는 과정이라고 했을 때 그 변화의 내용이 어떻게 기술되고 설명될 수 있는가를 제시하면서 교육의 의미를 밝히는 것이다. 그리고 인간의 변화가 반드시 교육에 의해서만 일어나는 것은 아니기 때문에, 교육에 의한 변화에는 어떤 특징이 있는지도 이 정의에서 가려질 수 있다.

교육에서의 변화는 여러 가지 방식으로 설명될 수 있으나 일반적으로 널리 알려진 설명의 원리로는 행동, 문화, 경험, 습관 등이 있다.

첫째, 교육을 인간 행동의 변화로 설명하려는 입장은 교육 심리학적 입장에서 찾아볼 수 있다. 관찰될 수 있는 행동적 증거, 명시적 행동으로 보여진 자료에 기초하여 교육의 가능성을 설명하며, 교육은 학습자가 보여 주는 행동의 성취를 관찰하고 평가하여 이것을 신장시키거나 변화시키는 과정이라고 한다.

둘째, 교육을 문화 전승 과정 혹은 문화 전달의 과정이라고 보는 문화 교육학적 입장이다. 어떤 형태의 문화 전달이 이루어지고 있기 때문에 어떤 형태의 학습이 이루어지고 있으며, 그 학습이 의도적인 노력에 의하여 촉진되거나 선택되고 통제된다면 그것이 곧 교육이라는 것이다. 문화는 교육의 목적으로서 내용뿐만 아니라 교육의 방법적 가능성과 효율성을 위한 준거를 제공할 수 있다는 것이다.

셋째, 존 듀이는 교육을 '경험에 의한, 경험을 위한, 경험의 과정'이라고 하며 교육적 변화를 설명하였다. 그에 따르면 한 개인이 자기가 생활해 온 환경과 상호 작용을 통하여 자신의 경험을 형성하고 개조하게 되는데, 교육은 곧 이러한 경험의 형성 혹은 개조의 과정 그 자체라고 하였다.

(3) 기능적 정의

기능적 정의란 교육의 도구적 가치를 강조한 관점이다.

예를 들어 '교육은 취업을 위한 수단', '교육은 대학을 가기 위한 수단', '교육은 자격증을 취득하기 위한 수단'이라는 입장은 교육의 기능성을 강조한다. 이는 교육을 미래

생활을 위한 준비로 해석하는 견해이다. 그래서 성인이 되었을 때 필요한 모든 정신적·육체적 성장과 사회생활에 필요한 전통문화를 습득하도록 하고 특히 개인의 성장 가능성을 최대한으로 발전시켜서 교육이 개인의 행복은 물론 국가 발전에 크게 기여할 수 있다고 믿는 견해이다.

교육을 어떻게 정의 내렸든 교육에서 공통적인 관심의 대상은 인간과 그 인간이 살고 있는 사회이다. 교육은 인간이 인간을 대상으로 하여 그 대상을 인간답게 하도록 하는 모든 작업을 의미하기 때문이다.

우리는 교육의 주체인 인간을 이해할 수 있도록 먼저 인간관과 그 인간관 확립에 필수 조건인 사회관을 확립하는 것이 바람직한 교육관 정립을 위한 전제 조건임을 인정해야 한다.

정리해 보면 교육은 어떤 분야의 성숙자가 미성숙자에게 몰랐던 것을 알 수 있도록 하고, 할 수 없었던 것을 할 수 있도록 하고, 느낄 수 없었던 것을 느낄 수 있도록 하고, 볼 수 없었던 것을 볼 수 있도록 하고, 들을 수 없던 것을 들을 수 있도록 하여 인간의 일생을 성공적으로 가치 있게 살아가도록 도와주는 것이다. 더 나아가 알아낸 것, 할 수 있는 것, 깨달은 사실들을 정리·정돈하여 표현할 수 있도록 하는 것도 교육의 중요한 임무이다.

2. 교육의 목적

교육의 목적이 무엇인가 하는 문제는 교육의 본질과 관련된 근본적인 문제로서 여러 차원과 수준에서 논의될 수 있다.

1) 교육 목적의 개념
교육 목적이라는 개념은 의미 수준의 폭과 측면에서 교육 이념보다 하위 개념이고, 교육 목표보다는 상위 개념으로 볼 수 있다.

(1) 교육 이념

이념적 수준에서의 개념이다. 이 단계는 교육이 나아가야 할 기본적인 방향을 추상적으로 서술해 놓은 단계로서 매우 포괄적이고 추상적이지만 이념적이고 철학적인 의미를 가지고 있다. '홍익인간', '민주적 인간', '주체적인 한국인' 등으로 표현되는 것이 이념 수준의 교육 목적이다.

(2) 교육 목적

교육 이념의 다음 단계로서, 교육이 실현하고자 하는 이상적인 인간상 또는 이러한 인간상이 갖추고 있어야 할 행동 특징을 담는다. 교육 목표보다는 더 포괄적이다. '민주적 인간'이라는 교육 이념 하에서의 교육 목적은 '인격 완성', '시민적 책임', '자주적 생활 능력' 등으로 표현할 수 있는데, 이상적 인간상이 갖추고 있어야 할 행동 특징이라고 볼 수 있다.

(3) 교육 목표

최하위 수준의 단계로, 매우 구체적인 수업 목표를 의미한다. 이 단계는 '방정식의 원리를 알게 한다.', '천문계의 원리를 배운다.'와 같이 대부분 구체적이고 행동적인 용어로 표시된다. 또한 그 성취 여부를 단시간 내에 알 수 있다.

교육 이념, 교육 목적, 교육 목표의 개념은 임의적 개념이라고 볼 수 있으나 다음과 같은 기능을 수행한다.

첫째, 교육 이념은 교육의 기본 방향을 제시한다. 추상적으로 표현된 폭넓은 의미의 교육 이념은 구체적인 교육 활동을 제시하지는 않지만 전반적인 교육의 방향을 제시한다.

둘째, 교육 목적은 교육의 내용과 학습 방법의 선정에 도움이 된다.

셋째, 교육 목표의 설정은 교육 평가에 중요한 영향을 미친다.[3]

2) 내재적 목적과 외재적 목적

교육의 목적은 내재적 목적과 외재적 목적으로 나누어진다.

내재적 목적이란 교육적인 활동 안에서 의미, 가치, 이상을 발견하려는 것이다. 이에

---

3) 김종서 외(2009), 『교육학 개론』, 교육과학사, 42~47쪽

비해 외재적 목적은 교육 활동을 수단으로 하여 교육 활동 밖에 있는 가치들을 성취하려는 것이다. 이 두 가지 교육 목적은 서로 조화를 이루기도 하고 충돌하기도 한다.[4]

(1) 내재적 목적은 지적·도덕적·미적 가치들을 포함한다.

이해관계를 초월한 호기심, 인내, 지적 정직함, 정확성, 근면, 회의, 지적 우아함, 논증에 따르는 기질, 진리와 정의에 대한 사랑과 같은 지적 덕들과 선, 절제, 관용, 정의, 동정 등의 도덕적 가치들도 포함한다. 그리고 합리성과 자율성도 내재적 목적으로 지지된다. 합리성의 발달은 의식의 획득과 발달을 통해 이루어지고, 자율성은 자기 지배를 의미하고, 자율적인 사람이란 자기가 만든 원리들과 규칙들에 따라 살아가는 사람을 의미한다.

(2) 외재적 목적은 가시적이고 실제적 이익을 가져다준다.

교육의 외재적 목적으로 가장 중요시되는 것은 생계를 해결하는 일이다. 사람들은 교육을 통해 직업을 얻고 생계를 해결하는데, 교육과 훈련은 실제로 이러한 과업을 수행할 수 있다. 그러나 여기에서의 문제점은 생계 문제를 어느 정도 해결했음에도 계속해서 생계에 집착하게 되며, 이러한 경향이 심화된 사회에서는 부의 축적이 출세와 성공의 척도가 되기도 한다는 점이다.

(3) 내재적 목적과 외재적 목적의 관계

교육의 내재적 교육 목적은 성취하기가 무척 어렵고, 반면에 외재적 교육 목적은 가치적인 보상이 뒤따르기 때문에 비교적 동기화가 쉽다. 내재적 목적은 학습자가 평생 교육을 받도록 해 주고, 외재적 목적은 강력한 추진력을 주지만 달성되면 탐구에 대한 열정이 쉽게 사라져 버린다. 허친스(R. Hutchins)는 교육이 직업, 결혼, 학위를 위한 도구로 간주된다면 교육의 목적은 그것들을 획득함으로써 성취되는 것이라고 설명한다. 이런 관점에서 교육은 외재적 목적이 달성되기까지 젊은이가 참고 견뎌야 할 고통으로 간주될 수밖에 없다. 바람직한 것은 교육의 내재적 목적을 추구하는 사람들에게 외재적 목적이 부수적으로 실현되는 것이다. 젊은이가 지적·도덕적·미적 가치들을 획득했을 때 훌륭한 배우자를 얻고 취업이 되고 명예가 주어지는 것이 가장 바람직한 것이다.

---

4) 윤정일 외(2008), 앞의 책, 115쪽.

3) 오코너의 교육 목적론

영국의 저명한 철학자인 오코너(D. O'conner)는 철학과 교육이 만나는 점들 중의 하나인 가치 판단의 본질과 타당성의 문제를 논의하기 위해 교육 목적의 잠정적인 목록을 다음과 같이 제시하고 있다.

⑴ 최소한의 기능들: 사회 안에서 일정한 지위를 갖고 더 많은 지식을 얻는 데 필요한 최소한의 것으로, 읽기, 쓰기, 계산하기 등이 포함된다.

⑵ 직업 훈련: 경제적으로 자립할 수 있도록 직업 훈련을 받아야 한다. 직업은 생계를 마련해 줄 뿐만 아니라 경험의 확대로 자기실현의 기회를 제공한다.

⑶ 지식욕: 지식을 획득하게 되면 이익, 안락, 명성을 얻을 수 있다.

⑷ 비판적 안목의 발달: 비판적 안목의 발달은 교육의 목적으로는 환영받지 못하고 있다.

⑸ 인류가 이룩한 업적의 감상: 교육받은 사람은 문학, 미술, 음악, 과학 등 고유 문명들에 관해 어느 정도 지식과 이해를 가져야 한다.

4) 훅의 교육 목적론

듀이의 제자이자 충실한 해설자인 훅(S. Hook)은 교육 목적을 다음과 같이 제시하고 있다.

⑴ 교육은 비판적이고 독립적인 사유의 힘을 발달시켜야 한다.

⑵ 교육은 지각에 민감하게 반응하고, 새로운 관념들에 대해 수용적이고, 다른 사람들의 경험에 호감을 가지도록 해야 한다.

⑶ 교육은 우리의 문화적·문학적·과학적 전통들의 주류를 인식하도록 해야 한다.

⑷ 교육은 자연, 사회, 우리들 자신, 그리고 우리나라의 역사에 관한 중요한 지식의 체계를 가지도록 해야 한다.

⑸ 교육은 민주 사회의 이상들에 대해 지적인 충성심을 배양하고 자유의 유산과 자유가 살아 있게 하는 방법에 대한 이해를 심화시켜야 한다.

⑹ 어떤 수준에서 교육은 젊은이들에게 생산적인 노동을 하는 데 필요한 일반적인 기능, 기술 그리고 전문적인 지식을 갖도록 해 주어야 한다.

⑺ 교육은 필요할 때 홀로 설 수 있게 해 주는 인격의 특징들을 강화시켜야 한다.

혹이 제시한 교육 목적에도 내재적·외재적 목적들이 포함되어 있다. 그러나 실용주의 정신에 입각하여 그는 실제적인 목적들을 더 중요시하고 있다.

5) 우리나라 교육의 목적

우리나라 교육의 목적은 고조선의 건국 이념이자 단군 신화에 등장하는 '홍익인간'의 개념으로 거슬러 올라간다. 교육기본법 제2조(교육 이념)에서는 아래와 같이 명시하고 있다.

"교육은 홍익인간(弘益人間)의 이념 아래 모든 국민으로 하여금 인격을 도야(陶冶)하고 자주적 생활 능력과 민주 시민으로서 필요한 자질을 갖추게 함으로써 인간다운 삶을 영위하게 하고 민주 국가의 발전과 인류공영(人類共榮)의 이상을 실현하는 데에 이바지하게 함을 목적으로 한다."

이러한 교육 이념과 교육 목적을 바탕으로, 이 교육 과정이 추구하는 인간상은 다음과 같다.

(1) 전인적 성장을 바탕으로 자아 정체성을 확립하고 자신의 진로와 삶을 개척하는 자주적인 사람

(2) 기초 능력의 바탕 위에 다양한 발상과 도전으로 새로운 것을 창출하는 창의적인 사람

(3) 문화적 소양과 다원적 가치에 대한 이해를 바탕으로 인류 문화를 향유하고 발전시키는 교양 있는 사람

(4) 공동체 의식을 가지고 세계와 소통하는 민주 시민으로서 배려와 나눔을 실천하여 더불어 살아가는 사람

즉 대한민국에서 추구하는 인재상은 지혜와 열정을 가지고 창의적인 탐구를 하며 배려와 나눔을 실천하는 마음이 따뜻한 사람을 양성하는 것을 목표로 한다. 이는 교육부에서 매년 대한민국을 이끌어 갈 100명의 인재, 대한민국 인재상을 수여하는 기준이 되기도 한다.

3. 교육의 구성 요소

교육은 배우고 가르치는 현상에 나타나는 인간관계 그 자체이다. 인간관계의 유형이 다양한 만큼 교육 현상 역시 다양한 형태로 이루어진다. 개인 간의 대화를 통하여 또는 잡지나 신문, 라디오, TV, 인터넷 등의 매체를 통하여 그 사회가 갖고 있는 생활 방식을 자연스럽게 터득하는 과정을 광의의 교육이라고 할 수 있다.

한편 협의의 교육이란 제도화된 형식적 사회화의 과정을 말하며, 학교 교육이 대표적인 예이다. 학교 교육이 이루어지기 위해서는 교육을 하는 측과 교육을 받는 측이 있어야 한다. 즉, 교육을 실천하는 교사와 실천의 대상인 학생이 있어야 한다. 또한 상호 작용할 수 있는 매개물이 필요하다.

1) 교사

교사는 가르치는 일에 종사하는 사람을 말한다. 부모는 가정에서 자녀를 가르치고, 기술자는 작업장에서 견습공을 가르치고, 교사는 학교에서 학생을 가르친다. 교육 현상이 다양한 형태로 벌어지는 것처럼 상황에 따라 요구되는 교사의 자질과 자격은 다양하다.

그중 학교 교육에서 요구되는 교사의 중요한 자질은 다음과 같다.

첫째, 교사는 자기가 가르치는 교육 내용에 대한 해박한 지식을 소유하고 있어야 한다. 기본적으로 교사는 나누어 주는 자이다. 교육 활동은 한마디로 교육 내용을 가르치고 배우기 위하여 교사와 학생이 상호 작용하는 것이라고 할 수 있다. 교사가 학생을 지도하고 이끄는 구체적인 목표가 교육 내용이다. 따라서 교육 내용에 대한 교사의 해박한 지식은 교육의 성패를 좌우하는 중요한 지표라고 할 수 있다.

둘째, 교사는 가르치는 방법에 대한 전문적인 지식을 가지고 있어야 한다. 교육 내용을 학습자에게 전달하는 것이 교사의 주요 임무인 만큼 교사가 갖고 있는 지식을 학습자에게 전달하는 방법에 대한 전문성이 요구된다. 교사는 교육에 필요한 고도의 전문적 기술로서의 교육 방법을 터득하고 있어야 하며, 또 그러한 지식의 향상을 도모하기 위해 노력해야 한다.

셋째, 교사는 건전하고 바람직한 인격을 갖추고 있어야 한다. 교사가 갖추어야 할 인격은 바람직한 인성과 긍정적인 신념, 바람직한 태도와 가치관과 철학, 교육과 학습자에 대한 사랑 등이다. 교사가 갖추어야 할 긍정적인 신념으로는 인간의 존엄성과 잠재 가능성에 대한 믿음, 같은 인간에 대한 신념, 인간과 사회를 긍정적·진보적·발전적으로 변화시킬 수 있다는 믿음에 대한 신념 등이다.

2) 학습자

교육은 학습자를 대상으로 하는 것이다. 학습자가 미성숙하며 가르침이 필요하다는 것이 바로 교육의 출발점이며, 학습자가 성숙한 상태에 이르렀을 때 교육은 끝이 난다고 할 수 있다. 교육 목적의 설정, 교육 내용의 선정과 구성, 교육 방법의 적용 등이 학습자를 염두에 두고 이루어질 때 의미 있는 것이 된다.

어떤 형태의 인간관계에서도 배우는 위치에 있는 대상은 모두가 학습자가 될 수 있다. 또한 사회적 지위와 경험에 관계없이 모두가 학습자의 위치에 설 수 있다. 이것은 누구나 학습의 필요성과 그를 통한 성장 가능성을 갖고 있다는 뜻이다. 인간의 신체적 성숙과 지능 등은 유전적으로 결정되기도 하지만 생후의 환경과 경험에 따라 상당한 영향을 받으며, 의식이나 성격은 더 큰 영향을 받는다고 한다.

학습의 필요성과 학습을 통한 성장 가능성이 의미하는 또 하나의 전제는 학습자가 변화될 수 있다는 것이다. 인간이 변화되지 않는다면 교육은 성립될 수 없다. 성과 있는 교육 활동을 위해서는 먼저 그 교육 활동에 참여하는 학습자가 스스로 성장할 수 있다는 신념을 갖게 할 필요가 있다.

3) 교육 내용

교육 내용은 교육 활동에서 교사와 학습자를 연결시켜 주는 교육의 매개물이라고 할 수 있다. 교육 내용은 그 사회가 가지고 있는, 또는 역사적으로 인류가 발전시켜 온 지식, 규범, 가치, 행동 양식, 기술 제도 등 모든 것을 포함한다. 이를 다른 말로 문화라고 할 수 있는데, 교육적 매개물은 문화적 산물을 구체적으로 목적에 맞게 조작화한 형태라고 할 수 있다.

교육 내용은 학습자의 흥미, 관심 그리고 수준을 고려하여 구조화하여야 한다. 교육 내용이 잘 전달되기 위해서는 일정한 구조와 체계적인 조직이 있어야 한다. 내용의 유사성과 순차적인 계열성, 그리고 서로 간에 유기성이 잘 설명되는 총합성이 있어야 한다.

4) 구성 요소들의 의미 변화

교육을 구성하는 요소들은 시대 변화에 따라 의미가 크게 달라져 왔다. 과거에는 교사의 위치를 절대적인 것으로 여기기도 했지만 루소, 페스탈로치, 듀이와 같은 교육자에 의해 아동 중심주의 교육관이 등장하면서 그런 입장은 변화하기 시작하였다.

아동 중심주의에서 교육의 주체는 교사가 아니라 학습자인 아동이다. 과거에 학습자는 수동성이 강조되는 피교육자에 불과했지만, 이제는 학습을 통하여 변화하는 주체로서의 의미를 지니게 되었다.

교육 내용의 성격을 규정하는 전통적인 방식은 교육 내용을 교과서에 들어 있는 단편적인 사실, 즉 정보로 보고 교육은 이런 단편적인 사실을 가르치는 것으로 본다. 또 다른 입장은 교과서의 내용을 학문으로 보는 것으로 학문적 사고방식, 학문적인 탐구, 학문의 체계, 학문적 개념 구조의 한 부분으로 본다는 것을 의미한다. 이 경우 교육은 주어진 교과 내용들을 학자들이 하는 활동과 같은 탐구의 과정을 통해서 가르치는 것이 되어야 한다.

그리고 또 다른 입장은 경험으로 이해하는 것이다. 교과 내용은 삶의 경험을 통해서 만들어진 것이며, 삶의 경험에서 갖는 의미 때문에 그러한 내용이 교과 내용이 될 수 있다는 것이다. 그러므로 교육은 교과를 이루고 있는 내용이 삶의 경험에서 갖는 의미가 되살아날 수 있도록 가르쳐야 한다. 결국 교육 내용의 성격을 어떻게 규정하느냐에 따라서 교육 내용과 범위를 선정하는 기준이 달라질 수 있으며, 가르치는 방법 역시 달라지게 된다.

중요한 것은 교육의 주체를 교사로 보느냐 아니면 아동으로 보느냐에 따라 교육을 이해하는 방식이 서로 크게 달라진다는 것이다.

이처럼 교사, 학습자, 교육 내용의 성격을 각각 어떻게 규정지으며 이들 사이의 관계를 어떻게 파악하느냐 하는 것은 교육의 의미와 성격을 이해하는 데 중요한 기초가 된다.

4. 교육 성립의 조건

나무가 훌륭하게 성장하기 위해서는 뿌리가 튼튼해야 하는 것처럼 교육도 훌륭한 성과를 이뤄 내기 위해서는 그 뿌리가 되는 교육 활동의 시작점이 건전해야 한다. 이형행

(1988)은 『교육학개론』에서 추수를 염두에 두고 씨앗을 뿌리는 농부의 마음과 교육을 비교하여 설명하였다. 즉, '씨앗을 뿌릴 때 씨앗의 특성에 대한 믿음', '씨앗의 발아 성장에 대한 믿음', '씨앗의 싹을 가꾸는 기술에 대한 믿음'으로 교육을 비유하였다.

한 인간의 성장에는 오랜 세월이 걸린다. 최대한 정신적·경제적 투자를 아끼지 않고 교육에 온 정열과 사랑을 쏟았더라도 100% 완벽한 결과가 생기지는 않는다. 어떤 태도와 마음가짐으로 교육을 시작하면 비교육적인 결과를 최소화시키고 교육적인 효과를 높일 수 있을지 관심을 갖도록 하자.

1) 인간에 대한 믿음

내가 가르치는 대상이 언젠가 멋지게 성장할 수 있는 존재임을 확신하고 교육을 시작해야 한다. 첫째, 인간의 존엄성에 대한 신념, 둘째, 인간의 주체성에 대한 신념, 셋째, 인간의 성장 가능성에 대한 신념, 그리고 마지막으로 인간의 과학적 이해 가능성에 대한 신념은 교육을 성립시키는 대전제가 된다.

2) 변화에 대한 신념

교육이 인간의 태도와 생각 등을 변화시킬 수 있다는 변화에 대한 신념은 교육 성립의 또 하나의 전제 조건이다. 인간이 변화할 수 있다는 신념이 없다면 교육은 의미가 없는 것이기 때문이다. 변화에 대한 신념이 교육의 원동력이 되고, 이 원동력이 크면 클수록 교육의 효과는 커진다.

3) 계획에 대한 신념

교육을 실천해 가는 데는 계획성이 필요하다. 그 계획 속에는 첫째, 교사가 지향하는 인간의 태도와 생각에 대한 명확한 목적 의식이 있어야 하고 둘째, 개별적인 행동 특성을 어떤 방법으로 변화시킬 수 있다는 명확한 이론과 경험적 실증이 뒷받침되어야 한다. 셋째, 교육 현상을 막연한 추측과 관례에 의해 바라보거나 진행하지 말고 과학적인 근거나 논리에 의해 교육 활동을 전개해야 한다.

5. 교육의 필요성

인간은 다른 동물에 비해 성장기가 현저하게 길고 무한한 가능성을 소유한 존재이기 때문에 교육은 인간에게만 필요한 특권이다. 김광자는 교육의 필요성을 다음과 같이 설명하고 있다.

1) 개인적인 측면

교육은 한 개인이 이 세상에 태어나서 죽을 때까지 생존을 유지하며 개인의 소질과 능력을 최대한으로 발전시켜 행복한 인생을 영위하도록 하기 위한 것이다. 개인의 발전이나 전인 교육에 관심을 갖는 이유는 개인의 완성이 개인의 행복은 물론 모든 사회와 국가 경제 발전의 원동력이 되기 때문이다. 이러한 주장을 한 학자로는 루소(J. Rousseau)를 들 수 있다.

2) 사회적인 측면

교육과 사회의 관계는 교육의 사회적인 기능과 사회의 교육적인 기능으로 설명된다. 전자는 교육을 통하여 사회적 필요를 충족시키는 것을 뜻하며, 후자는 사회의 여러 가지 활동이 교육 행위를 대행한다는 뜻이다. 주체적으로 전통문화를 전달하는 기능, 사회 통합 기능, 사회 충원 기능, 사회적 지위 이동의 기능, 사회 개혁의 기능이라는 측면에서 교육이 필요하다. 교육의 사회적 기능을 강조한 학자로는 페스탈로치(J. Pestalozzi), 나토르프(P. Natorp), 듀이(J. Dewey) 등이 있다.

3) 문화적인 측면

개인이 소속되어 있는 사회의 문화유산을 타 문화에 밀리지 않고 보존·유지·계승하며 더 좋은 방향으로 발전시키고, 필요에 따라 새로운 문화를 창조하기 위하여 교육이 필요하다. 교육의 문화적인 기능을 강조한 학자로는 슈프랑거(E. Spranger)와 케르센슈타이너(G. Kerschensteiner), 요한슨(Johanson) 등이 있다.

4) 국가적인 측면

교육은 국가의 흥망성쇠와 밀접한 관련이 있으며 모든 국가는 국민 교육을 국가의 가장 중요한 사업으로 삼고 있다. 특히 현대 국가는 교육받은 국민을 필요로 하고 있으며, 국가는 국민에게 교육받을 것을 요구하고 국민은 국가에 대하여 교육받을 권리를 지닌다. 국가의 안녕과 발전을 위해서 모든 국민이 합심하여 국가를 존속·유지시키고 기존의 사회적 문제나 상황을 개선하고 또 발전시켜야 하므로 국민 교육은 국가 발전의 원동력이 된다.

5) 경제적인 측면

경제 발전의 3요소는 자원, 자본, 인력인데, 교육은 이 3요소 중 인력을 개발하고 양성하는 일을 담당한다. 한국의 경우 1980년대 초반부터 인력 개발을 위해 기술자 양성을 위한 학교의 역할이 강조되었다. 리스트(F. List)는 교육은 생산력을 생산한다고 하였고, 마셜(A. Marshall)은 교육을 고차 생산을 위한 수단으로 여겨 교육 수준이 경제 성장을 추진하는 제1의 힘이 된다고 강조하였다.

6) 세계적·우주적인 측면

이제 우리의 교육은 세계적·우주적인 측면에서도 심도 있게 다루어져야 한다. 그 이유는 다음과 같다.

첫째, 국가주의만을 지나치게 강조하는 것은 자국의 발전만을 중요하게 여겨 한편으로 타국의 사정을 무시하거나 배타적 정신을 가질 우려가 있기 때문이다.

둘째, 현대 사회는 세계화, 국제화, 다문화 속에서의 정통성을 추구하는 경향이 있기 때문이다.

셋째, 모든 인류는 신 앞에 동등하고, 한 형제자매라는 범시민적인 박애 사상이 재조명되고 있기 때문이다.

넷째, 나라와 나라와의 분쟁, 인권 쟁취를 위한 분쟁, 가치관의 혼동, 가난과 기근, 경제 침략 및 무역 전쟁, 환경 오염 등의 문제는 어느 한 국가만의 문제가 아니기 때문이다.

다섯째, 온 인류의 평화와 행복을 성취하는 것이 인류가 추구하는 최대의 소망이며 꿈이기 때문이다.

그러므로 개인의 성장 발달과 인격 완성은 물론 애국심을 가진 국민 양성과 세계 시민으로서의 기본 자질을 갖도록 노력해야 할 때가 왔다. 이런 면에서 교육의 필요성이 더욱 강조된다.

제2장
교육학 일반 이론

1. 교육 심리학

　교육 심리학은 심리학적 이론의 원리 및 개념들을 교육에 적용하는 교육학과 응용 심리학의 한 분야이다. 1879년 독일의 분트(W. Wundt)가 처음으로 심리학 실험실을 창시하여 인간의 내면에 대한 과학적인 실험을 시도하였는데, 철학적 심리학에서는 '과학으로서의 심리학'으로 독자성을 가지며 여러 이론들이 제시·검증·수용되고 있다. 독일에서는 그의 제자 모이만(E. Meuman)이 분트의 실험 심리학 방법을 교육에 적용하여 교육 심리학의 기초를 닦았고, 미국의 홀(G. Hall), 커텔(J. Cattell), 저드(C. Judd) 등이 독일에서 유학하고 돌아가 미국의 심리학 발달에 많은 공헌을 하였다. 제임스(W. James), 듀이, 에인절(Angell)과 같은 기능주의자, 그리고 러시아의 파블로프(I. Pavlov)의 영향을 받은 왓슨(J. Watson)과 같은 행동주의자도 교육 심리학을 발전시켰다.

　캘리포니아 대학교의 심리학 교수인 코리(G. Corey)는 『카운슬링과 정신 요법의 이론과 실제』[5]에서 다음과 같은 여러 이론을 소개하였다.

---

5) G. Corey(2001), 『Theory and Practice of Counselling and Psychotherapy』(6th edition), Thomson, Brooks / cole.

1) 정신 분석학

정신 분석학은 프로이트(S. Freud)에 의해 체계화되었다. 인간 본성에 대한 프로이트의 관점은 기본적으로 결정론이다. 인간의 행동은 비합리적인 힘, 무의식적 동기, 생물학적, 그리고 생의 초기 6년 동안의 주요한 심리 성적 사상에 의해 전개된 본능적 충동에 의해 결정된다고 본다. 본능은 프로이트식 접근의 핵심이다.

프로이트는 모든 삶의 본능적 에너지를 '리비도'라고 부르고, 이 본능은 개인과 인류의 생존이라는 목적에 기여하고 성장, 발달, 창조성을 추구한다고 보았다. 리비도는 성적 에너지를 포함하는 그 이상의 동기의 원천으로 이해되어야 한다.

프로이트는 죽음의 본능이라는 개념으로 공격적 욕구를 설명하고, 인간은 때로 자신이나 타인을 죽이거나 해치려는 무의식적 소망을 행동으로 나타내는데, 성적 충동이나 공격적 충동이 인간 행동의 강력한 결정 원인이라고 말했다.

후기의 성격적 문제는 아동기 갈등이 억압된 것에 기인하므로 초기 발달이 아주 중요하다고 강조하였다. 정상적인 성격 발달은 심리적·성적 발달 단계를 성공적으로 해결하고 통합하는 과정을 통해 형성된다. 그러나 구체적인 단계를 적절하게 해결하지 못한다면 잘못된 성격이 발달된다. 불안은 기본적인 갈등을 억압하는 결과로 발생되고, 무의식적 과정은 현재 행동과 가장 깊은 관련이 있다.

원자아(id), 자아(ego), 초자아(superego)가 성격 구조의 기본이다. 정신 분석적 관점에 따르면 인간의 성격은 세 개의 분리된 요소로서가 아니라 전체로서 기능한다.

원자아(id)는 생물학적 구성 요소이며 성격의 최초 체계이다. 또한 심리적 에너지의 최초의 원천이며 본능이 있는 곳이다. 조직화되어 있지 않으며 맹목적이고 요구적이며 끈덕지다. 또한 비논리적이고 도덕관념이 없으며 본능적 욕구 만족을 추구하고 쾌락 원리에 의해 지배를 받는다. 대부분 인식되어 있지 않으며 무의식적이다.

자아(ego)는 심리적 구성 요인이며 현실이라는 외부 세계와 접촉한다. 자아는 성격을 지배하고 통제하고 조절하는 실행자이고, '교통 경찰관'으로서 본능과 주위 환경 사이를 중재하며 검열 활동을 한다. 현실 원리에 지배되므로 자아는 현실적이고 논리적인 사고를 하며 욕구를 만족시키기 위하여 행위에 대한 계획을 세운다. 자아는 지적 활동이나 합리성이 위치하는 자리이며 원자아의 맹목적인 충동을 견제하고 통제한다. 원자아는 주관적 현실만을 알지만 자아는 정신적 심상과 외부 세계의 사물을 구분한다.

초자아(superego)는 사회적 구성 요소로서, '성격의 판사' 같은 부분이다. 초자아는 그 사람의 도덕 원리로, 행위가 선한지 악한지 혹은 맞는지 틀렸는지를 구분하여 심사한다. 초자아는 현실이 아니라 이상을 나타내며 쾌락보다는 완벽을 추구한다. 초자아는 부모에게서 아이들에게로 계승되는 그 사회의 전통적 가치나 이상을 나타낸다. 초자아는 원자아의 충동을 억제하도록 하며 자아가 현실적 목표 대신 도덕적 목표나 완전을 추구하도록 한다. 초자아는 부모나 사회의 표준이 내면화된 것으로서 심리적 보상이나 처벌과 관련이 있다. 보상은 자부심이나 자기애이고 처벌은 죄책감이나 열등감이다.

프로이트의 가장 큰 공헌은 무의식이나 의식의 수준에 대한 개념 정립인데, 그 개념은 행동이나 성격의 문제를 이해하는 핵심이다. 무의식은 직접 알 수는 없지만 행동으로부터 추론될 수는 있으며 의식은 전체 마음의 얇은 표면에 불과하고 마음의 대부분은 의식이란 표면 아래의 무의식으로 존재한다. 무의식에는 모든 경험, 기억, 억압된 재료들이 저장되어 있다. 무의식은 접근할 수 없는, 즉 인식 영역 밖에 있는 욕구들이나 동기들로 역시 의식적 조절 밖에 있다.

정신 분석학은 생의 초기의 사회적인 관계나 경험을 중시하여 조기 교육을 강조한다고 볼 수 있고, 효과적인 학습은 아동의 에너지와 욕구가 적절하게 수용되었을 때만 일어나므로 교육에 있어서 아동의 욕구 충족을 무엇보다 중요시한다. 또 정신 분석가와 내담자 사이에 전이가 일어나듯이 교사와 학생 사이에도 전이가 일어난다. 따라서 교사와 학생 사이의 인간관계가 대단히 중요하다. 교사는 부모의 대리인과 같은 역할을 하므로 그 자신이 가능한 한 충분히 성숙한 인격의 소유자여야 한다. 성숙한 인격의 소유자가 사랑으로써 아동을 대하는 것이 올바른 교육 방법이다.[6]

2) 행동주의

어떤 심리학도 행동주의 심리학만큼 일반 교육과 성인 교육에 강력한 영향을 미치지는 못했다. 1920년대 왓슨에 의해 주장된 행동주의는 유기체의 관찰 가능한 행동에 초점을 두는 것으로 시작되었다. 과학적 원리와 물리나 화학 등 자연 과학에서 성공적으로 사용되었던 방법을 동물과 인간의 행동에 사용하여 주로 실험을 통해 연구하였다. 그 이전에는 지능이나 지각 감정 등 인간의 내적인 삶은 관찰이나 측정이 불가능하다고 보고 연구하지 않았다. 그러나 왓슨에서부터 스키너에 이르기까지 모든 행동주의자들은 인간 행동이 선행 조건에 의한 결과이며 외적 환경의 힘에 의해 결정된다고 보았다. 행동주의는 하나의 사상 체계로서 몇 가지 철학적 전통에 그 뿌리를 두고 있다.

---

6) Lvor Morrish(1987), 이용남 옮김, 『교육이론의 선구자들』, 교육과학사.

그 첫째는 물질주의로서, 현실이란 정신적 현실에 호소하지 않고 사물과 행동의 법칙에 의해서만 설명된다는 이론이다. 이런 관점에서 인간은 비록 복합적이긴 하지만 자연의 한 부분으로 간주된다.

둘째는 과학적 현실주의와 경험주의 철학이다. 프랜시스 베이컨(F. Bacon)은 인간의 감각을 통해 얻은 정보를 살펴봄으로써 진리에 이르는 귀납적 방법을 소개하였다. 베이컨은 사상의 본질을 부인하고 경험적 과정에 의해서만 인간의 지식이 설명될 수 있다는 존 로크(J. Locke)의 관점에 따랐다.

셋째는 실증주의 철학이다. 콩트(A. Conte)가 제안한 것으로 지식에 도달하는 길은 신학이나 전통적 철학에 의해서가 아니라 과학적 관찰이나 사실의 측정에 의해서 가능하다고 했다.[7]

행동은 학습의 산물이다. 인간은 환경에 의해 만들어지기도 하고 환경을 만들기도 한다. 정상적 행동이란 강화와 모방을 통하여 학습되고, 비정상적 행동은 잘못된 학습의 결과이다. 행동주의적 접근은 현재의 행동을 가장 중요시한다.

고전적인 조건 형성에서는 수동적 유기체로부터 무릎 반사나 타액 분비 등의 반응적 행동을 이끌어 낸다. 남아프리카의 라자러스(A. Lazarus), 영국의 한스 아이젠크(H. Eysenck), 헐(C. Hull)의 학습 이론, 파블로프의 조건 형성 등이 그 예가 될 수 있다. 이들은 심리 상담 절차의 실험적 분석과 평가를 중요시했다.

조작적 조건 형성에서는 결과를 산출하기 위해 환경을 조작하는 행위들을 강조한다. 그 예로써 읽기, 쓰기, 자동차 운전하기, 포크 사용 등은 대부분 우리가 일상생활에서 하는 중요한 반응들이다. 행동이 이끌어 낸 환경 변화들이 강화적이면, 즉 유기체에서 어떤 보상을 제공하거나 혐오 자극을 제거하면 그 행동이 다시 일어날 가능성이 증대되고, 반대로 환경 변화가 강화를 낳지 못한다면 그 행동이 다시 일어날 가능성은 줄어든다.

행동 통제에 대한 스키너의 견해에 따르면 행동 변화는 특정 행동 후에 특정 결과가 따를 때 일어난다고 가정하는 조작적 조건 형성의 원리에 기초한다. 스키너는 긍정적 강화든 부정적 강화든 강화가 없으면 학습은 일어날 수 없다고 주장한다. 강화된 행위는 반복되는 경향이 있고 강화되지 못한 행위는 소거된다. 스키너의 모형은 강화 원리를 기초로 하는데, 행동 변화를 일으키는 환경적 요소들을 규명하고 통제하는 것을 목표로 한

---

7) 존 엘리아스(2002), 기영화 옮김, 『성인교육의 철학적 기초』, 학지사.

다. 긍정적 강화는 반응 후에 자극이 제시되는 과정으로, 어떤 행동의 결과로서 어떤 부가적인 것(칭찬이나 돈, 음식)이 주어지는 것이다. 부정적 강화는 어떤 행동이 일어났을 때 불쾌한 자극을 없애 주는 것을 말하고, 부정적 강화물이란 일반적으로 불쾌한 것인데, 그 불쾌한 상황을 피하기 위해서 바람직한 행동을 하고 싶은 동기가 생긴다.

그러므로 조건 형성의 원리를 이용하여 바람직한 행동은 장려하고 부적응 행동은 수정할 수 있다. 최근까지 행동주의는 전 세계의 교육에 강력한 영향을 미치고 있다. 프로그램 학습, 행동 수정 기법 등이 대표적이다. 스키너에 따르면 생존은 개인과 사회의 기본적인 가치이다. 한 종(種)에게 유익한 것이란 그것의 생존을 위한 것이며, 개인에게 유익한 것이란 그 사람의 복지를 증진시키는 것이며, 문화에 유익한 것이란 그 문제를 해결해 주는 것이다. 다른 가치들이 있으나 그것들은 생존 다음의 문제들이다.

교육은 목적 수행을 위해 가능성 있는 강화를 주의 깊게 배열함으로써 개인과 사회의 생존을 보장한다. 개인적 차원에서 행동주의 교육은 사회에서 그 사람을 '생존'시키기 위해 직업 기술을 습득할 것을 강조한다.

사회 학습 접근은 알버트 반두라(A. Bandura)에 의해 발달되었다. 행동은 자극, 사상, 외적 강화, 인지 중재적 과정에 의해 영향을 받는다. 사회 학습 이론은 개인의 행동과 환경 간의 상호 작용에 중요성을 두는데, 사람들이 자기 지시적 행동 변화를 할 수 있다는 것을 기본적으로 가정한다.

3) 인본주의

1933년 미국에서는 34명의 인본주의자들이 모여서 '인본주의자 성명(Humanist Manifestos)'을 발표하였다. 그들은 인간에게 그 현재의 상황을 진보시켜야 할 책임이 있다고 주장하였다.

> "훌륭한 삶에 대한 탐구가 바로 인간의 중심 과업이다. 인간은 결국 스스로 자신의 이상 세계를 실현해야 할 책임이 있으며, 자신 내부에 그것을 이룰 수 있는 능력이 있다는 것을 인식해야 한다. 따라서 인간은 그 과업에 대한 의지와 지식을 가져야 한다."(인본주의자 성명 Ⅰ and Ⅱ)

1950년대 중반에 매슬로(A. Maslow), 로저스(C. Rogers), 뷜러(K. Buhler)와 부켄탈(Bugental)의 저서들과 함께 인본주의 심리학의 입장이 드러났다. 인본주의는 근본적으로 긍정적인 인간관을 가졌다. 인간은 완전히 기능하려는 경향이 있다고 보았다. 치료 관계에서 내담자는 이전에는 부인하였던 감정들을 경험하게 된다. 내담자는 잠재력을 실현시키고 인식 증가, 자발성, 자기에 대한 신뢰, 내적 지향성을 향해 나아간다고 보고 있다. 또한 내담자는 본인의 문제를 파악하고 해결할 수 있는 잠재력이 있으며, 인본주의자들은 내담자의 자기 지시 능력을 신뢰한다. 인본주의자들의 기본적인 입장은 도토리의 성장에 대한 예로 잘 설명할 수 있다. 그들은 적당한 조건만 주어지면 긍정적인 방향으로 자동적으로 성장하는 도토리나무처럼 인간도 자연스럽게 실현화를 이룰 수 있는 방향으로 나아간다고 보았다.

로저스에 따르면 인본주의가 존재할 때 사람들이 자신의 능력을 발달시키고 다른 사람의 건설적인 변화를 유도할 수 있게 된다. 힘을 부여받게 된 인간은 그 힘을 자신이나 사회의 변화를 위해 사용할 수 있다.

로저스는 심리 상담자의 세 가지 속성이 인간을 앞으로 나가게 하고 잠재력을 실현하게 하는 성장 촉진적 분위기를 만든다고 믿었다. 이 세 가지 속성은 ① 일치성(진실성과 진솔성), ② 무조건적 긍정적 관심(수용과 양육), ③ 정확한 공감적 이해(다른 사람의 주관적 세계를 깊이 이해할 수 있는 능력)이다. 이런 속성들이 내담자에게 잘 전달되면 내담자의 방어가 약화되어 자신과 자신의 세계를 더 개방적으로 보게 되고, 결국 사회적이고 건설적인 방법으로 행동할 것이라고 믿는다.

몇 가지 인본주의 원칙과 주요 관점은 다음과 같다.

첫째로 인간의 본성은 태어날 때부터 선하다. 따라서 인간은 발전할 수 있는 환경과 자유가 주어져 있으면 자신과 사회에 이익이 되는 방식으로 성장한다.

둘째로 자유와 자율성이 있다. 인간의 행동은 외부의 힘이나 내적 충동에 의해 결정되는 것이 아니라 개인이 자유로이 행사하는 선택의 결과이다.

셋째로 개인성과 잠재성이다. 성장과 발전에 대한 각 개인의 잠재력은 무제한적이다.

넷째로 자아 개념과 자아이다. 자아란 개인의 중심이며, 자아의 고양은 개인의 잠재력을 실현함으로써 가능해진다.

다섯째로 자아실현이 있다. 자아실현에 관한 내용은 1954년 출판된 매슬로의 저서 『동기와 성격』에 의해 일반화되었다.

여섯째로 지각이 있다. 한 사람의 드러난 행동뿐만 아니라 태도, 감정, 신념, 가치, 이 모든 것은 개인의 지각에 따른 산물이다.

마지막으로 책임감과 인류애이다. 각 개인은 유일하지만 인간은 공동 인류애 의식을 내재하고 있다.

4) 인지 이론

인지(cognition)는 우리 머릿속에서 일어나는 일련의 지적 과정을 말한다. 따라서 인지 이론은 우리 눈으로 직접 관찰이 가능하지는 않지만 우리의 두뇌 속에서 벌어지는 정신 과정, 즉 외부 감각적 자극의 변형, 기호화 또는 부호화(encoding), 저장 또는 파지(retention), 재생 또는 인출(retrieval)이라는 일련의 정보 처리 과정을 연구한다. 인지 이론에서는 행동주의 접근 방법이 방법론적인 약점 때문에 인간의 심리 연구에 핵심적인 두뇌 연구를 간과하였다고 비판하며, 인간의 정신적 과정은 객관적이고 과학적인 연구가 가능하다고 보고 심리학의 연구 대상의 초점을 다시 행동에서 마음으로 바꾸어 놓았다. 현재 인지 이론은 인지 발달론과 정보 처리론으로 나뉜다.

(1) 인지 발달론

인지 발달론은 인간의 지적 발달이 어떠한 단계를 거쳐 이루어지는가를 연구한다. 스위스의 생물학자이며 심리학자인 피아제가 대표적인 연구자인데, 그는 인간의 인지를 생물학적 적응의 한 형태로 본다. 인간은 유전에 의해 아주 기본적인 것만을 가지고 태어나지만 환경과 상호 작용하는 가운데 연령이 증가함에 따라 발달한다고 보았다.(이용남, 2002)

인간의 인지는 대략 네 가지 단계, 즉 감각 운동기(출생~2세), 전 조작기(2~7세), 구체적 조작기(7~11세), 형식적 조작기(11세 이후)를 거쳐 발달한다고 보는데, 피아제의 인지 발달론은 아동의 마음 작용이 어른과 다르다는 것을 과학적으로 보여 주었다. 피아제의 인지 발달론에 따르면 아동의 인지 발달의 수준에 따라 교수 방법이 채택되어야 효과적이고, 교육 내용은 구체적인 경험에서부터 추상적인 경험으로 구성하는 것이 바람직하다.

(2) 정보 처리론

정보 처리론은 인간의 인지를 정보 처리(information-processing) 과정으로 보고 이를 특히 컴퓨터에 비유하여 객관적·과학적으로 연구한다. 즉, 정보 처리론은 인간이 정보를 어떻게 받아들이고 저장하고 인출해 내는가에 초점을 두는 것이다.

정보 처리론은 인간의 지각, 기억, 상상, 문제 해결, 사고 등 인지의 가설적 과정을 설정하고 연구하는데, 특히 지식의 획득 과정에 관심이 많다. 연구자로는 초기 정보 처리 론을 주장한 밀러(N. Miller), 뉴웰(A. Newell), 나이서(V. Neisser) 등을 들 수 있다.

이 방법은 인간의 학습이나 기억 현상을 연구하는 데 많은 시사점을 주어 교육 심리학 자들의 큰 관심을 끌어왔다. 특히 1980년대 이후 교육계의 관심이 사고력 교육으로 흐 르게 되자 더욱 큰 영향을 주었다.

5) 신경 생물학

신경 생물학은 인간의 행동과 정신 작용을 우리 두뇌와 신경계 안의 신경 세포들 사 이에서 일어나는 심리학적 과정으로 설명하는 학문이다. 예를 들면 새로운 과제를 학습 했을 때 뇌의 어떤 부분에서 변화가 일어나고, 우리 두뇌의 어떤 부위에 전기 자극을 주 면 기쁨, 슬픔, 공포, 분노와 같은 정서적 반응을 얻을 수 있는가 등을 실험을 통해 연 구한다. 이는 가장 자연스러운 자연 과학적인 접근 방법으로, 연구자로는 로젠츠바이크 (Rosenzweig)를 들 수 있다.

신경 생물학의 발전은 인간의 두뇌 작용에 관한 가장 정확한 정보를 제공할 것으로 기 대되지만, 인간의 두뇌는 약 150억 개나 되는 뇌세포로 구성되어 있으므로 앞으로도 많 은 시간이 걸릴 것으로 예상된다.

6) 사회 생물학

사회 생물학 이론은 생물의 사회적 행동을 탐구하는 학문이다. 진화 심리학, 행동 생 물학, 심리 생물학 등 다양한 이론들이 결합하여 발달하였다.

사회 생물학의 기초가 된 이론들 중 최초의 출판물은 바로 다윈(C. Darwin)의 『종의 기 원』이다. 이 책에서 다윈은 종 간에 생존 경쟁이 존재하며, 환경에 가장 잘 적응하는 개 체만이 선택되어 살아남는다고 주장했다. 즉, 생존을 위한 경쟁에서 살아남은 개체는 주어진 환경에 가장 잘 적응한 '최적자'이며 나머지 개체들은 모두 도태되어 사라지게 된다. 진화 과정은 여러 세대에 걸쳐 이루어지며, 개인이 환경에 맞춰 변화하듯이 환경 또한 변화한다.

해밀턴(W. Hamilton)은 생물학적 요인이 가장 중요하다는 주장에서 환경이 영향을 미 칠 것이라는 주장으로 방향을 옮겨 놓았다. 해밀턴은 포괄 적응도의 개념을 확신했다. 이 개념은 개체가 생존하기 위해 시간이 지남에 따라 변화하고 적응해 간다는 것이며, 적응도에는 주변의 다른 개체들 또는 그 개체와 관련 있는 다른 개체들이 포함된다. 다시 말하면, 인간은 유전자를 물려받기 때문에 인간의 최대 관심사는 자신과 관련이 있는 개체를 지원하는 것이다. 이것은 바로 인간 자신이 갖고 있는 유전자의 생존을 보장하는 행동이다. 포괄 적응도는 부모가 자녀에게 투자하는 행동을 잘 설명해 줄 수 있다. 이것은 다른 사회 과학자들로 하여금 인간관계의 유전적 성질을 고려하게끔 만들었다.

1975년에 에드워드 윌슨(Edward Wilson)은 『사회생물학: 새로운 종합』이라는 책을 통해서 사람들이 오랜 시간에 걸쳐서 진화해 왔으며, 유전자가 개인의 행동에 영향을 미침으로써 자신의 생존을 보장하는 방식으로 진화해 왔다고 주장하였다.

한스 아이젠크는 내향성과 외향성, 그리고 안정성과 신경증성과 같은 성격에 있어 유전적인 사건의 영향력을 설명하려고 하였으며, 같은 사회적 상황에서도 개인이 다르게 상호 작용하는 이유를 설명하기 위해서 생물학적 기초를 사용하였다.

이런 법칙은 배우자 선택, 양육, 아동 발달, 행동 및 정신 장애 등 정신과 신체 간의 연관성을 설명하고 이해하기 위해 연구되어 오고 있다.

2. 평생 교육론

1) 평생 교육의 정의

평생 교육이라는 용어는 1965년 유네스코(UNESCO)의 제3차 세계성인교육회의에서 공식화되었다. 랑그랑(P. Lengrand)이 사용한 프랑스어는 L'éducation permanante이며, 영어로는 lifelong education, 한국에서는 평생 교육, 일본은 생애 교육이라고 한다.

데이브(R. Dave)는 평생 교육이 "개인과 사회의 삶의 질을 향상시키기 위해 각 개인의 전 생애에 걸쳐 개인적·사회적·직업적 발달을 이루게 하는 과정"이라고 하였다. 랑그랑은 "평생 교육이란 인간의 통합적 성장에 중점을 두고 각 단계에서 훈련과 학습을 통하여 융화시키고 잘 조화되게 하여 인간의 갈등 해소를 도와주는 노력이며, 또한 삶의 모든 상황에서의 필요와 학습이 계속 연계되는 교육 조건을 제공하여 개인의 자기완성을 이루도록 하는 것"이라고 정의하였다. 그는 특히 인간의 전 생애 동안 받는 다양한 교육들의 통합을 강조하였다.[8]

---

8) 김종서 외(2009), 『교육학개론』, 교육과학사, 58쪽.

평생 교육은 교육의 수직적 통합과 수평적 통합이 함께 내포된 개념이다. 교육의 수직적 통합이란 인간의 삶의 질 향상이라는 이념을 추구하기 위하여 태교에서부터 시작하여 죽을 때까지 전 생애에 걸쳐 행하여지는 교육을 총칭한다. 이는 인간의 발달 단계에 따라 유아 교육, 아동 교육, 청소년 교육, 성인 교육, 노인 교육을 수직적으로 통합한 교육이다.

반면 교육의 수평적 통합이란 교육이 이루어지는 모든 장소에서의 개념을 통합한 것으로 가정 교육, 사회 교육, 학교 교육을 수평적으로 통합한 교육을 의미한다. 우리나라 헌법 제31조 5항에는 "국가는 평생 교육을 진흥해야 한다.", 6항에는 "학교 교육 및 평생 교육을 포함한 교육 제도와 그 운영, 교육 재정 및 교원의 지위에 관한 기본적인 상황을 법률로 정한다."는 내용이 들어 있다.

2) 평생 교육의 개념

2021년에 개정된 평생교육법 제1장 총칙 제1조는 "이 법은 「헌법」과 「교육기본법」에 규정된 평생 교육의 진흥에 대한 국가 및 지방 자치 단체의 책임과 평생 교육 제도와 그 운영에 관한 기본적인 사항을 정하고, 모든 국민이 평생에 걸쳐 학습하고 교육받을 수 있는 권리를 보장함으로써 모든 국민의 삶의 질 향상 및 행복 추구에 이바지함을 목적으로 한다."고 규정하고 있다. 제4조에서 평생 교육의 이념을 아래와 같이 기술하고 있다.

① 모든 국민은 평생 교육의 기회를 균등하게 보장받는다.
② 평생 교육은 학습자의 자유로운 참여와 자발적인 학습을 기초로 이루어져야 한다.
③ 평생 교육은 정치적·개인적 편견의 선전을 위한 방편으로 이용되어서는 아니 된다.
④ 일정한 평생 교육 과정을 이수한 자에게는 그에 상응하는 자격 및 학력 인정 등 사회적 대우를 부여해야 한다.

급변하는 지식 기반 사회에서 누구나, 언제, 어디서나 배울 수 있는 평생 학습 사회를 확대하여 국민의 삶의 질 향상과 사회 발전에 기여하고, 열린 교육 사회, 평생 학습 사회 건설이라는 목적으로 제정된 평생교육법의 취지에 부합하도록 대학 부설 평생 교육원이나 사설 평생 교육원들이 많이 생겨나고 있으나 교육의 질 면에서 제대로 진행되고 있는지 감독 기관의 철저한 관리도 필요하다.

자주 혼용되는 용어로 사회 교육과 성인 교육이 있다. 가정이나 학교가 아닌 사회에서 이루어지는 교육을 사회 교육이라 하고, 아동이 아닌 성인을 대상으로 이루어지는 교육을 성인 교육이라고 하는데, 이 둘은 넓은 의미의 평생 교육을 구성하는 영역이며 협의의 평생 교육이라 할 수 있다. 평생 교육의 순수한 의미는 인간에 의한 모든 형태의 학습 활동을 총칭하는 용어로서, 우산 개념이라고 할 수 있다.[9]

학습이라는 개념은 자발성을 전제로 한 인간의 자연스러운 행위인 반면 교육이라는 개념은 인간의 자연스러운 행위에 대한 일종의 간섭 행위로서 강제적 의미가 강하기 때문에 이에 거부감을 갖는 사람들이 최근에 평생 학습이라는 용어를 사용하고 있다. 평생 학습은 학습자 중심으로 발상을 전환한다는 목적의식과 강한 이념을 담은 새로운 패러다임의 문화적인 용어일 뿐 제도적·법률적 용어는 아니다. 그러나 개인의 평생 학습을 지속하기 위해서는 부족한 부분을 지원하고 촉진할 제도적인 측면이 필수적으로 수반되어야 하므로, 이것이 진정한 의미의 평생 교육이라고 볼 수 있다. 그러므로 학습자의 학습을 위한 환경 정비와 다양한 지원 활동을 의미하는 평생 교육은 학습자의 자발적, 자립적 학습 활동을 의미하는 평생 학습을 위해서 필수적인 부분이다.[10]

평생 학습 사회는 평생 학습이 실현된 사회, 즉 개인이 학습을 원할 때 어떤 제약도 받지 않으며 학습 방법도 개인이 자유롭게 결정할 수 있다. 또한 연령, 성, 학력, 소득 등과 관계없이 학습에 제약이 없고, 학습자가 원하는 학습을 수행할 수 있도록 지원하는 사회라고 할 수 있다.

3) 평생 교육의 특성

데이브(R. Dave)와 스캐거(R. Skager)는 평생 교육의 개념적 특징을 다음과 같이 정리하였다.

① 전체성: 기존의 교육 체제는 교육을 형식적·비형식적·준형식적 교육 등으로 구분하고 있으나 평생 교육은 이들을 통합하고 제휴함을 그 원리로 한다.
② 통합성: 평생 교육은 개개인의 전 생애를 통하여 자신이 선택한 시기에 교육적 혜택을 누릴 수 있다.
③ 융통성: 기존의 교육 체제는 학습 내용, 방법, 시간의 운용이 경직되어 있으나 평

---

9) 이지헌 외(2005), 『교육학의 이해』, 학지사.
10) 차갑부(2004), 『평생교육의 이해』, 학지사, 21~22쪽.

생 교육은 융통성이 있다.

④ 민주화: 기존의 교육 체제는 학령기라는 개념 아래 일정 집단에게만 학습의 기회를 제공했지만 평생 교육에서는 모든 사회 구성원에게 평등한 교육 기회를 제공한다.

⑤ 기회와 동기의 부여: 각 개인의 호기심과 탐구력에 의한 학습의 기회를 충분히 제공하며 필요할 경우 동기를 자극한다.

⑥ 교육 가능성: 최대의 학습 효과를 올리기 위하여 자기 주도적 학습을 도모하며, 학습 방법, 체험의 기회, 평가 방법 등의 개선에 주목한다.

⑦ 다양한 전개 양식: 사람들의 생활 양식은 다양하므로 교육과 학습의 형태와 방법도 다양하다.

⑧ 삶과 학습의 질: 인간의 삶의 질을 향상시키는 능력의 개발에 교육적인 도움을 준다.[11]

권대봉의 『평생교육의 다섯 마당』은 평생 교육 자체의 독자적인 모습을 보여 주고 있다. 다섯 마당이란 가정 교육, 학교 교육, 일터 교육, 지역 사회 교육, 형식 교육, 사이버 교육 등 평생 교육이 이루어지는 장소로 가정, 학교, 일터, 지역 사회, 사이버 공간을 가리킨다.

〈표 1〉 평생 교육의 다섯 마당[12]

교육의 구분	평생 교육 영역					
시간적 정의	평생 교육					
공간적 정의	가정 교육	학교 교육		일터 교육	지역 사회 교육	사이버 교육
형식적 정의	무형식	형식	비형식	비형식	비형식	비형식
제공자	조부모, 부모, 형제자매	국가, 재단, 교수, 교사	국가(공립), 재단(사립), 자원 인사	조직, 기업	학교, 시민 단체, 기업, 조직, 지역 평생 학습 센터	개인, 학교, 조직, 기업, 국가
수혜자	조부모, 부모, 형제자매	학생	학생, 학부모, 지역 주민	성인 학습자	지역 사회 주민	학생, 성인 학습자, 시민

---

11) 윤정일 외(2002), 『신교육의 이해』, 학지사, 435~437쪽.
12) 권대봉(2001), 『평생교육의 다섯 마당』, 학지사, 443쪽.

목적	가풍 전수, 삶의 지혜 전수	인격 도야, 사회화, 직업 준비, 진리 탐구	학교 자원의 효율적 활용, 교육 기회 확대, 학교의 대외 이미지 개선, 삶의 질 향상	직장인 개인 삶의 질 향상, 직장 조직의 생산성 향상	교육 기회의 확대, 지역 사회 발전	교육 전달 제도의 다양화, 삶의 질 향상, 교육의 기회 확대

랑그랑은 평생 교육이 기존의 교육 체제와 어떻게 다른가를 다음과 같이 정리했다.

〈표 2〉 기존 교육 체제와 평생 교육의 비교[13]

기존 교육 체제	평생 교육
청소년기라는 인생의 한 시기에 한정된다.	평생에 걸쳐 계속된다.
지식 습득에 집중하며, 추상적이다.	지적·심미적·직업적·정치적·신체적, 즉 다면적인 인간관을 가지고 전체적·구체적으로 접근한다.

4) 평생 교육의 필요성

교육이란 평생에 걸쳐서 이루어지는 것으로, 최근 학교 교육 위주의 교육에 관한 논의가 크게 부각되고 있다. 평생 교육이 필요하게 된 것을 랑그랑(P. Lengrand)은 다음과 같이 설명하고 있다.[14]

① 인간의 이상, 관습, 개념의 가속적 변화
② 인구의 증가와 평균 수명의 연장
③ 과학 기술의 진보와 산업, 직업 구조의 변화
④ 정치의 변동
⑤ 매스미디어의 발달과 정보 처리 능력의 필요성 증대
⑥ 여가의 증대와 활용
⑦ 생활 양식과 인간관계의 위기
⑧ 현대인의 정신과 육체의 부조화
⑨ 이데올로기의 위기에 있어서 정체성 혼란

---

13) 앞의 책, 436쪽.
14) 윤정일 외(2002), 앞의 책.

권대봉은 ① 학교 교육의 한계, ② 과학 기술의 발달, ③ 세계화, ④ 정보화라는 사회의 변화, ⑤ 인간의 생활 주기 변화 등으로 평생 교육의 필요성을 제시하고 있다.[15] 다시 말하면 평생 교육의 필요성은 시대적 변화에 따른 것이라고 볼 수 있다.

평생 교육이 등장하게 된 배경은 다음과 같다.

(1) 지식 기반 사회의 도래

1960년대 중반에 다니엘 벨(D. Bell)은 후기 산업 사회를 지식 기반 사회라고 하였다. 지식 기반 사회란 공동 목표를 합의에 의해 도달하게 하고 경제적 발전을 이룩하게 하며, 지식이 개인의 사회적 행위와 사회에서의 지위 확보 등에 필요한 조건으로서 점점 핵심적인 요소가 되어 가는 사회를 말한다.

지식이 원만하게 증가하였던 과거에는 학교에서 배운 것을 평생 활용할 수 있었지만, 이제 학교 교육은 기초 교육에 불과하게 되었고, 항시 변하고 증가하는 지식을 흡수하기 위해 평생 교육의 필요성이 절실히 요망되고 있다. 그리고 학교 교육만으로 평생 동안의 직장 생활이 가능했던 것이 산업 사회였다면, 지식 기반 사회에서는 지식을 기반으로 끊임없는 학습에 참여해야만 직업 세계의 변화에 유연하게 대처할 수 있다.

(2) 학교 교육의 위기

학교 교육은 종교적 필요나 개인적 필요가 아닌 국가의 정치적 필요에 의해서 등장한 제도이다. 국가는 학교 교육에 참여하는 것을 국민의 의무로 규정해 놓고 학교 교육을 제도화하였다. 국가는 제도화된 학교 교육을 사회적 지위와 직결되는 시스템으로 구조화하여 양적 확대를 꾸준히 추진해 왔다.

1968년 콤스(P. Coombs)가 보고서 『세계 교육의 위기(The World Educational Crisis)』를 발표하고 뒤이어, 1971년 탈학교론자인 일리치(I. Illich), 라이머(E. Reimer) 등이 각각 『탈학교론(Deschooling Society)』, 『학교는 죽었다(School is dead)』 등의 문헌들을 발표하면서부터 공교육 체계의 한계가 지적되기 시작하였다. 급진적 사회 비판의 선구자인 일리치는 『탈학교론』에서 아동들은 교사에 의한 가르침보다 대부분의 것을 친구나 관찰 기회, 그리고 코미디 등을 통해 배운다고 설명했다. 인간들에게 학습에 대한 자유는 사회적으로 중요한 이슈를 공유함으로써 측정할 수 없는 재창조를 만들고, 자유 학습은

---

15) 권대봉(2001), 앞의 책, 429쪽.

사람들이 자율적이고 독립적이며 상호 연관되게 한다고 했다. 이런 형태의 학습은 개인의 지적 능력과 그 의미를 세계에 투사할 수 있는 힘과 창조적 에너지를 증가시킨다고 했다. 그는 또 대안으로써 네 가지 종류의 학습망을 제시하였다. 첫째는 책이나 라디오, 현미경과 TV 등의 교육적 자료를 제공하는 것이고, 둘째는 어떤 기술을 배우고자 원하는 학습자에게 그 기술에 대한 전문가와 접촉하게 하여 기술을 교환하는 것이다. 셋째는 공동 관심사를 갖고 있는 동료들 간의 결속을 공고히 하는 것이고, 마지막으로는 결정된 과업을 추구하는 독립적 교육자 체제를 만드는 것이다.[16]

학교 교육의 위기에 대한 목소리는 1970년대부터 높아지기 시작해서 1980년대 이후 전 세계 거의 모든 국가의 교육 개혁의 추진으로 이어졌다. 평생 교육의 활성화는 학교 교육의 위기를 극복할 수단으로써 교육 개혁의 중요한 축을 형성하고 있다. 가정 교육, 학교 교육, 사회 교육까지 모두 아우르는 평생 교육의 틀 내에서 학교 교육을 정상화시키고 학교 교육 이후에도 자연스럽게 사회 교육으로 연결될 수 있도록 하자는 것이다.

(3) 성인 인구의 증가

현대인의 평균 수명이 과거에 비해 현격하게 연장되었다. 평균 수명이 길어지고 성인 인구가 증가한 만큼 성인들의 다양한 요구에 부합할 교육이 필요해졌고, 아동이나 청소년을 대상으로 하는 국가 주도의 학교 교육만이 교육의 전부인 것처럼 여기다 최근에는 그런 관점에서 탈피하려는 경향이 나타나게 되었다. 정년퇴직 후에도 성인들은 여전히 새로운 기술이나 지식을 습득하기를 원하고 있다. 평균 수명의 연장과 성인 인구의 증가로 이들의 다양한 교육적 요구들을 충족시킬 평생 교육이 더욱 중요해졌다.

(4) 여가의 증대

과학 기술의 발달로 인해 신속하고 안전한 가전제품이 많이 발명되었고, 주부들이 가사 노동에 할애하는 시간의 양은 대폭 줄었다. 우리나라도 2002년부터 주 5일제가 단계적으로 도입·추진되었다. 양적인 경제 발전을 추구하던 시대를 지나 지금은 어떤 것이 질적으로 잘 사는 것인가에 더 많은 관심을 갖게 되었다. 사람들은 여가 시간에 여러 취미 활동뿐만 아니라 지적인 성장과 관련된 교육에도 관심을 기울이고 있다. 여가 개념 자체도 재정립되어 삶의 의미와 보람을 찾기 위한 시간으로 보고, 여가 시간의 자기 개

---

16) John S. Elias, Sharan Merriam(1994), 『Philosophical Foundations of Adult Education』, Krieger.

발은 필수적인 것이 되었다. 개인의 자기 개발 요구에 부합하기 위해서 교육의 질이 보장되고 전문화되고 심화된 평생 교육이 한층 필요하게 된 것이다.

(5) 정보 매체의 발달과 국제 개방화 시대

정보 기술의 신속한 변화 때문에 한 번 획득한 정보와 학습자가 습득한 지식의 효용성은 빠르게 감소하고 있다. 예를 들어 1450년부터 1950년까지 500년간 출판된 책의 총량과 최근 25년간 출판된 책의 총량이 같다고 한다. 정보가 변화되는 주기도 3개월을 변동의 축으로 삼을 정도로 크게 단축되고 있고, 인터넷에서는 6개월마다 정보의 양이 두 배로 증가하는 것으로 추정되기도 한다. 새로운 정보가 끊임없이 생성되고 변하는 현대에는 학교 교육이 끝난 후에도 정보를 접하며 지식을 습득하는 교육에 참여해야 한다.

또한 오늘날 정보 매체의 발달로 세계는 하나로 연결되고 있다. 세계 도처에서 이루어지고 있는 일을 동시에 나누고 경험하는 시대이며, 인터넷을 통한 정보의 교류와 무역 개방으로 국경은 큰 의미가 없어졌다. 세계는 하나의 통합된 체제로서 개방되어 있으며 상호 의존적이다. 그러므로 전 세계를 대상으로 하는 경쟁이 불가피하고 그 경쟁에서 살아남기 위해서는 국민 개개인의 대외 경쟁력을 높여야 하며, 학교, 가정, 기업, 사회 등의 모든 조직과 기관이 교육을 위해 힘을 모으는 총체적인 시각인 평생 교육의 필요성이 대두되었고, 앞으로 평생 교육에 더 많은 관심을 갖고 개발하고 발전시켜야만 한다.

3. 교육 과정

1) 교육 과정의 어원

교육 과정(curriculum)이란 라틴어의 currere에서 유래한다. currere는 '달리다', '뛰다'라는 의미인데, 명사로서 curriculum은 결국 말이 달리고 사람이 뛰는 경주의 코스(course), 달리는 코스(race course)를 의미한다. 달리다(race)라는 뜻은 학생들에게는 공부하다(study)라는 의미이며, 달리는 코스는 일정한 목표를 향해서 달리는 과정(course of study)을 뜻한다.

2) 교육 과정의 정의

교육 과정 분야와 관련된 현 상황은 '혼돈'이라고 표현될 정도로 다양한 생각들이 존재한다. 20세기 초반까지만 해도 교육 과정이라 하면 '교수요목(敎授要目)', 즉 학교에서 가르치는 체계적인 교과목을 의미하는 것이었다. 그러나 오늘날 교육 과정의 개념 체계는 확고하게 정립되기 어렵다. 교육 과정 자체가 언제 어디서나 같은 모습으로 확인되는 현상이 아니라, 각 시대의 문제 상황에서 이와 관련된 사고의 과정을 거친 결과이기 때문인데, 이는 각기 나름대로의 근거를 가지고 있다.

교육 과정은 개인의 무한한 자유 속에서 형성되는 것이 아니라 사회적 약속으로서 형성되고 있다. 사회적 약속의 이행은 주어진 교육 과정의 학습이다. 사회적 약속은 바로 어떠어떠한 사람이 되자는 약속이다. 교육 과정은 사회적 내용 중에서 약속한 사람이 되기 위한 내용을 선정·조직·배열한 것이다. 사회는 인간의 사회화 과정에서 일정한 방향으로의 사회화를 요구하고 있다. 이런 사회화의 요구가 바로 교육 과정으로 나타난다.

교육 과정의 의미를 정리해 보면 다음과 같다.

첫째, 교육 과정이란 인간이 자기 존재를 표현하는 구체적 상황이며, 나아가 인간의 발전 가능성을 실제적인 능력으로 변화시켜 줄 수 있는 정리된 환경이다.

둘째, 교육 과정은 사회의 존속과 발전을 위하여 사회 구성원 간의 약속에 의해 만들어진 환경이다.

셋째, 교육 과정은 개인과 사회의 미래 모습을 결정하는 일련의 학습 기회의 계획으로서, 교과목 교과서, 수업 지침서, 학습 지도 계획안, 관찰 자료, 교사 평가 등으로 나타난다.

3) 교육 과정의 유형

수업 방법은 학습자가 학습해야 할 내용이 무엇인가에 따라 영향을 받는다. 따라서 학습자에게 제공되는 학습 내용의 유형이 무엇인지를 분석하는 것이 중요하다. 교육 과정의 유형에 따른 특징을 다음과 같이 정리해 볼 수 있다.

(1) 교과 중심의 교육 과정

지식의 체계를 중시하는 교육 과정으로, 학교에서 학생들이 배우게 되는 모든 교과와 교재를 말한다. 이 교육 과정은 지식의 습득과 이성의 계발을 가장 중시하는 입장이다.

주요 특징은 다음과 같다.

① 인류의 위대한 유산이 주된 교육 내용이다. 그러므로 교과는 문화유산을 논리적으로 분류하고 체계화한 것이다.

② 교사 중심의 교육 과정이다. 교육자는 학습자보다 월등히 많은 지식과 기술을 습득해야 하며, 이를 학습자에게 효과적으로 전달할 수 있어야 한다.

③ 설명 위주의 교수법을 요구하는 경우가 많다. 그것은 교과 내용에 관한 교사의 상세한 설명을 필요로 하는 경우가 많기 때문이다.

④ 한정된 교과 영역 안에서만 교수하고 학습하는 활동이 이루어진다. 자신의 영역을 넘어 다른 교과까지 넘어가는 일은 금지된다.

(2) 경험 중심의 교육 과정

경험을 존중하는 교육 과정이다. 이는 교사의 지도 아래 학생들이 체험하게 되는 모든 경험을 의미한다. 교과 중심의 교육 과정이 모든 학생들에게 공통된 '문서'를 뜻한다면 경험 중심의 교육 과정은 학생 개개인에 따라서 다르게 나타나는 '경험' 자체를 의미한다. 주요 특징은 다음과 같다.

① 교과 활동 못지않게 과외 활동을 중시한다. 교과 중심의 교육 과정이 교실에서의 학습을 위주로 하는 것이라면 경험 중심 교육 과정은 소풍, 여행, 전시회, 자치 활동, 동아리 활동 등도 중시한다.

② 생활인의 육성을 목표로 한다. 예를 들면, 급변하는 사회적 상황은 교과 중심의 교육 과정에 대해서 의문을 품게 만들기 쉽고, 교육을 통한 자아실현, 원만한 인간관계, 경제적 능률, 공민적 책임 등을 강조하게 만든다.

③ 아동 중심의 교육 과정을 강조한다. 교과 중심의 교육 과정이 '교과를 가르친다.'는 입장이라면 경험 중심 교육 과정은 '아동을 가르친다.'는 입장을 취한다. 교육은 학생들의 필요, 흥미, 능력에 그 바탕을 두어야 한다고 보기 때문이다.

④ 급격한 사회 변화에 적응할 수 있는 인간을 육성하고자 한다. 오늘날 급변하는 사회 속에서 불확실한 미래에 대한 준비보다는 현재 생활에 적용할 수 있도록 돕는 교육을 강조한다.

⑤ 문제 해결력을 강조한다. 경험 중심의 교육 과정은 사회 적응 능력을 중요시하기

때문에, 학생들이 현실 생활에서 부딪치는 문제들을 현명하게 잘 해결할 수 있는 능력을 배양하고자 한다.

⑥ 전인 교육을 강조한다. 지·덕·체의 조화로운 발달을 이룬 사람이 올바른 삶을 살아갈 수 있으므로 전인 교육을 강조하고 있다.

(3) 학문 중심의 교육 과정

학문 중심의 교육 과정은 대략 두 가지 영향으로 나타났다. 첫째, 지식과 기술의 폭발적인 증가로 학교에서 가르칠 내용을 어떤 기준에서 선정할 것인가라는 문제가 제기되었다. 둘째, 1957년 구소련의 인공위성 스푸트니크(Sputnik)호의 발사로 미국은 자연 과학 분야의 교육을 충실하게 하지 못했다는 반성이 그 계기가 되었다. 주요 특징은 다음과 같다.

① 지식의 구조를 중심으로 교육 과정을 조직한다. 교육 과정은 각 교과의 전문가들이 각 교과에서 찾을 수 있는 '지식의 구조'를 가장 명백하게 드러내어 교과 지식을 체계적으로 조직해 놓은 것이다.

② 탐구 과정을 중시한다. 교과를 가르칠 때 교사는 그 교과에 내재해 있는 핵심 개념이나 기본 원리를 찾아내어 학생들에게 주입하는 것이 아니라, 해당 전공 분야 학자가 하는 것과 똑같은 '안목'과 '탐구 방법'으로 학생들이 탐구하도록 한다.

③ 나선형 교육 과정으로 구성한다. 나선형 교육 과정은 교과에 담긴 핵심 개념이나 기본 원리를 학생들의 사고방식에 알맞게 가르치는 것인데, 학년의 진전에 따라 점차 심화·확대해 나가는 교육 과정을 의미한다.

④ 내적 보상을 통해 학습 동기를 유발할 것을 강조한다. 외적 보상에 의한 학습 동기보다는 성공적인 문제 해결에 따르는 희열과 성취감 등의 보상을 더 중시한다.

(4) 인간 중심의 교육 과정

인간 중심의 교육 과정은 인간에 대한 이해, 인간성 계발, 타인과의 원만한 관계, 새로운 인간형의 창조 등에 교육의 초점이 맞춰지는 것이며, 이를 교육의 목표로 삼아야 한다고 주장한다. 주요 특징은 다음과 같다.

① 중요한 교육 목표로 자아실현을 강조한다.

② 잠재적 교육 과정을 중시하는데, 특히 인간관계를 강조한다.

③ 학교 환경의 인간화를 위한 노력과 인간주의적 교사의 중요성을 강조한다.

④ 교육 평가에서 교육의 결과보다는 과정을 더 중시한다.

4) 우리나라의 교육 과정

우리나라의 교육 과정은 미군정에서 교수요목 제정위원회를 조직하여 교목 편제와 시간 배당표를 조직한 이후 1954년 4월 국민학교·중학교·고등학교 시간 배당 기준표를 마련하고, 1955년 8월 문교부령으로 제44호, 제45호, 제46호 국민학교·중학교·고등학교 교육 과정을 정하여 제1차 교육 과정을 제정하였다. 제1차 교육 과정은 정부 수립 후 독자적인 교육 과정 구성이라는 의미를 가지고, 계속 시대의 이념과 사회상을 반영하면서 변화 발전되어 7차 교육 과정까지 이르게 되었다. 7차 교육 과정 이후로는 8차 교육 과정이라는 명칭은 사용하지 않고 2~4년에 한 번씩 수시로 개정하여 2015년 9월 23일 [2015개정교육과정]을 발표하기에 이르렀다. 이 책에서는 7차 이후의 교육 과정에 대해서 살펴보기로 한다.

(1) 7차 교육 과정

7차 교육 과정은 1995년 8월 대통령 직속 교육 개혁 위원회가 '교육과정특별위원회'를 만들어 초·중등학교 교육 과정 개혁 방안을 작성함으로써 시작되었다. 1997년 12월 30일 교육부 고시 제1997-15호로 제7차 교육 과정이 발표되었다.

2000년 3월 1일부터 제7차 교육 과정이 초등학교 1~2학년부터 적용되고, 2004년 3월 1일부터 고등학교 3학년에 적용되는 것으로 초등학교와 중학교 전체에 시행되었다.

제7차 교육 과정은 교육기본법 제2조의 교육 이념을 바탕으로 (1) 전인적 성장의 기반 위에 개성을 추구하는 사람 (2) 기초 능력을 토대로 창의적인 능력을 발휘하는 사람 (3) 폭넓은 교양을 바탕으로 진로를 개척하는 사람 (4) 우리 문화에 대한 이해의 토대 위에 새로운 가치를 창조하는 사람 (5) 민주 시민 의식을 기초로 공동체 발전에 공헌하는 사람을 기르는 데 목적을 두고 있다.

제7차 교육 과정의 주요 특징은 다음과 같다.

① 국민 공통 기본 교육 과정과 선택 중심 교육 과정으로 이원화되어 있다. 특히 초등학교 1학년부터 고등학교 1학년까지의 10년을 국민 공통 기본 교육 기간으로 설정하

고 있다.

② 수준별 교육 과정을 도입하였다. 학생의 필요, 능력, 적성, 흥미에 대한 개인차를 고려한 수준별 교육 과정은 교과의 특징 또는 가르치는 교육 단계의 특징에 따라 단계형, 심화·보충형, 그리고 과목 선택형 수준별 교육 과정으로 구분하여 편성하고 있다.

③ 재량 활동을 신설하거나 확대하였다.

④ 질 관리 중심의 교육 과정 평가 체제를 도입하였다.

⑤ 교육 기관 및 교육 행정 기관 간의 교육 과정 관련 역할을 구분하고 명확히 함으로써 교육 과정의 분권화를 강화하였다. 특히 지역 교육청의 역할을 명시하고 단위 학교의 교육 과정 편성과 운영 지침을 상세화했다.

(2) 2007개정교육과정

'2007교육과정'은 2007년 2월 28일에 교육인적자원부 고시 제2007-79호로 고시된 교육 과정이다. '2007교육과정' 개정의 기본 방향은 교육 과정의 안정성을 확보하는 차원에서 제7차 교육 과정의 기본 철학과 체제를 유지하되, 운영상의 문제점을 보완하는 수준에서 개정을 최소화하였다.

즉, 시대·사회의 변화와 다양한 개정 요구에 따른 전 교과에 걸친 개정임에도 불구하고 수요자 중심, 단위 학교에서 만들어 가는 교육 과정의 철학과 추구하는 인간상, 교육 목표 등을 그대로 유지하고 10년간의 국민 공통 기본 교육 과정과 고등학교 2, 3학년의 선택 중심 교육 과정, 수준별 수업, 재량 활동 운영 등 제7차 교육 과정의 기본적인 틀을 유지하여 수시 개정적 성격을 갖는 교과 중심의 교육 과정 개정이 되도록 하였다. 큰 특징으로는 중학교의 국어, 도덕, 역사 교과서가 국정 교과서 체제에서 검인정 교과서 체제로 변화했다는 것이다. 또 초등학교 3, 4학년의 과학 교과서를 새로 만들고, 초등학교 영어 수업 시간을 늘렸다. 중학교 1학년의 수학 교과서와 영어 교과서에 단계형을 없애며 통합하였고, 역사 과목을 독립하여 사회과와 분리해 시수를 매김으로써 과목의 시수를 보장한 것도 큰 변화라 볼 수 있다.

(3) 2009개정교육과정

'2009개정교육과정'은 2009년 12월 23일에 교육과학기술부 고시 제2009-41호로 고시된 교육 과정으로, 미래 사회가 요구하는 창의적 인재 양성을 목표로 하고 있다. 이를 위하여 배우는 과목의 수를 줄여 학생들의 지나친 학습 부담을 줄이고, 암기 중심 교육에서 배려와 나눔을 실천하는 창의 인재를 양성하는 교육으로 변화하며, 기초 교육을 강화하여 진로·적성에 적합한 핵심 역량을 키우고, 획일적인 교육 방식에서 벗어나 학교마다 특성화된 교육 과정으로 학교 교육을 다양화하는 것을 개정 방향으로 하였다.

'2009개정교육과정'의 주요 개정 내용을 살펴보자.

① 초등학교 1학년에서 고등학교 1학년까지 10년이었던 '국민공통기본교육과정'의 명칭을 '공통교육과정'으로 변경하고, 적용 시기를 초등학교 1학년에서 중학교 3학년까지 9년으로 정했다. 따라서 선택 중심 교육 과정이 고등학교 전 학년으로 확대 적용되면서 자신의 진로에 적합한 교과목을 선택해서 배울 수 있는 기회의 폭이 확대된다.

② 모든 학교가 똑같이 운영하는 획일적 교육 과정에서 탈피하여 학교마다 특성화된 교육 과정을 운영한다. 이에 따라 교과군별 기준 시수의 20% 증감 운영이 가능하고, 교과군 내 교과별 시수는 단위 학교가 결정한다.

③ 교과군 학년군을 도입을 통한 집중 이수제로 학기당 이수 과목을 축소하여 밀도 있는 수업으로 수업의 비효율성을 해소하고 토론, 실험, 실습 등의 시간을 충분히 확보함으로 수업의 혁신을 유도한다.

④ 창의적 체험 활동을 강화하여 배려와 나눔을 실천하는 창의 인재 양성 교육을 학교에서 실시한다.

⑤ 고등학교 단계에서 미래 사회가 요구하는 핵심 역량을 키우기 위한 기초 교육은 모든 학생이 이수하도록 하는 한편, 나머지 교과에 대해서는 개별 학생의 진로, 흥미, 적성에 따라 필요한 과목을 선택, 집중해서 깊이 있게 학습한다.

⑥ 지역 사회 및 학부모와 연계한 초등학교 저학년 학생의 돌봄 활동 지원 요구에 의한 방과 후 학교를 운영하고, 학습 부진아, 특수 장애 학생, 귀국 학생, 다문화 가정 자녀 등에 대한 배려와 지원을 강조하고, '주 5일 수업제'를 기준으로 교육 과정을 편성하는 등의 사회적 요구를 반영한다.

(4) 2015교육과정

교육부는 2015년 9월 23일 정부의 공교육 정상화를 위한 핵심 과제로써 창의 융합형 인재 양성을 목표로 하는 '2015개정교육과정'을 확정 발표하였다.

> **창의 융합형 인재:** 인문학적 상상력, 과학 기술 창조력을 갖추고 바른 인성을 겸비하여 새로운 지식을 창조하고 다양한 지식을 융합하여 새로운 가치를 창출할 수 있는 사람

2015교육과정에서는 핵심 역량을 설정하고, 연극·소프트웨어 교육 등 인문·사회·과학 기술에 대한 기초 소양 교육을 강화하며, 교과별 핵심 개념과 원리를 중심으로 학습 내용을 적정화하고, 교실 수업을 학생 활동 중심으로 전환하기 위한 교수·학습 및 평가 방법을 제시했다.

① 주요 개정 방향

첫째, 인문·사회·과학 기술에 관한 기초 소양 교육을 강화한다. 이를 위해 초·중등 교과 교육 과정을 개편하여 인문학적 소양을 비롯한 기초 소양 함양 교육을 전반적으로 강화하고, 고등학교에 기초 소양 함양을 위해 문·이과 구분 없이 모든 학생이 배우는 공통 과목을 도입하여 통합적 사고력을 키우는 '통합사회' 및 '통합과학' 과목을 신설하였다.

둘째, 학생들의 꿈과 끼를 키울 수 있는 교육 과정을 마련한다. 단위 학교의 교육 과정 편성·운영의 자율성을 확대하여 학생의 진로와 적성을 고려한 다양한 선택 과목 개설이 가능하도록 하고, 2016년 자유 학기제 전면 실시에 대비하여 중학교 한 학기를 '자유 학기'로 운영할 수 있는 근거를 마련한다.

셋째, 미래 사회가 요구하는 핵심 역량의 함양이 가능한 교육 과정을 마련한다. 다시 본론으로 돌아가서 교육 과정에서 실현해야 하는 핵심 역량에 대해 알아보고자 한다. 각각의 핵심 역량들은 교육 과정 속에 녹아서 대한민국에서 공부를 하는 학생들이라면 누구나 배우게 된다.

교과별로 꼭 배워야 할 핵심 개념과 원리 중심으로 학습 내용을 정선하여 감축하고, 교수·학습 및 평가 방법을 개선하여 학생들의 학습 부담을 줄이고 진정한 배움의 즐거움을 느낄 수 있도록 한다.

② **교과별 주요 개정 사항**

국어의 경우, 초등 저학년(1~2학년)의 한글 교육을 체계화·강화, 초등 5·6학년에는 체험 중심의 연극 수업 강화(초등 5·6학년군 국어 연극 대단원 개설), 중등의 경우 연극 소단원을 신설하도록 했다. 또한, 1학기 1권 독서 후 듣기·말하기, 읽기, 쓰기가 통합된 수업 활동을 통해 인문학적 소양을 갖출 수 있도록 하였다.

수학의 경우, 초등학교 1학년에서 고교 공통 과목까지는 모든 학생이 수학에 흥미와 자신감을 잃지 않도록 학생 발달 단계와 국제적 기준을 고려하여 학습 내용의 수준과 범위를 적정화(성취 기준 이수 시기 이동, 내용 삭제·추가·통합 등)하였으며, 선택 과목을 재구조화하였다. 아울러 수학적인 논리적 사고력을 기르고 수학에 대한 흥미도를 높이기 위해 활동과 탐구 중심 교수학습 방법을 제시했다.

영어의 경우, 초·중학교에서는 '듣기'와 '말하기'에 중점을 두고 고등학교에서 '읽기', '쓰기' 학습을 강조하는 등, 언어 발달 단계와 학생 발달 수준을 고려하여 의사소통 중심 교육을 강화하였다. 또한, 2018학년도 대학 수학 능력 시험부터는 영어 영역이 9등급 체제의 절대 평가로 전환되어 점수 없이 1~9등급 표기만 되는 방식으로 바뀌었다.

사회의 경우, 지식의 단순 나열이 아니라 초-중-고의 계열성을 고려하여 사회 과학적 핵심 개념과 일반화된 지식을 중심으로 교육 과정의 내용 구조를 체계화하였다. 고등학교 문·이과 공통으로 신설되는 '통합사회'는 인간을 둘러싼 자연과 사회 현상에 대해 시간적, 공간적, 사회적, 윤리적 관점을 적용하여 사회 현상을 종합적으로 이해하는 과목으로 개발하였다.

과학의 경우, "모두를 위한 과학(science for all) 교육"을 목표로, 초등 '슬기로운 생활 초·중학교 '과학', 고1 '통합과학'까지는 주위의 자연 현상에 대한 궁금증을 과학적인 기초 개념과 연결시켜 이해함으로써 앎의 즐거움을 경험하도록 재미있고 쉽게 구성하고, 고 2학년 이후에는 자신의 진로를 고려하여 진로 선택 과목 및 심화 과목 이수가 가능하도록 유기적으로 과목을 구성하였다. 고등학교 학생들이 자연 현상을 통합적으로 이해할 수 있도록 신설한 '통합과학'의 경우 이론적 지식들을 학습자의 선행 경험과 연계하여 친근한 상황 속에서 학습할 수 있도록 학교 밖 현장 체험, 실생활 학습 등을 통해 흥미롭고 재미있게 구성하였다.

4. 교육 평가

1) 교육 평가의 개념

교육 행위에는 목적이 내재되어 있고 교육의 과정과 성과가 어떠했는지에 대한 검토가 따르기 때문에 계획적이고 가치 지향적인 교육 행위에는 반드시 평가가 이루어진다.

교육 평가의 일반적인 정의는 학생의 교육 목표 달성도를 검토하고 확인하는 과정으로, 일련의 교육 활동 실천 과정의 최종 단계이다. 교육 평가는 단순히 학생들의 성적과 석차를 내는 데 한정된 것이 아니라 일정한 기준에 따라서 교육의 과정에 대한 가치 판단을 하는 행위라고 말할 수 있다.

교육 평가는 학생 평가, 교사 평가, 교수 행위의 효과성 평가 등으로 다양하며 교육 과정 및 교육 프로그램 전반을 검토하는 활동도 포함된다. 평가 과정을 통하여 얻은 결과는 후속적인 교육 활동의 개선을 위한 자료로 활용되는데, 이와 같은 것을 교육 평가의 순환 과정이라고 부른다. 이 순환 과정을 체계적으로 처음 제시한 사람은 타일러(R. Tylor)이다.

그는 교육 과정의 구성에서부터 교육 과정의 평가와 그에 대한 피드백을 중심으로 한 교육 과정 모형을 제시하였고, 각 단계에서는 각 단계를 평가하거나 검토하는 과정이 포함되어 있다.

2) 교육 평가의 정의

일반적으로 교육 평가에 대한 정의를 나열하면 다음과 같다.

① 교육 평가는 학생들의 교육 목표 달성도를 확인하고 검토하며 반성하는 활동이다.

② 교육 평가는 학생 행동의 준거를 수집하고 해석하는 활동이다. 교사들은 학생의 인지적·정의적·신체적 영역의 행동 준거를 수집하기 위하여 표준화 검사, 관찰, 면접, 자료 분석 등을 사용하게 된다.

③ 교육 평가는 학생 개개인의 변화를 분석하여 개인차를 확인하는 활동이다. 개별적인 평가를 통해 확인된 학생들의 개인차를 고려하여 그들에게 부합되는 학습 경험을 제공함으로써 성공적인 학습 활동을 전개하도록 한다. 이는 각 학생들의 잠재력을 최대한 실현하게 하여 원만한 인간으로 성장하도록 하는 방법이다.

④ 교육 평가는 교육 과정의 효율성을 파악하는 활동이다. 학교의 전반적인 교육 과정

이 적절하고 효율적으로 운영되는지를 확인함으로써 교육의 질을 관리하게 한다.

⑤ 교육 평가는 학생들과 관련된 제반 환경을 평가한다. 학생과 관계된 학교의 시설 및 복지 등을 포함하고, 학생과 관련된 환경에는 졸업생 현황 평가 등이 포함된다.

3) 교육 평가의 기능

(1) 진단적 기능

진단적 기능은 교육 효과를 증대시키기 위해서 교사가 학생의 준비 상태를 사전에 파악하는 것이다. 진단에 따라 학생들을 적절한 학습 과제와 학습 활동에 배치하여 학습 효과를 극대화시킬 수 있는 기능을 한다는 입장이다. 물론 진단적 기능은 학습 결손이나 문제를 발견하는 데 한정되는 것이 아니라 학생들의 장점이나 능력을 발견하는 것까지 포함하는 넓은 의미에서 파악될 수 있다.

(2) 형성적 기능

형성적 평가는 크론바흐(L. Cronbach)의 도중 평가가 계기가 되어 스크리븐(M. Scriven)이 처음 제안한 것이다. 형성적 기능은 학습자가 학습 과제를 보다 잘 학습할 수 있도록 학습의 결함이나 제조건을 확인하여 피드백해 주는 기능을 한다. 학습 속도의 개별화와 학습 곤란의 진단과 교정, 학습 진전의 효율화, 학습 행동의 강화, 교수·학습 방법의 개선에 활용되는 평가의 기능을 가지고 있다.

(3) 총괄적 기능

형성적 기능과 마찬가지로 스크리븐이 처음 제안한 것인데, 일반적으로 학년 말 등과 같이 일정의 수업이 종료되었을 때 학생들의 학업 성취도를 종합적으로 판단하여 교수 목표의 달성도나 수업 활동의 효율성을 확인하는 것이다. 최종적으로 달성된 학습 성과의 정도를 파악하고 학부모에게 통보하거나 행정적 자료로 반영하기 위한 목적을 갖는다.

(4) 정략적 기능

특정한 홍보 목적이나 주의를 환기시킬 목적으로 실시하는 평가에서 정략적 기능을 찾아볼 수 있다. 학생들의 주의를 환기시키고 학습 동기를 유발하거나 특정 교육 프로그램, 행사, 활동 등 홍보의 목적으로 학생들을 평가하는 경우이다. 글짓기나 포스터 그리기 등이 정략적 기능을 가지고 있다.

교육 평가의 기능을 요약·정리해 보자.

첫째, 각 학생들의 학업 성취도를 평가하는 것이다.

둘째, 각 학생들이 직면하고 있는 학습 곤란점을 진단하는 기능을 한다.

셋째, 교육 과정, 수업 자료, 수업 절차 등의 효과성을 확인하는 기능이 있다.

넷째, 평가의 홍보적 또는 주의 환기적 기능이 있다.

4) 교육 평가의 유형

평가의 유형은 무엇에 대해, 무엇을 위해, 어떻게 평가하느냐에 따라 여러 가지로 구분될 수 있다. 최진승 외(2003)는 평가 분야에서 대표적으로 다루어지고 있는 유형들을 다음과 같이 소개하고 있다.

(1) 지적·정의적·심동적 영역의 평가

블룸(M. Bloom) 등이 교육 목표 분류학(taxonomy of educational objectives)에서 교육 목표에 진술되어 있는 학습의 내용과 행동 중에서 행동 차원을 기준으로 교육 목표를 세 가지 영역의 목표로 분류한 데서 추출한 것이다.

① 지적 영역의 평가

학습 내용을 기억하고 이해하고 추론하는 등과 같은 사고 작용을 통해 획득해야 하는 지적 학습 목표의 달성 여부와 그 정도를 측정하는 것을 말한다. 어떤 과목에서 사실, 개념, 법칙, 원리 들에 대한 기억, 이해, 적용의 정도를 평가하는 것이다. 기능 과목인 음악, 미술, 체육 과목에서 지식의 획득 정도를 측정하기 위한 이론 시험도 이 영역에 속한다.

② 정의적 영역의 평가

정의적 영역의 학습 목표, 즉 학생의 태도, 관심, 흥미, 가치, 신념 등의 변화를 평가하는 것이다. 예를 들어 '종합 생활 기록부'는 행동 발달 상황의 평가를 기록하고 교과에 대한 태도와 흥미, 관심 등을 강조하는 평가이다.

③ 심동적 영역의 평가

신체와 관련된 기능적 학습 목표의 달성 정도를 평가하는 것을 말한다. 심동적 영역의 평가란 특정의 동작을 요구하는 학습 내용과 관련 있는 평가를 나타낸다. 실험과 실기를 비롯하여 조작, 쓰기, 읽기 등이다. 따라서 심동적 영역의 평가는 예체능 과목에만 한정되는 것이 아니라 국어, 영어, 수학과 같은 모든 영역에 걸쳐 평가를 실시할 수 있는 것이다.

(2) 규준(norm) 지향 평가와 준거 지향 평가

어떤 기준에 비추어 해석하느냐에 따라 구분되는 것으로, 평가 준거를 기준으로 분류한 평가 유형이다.

① 규준 지향 평가

상대 기준 평가라고도 하며 평가 결과에 대한 해석의 기준을 집단 내의 상대적 위치에서 구하는 평가 유형이다. 그 기준은 학생들이 받은 성적의 평균이나 정규 분포 곡선의 이론에 기반을 두고 있는데, 학생들의 성취도를 서로 비교·평가하는 방법을 취한다.

② 준거 지향 평가

절대 기준 평가 또는 목표 지향 평가, 목표 도달도 평가라고도 일컫는다. 학습 목표를 평가의 준거로 삼아 학습 목표의 도달 여부와 그 정도를 확인·점검하는 평가이다. 각 학생들이 학습해야 할 것을 충분히 학습했는지 또는 그렇지 못했는지를 판단하는데, 평가의 결과는 바로 준거가 되는 학습 목표에 비추어 해석한다.

(3) 진단·형성·총괄 평가

평가의 기능을 기준으로 하여 분류한 평가 유형으로, 평가의 목적에 따라 학습이 이루어지는 과정과 관련시켜 구분한 것이다.

① 진단 평가

교사가 학생들을 효과적으로 지도하기 위해서는 학습자의 출발점 행동을 보다 정확하게 파악해야 한다. 출발점 행동이란 학습자의 선수 학습 정도 또는 학습에 대한 준비도를 말한다. 이것을 측정하고 확인하는 평가 활동을 진단 평가라고도 한다. 이것은 학습 지도가 시작되기 직전에 이루어지는 평가이다.

② 형성 평가

수업 활동이 진행되는 도중에 학생들에게 피드백을 제공하고 교수·학습 방법을 개선하여 학생들의 학습을 증진시키기 위해 실시하는 평가를 가리킨다. 또한 교육 과정이나 프로그램 개발 과정에서 프로그램의 구성 또는 전개 방법을 수정·보완하는 데 필요한 정보를 수집하기 위해 실시되는 평가이기도 하다. 형성 평가는 학생들의 학습 진행 속도 조절, 학생의 학습에 대한 강화 역할, 학습 곤란 확인, 학습 지도력 방법의 개선에 기여하는 기능을 가진다.

③ 총괄 평가

일정 기간 실행된 수업 활동이 종료된 시점에서 학생들의 학업 성취도를 총괄적으로 평가하는 것을 말한다. 총괄 평가는 학생들의 학업 성취도에 한정하지 않고, 형성 평가를 통해 축적된 성과를 바탕으로 최종적으로 완성된 교육 과정이나 프로그램의 종합적인 성과 및 효율성을 판단하기 위해 실시되는 기능도 있다.

5) 교육 평가의 절차

교육 평가의 목적과 내용, 기본적 관점이 상이하다고 하더라도 교육 평가를 실행하는 데 공통으로 적용될 수 있는 기본적인 절차가 있다. 변창진(1992) 등이 IBM에서 만든 체제적 접근 방식의 교육 모형을 기초로 하여 제시한 '체제적 접근 방식의 평가 모형'을 그 예로 들 수 있다. 교육 평가의 절차를 구분하면 다음과 같다.

(1) 평가 계획 수립
(2) 평가 목표 진술
(3) 평가 설계 선정
(4) 평가 도구 제작
(5) 평가 자료 수립
(6) 평가 결과 분석
(7) 평가 결과 보고
(8) 평가 결과 활용

(1) 교육 목표 분류
① 교육 목표와 평가 목표

교육 목적은 교육이 지향하는 기본적인 방향을 제시하는 용어이며, 진술 형태가 비교적 포괄적이며 일반적이다. 상위 개념으로 교육 이념을 들 수 있는데 보통 교육의 궁극적 또는 이상적 개념을 나타낸다.

교육 목표는 보다 구체적으로 교육의 방향을 제시하는 개념이다. 교육 목표는 일반적 목표와 구체적 목표로 구분되며, 일반적 목표는 구체적 목표의 상위 개념으로 이해하면 된다. 일반적 목표는 구체적 목표의 진술 방향을 제시하는 것으로, 장기간에 걸쳐 실시되는 교육의 목표를 일반적·추상적 용어로 진술하는 것이다. 예를 들면 행위 동사는 주로 '안다', '이해하다', '감상하다' 등으로 진술된다. 구체적 목표는 일반적 목표를 달성하기 위한 구체적이고 세부적이며 행동적인 용어로 진술된다. 예를 들면 '설명하다', '열거하다', '조립하다', '철자를 쓰다', '지적하다' 등을 들 수 있다.

일반적 목표는 대단히 추상적이고 포괄적으로 진술되므로 평가 목표로는 적합하지 않다. 평가 목표는 학습자의 행동이 구체적으로 진술되는 수업 목표와 학습 목표가 될 수 있다.(최진승 외, 2003)

② **교육 목표의 이원적 분류**

교육 목표의 이원적 분류는 '내용'과 '행동'으로 분류하는 것을 말한다. 이 분류는 교육 목표의 성질 또는 특성을 확인하기 위한 목적을 갖는다.

이원적 분류의 한 축인 '내용'이란 학습을 통해 학습자가 획득 또는 학습해야 할 지식, 기술, 태도 등의 학습 내용을 말한다. 일반적으로 학습자가 특정 코스 또는 단원에서 학습할 내용을 더 이상 분해할 수 없을 정도로 상세하게 나눈 최소 단위의 사실, 개념, 법칙, 원리, 조작, 동작, 의식, 태도, 흥미 등을 의미한다.

'행동'은 학습을 통해 변화 또는 획득되기를 바라는 학습자의 행동을 가리킨다. 내현적 동사와 외현적 동사로 진술하는 것이 가능하다. 내현적 동사란 '외울 수 있다.', '이해할 수 있다.', '파악할 수 있다.', '감상할 수 있다.' 등과 같이 어떤 행위나 그 결과가 학습자의 머릿속에서만 일어나고 진행되어 직접적인 관찰과 측정이 불가능한 동사를 지칭한다. 외현적 동사는 '열거할 수 있다.', '지적할 수 있다.', '작동할 수 있다.' 등과 같이 학습자가 학습 내용을 획득 또는 학습했다는 것을 다른 사람들이 직접 관찰하고 측정할 수 있게끔 어떤 행위나 행위의 결과를 밖으로 표출하는 동사를 의미한다.

학습 목표에서 '행동'이란 학습을 통해 변화 또는 획득되기를 바라는 행동을 관찰과 측정이 가능한 외현적 동작 동사로 나타낸 동사를 의미하고, 수업 또는 교육이 종결되는 시점에서 학습자가 수행해야 하는 도달점 행동을 지칭한다.

(2) 평가 문항 실시

평가에서 사용되는 문항의 성격이나 특징이 어떠냐에 따라서 주관식 평가냐 또는 객관식 평가냐 하는 평가의 유형이 달라진다.

주관식 평가 문항이란 주어진 하나의 물음에 대하여 자유롭게 답을 말하거나 쓰게 하여 채점자의 주관적인 판단에 따라 점수를 주는 문제 형태를 말한다. 답안의 채점이 주로 채점자의 주관적 판단에 따른다고 해서 주관식 평가라고 하고, 답안지 작성을 주로 서술한다고 해서 서술형 문항이라고도 하고, 답을 직접 쓴다고 해서 서답형 문항이라고도 한다. 주관식 평가 문항에는 단답형, 완성형, 논술형의 문항이 있다.

주관식 평가 문항이 적절한 경우는 다음과 같다.

- 문제 풀이 과정이나 고차적인 원리의 적용 능력을 측정하고자 할 때
- 논리적 판단 능력이나 가치 중심적인 논리의 전개 과정을 측정하고자 할 때
- 글의 구성 능력이나 표현 능력을 동시에 평가하고자 할 때
- 채점자가 답안을 비판적으로 평가할 수 있다는 자신이 있을 때
- 평가 대상이 적고 답안지를 채점할 시간적 여유가 많을 때
- 평가 대상자의 태도나 의견을 평가하고자 할 때

객관식 평가 문항이란 주어진 하나의 물음에 대하여 여러 가지의 정답과 오답을 섞어 놓고 한 개의 정답이나 최선의 답을 선택하게 하고 그 답이 맞는지 또는 틀리는지를 객관적으로 판단하는 문항 양식을 말한다. 이러한 문항은 여러 개의 답 가운데서 하나를 선택한다고 해서 선택형 문항 또는 선다형 문항이라고도 한다. 객관식 평가 문항에는 진위형, 결합형, 선다형이 있다.

객관식 평가 문항이 적절한 경우는 다음과 같다.

- 개념과 원리의 이해, 해석, 분석 능력을 평가하고자 할 때
- 보다 신뢰할 수 있는 평가 문항이 요구될 때
- 채점의 공정성과 객관성이 엄격하게 요구될 때
- 답안을 비판적으로 분석하고 채점할 자신이 없을 때

• 평가 결과를 빠르게 알고 싶을 때

① 진위형: 피험자에게 진술문을 제시하고 그것의 진위, 정오(正誤)를 판단하게 하는 문항 형식이다. 일반적으로 2자 택일형이라고도 한다.

② 결합형: 결합형은 일련의 전제와 답, 그리고 전제와 답을 배합시키는 지시문의 세 가지로 구성되는 문항 형식이다. 전제와 답에는 단어, 어구, 문장, 기호 등을 사용할 수 있다.

③ 선다형: 선다형은 문두와 그에 따른 두 개 이상의 답으로 구성되며 문두는 대개 서술적이거나 불완전한 문장으로 되어 있다.

④ 완성형: 완성형은 진술문의 일부분을 비워 놓고 단어, 어구, 숫자, 기호 또는 문장을 써넣게 하는 문항 유형을 말한다.

⑤ 단답형: 단답형은 간단한 단어, 구, 문장, 숫자, 그림 등 제한된 형태로 대답하게 하는 문항 유형이다.

⑥ 논문형: 논문형은 학생 자신이 정답을 만들어 작성하는 것이다. 논문형 문항은 한 문장부터 여러 문장이나 여러 페이지까지의 글로, 보통 학생이 구성한 답을 교사가 읽고 정확성의 질을 주관적으로 판단한다.

논문형 문항은 학생의 분석·종합·평가·문제 해결 능력 등 고등 정신 능력 혹은 태도나 가치관 등을 파악하기 위해 주로 사용된다. 문항을 제작하기 쉽고 반응의 자유도가 높아서 학생이 자신의 모든 능력을 마음껏 발휘할 수 있다는 장점이 있다. 또한 추측으로 답을 맞힐 수 있는 요인을 배제할 수 있다. 그러나 한 검사에서 출제할 수 있는 문항 수가 적어 많은 영역의 내용을 측정할 수 없고, 채점에 시간과 노력이 많이 필요하고 객관적·일관적인 평가가 어렵다는 단점이 있다.

(3) 결과 처리 및 해석
평가 결과를 분석해 보면 다음과 같이 분류해 볼 수 있다.(최진승 외, 2002)

① 채점 작업
문항별로 응답자의 반응을 확인해서 채점 기준에 따라 점수를 매기고 응답자별로 하위 척도 점수와 총점을 구하는 작업을 채점 작업이라고 한다. 원점수(raw score)는 채점으로 얻어진 점수이다. 표준화 검사의 경우는 원점수를 규준에 의거하여 환산하면 의미 있는 점수가 나오는데, 일반적으로 백분위 점수와 표준 점수에 의한 규준이 사용된다. 이런 작업도 채점 작업에 포함된다.

② 득점 분석

평가 결과를 직관적으로 쉽게 알 수 있도록 채점한 결과를 지역별, 학교별, 학년별, 학급별로 묶어 평가를 통해 수집한 반응이나 점수에 대한 통계치를 구하고 빈도 분포표로 작성하는 작업을 득점 분석이라고 한다.

- 집중 경향치: 빈도 분포표는 1점 단위 또는 적당한 크기의 급간으로 묶어 그 점수대에 있는 점수를 받은 인원수를 확인하여 만든 표를 말한다. 어떤 빈도 분포에 있는 측정치 또는 득점 수치를 그 분포의 집중 경향치라고 한다.
- 변산도: 어떤 빈도 분포표에서 측정치가 산포 혹은 흩어져 있는 정도를 나타내는 지수를 변산도라고 한다.
- 편포도: 분포가 좌우 대칭으로 이루어지지 않고 왼쪽(점수가 낮은 쪽) 또는 오른쪽(점수가 높은 쪽)으로 기울어진 정도를 편포도라고 한다.

③ 결과 해석

평가 결과의 해석은 평가의 목적이 무엇이냐에 따라 달라질 수 있다. 규준 지향적 평가와 준거 지향적 평가에서 얻은 결과는 그 해석이 각각 다르게 마련이다. 양적 평가인 경우에는 자료 분석 결과로 얻어진 통계적 결론의 타당성을 판단하고 그것을 평가의 목적 등에 적합하게 해석하는 일이 중시되며, 질적 평가의 경우는 그 분석 결과를 직접 해석하고 평가 목적과 평가 준거에 적합한 의미를 추출하는 일이 중시된다.

6) 교육 평가의 조건

좋은 평가 도구를 만들기 위해서는 타당도, 신뢰도, 객관도, 실용도의 기준에 적절해야 한다.

(1) 타당도(validity)

타당도란 평가 도구가 측정하려는 내용이나 대상 그 자체를 얼마나 충실하게 측정하느냐를 말한다. 즉, 타당도는 '무엇을 재고 있는가?'의 개념으로 볼 수 있다. 국어 검사는 국어 능력을 측정해야지 사회 능력을 측정하는 평가라면 타당도가 있다고 볼 수 없다. 따라서 타당도의 개념에는 '무엇에 비추어 본 타당도인지?'에 대한 질문이 수반된다.

(2) 신뢰도(reliability)

신뢰도는 얼마나 오차 없이 정확하게 측정하고 있는가의 개념이다. 같은 대상에 대해 누가, 언제, 어디에서, 몇 번 재어 보아도 똑같은 결과가 나타나면 측정 도구의 신뢰도가 높은 것이다. 물론 인간 행동 특성을 측정 대상으로 하는 경우는 어느 정도의 오차가 생길 수밖에 없기에 오차 범위를 극소화할 수 있는 방법을 마련해야 한다 .

(3) 객관도(objectivity)

객관도란 검사자의 신뢰도라고 할 수 있다. 검사의 채점자가 주관적 편견을 갖지 않고 얼마나 객관적 입장에서 공정하게 채점하느냐의 문제와 관련되어 있다. 객관도를 높이기 위해서는 평가 도구를 객관화시켜야 하고, 평가에 대한 검사자의 소양을 높여야 하며, 검사자의 인상, 편견, 추측, 감정 등 주관적 요인을 최소화해야 한다.

(4) 실용도(usability)

실용도란 시간과 노력, 그리고 비용을 얼마나 적게 들이면서 소기의 목적을 달성하는지의 정도를 말한다. 검사의 실용도를 높이기 위해서는 실시의 용이성이 보장되어야 하고, 평가 도구를 잘 다룰 수 있어야 하며, 가능한 한 쉽게 사용할 수 있는 것이어야 한다. 또한 채점이 용이하여 많은 시간을 들이지 않아도 적절하게 평가할 수 있어야 한다.

5. 교사론

1) 교사관

(1) 전문직의 특성

리버먼(M. Lieberman)은 『전문직으로서의 교사』에서 전문직의 특성을 다음과 같이 들고 있다.

첫째, 인간과 사회에 대하여 본질적으로 봉사하는 기능을 갖는다.

둘째, 직무 수행에 있어서 고도의 전문적 지식과 고차적인 지적 기술을 요한다.

셋째, 전문직은 장기간의 전문적 교육과 훈련을 필요로 한다.

넷째, 개인 및 직업 집단 전체로서 자율성을 갖는다.

다섯째, 행위에 대하여 사회적 책임을 갖는다.

여섯째, 경제적 수입보다는 사회 봉사적 의무의 정신을 강조한다.

일곱째, 면허 가입 제명 등의 자체 규제권을 갖는 자율적 조직을 갖는다.

여덟째, 자체의 윤리 강령을 갖는다.

(2) 사도 헌장

우리나라 교직 단체에서는 교직의 윤리를 확립하기 위해서 1982년 스승의 날을 맞이하여 [사도 헌장]을 선포하였다. 이는 1958년에 제정된 [교원 윤리 강령]의 기본 취지를 개정하여 만든 것이다.

사도 헌장

오늘의 교육은 개인의 성장과 사회의 발전과 내일의 국운을 좌우한다.

우리는 국민 교육의 수임자로서 존경받는 스승이고 신뢰받는 선도자임을 자각한다.

이에 긍지와 사명을 새로이 명심하고 스스로 길을 밝힌다.

하나, 우리는 제자를 사랑하고 개성을 존중하며 한마음 한뜻으로 명랑한 학풍을 조성한다.

둘, 우리는 폭넓은 교양과 부단한 연찬으로 교직의 전문성을 높여 국민의 사표가 된다.

셋, 우리는 원대하고 치밀한 교육 계획의 수립과 성실한 실천으로 맡은 바 책임을 완수한다.

넷, 우리는 서로 협동하여 교육의 자주 혁신과 교육자의 지위 향상에 적극 노력한다.

다섯, 우리는 가정 교육, 사회 교육과의 유대를 강화하여 복지 국가 건설에 공헌한다.

---

(3) 전문 교사의 조건

김학수(1991)는 인지적인 차원에서의 교사의 특징을 다음과 같이 소개하고 있다.

① 지능

② 가르치는 방법에 대한 지식과 기술

③ 교과목에 대한 전문 지식

④ 인간 행동 발달과 학습에 관한 지식

구체적으로 교사의 학습 지도 능력은 다음과 같다.

- 학문적인 내용과 학생의 필요를 고려하여 수업에서 수행해야 할 과제를 생각한다.
- 학생이 수업 자료를 이해할 수 있는지의 여부를 알아보고 만약 그렇지 못한다면 그를 돕는다.
- 학생이 수업에 참가하여 성공적인 학습을 하는 데 필요한 기술, 예컨대 노트 작성, 토론과 논쟁의 기술을 가지고 있는지를 알아보고 만약 그렇지 못한다면 습득할 수 있도록 돕는다.
- 학생의 성장 수준과 신체적 지적 능력을 고려한다.
- 학생의 흥미를 유발시키고 그 흥미를 계속 유지하도록 돕는다.
- 학생으로 하여금 그의 학습 진도를 계속 자각하도록 한다.
- 특히 자습시킬 경우에는 강좌의 과제와 요구 조건에 관한 것을 더욱 많이 공개해 준다.
- 자신의 생각과 문제를 숨김없이 드러내며 학생과 비공식적인 대화를 한다.
- 학생이 알고 있는 것에 대하여 과대평가하지 않도록 주의한다.
- 학생의 비언어적인 의사소통을 인식한다.

⑤ 학생에 대한 이해와 지식

⑥ 학생관

미국의 오크 초등학교에서 실시된 교사와 학생에 대한 실험에서는 교사가 학생의 가능성을 믿을 때 그 믿음이 학생의 학습 성과에 영향을 미친다는 결과가 나왔다.

2) 교사의 역할

(1) 교사의 심리적 역할

레들(Reedle)과 바텐베르크(Wattenberg, 1954)가 제시하는 교사의 심리적 역할은 다음과 같다.

① 사회 대표자로서의 교사

② 평가자로서의 교사

③ 지식 자원으로서의 교사

④ 학습 과정의 조력자로서의 교사

⑤ 판단자로서의 교사

⑥ 훈육자로서의 교사

⑦ 동일시 대상으로서의 교사

⑧ 불안 제거자로서의 교사

⑨ 자아 옹호자로서의 교사

⑩ 집단 지도자로서의 교사

⑪ 부모 대용으로서의 교사

⑫ 적대 감정의 표적으로서의 교사

⑬ 친구로서의 교사

⑭ 애정 대상자로서의 교사

제1장 교육의 기본적 이해

1. 교육의 본질
1) **교육의 개념**: 교육은 인간이 모여 있는 삶 속에서 항상 일어나는, 거의 자연적이며 필수 불가결한 삶의 현상이다. 따라서 교육을 한마디로 규정하기는 어려우나 인간은 교육적 동물이라고 볼 수 있다.
2) **교육의 어원**: 우리말, 한자어, 영어 어원의 공통점은 결국 피교육자 내부에 있는 잠재 가능성을 가르침을 통해서 밖으로 끌어내는 것이라고 볼 수 있다.
3) **교육의 정의**: 관점에 따라 규범적, 서술적, 기능적으로 다르게 정의할 수 있지만 결국 인간의 일생을 성공적으로 가치 있게 살아가도록 도와주는 것이라 할 수 있다.

2. 교육의 목적
교육 이념 〉 교육 목적 〉 교육 목표
교육 이념: 교육이 나아가야 할 기본적인 방향을 추상적으로 서술해 놓은 단계
교육 목적: 교육이 실현하고자 하는 이상적인 인간상
교육 목표: 매우 구체적인 수업 목표

교육의 내재적 목적	교육의 외재적 목적
• 지적·도덕적·미적 가치를 포함	• 가시적이고 실재적인 이익을 가져다줌.
• 성취하기 어려움	• 가치적 보상이 따르기 때문에 동기화가 쉬움.
• 학습자가 평생 교육을 받도록 해 줌.	• 달성되면 탐구에 대한 열정이 쉽게 사라짐.

3. 교육의 구성 요소
1) **교사**: 가르치는 일에 종사하는 사람
교사의 자질 – 가르치는 내용, 방법에 대한 해박한 지식을 소유하고, 건전하고 바람직한 인격을 가지고 있어야 한다.
2) **학습자**: 학습자가 미성숙하여 가르침이 필요하다는 것이 교육의 출발
3) **교육 내용**: 교사와 학습자를 연결시켜 주는 교육의 매개물로 그 사회가 가지고 있는 지식, 규범, 가치, 행동 양식, 기술 제도 등 모든 것을 포함

4. 교육 성립의 조건
인간에 대한 믿음, 변화에 대한 신념, 계획에 대한 신념

5. 교육의 필요성
1) **개인적 측면**–교육은 한 개인이 생존을 유지하며 행복한 인생을 영위하기 위한 것이다.
2) **사회적인 측면**–교육을 통해 사회의 필요를 충족시키고, 사회의 여러 가지 활동이 교육 행위를 대행한다.
3) **문화적인 측면**–개인이 소속되어 있는 문화 계승 발전과 새로운 문화 창조를 위하여 교육이 필요하다.

4) **국가적 측면**–교육은 국가의 흥망성쇠와도 관련이 깊고, 국민 교육은 국가 발전의 원동력이다.

5) **경제적인 측면**–교육은 경제 발전의 3요소인 자원, 자본, 인력 중 인력을 개발하고 양성하는 일을 담당한다.

6) **세계적·우주적 측면**–교육을 통해 개인의 성장 발달과 인격 완성은 물론 애국심을 가진 국민 양성과 세계 시민으로서의 기본 자질을 갖도록 노력해야 한다.

제2장 교육학 일반 이론

1. 교육 심리학

1) 정신 분석학

- 프로이트에 의해 체계화
- 인간의 행동은 비합리적인 힘, 무의식적 동기, 생물학적, 그리고 생의 초기 6년 동안의 주요한 심리적 사상에 의해 전개된 본능적 충동에 의해 결정된다.
- 생의 초기의 사회적 관계나 경험을 중시하여 조기 교육을 강조한다.
- 교육에 있어서 아동의 욕구 충족을 무엇보다 중요시한다.
- 교사와 학생 사이에도 전이가 일어나기 때문에 교사와 학생 사이의 인간관계를 중요시

2) 행동주의

- 왓슨에 의해 주장
- 인간 행동이 선행 조건에 의한 결과이며 외적 환경의 힘에 의해 결정된다고 봄.
- 프로그램 학습, 행동 수정 기법 등을 통해 전 세계의 교육에 강력한 영향을 미침.
- 개인적 차원에서 그 사람을 생존시키기 위해 직업 기술을 습득할 것을 강조

3) 인본주의

- 1933년 미국에서 34명의 인본주의자들이 '인본주의자 성명' 발표
- 긍정적 인간관을 가짐.
- 내담자는 본인의 문제를 파악하고 해결할 수 있는 잠재력이 있다고 믿고 내담자의 자기 지시 능력을 신뢰
- 인간의 잠재력을 실현하게 만드는 세 가지 속성(로저스)
  → 일치성, 무조건적 긍정적 관심, 정확한 공감적 이해

4) 인지 이론

- 심리학의 연구 대상의 초점을 행동에서 마음으로 바꾸어 놓음.
- **인지 발달론**: 피아제가 대표적 연구자로 인간의 지적 발달이 어떠한 단계를 거쳐 이루어지는가를 연구하고 아동의 마음 작용이 어른과 다르다는 것을 과학적으로 보여 줌.
- **정보 처리론**: 인간이 정보를 어떻게 받아들이고 저장하고 인출해 내는가에 초점을 둠. 인간의 학습이나 기억 현상을 연구하는 데 시사점을 주어 관심을 끔.

5) 신경 생물학

인간의 행동과 정신 작용을 우리 두뇌와 신경계 안의 신경 세포들 사이에서 일어나는 심리학적 과정으로 설명하는 학문

6) 사회 생물학
생물의 사회적 행동을 탐구하는 학문으로 진화 심리학, 행동 생물학, 심리 생물학 등 다양한 이론들이 결합하여 발달

2. 평생 교육론
1) 평생 교육의 정의
개인과 사회의 삶의 질을 향상시키기 위해 각 개인의 전 생애에 걸쳐 개인적·사회적·직업적 발달을 이루게 하는 과정(데이브)

우리나라 헌법 제 27조 5항–국가는 평생 교육을 진흥해야 한다. 6항–학교 교육 및 평생 교육을 포함한 교육제도와 그 운영, 재정 및 교원의 지위에 관한 기본적인 상황을 법률로 정한다.

2) 평생 교육의 특성
데이브와 스캐거의 정리: 전체성, 통합성, 융통성, 민주화, 기회와 동기의 부여, 교육 가능성, 다양한 전개 양식, 삶과 학습의 질

3) 평생 교육의 필요성
평생 교육의 등장 배경
- 지식 기반 사회의 도래
- 학교 교육의 위기
- 성인 인구의 증가
- 여가의 증대
- 정보 매체의 발달과 국제 개방화 시대

3. 교육 과정
1) 교육 과정의 의미
- 인간의 발전 가능성을 실제적인 능력으로 변화시켜 줄 수 있는 정리된 환경
- 사회의 존속과 발전을 위하여 사회 구성원 간의 약속에 의해 만들어진 과정
- 개인과 사회의 미래 모습을 결정하는 일련의 학습 기회의 계획

2) 교육 과정의 유형
- **교과 중심의 교육 과정**: 지식의 체계를 중시하는 교육 과정. 학교에서 학생들이 배우게 되는 모든 교과와 교재
- **경험 중심의 교육 과정**: 경험을 존중하는 교육 과정으로 교사의 지도 아래 학생들이 체험하게 되는 모든 경험을 의미
- **학문 중심 교육 과정**: 지식과 기술의 폭발적 증가로 학교에서 가르칠 내용 선정의 문제와 구소련의 스푸트니크호의 발사로 자연 과학 분야의 교육을 충실하게 하지 못했다는 미국의 반성이 계기가 됨.
- **인간 중심의 교육 과정**: 인간에 대한 이해, 인간성 계발, 타인과의 원만한 관계, 새로운 인간형의 창조 등에 교육의 초점을 맞춰 이를 교육의 목표로 삼아야 한다고 주장

4. 교육 평가

1) 교육 평가의 개념 및 정의

학생의 교육 목표 달성도를 검토하고 확인하는 과정으로, 일련의 교육 활동 실천 과정의 최종 단계이다. 단순히 학생들의 성적과 석차를 내는 데 한정된 것이 아니라 일정한 기준에 따라서 교육의 과정에 대한 가치 판단을 하는 행위라고 할 수 있다.

2) 교육 평가의 기능

진단적 기능, 형성적 기능, 총괄적 기능, 정략적 기능

3) 교육 평가의 유형

- **지적·정의적·심동적 영역의 평가:** 행동 차원을 기준으로 평가
- **규준 지향 평가와 준거 지향 평가:** 평가 준거를 기준으로 평가
- **진단·형성·총괄 평가:** 평가의 기능을 기준으로 평가

4) 교육 평가의 절차

계획 수립–목표 진술–설계 선정–도구 제작–자료 수립–결과 분석–결과 보고–결과 활용

5) 교육 평가의 조건

타당도, 신뢰도, 객관도, 실용도

1. 교육을 잠재되어 있는 가능성을 이끌어 내는 과정이라고 정의한다면, 잠재되어 있지 않은 능력도 교육을 통해 실현될 수 있는 것인지 생각해 보자.

2. 내재적 목적과 외재적 목적의 관계를 설명해 보고, 자아실현을 위해서는 어떠한 목적관이 더 유용한지 생각해 보자.

3. 학교 교육에서 요구되는 교사의 중요한 자질에 대해 생각해 보고, 독서지도사가 되기 위한 교사의 자질은 무엇이겠는지에 대해서도 생각해 보자.

4. 교과 중심 교육 과정과 경험 중심 교육 과정의 장점과 단점을 설명하고, 독서 지도 과정은 이들 교육 과정과 어떠한 관련이 있는지 생각해 보자.

5. 인본주의의 긍정적인 인간관이 갖는 특징을 설명하고, 독서 지도 현장에서 인본주의적 학생 이해는 어떠한 도움이 되는지 생각해 보자.

- 구광현(1994), 『교육학개론』, 양서원.
- 권대봉(2001), 『평생 교육의 다섯 마당』, 학지사.
- 김광자(2000), 『교육학개론』, 집문당.
- 김봉석(2004), 『현대 교육의 이해』, 양서원.
- 김인회(1994), 『새 시대를 위한 교육의 이해』, 문음사.
- 김종서 외(2009), 『교육학개론』, 교육과학사.
- 김충기 외(2004), 『교육학개론』, 동문사.
- 박헌일(2001), 『현대 교육학 개론』, 홍익출판사.
- 알프레드 노스 화이트(2004), 오영환 옮김, 『교육의 목적』, 궁리.
- 오해섭(2002), 『교육학개론』, 학지사.
- 유정아(2003), 『교육학개론』, 교육과학사.
- 윤정일 외(2002), 『신교육의 이해』, 학지사.
- 이돈희(1983), 『교육철학개론』, 교육과학사.
- 이지헌 외(2005), 『교육학의 이해』, 학지사.
- 이형행(1998), 『교육학개론』, 양서원.
- 임채식(2003), 『신교육학개론』, 형설출판사.
- 정영근(1995), 『인간이해와 교육학』, 문음사.
- 존 엘리아스(2002), 기영화 옮김, 『성인 교육의 철학적 기초』, 학지사.
- 차갑부(2004), 『평생 교육의 이해』, 학지사.
- 차경수(1985), 『현대인을 위한 교육』, 지학사.
- 최진승 외(2003), 『교육학 입문』, 학지사.
- G. Corey(2001), 『Theory and Practice of Counselling and Psychotherapy』(6th edition), Thomson, Brooks/cole.
- John S. Elias, Sharan Merriam(1994), 『"Philosophical Foundations of Adult Education』, Krieger.
- Lvor Morrish(1987), 이용남 옮김, 『교육이론의 선구자들』, 교육과학사.
- M. Lieberman(1956), 『Education as a Profession』, Prentice Hall.

독서지도 전문가를 향한 올바른 선택

한우리
독서지도사

기본기 UP

33년 노하우와 실무를 담은
체계화된 교육 프로그램

활용도 만점

정년 없는 평생 직업으로
520여 개 지역센터에서 활동

가성비 GOOD

수강료 50% 환급 제도
가맹비, 수수료 없어 부담도 제로

수료 혜택

수료 후 1년 자격시험 가산점 제공

유아독서/논술/토론/역사/코칭 등
자격, 수료과정 수강료 20~30% 할인

교육상담 02-6276-2626
www.hanuricampus.com

카카오톡 상담

자세히 보기

독서지도사 자격시험 안내

독서지도사 자격시험은 만 18세 이상 누구나 응시할 수 있으며 어린이와 청소년을 대상으로 한 독서교육 프로그램의 개발 및 활용 능력과 독서 교육에 대한 교육적 자문을 수행할 수 있는 역량을 평가합니다.

민간자격 등록정보

• 자격명 : 독서지도사
• 자격의 종류 : 등록(비공인) 민간자격 제2008-0276호
• 발급 및 관리 기관 : (사)한우리독서문화운동본부

자격 취득 후 진로

• 한우리 독서토론논술 지도교사(홈스쿨, 방문교사, 교습소 운영 등)
• 독서논술 학원 강사
• 초등학교 방과 후 교사
• 도서관, 구청, 문화센터의 독서 프로그램 강사
• 한우리 봉사단, 지역 복지관 등 독서지도 자원봉사

시험 안내

유형	형태	과목	합격 기준
필기	오지선다형 50문항	독서 교육론, 독서 자료론, 독서 지도 방법론	각 100점 만점에 60점 이상
실기	실무형 2문항	서평 쓰기 독서수업계획안 작성	

• 일정 : 1, 3, 5, 7, 9, 11월 (일정은 변경될 수 있으며, 자세한 내용은 홈페이지 참고)
• 장소 : 회차별로 홈페이지에 공고

시험 접수

• 홈페이지 : www.hanuricampus.com
• 문의 : 02-6276-2624

내 일이 있는 아름다운 내일
한우리 지도교사 모집

진행 절차	독서지도사 양성과정 수료	입문 과정 신청	지역 센터 면담	입문 과정 수강	지도 교사 활동

지도교사 입문과정 신청 방법

홈페이지 신청
1) 한우리독서토론논술
   www.hanuribook.com
2) 교사·센터
3) 지도교사입문과정

QR코드 신청
한우리
지도교사
입문과정

지도교사 활동 혜택

독서지도사 수강료 50% 환급	신입교사 초도물품 지원	한우리 복지몰 한포인트 제공
상조 물품 제공	자녀 교재비 할인	수강 할인 (한우리캠퍼스)	교사 정착 지원금

※ 항목별 조건 충족 시 제공

2023년 지도교사 입문과정 일정안내 (온라인 + 화상교육)

지도교사 입문과정은 한우리 지도교사로 활동하기 위해 반드시 수강해야하는 교육과정입니다.

교육월	신청기간	교육기간	교육월	신청기간	교육기간
1월	12월 16일~30일	2일~16일	7월	6월 16일~6월 29일	3일~16일
	1월 2일~1월 15일	17일~31일		7월 1일~7월 14일	17일~31일
2월	1월 16일~1월 30일	1일~14일	8월	7월 17일~7월 30일	1일~15일
	2월 1일~2월 13일	15일~28일		8월 1일~8월 14일	16일~31일
3월	2월 15일~2월 27일	2일~16일	9월	8월 16일~ 8월 30일	1일~14일
	3월 1일~3월 15일	17일~31일		9월 1일~9월 13일	15일~30일
4월	3월 17일~3월 30일	3일~16일	10월	9월 15일~9월 27일	2일~16일
	4월 1일~4월 14일	17일~30일		10월 1일~10월 15일	17일~31일
5월	4월 17일~4월 28일	2일~16일	11월	10월 17일~10월 30일	1일~15일
	5월 1일~5월 15일	17일~31일		11월 1일~11월 14일	16일~30일
6월	5월 17일~5월 30일	1일~15일	12월	11월 16일~11월 29일	1일~14일
	6월 1일~6월 14일	16일~30일		12월 1일~12월 13일	15일~31일

※ 신청 마감일 17시까지만 접수 가능합니다.
※ 상기 일정은 상황에 따라 오프라인으로 변동될 수 있습니다. 신청 페이지에 공지된 일정을 확인해 주시기 바랍니다.

한우리 독서토론논술
문의 전화 **02-6276-2511~5**

독서지도사 양성 과정 기본 교재

독서 교육의 이론과 실제 **2**

초판 1쇄 발행 2022년 6월 21일
초판 2쇄 발행 2023년 5월 01일

(사)한우리독서문화운동본부 교재집필연구회 지음

ⓒ (사)한우리독서문화운동본부 교재집필연구회, 2022
ISBN 979-11-6581-313-0 (03020)

발행처 주식회사 스푼북 **| 발행인** 박상희 **| 총괄** 김남원
편집 박지연·김선영·박선정·권새미 **| 디자인** 조혜진·김광휘 **| 마케팅** 손준연·이성호·구혜지
출판신고 2016년 11월 15일 제2017-000267호 **| 주소** (03993) 서울시 마포구 월드컵북로6길 88-7 ky21빌딩 2층
전화 02-6357-0050(편집) 02-6357-0051(마케팅) **| 팩스** 02-6357-0052 **| 전자우편** book@spoonbook.co.kr